全国高等院校物流专业创新应用型人才培养立体化系列教材

# 采购管理

金燕波　陈宁　主编
李巍　李佛赏　刘岩　副主编

U0331342

清華大學出版社
北　京

## 内 容 简 介

本书从采购管理的实际出发，系统阐述了采购管理的理论知识和技术方法，共十章内容，分别是：采购管理概述、采购管理组织与采购人员、采购计划及预算管理、采购方式、供应商管理、采购谈判、采购合同管理、采购绩效评估、采购价格与成本管理、采购过程的监督与控制。

本书具有基础性、实践性、前沿性的特点，可作为应用型高等院校物流管理专业教材，也可作为其他相关专业本科生及在企业中从事采购和供应管理的专业人员的参考用书。

**本书封面贴有清华大学出版社防伪标签，无标签者不得销售。**

**版权所有，侵权必究。举报：010-62782989，beiqinquan@tup.tsinghua.edu.cn。**

**图书在版编目(CIP)数据**

采购管理/金燕波，陈宁主编. 一北京 ：清华大学出版社，2016( 2025.2 重印)

全国高等院校物流专业创新应用型人才培养立体化系列教材

ISBN 978-7-302-43988-2

Ⅰ. ①采… Ⅱ. ①金… ②陈… Ⅲ. ①采购管理一高等学校一教材 Ⅳ. ①F253.2

中国版本图书馆 CIP 数据核字(2016)第 120537 号

**责任编辑**：王宏琴

**封面设计**：常雪影

**责任校对**：刘 静

**责任印制**：刘海龙

**出版发行**：清华大学出版社

**网　　址**：https://www.tup.com.cn, https://www.wqxuetang.com

**地　　址**：北京清华大学学研大厦 A 座　　**邮　　编**：100084

**社 总 机**：010-83470000　　**邮　　购**：010-62786544

**投稿与读者服务**：010-62776969，c-service@tup. tsinghua. edu. cn

**质量反馈**：010-62772015，zhiliang@tup. tsinghua. edu. cn

**课件下载**：https://www.tup.com.cn，010-62770175-4278

**印 装 者**：三河市君旺印务有限公司

**经　　销**：全国新华书店

**开　　本**：185mm×260mm　　**印　　张**：17　　**字　　数**：411 千字

**版　　次**：2016 年 8 月第 1 版　　**印　　次**：2025 年 2 月第 6 次印刷

**定　　价**：58.00元

产品编号：064540-03

FOREWORD

# 前言

随着市场经济的发展与完善，采购作为企业经营活动的开始，不仅能保证企业生产经营的连续性，而且也是企业降本增效、提升企业核心竞争力的基本环节。采购现在已不仅仅是企业或部门的一种独立的功能和一般性工作，它已经成为一种与公司战略决策紧密相关的综合性管理工作。有效的采购管理既可以使企业采购成本降低，又能提高采购质量，是企业提高经济效益，增强竞争力的有效手段。基于此，全国应用型本科院校都把“采购管理”课程作为物流管理专业的核心课程。

本书从采购管理的实际出发，系统阐述了采购管理的理论知识和技术方法。本书共分十章，包括采购管理概述、采购管理组织与采购人员、采购计划及预算管理、采购方式、供应商管理、采购谈判、采购合同管理、采购绩效评估、采购价格与成本管理、采购过程的监督与控制。

本书主要具有以下特点。

(1) 基础性。本书精选使学生终身受益的基础知识及基本技能，着重向学生传授从事采购管理工作所必备的采购组织的建设、采购计划的编制、采购方式的选择、供应商的管理、采购谈判及采购合同的订立、采购成本、流程的控制等综合采购管理的知识和技能。

(2) 实践性。本书在保证理论知识达到本科教育水平的基础上，注重使学生掌握基本概念和基本方法，把重点放在概念、方法和结论的实际应用上，突出应用型本科院校人才培养的应用特性。本书每章的引导案例及章节中的实用案例，可引导学生在学习每章知识时带着问题学习，培养学生发现问题、分析问题及解决问题的能力；每章后面的实训项目，可使学生所学的理论知识与实际应用有效地结合，培养学生的应用能力。

(3) 前沿性。本书所涉及的内容及时反映本学科的最新发展和最新技术成就。在设置知识点时，参考了大量的学术性资料，吸收了近期国内外采购管理理论的研究成果，反映了采购理论的前沿动态，能启发学生对采购理论体系的思考。

本书由长春大学金燕波副教授、辽宁中医药大学陈宁副教授担任主编，长春金融高等专科学校李巍副教授、吉林工商学院李佛赏讲师和长春大学刘岩讲师担任副主编。由金燕波负责全书整体框架的设计、组织编写工作及统稿定稿。各章具体分工如下：第一、四、五章由金燕波编写，第六章由陈宁编写，第七章由李巍编写，第二、三、八章由李佛赏编写，第九、十章由刘岩编写。本书可作为应用型本科院校物流管理专业教材，也可作为其他相关专业本科生及在企业中从事采购和供应管理的专业人员的参考用书。

本书在编写过程中参考和引用了学术界同行的相关文献，在此向各位同行表示深深的感谢。由于编者水平有限，书中难免存在不足之处，恳请读者批评指正。

编　者

2016 年 4 月

CONTENTS

# 目录

CHAPTER 一

# 第一章 采购管理概述

## 引导案例

### 三种采购现象背后的观念对碰

企业管理的战略性地位日益受到国内企业关注，但现代采购理念在中国的发展过程中，由于遭遇的“阻力来源”不同、企业解决问题的方法各异等原因，被赋予了不同的诠释。下面分别以胜利油田、海尔集团以及上海通用汽车为代表，介绍几种采购现象。

1. 胜利油田现象

在采购体制改革方面，许多国有企业和胜利石油境遇相似，虽然集团购买、市场招标的意识已慢慢培养起来，但企业内部组织结构却给革新的实施带来了极大的阻碍。胜利油田每年的物资采购总量约85亿元，涉及56个大类12万项物资。行业特性的客观条件给企业采购管理造成了一定的难度。然而，最让胜利油田决策者头痛的却是其他问题。

在物料采购方面，胜利油田有自己的难言之苦。目前，胜利油田进行物资供应管理的人员有9 000多人，庞大的体系给采购管理造成了许多困难。胜利油田每年采购资金的85亿元中，有45亿元的产品由与胜利油田有各种隶属和姻亲关系的工厂生产，很难将其产品的质量和市场同类产品比较，而价格一般要比市场高。面对这样的现状，目前能做到的就是逐步过渡，拿出一部分采购商品实行市场招标。

胜利油田的现象说明，封闭的体制是中国国有企业更新采购理念的严重阻碍。中国的大多数企业，尤其是国有企业，采购管理薄弱，计划经济、短缺经济下粗放的采购管理模式依然具有强大的惯性。由采购环节的漏洞带来的阻力难以消除。

2. 海尔现象

与大型国有企业相比，一些已经克服了体制问题，全面融入国际市场竞争的企业，较容易接受全新的采购理念。这种类型的企业中海尔走在最前沿。海尔采取的采购策略是利用全球化网络，集中购买，以规模优势降低采购成本，同时精简供应商队伍。

对于供应商的管理方面，海尔采用的是SBD模式，即共同发展供应业务。海尔有很多产品的设计方案直接交给厂商来做，很多零部件的今后两个月内的市场产品预测由供应商提供，并由其将待开发产品形成图纸，这样一来供应商就真正成了海尔的设计部和工厂，加快了产品开发速度。它与传统的企业与供应商关系的不同之处在于：它从供需双方简单的买卖关系，成功转型为战略合作伙伴关系，是一种共同发展的双赢策略。

网上采购平台的应用是海尔优化供应链环节的主要方法，其主要功能有：

(1) 网上订单管理平台；

(2) 网上支付平台；

(3) 网上招标竞价平台；

(4) 与供应商进行网上信息互动交流，实现信息共享，强化战略合作伙伴关系。

可见，利益的获得是一切企业行为的原动力，成本降低、与供应商双赢关系的稳定发展带来的经济效益，促使众多企业以积极的态度引进和探索先进、合理的采购管理方式。

与胜利油田相似，由于企业内部尤其是大集团企业内部采购权的集中，海尔在进行采购环节的革新时，也遇到了涉及人的观念转变和既得利益调整的问题。然而与胜利油田不同的是，海尔在管理中已经建立起适应现代采购和物流需求的扁平化模式，在市场竞争的自我施压过程中，海尔已经有足够的能力解决有关人的两个基本问题：一是企业首席执行官对现代采购观念的接受和推行力度；二是示范模式的层层贯彻与执行，彻底清除采购过程中的"暗箱操作"现象。

3. 通用现象

通用的采购体系没有经历体制、机构改革过程中的阵痛，全球集团采购策略和市场竞标体系自公司诞生之日起，就自然而然地融入世界上最大的汽车集团——通用汽车的全球采购联盟系统之中。通用的采购已经完全上升到企业经营策略的高度，并与企业的供应链管理密切结合在一起。

作为世界上最大的汽车集团，通用拥有强大的全球化采购系统。1993 年，通用汽车提出了全球化采购的思想，并逐步将各分部的采购权集中到总部统一管理。

在资源得到合理配置的基础上，通用开发了一整套供应商关系管理程序，对供应商进行评估。同时，通过对全球物流路线的整合，通用将繁杂的海运线路集成为简单的洲际物流线路。采购和海运路线经过整合后，不仅使总体采购成本大大降低，而且使各个公司与供应商的谈判能力也得到了质的提升。

**案例解析**

这是一个专门讲述在我国市场上同时存在的三种不同采购理念的案例。从一般意义上说，采购是企业生产经营或物流的起点，"按需采购"是采购的基本前提，要求以尽量小的费用和最低的价格购进所需的货物。而基于现代供应链管理模式下的采购管理，则更突出了现代采购的内涵：一是为订单采购，而不是为库存采购；二是从一般买卖关系发展为战略伙伴关系；三是变多源供应为少源供应；四是变大批量少批次采购为小批量多批次采购。本案例中所代表的三种采购现象，直接反映在我国改革开放和体制转型时期，不同的市场理念和管理模式下，企业采购的现状。变革需要面对一些现实问题，但从另一个角度看，我们会发现采购在整个企业物流管理中的重要地位已经被企业所认识，这对于我们的国有企业来说是一大进步。从案例中不同采购现象的背后，可以看到采购理念在中国发展中遇到的现实问题，不仅在于企业对先进思维方式的消化能力，更重要的是在不同的体制和经济社会背景下的执行与操作。随着我国市场经济的发展，参与国际经济大循环的趋势都已十分明确，但运行中的艰辛是所有企业决策者都深有感触和体会的，究其原因，一是理念，二是能力。

（资料来源：张理. 现代物流案例分析[M]. 北京：中国水利水电出版社，2008.）

**案例涉及的主要知识点**

- 采购理念
- 按需采购
- 战略伙伴关系
- 供应链管理

## 学习导航

- 掌握采购的概念、分类及基本流程
- 了解采购的原则和作用
- 理解采购管理的含义和目标
- 掌握采购管理的内容
- 了解采购管理的趋势

## 教学建议

- 备课要点：采购的内涵和分类、采购管理及相关内容
- 教授方法：案例引导、课堂讨论、PPT 讲授
- 扩展知识：结合经济全球化与电子商务拓展采购的发展趋势

# 第一节　采购概述

随着市场经济的发展和完善，采购不仅仅是企业生产经营的起始环节，同时也是各个企业具有的职能。它可为企业降低成本、获取利润、提高企业核心竞争力创造条件。

## 一、采购的含义

采购作为企业经营活动的首要环节，对企业的生存和发展起着至关重要的作用。企业在一定的条件下，为了保证企业生产及经营活动正常进行，必须从供应市场获得原材料、设备、服务等作为企业资源，这要通过采购活动得以实现。采购可以从狭义与广义两个方面来理解。

狭义的采购是指采购实体或个人根据生产、销售、消费等目的购买所需要的所有物品或服务的交易行为，它是企业根据需求提出采购计划，审核计划，选择供应商，经过商务谈判确定价格、交货及其相关条件，最终签订合同并按要求收货付款的过程。

狭义的采购主要是以货币购买物品，采购实体或个人要具备支付能力，才能换取他人的物品满足自己生产或生活的需求。

广义的采购是指除了以购买的方式获得物品的所有权及使用权之外，还可以通过借贷、租赁、交换等方式取得物品或劳务的使用权，以达到满足需求的目的。

## 知识链接

### 采购与购买

“购买”是采购中“购”的部分，表示“购买、取得”，是通过商品交易手段把所选定的对象

从对方手中转移到自己手中之意。购买在习惯上可以指狭义的采购。一般认为，购买是需求的主体用自身的劳动收益，通过货币交换，获取衣、食、住、行、用等生活资料。

采购与购买有如下区别：

(1) 采购的主体通常是企业、事业单位、政府部门、军队和其他社会团体，而购买的主体通常是家庭或个人。

(2) 采购的客体以生产资料为主，而购买的客体以生活资料为主。

(3) 采购的品种、规格繁多，金额巨大；购买的物品，就独立的购买个体而言，数量不多，品种有限。

(4) 采购从策划、实施到完成任务，整个过程十分复杂；购买从开始筹划、实施到完成，相对比较简单易行。

(5) 采购，尤其是国际采购存在一定的社会风险和自然风险；购买的风险，无论是自然风险还是社会风险都不是很大。

## 二、采购的分类

### （一）按采购主体分类

按照采购的主体不同，采购可以分为个人采购和集团采购。

1. 个人采购

个人采购是指消费者为满足自身需要而发生的购买消费品的行为。实质上它是一种购买活动，即对个人生活用品的购买。其特点是品种单一、单次、决策单一、随机发生，带有很大的主观性和随意性，过程相对简单。

2. 集团采购

集团采购一般是指两个以上的人对共用的用品的采购。其特点是品种多、批量大、金额大、批次多甚至持续进行，直接关系多个人的集团利益，所以往往由集团决策。一旦采购决策失误，将对集团造成损失，损失较大。

集团采购的优势有以下几点。

(1) 集团采购可以实施集团性企业的集中采购策略，可以充分发挥集中采购的规模效益，使企业能够以尽可能低的成本获取企业所需数量和质量的产品和服务。

(2) 实施集团采购，能帮助企业降低各下属单位的整体库存水平，节约库存成本，减少资金占用，加快资金周转。

(3) 实施集团采购，能帮助企业确立统一的材料采购标准和耗用标准，对采购数量、成本及质量进行集中控制。

(4) 实施集团采购，能使企业对采购流程进行规范和优化，减少采购过程中的资源浪费，提高企业的采购效率。

典型的集团采购主要是指企事业单位的采购、政府采购、军队采购等。在这些采购主体的采购中，需要进行深入研究的是企业采购和政府采购，这两类采购占全社会采购总额的绝大部分，对社会经济生活影响巨大。

**知识链接**

## 企业采购与政府采购

1. 企业采购

企业采购是指企业为满足生产经营需要进行的购买行为，主要包括生产性采购和项目采购。

生产性采购是指用于产品生产，需向外部产品供应商发出订单的原材料、零部件的采购。生产性采购在制造企业中所占比重最大，是企业采购管理的重点。

项目采购是指企业或组织为完成某个任务或项目而进行的采购。项目采购具有独特的过程，多数情况是工程项目采购。工程项目采购包括完成工程项目及服务所需要的咨询服务、材料采购、承包商合同等。

2. 政府采购

政府采购是指各级国家机关、事业单位或团体组织，使用财政性资金采购依法制定的集中采购目录以内的或者采购限额标准以上的货物、工程和服务的行为。

### （二）按采购地域范围分类

按照采购地域范围不同，采购可分为国内采购和国外采购。

1. 国内采购

国内采购是指将资源市场选择在国内，企业以本币向国内供应商采购物资的一种行为，比如国内汽车企业向汽车零部件供应商所进行的采购行为。国内采购又可分为本地市场采购和外地市场采购。一般情况下，采购人员首先应考虑在本地市场采购，这样可以节省采购成本，减少运输费用，节约时间，同时保障供应。在本地市场不能满足需要时，再考虑从外地市场采购。

2. 国外采购

国外采购也称国际采购或全球采购，是指国内采购企业直接向国外厂商采购所需物资的一种行为。国外采购的物资一般需以外汇结算。

国内采购与国外采购的优势和劣势如表 1-1 所示。

**表 1-1 国内采购与国外采购的优势和劣势比较**

| 采购类型 | 优势 | 劣势 |
|---|---|---|
| 国内采购 | 机动性强，手续简便；供应商沟通便利，利于供应商关系管理；减少采购程序，缩短交货时间；降低采购风险 | 供应商选择范围有限，可能无法选择到国外有竞争力的供应商所提供的具有更低价格的产品及高质量、高科技的产品 |
| 国外采购 | 可以弥补国内资源的不足，解决本国不能生产高技术产品和原材料的问题；扩大供应商范围，保证供应；满足高品质生产的要求 | 交易过程复杂，影响交易效率；需要较高库存，加大了储存费用；路途遥远，无法满足急需；发生纠纷时，追索困难 |

### （三）按采购的时间分类

按照采购的时间长短不同，采购可分为长期合同采购和短期合同采购。

1. 长期合同采购

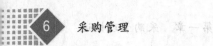

长期合同采购是指采购商和供应商为了在较长时间内维持稳定的供需关系,通过合同的形式,将这种较长期间的供求关系固定下来,合同期一般为一年以上的采购形式。

(1) 长期合同采购的优点有:①有利于增强双方的理解和信任,建立稳定、良好的供需关系;②有利于降低双方谈判的费用;③有明确的法律保障,维护了双方的利益。

(2) 长期合同采购的缺点有:①价格及数量调整困难;②采购人员容易形成依赖思想,缺乏创新意识;③合同期内采购商即使有了更好的供应渠道,也难于做出新的选择。

(3) 长期合同采购的适用范围。长期合同采购供需关系稳定,主要适用于采购方需求量大、稳定且市场价格波动较小的物品。

2. 短期合同采购

短期合同采购是指采购商和供应商通过合同,实现一次交易,以满足生产经营活动需要实施的采购。

(1) 短期合同采购的优点是,供需双方之间具有很大灵活性,采购产品的数量、品种、规格、型号等随时可以调整,并能依据变化的市场环境调整供应商。

(2) 短期合同采购的缺点是,由于供需双方之间的关系不稳定,也将出现价格波动频繁、交易中断及服务质量下降等方面的不足。

(3) 短期合同采购的适用范围。短期合同适用于非经常性消耗的产品,价格波动大、质量不稳定的产品。对于供求关系变化大,长期合同供货不能满足需要的产品,也可用短期合同予以补充。

**(四) 按采购对象分类**

按照采购对象不同,采购可分为有形物品采购和无形物品采购。

1. 有形物品采购

有形物品就是看得见、摸得着的有物质实体的物品。有形物品采购主要包括原料、零部件、MRO(Maintenance,Repair and Operations)用品、半成品、成品及投资品和固定设备等的采购。

2. 无形物品采购

无形物品通常是指看不到、摸不着的,但是对企业生产却很重要的产品或服务。无形物品的采购主要是指对技术、服务和工程发包的采购。

**(五) 按采购制度分类**

按照采购制度不同,采购可分为集中采购、分散采购和混合采购。

(1) 集中采购,是相对于分散采购而言的,是指企业在核心管理层建立专门的采购机构,统一组织企业所需物品的采购业务。企业生产所需的物资的采购任务都集中于一个部门办理,其他部门(包括分厂、分公司等)均无采购职权。集中采购适用于大宗批量物品,价值高或总价多的物品,关键零部件、原材料或其他战略物资,保密程度高、产权约束多的物品。

(2) 分散采购,是由企业下属各单位(如子公司、分厂、车间或分店等)实施的满足自身生产经营需要的采购。分散采购是集中采购的完善和补充,有利于采购环节与存货、供料等环节的协调配合,有利于增强基层工作责任心,使基层工作富有弹性和成效。分散采购适用于小批量、单件、价值低，总支出在产品经营费用中占的比重小的物品等。

(3) 混合采购是兼有集中采购和分散采购的一种制度。由于集中采购和分散采购都各有优缺点，集中采购的优势是可以将企业的采购需求进行集中形成规模效应，分散采购的优势是比较灵活，两者优缺点正好互补，因此将集中采购与分散采购混合起来使用通常可以实现更优化。例如，但凡属于共同性物料、采购金额比较大或进口商品等，可集中于企业采购部完成；凡是属于小额、因地制宜、临时性的采购，可授权各部门、分公司或分厂进行。

### （六）按采购方法分类

按照采购方法不同，采购可分为传统采购和科学采购。

1. 传统采购

传统采购是采购者根据采购品种、数量、质量等方面的要求，货比三家，通过谈判，讨价还价，最后达成一致，得以成交的采购模式。这种采购是以各单位的采购申请单为依据，以填充库存为目的，管理比较简单、粗糙，市场响应不灵敏，库存量大，资金积压多，库存风险大。

传统采购的方式有以下几种。

(1) 询价采购。询价采购是指采购人员选取信用可靠的厂商将采购条件讲明，并询问价格或寄以询价单并促请对方报价，比较后则现价采购。

(2) 比价采购。比价采购是指采购人员请数家厂商提供价格，比价之后，选定厂商进行的采购。

(3) 议价采购。议价采购是指采购人员与厂商谈判，双方经过讨价还价而议定价格后进行的采购。

实际采购中，很少是以一种方式单独进行的，通常是几种方式结合起来进行采购。

2. 科学采购

科学采购，是指在科学理论的指导下，采用科学的方法和现代科技手段实施的采购。科学采购根据指导理论和采取的方法不同，可分为订货点采购、MRP采购、JIT采购、供应链采购、招标采购和电子商务采购等。

(1) 订货点采购。订货点，就是仓库必须发出订货的警戒点。到了订货点，就必须发出订货，否则就会出现缺货。订货点采购，是由采购人员根据各个品种需求量和订货提前期的大小，确定每个品种的订货点、订货批量和订货周期、最高库存水平等，然后建立起一种库存检查机制。当发现库存量到达订货点时，就应检查库存，发出订货，订货批量的大小由规定的标准确定。这种采购模式以需求分析为依据，以填充库存为目的，因而也具有库存量大、市场响应不灵敏的缺点。

(2) MRP采购。MRP(Material Requirement Planning，物料需求计划)采购是一种解决相关需求的采购方式，主要应用于生产企业，是由企业采购人员采购MRP应用软件，制订采购计划而进行采购的。MRP采购的原理就是生产企业根据主生产计划(MPS)和主产品结构(BOM)以及库存情况逐步推导主产品的各个零部件、原材料所应该投产的时间、投产数量，或者订货时间、订货数量，就是产生所有零部件、原材料等的生产计划和采购计划的过程，这个采购计划规定了采购的品种、数量、开始采购的时间和采购完成的时间。它也以需求分析为依据，以填充库存为目的，但它的市场反应灵敏度及库存水平比订货点采购模式有所进步。

(3) JIT 采购。JIT(Just In Time)采购,也称准时化采购,是一种完全以满足需求为依据的采购方法。它对采购的要求,是要供应商恰好在用户需要的时候,将合适的品种、合适的数量的物资送到用户需求的地点。它以需求为依据,做到既能灵敏地响应需求的变化,又使得库存向零库存趋近。这是一种比较科学、比较理想的采购模式。

(4) 供应链采购。准确地说,供应链采购是一种供应链机制下的采购模式。在供应链机制下,采购不再由采购者操作,而是由供应商操作,因而也叫作供应商掌握用户库存(Vendor Managed Inventory,VMI)。采购者只需要把自己的需求规律信息即库存信息向供应商连续及时地进行传递,由供应商自己根据用户的需求信息,预测用户未来的需求量,并根据这个预测需求量制订自己的生产计划和送货计划,主动小批量多频次向用户补充货物库存,用户的库存量的大小由供应商自己决定,保证用户既满足需求又使总库存量最小。供应链采购对信息系统、供应商操作水平要求都比较高,也是一种科学的、理想的采购模式。

(5) 招标采购。招标采购是通过公开招标(Open Tender)的方式进行的物资和服务采购。采购方为了寻求最好的供应商,通过发布标书的形式,向特定或非特定的潜在供应商提出采购物资或工程招标的条件。招标采购是政府及企业采购的基本方式之一,一般用于大宗物品和工程的采购。采购方为了寻求最好的供应商,通过发布标书的形式,向特定或非特定的潜在供应商提出采购物资或工程的条件。在招标采购中,其最大的特征就在于其"公开性",凡是符合资质规定的供应商都有权参加投标。由于在招标采购中,众多供应商参与竞标,采购方可以在更广泛的范围内寻求最优合作伙伴,达到价格最低、服务最优。

(6) 电子商务采购。电子商务采购也就是网上采购,是在电子商务环境下的一种采购模式。它的基本特点是在网上寻找供应商、寻找品种,在网上洽谈贸易、网上订货甚至在网上支付,但在网下送货、进货。这种采购方式,可以在全球范围内寻求最好的供应商,而且速度快、费用低、操作简单、效率高,是一种很有前途的采购模式。但它依赖于电子商务的发展和物流配送水平的提高。

## 三、采购的原则

采购作为一种职能和一种作业活动,是为完成指定采购任务而进行的具体操作活动。这种活动的实现必须遵循如下原则。

1. 适用性原则

采购活动与企业生产部门、研发部门等联系密切,因此要求企业采购的物料品种规格对路,质量和技术性能适宜,适合企业生产及研发的需要。同时,采购部门也要与销售部门加强沟通,执行满足顾客需求的采购。

2. 及时性原则

现代生产方式正向多品种、小批量转变,物料数量、品种、结构趋向多样化和复杂化,企业生产日益精益化,这些都更强调对市场的快速反应。准时制采购和供应链采购尤其强调物流及时、信息流畅通,通过同步化的供应链计划使供应链各企业为响应需求而采取一致性的行动。因此,采购只有做到及时,才能与生产的快速反应相对应,增强供应链的敏捷性。

3. 准确性原则

现代企业大多数开始实施准时化生产方式。准时化生产方式实施的前提是物料必须按要求的时间、地点和品种数量、质量准时供应。这就要求采购必须做到准确无误,采购物料的数量准确无误;采购物料的质量全部达标。

4. 协作性原则

采购过程中，采购部门要与许许多多的供应商进行合作，这就要求采购部门与供应商加强合作效率。尤其在供应链采购中，企业与供应商之间的关系再也不是传统采购中相互对立的竞争关系，而是基于相互信任的战略合作伙伴关系，这就要求企业与供应商相互协作，加强信息共享，在合作中达到“双赢”。

5. 经济性原则

企业是营利性的经济实体，企业经营活动的中心是获取经济利益。而采购是企业经营活动的一部分，也要求它为企业实现经营效益最大化做出贡献。因此，在采购活动中必须坚持经济性原则，应考虑各环节的各项成本，注意采购费用的节约，抑制采购成本上升，争取达到整个采购周期内成本最低。

## 四、采购的地位与作用

### (一) 采购的地位

随着企业经营战略的变迁，特别是生产方式的变革，采购已经不再是简单的物品买卖，而是商品生产和交换整体供应链中的重要组成部分。走出传统的采购认识误区、正确确定采购的地位，是当今每个企业在全球化、信息化市场经济竞争中赖以生存的基本保障，更是现代企业谋求发展壮大的必然要求。采购在企业中具有举足轻重的地位，具体表现在以下几个方面。

1. 采购的价值地位

采购是企业管理中“最有价值”的一部分。采购过程中涉及采购成本，采购成本是企业成本管理中的主体和核心部分。有关资料表明，在全球范围内工业企业的产品成本构成中，采购的原材料及零部件成本占企业总成本的比例(随行业的不同而不同)大体在30%～90%，平均在60%以上。从世界范围来说，对于一个典型的企业，采购成本(包括原材料、零部件)一般要占60%，工资和福利占20%，管理费用占15%，利润占5%。而在中国企业中，各种物资的采购成本要占企业产品总成本70%以上。例如，五金行业的原材料一般占产品成本的50%以上，最大比例占到90%以上；酒类行业一般占60%左右；汽车行业占70%～80%。在现实中，相当一部分企业在控制成本时将大量的时间和精力放在占不到总成本的40%的企业管理费用及工资和福利上，即通过压缩管理费用以及裁减员工、削减福利等控制产品成本，而忽视其主体部分——采购成本，往往事倍功半、收效甚微，且会使得人心浮动，员工抱怨指数增加。因此，是否能够有效地控制和降低采购成本才是企业利润增长的关键。

2. 采购的供应地位

采购的供应地位，即源头地位。无论是工业企业还是商业企业，采购的源头作用都是不能忽视的。有了采购，才会有原材料、零部件、燃料等生产资料；有了采购，才会生产出源源不断的商品。因此可以说，采购是企业生产经营的开端，是整个供应链中实施“上游控制”的主体部位。在工业企业中，利润同制造及供应过程中的物流和信息流的流动速度成正比。在商品生产和交换的整体供应链中，每个企业既是顾客又是供应商。为了满足最终顾客的需求，企业都力求以最低的成本将高质量的产品以最快的速度供应到市场，以获取最大利润。从整体供应链的角度看，企业为了获得尽可能多的利润，都会想方设法加快物料和信息的流动，这样就必须依靠采购的力量，充分发挥供应商的作用，因为占成本60%的物料及相关信息都发生或来自供应商。供应商提高其供应可靠性及灵活性、缩短交货周期、增加送货频率可以极大地改进工业企业的管理水平，如缩短生产总周期、提高生产效率、减少库存、增强对市场需求的应变能力等。

3. 采购的质量地位

质量是产品的生命。影响产品质量的原因很多，贯穿生产全过程。其中采购环节变得越来越重要，尤其当采购成本占到总成本的绝大部分时，采购物资的质量保证成为质量管理部门的重点管理对象。因此，在采购过程中，我们不仅要关心采购物料的价格问题，更应该看重产品的质量水平以及供应商的质量保证能力、售后服务、产品服务水平、综合实力等。

采购能降低质量成本。企业一般根据质量控制的环节将其划分为采购品质量控制、过程质量控制及产品质量控制。由于产品中价值60%的部分是经采购由供应商提供的，毫无疑问，产品“生命”的60%在来货质量控制之前得到确保，即企业产品质量不仅要在企业内部加以控制，而且要延伸到供应商的供应过程中，也就是进行“上游质量控制”。现代采购要求把质量控制更多地体现在管理过程中，即把质量管理延伸到供应商的生产线，建立一整套供应商质量管理制度，如国际上许多大公司都建立了一套行之有效的供应商质量控制方法。如果供应商上游质量控制得好，不仅可以为下游质量控制打好基础，同时可以降低质量成本，减少企业来货检验费用(降低IQC检验频次，甚至免检)等。经验表明，企业将1/4到1/3的质量管理精力花在供应商的质量管理上，企业自身的质量(过程质量及产品质量)水平可提高50%以上。可见，通过采购将质量管理延伸到供应商，是提高企业自身产品质量水平的基本保证。

### (二) 采购的作用

企业在生产经营过程中需要大量的物料，这些物料作为企业的生产手段或劳动对象，对企业的市场经营活动有着极其重要的作用。随着企业管理的深入，企业对采购活动的重要作用有了越来越深的了解，采购已经成为企业经营的一个核心环节，是获取利润的重要活动，它在企业产品开发、质量控制、供应链管理中起着极其重要的作用。具体表现在以下方面。

1. 采购是保证企业生产经营正常进行的必要前提

企业生产经营活动由供、产、销三个环节组成，而生产经营所需要的原材料、零部件、燃料、设备及工具等都要由采购环节来提供。缺少了采购环节，原材料、燃料、零部件、辅助材料及所需的其他物资供应就得不到保证，就无法组织正常生产。因此，采购是生产经营的前提条件。

2. 采购是企业产品质量的基本保证

采购物资质量直接决定着企业产品质量。没有合格的原材料、合格的设备和工具，就无法生产出合格的产品。物资采购必须使购进物资的品种、数量符合市场需要，这样企业经营的高质量、高效率、高效益才能实现，从而达到采购与生产、销售和谐统一；相反，则会导致购、产、销之间的矛盾，造成经营呆滞，影响企业功能的发挥。

3. 采购是促进产品开发的重要因素

随着现代经济的发展，许多企业都将供应商看作企业自身产品开发与生产的延伸。与供应商建立战略合作伙伴关系，可在自己不用直接进行投资的前提下，充分利用供应商的能力为自己开发和生产产品。采购对于一个企业来说不仅仅是买东西，而是企业经营的核心环节，对企业的发展起着极为重要的作用。

4. 采购是降低企业成本的重要手段

重视企业采购、控制采购成本，是企业现代化管理的必然要求。采购成本是企业成本管理中的主体和核心部分。一般来说，在制造业产品成本构成中，采购成本占到 30%～90%。因此，控制采购成本是降低产品成本的主要途径。采购成本主要由采购费用、储运费用、资金费用及管理费用等构成，采购成本的少许变化都会对产品的成本产生显著影响。过高的采购成本会降低企业的经济效益，削弱产品的市场竞争力，甚至导致亏损。因此，加强采购的组织与管理，对于节约占用资金、压缩存储成本和加快运营资本周转起着重要作用。

5. 采购决定着企业产品周转的速度

采购不仅是企业生产的基本保证，而且在很大程度上决定了企业产品的周转速度。采购人员必须把握好采购时间和采购数量。如果采购时间与数量同企业其他环节达到高度统一，就可加快产品周转速度，进而加速资金周转，为企业带来切实的利益。反之，如果物料不到位，车间则会停工待料影响生产；如果到货物料超过需求，则会造成物料积压，产品周转速度减缓、产品库存费用增加，以致不得不运用大量人力、物力处理积压产品，从而造成极大的浪费。

6. 采购可以帮助企业洞察市场的变化趋势

在市场经济的大环境下，市场对企业的影响作用体现在，企业通过采购渠道观察市场供求变化及其发展趋势，并借以调整企业投资方向和产品结构，确定经营目标、经营方向和经营策略。企业是以市场为导向进行采购活动、生产活动的。采购人员采购物资，主要和资源市场打交道。但是，资源市场与销售市场是混杂在一起的，都处在大市场之中。采购人员在获取资源市场信息的同时，也能获取大量的销售市场信息，这些信息可为企业领导决策提供重要参考。因此，规范的采购要兼顾经济性和有效性，这样可以有效降低企业成本，促进生产经营活动顺利进行。如果采购的产品不符合设计的预定要求，将直接影响产品质量，甚至导致生产经营活动失败。

7. 采购是企业科学管理的开端

企业采购是直接和生产发生联系的，采购方式决定和影响着生产方式。科学的采购方式必然要有与其相适应的科学的生产方式。因此，如果企业采用一种科学的采购方式，必然会要求生产方式、物料搬运方式等都做出相应的改变，从而共同构成一种科学管理模式，实现企业管理的规范化、科学化和现代化。

8. 做好采购工作可以合理地利用物质资源

节约和合理利用物质资源是开发利用资源的头等大事。采购工作须贯彻节约的方针，合理利用物质资源。第一，通过合理采购，企业可以防止优料劣用、长材短用。第二，优化配置物质资源，防止优劣混用。第三，在采购工作中，要应用价值工程分析，力求功能与消耗相匹配。第四，通过采购，企业可以应用新技术、新工艺，提高物质资源利用效率。第五，采购要贯彻执行有关资源合理利用的经济、技术政策和法规，防止被淘汰的产品进入流通领域，严禁违反法律、法规、政策的行为发生，合理利用资源。

总之，采购在企业经营活动中占有至关重要的地位，采购环节是整个经营活动中关键的一环。因此，搞好采购工作，注重采购管理，是企业在激烈的市场竞争中发展的基本条件。

## 五、采购的基本流程

采购的主要目标是在总成本最小化的前提下，保证原材料的供应不会中断，提高成品生产的质量，保证客户满意度最大化。这些目标需要通过有效的采购流程具体实现，而有效的采购流程能够为大多数企业的成功做出显著贡献。一个标准化的采购流程能够简化操作，便于日常处理工作，同时能够大幅度提高采购效率。因此，在采购运作过程中应对采购活动的各个环节进行严密的跟踪和监督，实现对企业采购过程的科学管理。

采购的基本程序会因采购的来源(国内采购、国外采购)、采购方式(议价、比价、招标)及采购对象(物料、工程发包)等不同，在采购细节上有若干差异，但每个企业的采购流程则大同小异，即在整个采购作业过程中，作为采购方的企业，首先，需求部门要从企业确切需求出发，向采购部门发出物料请求信息，由采购部门制订采购计划；其次，根据采购计划，寻找相应的供应商，调查其产品在数量、质量、价格、信誉等方面是否满足购买要求；再次，决定可能的供应商之后，确定采购价格、采购条件、供货条件等，与供应商进行谈判并签订采购合同，供应商按照用户要求的产品性能进行生产和供货；最后，要定期对采购管理工作进行评价，寻求提高效率的采购流程创新模式，如图 1-1 所示。

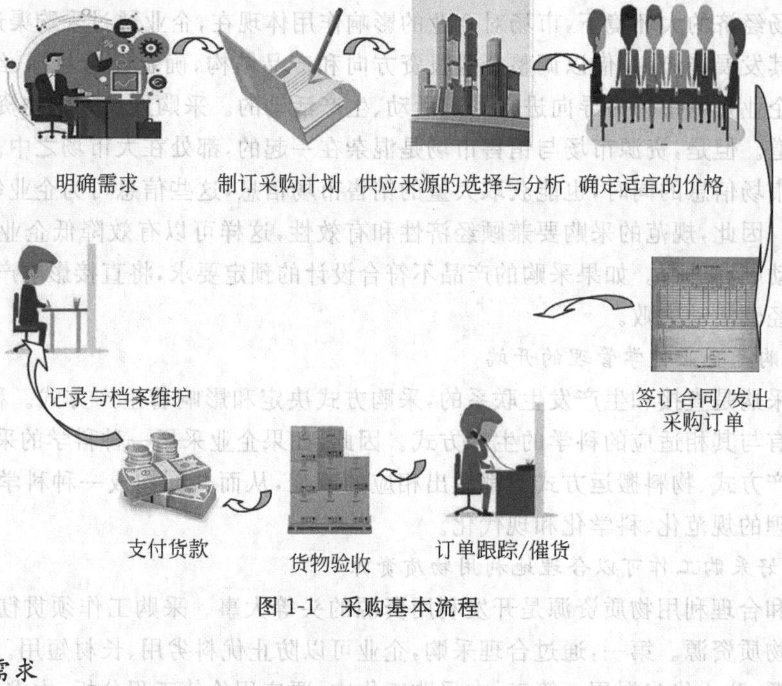


图 1-1 采购基本流程

### 1. 明确需求

任何采购都产生于企业中某个部门的确切需求，采购部门的主要职责是代表组织中的其他部门进行采购。采购需求主要来源于：生产所需零件及材料；新项目的物料采购等；办公用品或服务采购；需要替换设备；维修零部件；库存下限请购。具体业务活动负责人应该清楚地知道本部门需要什么、需要多少、何时需要。这就需要这个部门以某种方法通知采购部门进行采购，满足这种需求。通常，企业会以请购单和采购申请单(见表 1-2、表 1-3)的方式来提交需求。为了避免出现太多的紧急订单，采购部门应主动获得需求信息，并通过了解和掌握生产计划预测物料需求，也可以督促有关部门尽早预报需求。

表 1-2　请购单

| 编号 | | | | | | 第 1 页<br>共 1 页 |
|---|---|---|---|---|---|---|
| FNJ0202 | | | | | | |
| 项次 | 料号 | 品名规格 | 单位 | 单价 | 金额 | 备注 |
| | | | | | | |
| | | | | | | |
| | | | | | | |
| | | | | | | |

表 1-3　采购申请单

编号：　　　　　　　　　　　　申请部门：　　　　　　　　　　年　月　日

| 序号 | 物品名称 | 规格型号 | 数量 | 估计价格 | 用途 | 需用日期 | 备注 |
|---|---|---|---|---|---|---|---|
| | | | | | | | |
| | | | | | | | |
| | | | | | | | |
| | | | | | | | |
| | | | | | | | |

申请人：　　　　　　　　　　申请部门经理：　　　　　　　　　　批准人：

注：此表一式三联，第一联申请部门留存，第二联交采购部，第三联交仓库。备注栏需注明此次采购是预算内采购还是预算外采购。

如果采购部门不了解使用部门到底需要什么，采购部门就不可能进行采购或采购会发生错误。出于这个目的，就必然要对需要采购的商品或服务，比如对数量、质量要求、包装、售后服务、运输、检验方式等进行准确描述。企业应制定适当的办法来保证对供应品的要求明确，更重要的是让供应商完全地理解我们的需求。这些办法通常包括：①制定规范、图纸和采购订单的书面程序；②发出采购订单前公司与供应商签订协议；③采购文件中应包含清晰地描述所购产品或服务的数据；④所有检查或检验方法和技术要求应指明相应的国家和国际标准；⑤其他与所采购物品相适应的方法。

2. 制订采购计划

采购部门接收到采购需求并加以确认后，就要做出采购决策，包括：①品种决策，即物料的品种、规格、型号及功能等；②数量决策，即计划期内应当采购的数量；③批量决策，即每次进货的批量是多少；④时间决策，即每批物料进货的时间；⑤采购方式决策，即采用何种采购方式，最后形成采购计划。

采购计划是为了维持正常的产销活动，对在某一特定的期间内应在何时购入何种数量的何种材料的一种预先安排。因此，采购计划应制订得尽可能准确，否则容易发生需求与实际采购的物品不匹配的情况。

3. 供应来源的选择与分析

企业制订好采购计划后，就要根据计划选择供应商。选择供应商是采购流程中的关键环节，它涉及高质量供应来源的确定。如果供应商选择不好，会给企业带来质量不合格、成本不合适等风险。供应商选择的方法主要有两种：一是根据需求描述，在原有的供应商中选择成绩良好的厂商，通知其报价，并综合比较谁能更好地满足各项采购需求；二是公开采购信息，在已有供应商和潜在供应商中进行选择。企业在选择供应商的过程中，要对其所供产品在品牌/型号、质量、数量、交货时间、价格等方面是否能满足采购需要进行考察与评价，同时要综合考虑供应商的历史记录、设备与技术力量、质量管理体系、过程控制能力、开发设计能力、财务状况、商业信誉等能否满足企业生产的要求，以最终确定供应商。

4. 确定适宜的价格

确定了可能的供应商之后，就要进行价格谈判，以确定适宜的价格。确定采购价格的方法有很多，比如电话询价、招标采购、采购谈判等。如果采购的金额较大，一般适宜用竞标的方式定价，这会让采购价格变得更为合理。确定采购价格是采购过程中的一项重要决策，也是选择供应商时要考虑的重要因素之一。采购者必须很好地掌握各种定价方法，了解各种方法的适用时机，并能够利用技巧来获得满意的采购价格。采购价格确定后，还要进行其他合同条款的谈判，然后签订采购合同。

5. 签订合同/发出采购订单

经过谈判确定价格或相关条款后，就应办理订货签约手续。合同和订单均属具有法律效力的书面文件。采购合同是买卖双方就采购内容经过谈判后所达成的具有法律效力的书面协议，对买卖双方的具体要求、权利和义务，都应该明确地表达出来。在签订采购合同之后，就可以发出订单。一般来说，订单也是一种简易的合同。它方便操作，一般适用于双方有年度采购合同或长期供应关系的情况。一般公司都有设计好的采购订单，如表 1-4 所示，其项目一般包括采购单号、下单日期、供应商的名称和地址、品名、规格、价格、数量、发货日期、交货地点、运输要求、支付条款和对订单约束的其他条件。当然，这些数据在采供双方结成密切合作伙伴关系的前提下可以实现适时传输和共享。

**表 1-4 采购订单样本**

××××公司采购订单

×××Purchasing Order

| | |
|---|---|
| 下单日期 | 2014-10-12 |
| 订单号 | PO141012001 |
| 交货日期 | |
| 供应商编码 | |

| 采购方： | 供应方： |
|---|---|
| 【公司名称】 | 【公司名称】 |
| 【地　　址】 | 【地　　址】 |
| 【联 系 人】 | 【联 系 人】 |
| 【电子邮件】 | 【电子邮件】 |
| 【电　　话】 | 【电　　话】 |
| 【传　　真】 | 【传　　真】 |

续表

| 序号 | 编号 | 品名 | 规格 | 产品描述 | 订购数量 | 订购单价 | 金额 |
|---|---|---|---|---|---|---|---|
| 1 | | | | | | | |
| 2 | | | | | | | |
| 3 | | | | | | | |
| 4 | | | | | | | |
| 5 | | | | | | | |
| 金额合计(大写)：¥ | | | | | | | |

| | |
|---|---|
| 货运方式 | ○公路运输　○铁路运输　○航空运输　○快递发货　○自提　○其他 |
| 付款方式 | 月结 30 天 |
| 验货标准 | 按原厂出厂标准验收 |
| 交货地点 | |

| | |
|---|---|
| 备注 | 1. 通过邮寄、托运发货时，请标明发货单位、收件人，否则因标记不清而造成的货物丢失，我方概不负责。<br>2. 请在 24 小时内签字盖章后回传，此订单双方签字盖章后生效，与正式合同具有同等法律效力。<br>3. 请自发货之日起 1 个月内开票，否则不予结算，造成的损失由贵公司负担。 |

| | |
|---|---|
| 采购负责人签字盖章<br>授权代表签字：______<br>日　　期：______<br>盖章：______ | 供应商签字盖章<br>授权代表签字：______<br>日　　期：______<br>盖章：______ |

6. 订单跟踪/催货

采购订单得到供应商确认或签订采购合同后，采购商的主要任务就是对订单进行跟踪及催货，以确保供应商按时按质按量完成供应任务，必要时采购商还应派出专门的跟催人员。

订单跟踪是对订单进行的例行工作，目的是促使供应商能够履行发货承诺。由于供应商产能、资源供求关系的变化及运输物流过程中意外，都会导致供应商供货不及时或供货意外中断，造成企业停工待料的严重后果。通过订单跟踪，可以及时发现供货异常，及时采取措施，调整生产计划，避免缺货带来的损失。大宗采购可派人员实地走访，比如一些重要的、关键的货物；小额采购可通过电话或网络进行查询；有些企业使用由计算机生成的简单表格，以查询有关发运日期和在某一时点采购计划完成的百分比。

催货是对供应商施加压力，要求供应商按期履行发货承诺，提前发运货物或加快延误货物的发运。如果供应商不能履行发货承诺，采购部门就会威胁取消订单或是以后可能进行罚款。但是不能随意催货，方式不当会影响供需双方的关系。

订单的跟踪应贯穿包括从发出订单，到供应商确认、供应商发货、运输、到货验收、入库存储、发票签收及付款安排、供应商评估等采购全过程。

7. 货物验收

供应商发运的货物抵达后，采购商将按照国家质量标准、企业质量标准、采购订单/合同等对货物进行验收。货物验收是确保入库货物数量准确、质量完好，验收结果也是货款结算的依据。验收通常由质量部门或仓库验收人员完成。货物到达之前，采购部应提前一到两天通知仓储部门准备安排装货位置，并由仓储部门通知质保部门提前做好检验准备。货物到达公司厂门，门卫应及时、准确地通知采购部。然后由采购部通知仓储部门，仓储部门再通知质量部门，由此三个部门共同验收。验收时主要是看采购物品的规格、数量、质量等是否符合要求。验收合格的货物准予入库。验收不合格的货物严禁入库。如果采购商在验收过程中发现供应商所交货物与合约规定不符，应拒收该批货物，并依据合约规定退货，并立即办理重购。

8. 支付货款

采购物品验收合格，即表示供应商的供货过程已完成，供应商随即开具发票，采购商应及时履行付款义务。付款前，采购部门应核查发票与订单、仓库收料单是否一致，防止供应商多批次送货重复开具发票，造成重复付款。采购员持采购发票去财务报销时，必须对进货逐笔核对，确认无误后在发票上签字，再经领导审批后，方可报销。财务部门除审核采购核销的单证以外，必要时还要核对采购合同，经审核无误后才能结清货款。

9. 记录与档案维护

经过以上流程，企业完成一次系统的采购活动。每项采购工作结束后，都要进行采购总结及更新采购部门的记录，即与采购相关的订单/合同、发票、付款记录、质量登记、采购评估等资料都需存档记录，以备参阅并作为事后发生问题的查考依据。档案应具有一定保管期限，一般保存年限为3～5年。

## 实用案例

### 某公司的采购流程与操作步骤

1. 背景及任务

某公司由8名员工组成，每名员工有不同的行政级别及审批金额上限，在企业中有不同的职务，被赋予不同的企业角色。目前，该公司要采购以下物资：风力灭火机2 000台；油锯200台；往复式灭火水枪2 000台；高压储能式灭火水枪2 000台；短波单边带电台50台；扑火服1 000套；对讲机200台。

2. 操作要点

(1) 流程图。具体操作如图1-2所示。

(2) 操作步骤。

① 请购单的填写、递送。请购人李涛负责填写请购单，并注明设备、材料或软件的品名、规格、数量、需求日期、编号及注意事项，将请购单送达采购主管张小娴。

当某项产品紧急请购时，李涛可以在请购单的“备注”栏内注明原因，并注明“紧急采购”字样，以急件送达。

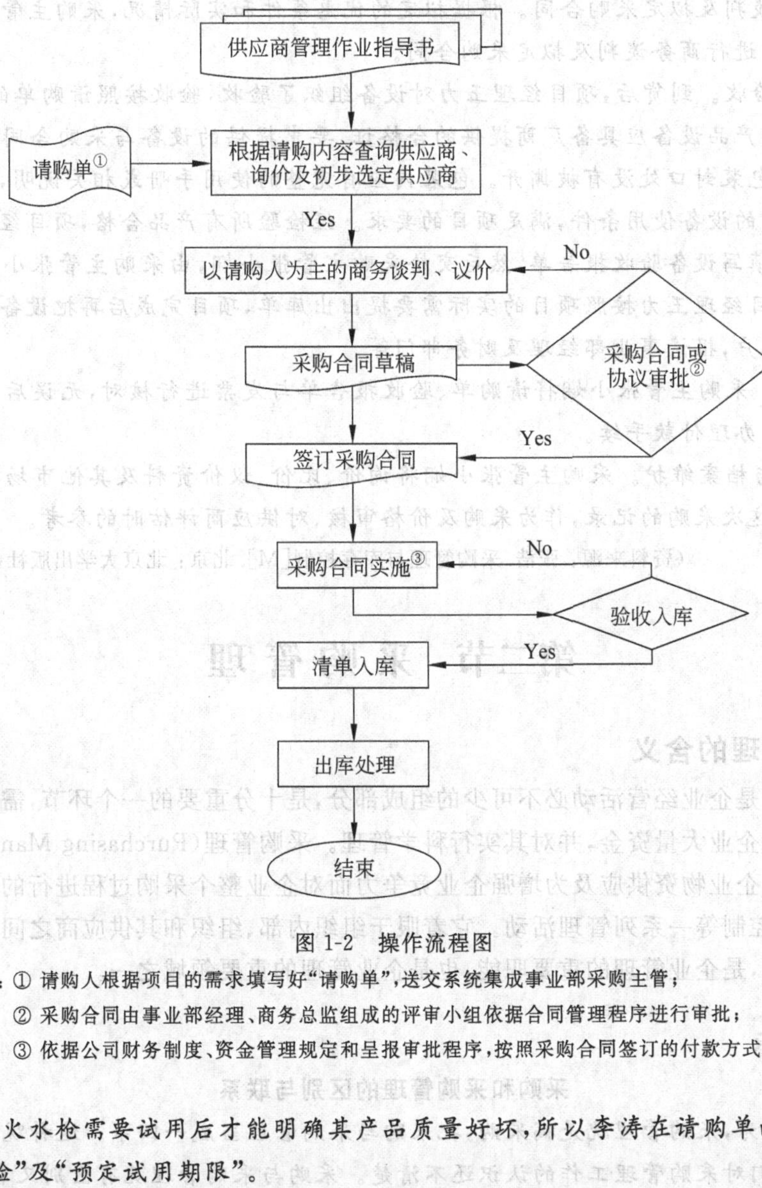


图 1-2 操作流程图

注：① 请购人根据项目的需求填写好"请购单",送交系统集成事业部采购主管；

② 采购合同由事业部经理、商务总监组成的评审小组依据合同管理程序进行审批；

③ 依据公司财务制度、资金管理规定和呈报审批程序,按照采购合同签订的付款方式付款。

由于灭火水枪需要试用后才能明确其产品质量好坏,所以李涛在请购单的"备注"上注明"试用检验"及"预定试用期限"。

② 请购审核权限。根据公司规定,项目预算计划内且金额在万元以下者,由项目经理和事业部经理批准;金额在1万元以上或超出项目预算计划者,由商务总监和财务经理审核批准。由于李涛采购的项目总额在1万元以上,因此他必须将请购单上交商务总监李平和财务经理齐遥审批。

③ 寻找供应商并询价、比价、议价。公司规定对于项目采购必须选择至少两家供应商并进行报价,采购主管张小娴根据请购单的内容,再依据请购作业的缓急,并根据市场行情采购记录、供应商评估记录表、供应商信用记录表或厂商提供的其他资料等,办理询价、比价,经分析后议价。

然而采购主管张小娴发现没有符合李涛所要求的短波单边带电台,某供应商提供的设备规格与请购单规格略有不同,因此张小娴在请购单上予以注明,并通知请购人李涛处理。

④ 商务谈判及拟定采购合同。根据拟定的优惠条件和实际情况,采购主管张小娴协助项目经理王力进行商务谈判及拟定采购合同。

⑤ 到货验收。到货后,项目经理王力对设备组织了验收,验收按照请购单的内容进行。供应商提供的产品设备应具备厂商提供的合格证,要求提供的设备与采购合同签订的设备相同,完整的包装封口处没有被撕开。包装内应有完整的使用手册或相关说明,能够满足请购人李涛提出的设备使用条件,满足项目的要求。经检验所有产品合格,项目经理王力组织登记入库,并填写设备验收报告单,然后交给采购主管张小娴,由采购主管张小娴进行清单入库处理,项目经理王力按照项目的实际需要提出出库单,项目完成后再把设备的验收单或接受单提交客户,报请事业部经理及财务部门等。

⑥ 付款。采购主管张小娴将请购单、验收报告单与发票进行核对,无误后交财务部门按照采购合同办理付款手续。

⑦ 记录与档案维护。采购主管张小娴将询价、比价、议价资料及其他市场行情资料存档,认真做好这次采购的记录,作为采购及价格审核、对供应商评估时的参考。

(资料来源:张浩.采购管理与库存控制[M].北京:北京大学出版社,2010:24-26)

# 第二节 采购管理

## 一、采购管理的含义

采购活动是企业经营活动必不可少的组成部分,是十分重要的一个环节,需要动用一定的人力资源和企业大量资金,并对其实行科学管理。采购管理(Purchasing Management)是指为保障整个企业物资供应及为增强企业竞争力而对企业整个采购过程进行的计划、组织、指挥、协调和控制等一系列管理活动。它着眼于组织内部、组织和其供应商之间构建和持续改进采购过程,是企业管理的重要职能,也是企业管理的重要领域之一。

**小提示**

**采购和采购管理的区别与联系**

很多人认为,采购管理就是搞采购,把采购与采购管理当成一回事。这种观点显然是不对的,说明人们对采购管理工作的认识还不清楚。采购与采购管理既有区别又有联系。

区别:

(1) 内涵不同。采购是按采购订单规定的指标,去资源市场完成采购任务。它是一种业务活动,是具体的作业活动。采购管理是对整个企业采购活动的计划、组织、指挥、协调和控制,是管理活动。它既包括对采购活动的管理,也包括对采购人员和采购资金的管理等。

(2) 面临的对象不同。采购一般是由采购员承担具体的采购业务,只涉及采购人员个人。采购管理面向全企业或整个组织,既要面向企业全体采购人员,也要面向企业组织其他人员(进行有关采购的协调配合工作),一般由企业的采购科(部、处)长、供应科(部、处)长或企业副总(以上统称为采购经理)来承担。

(3) 职责及权限不同。采购的职责就是完成采购经理布置的具体采购任务,权力仅限于采购经理分配的有限资源。采购管理的职责是保证整个企业的物资供应,其权力可以调动整个企业资源，确保企业经营战略目标的实现。

联系：采购本身也有具体的管理工作，也属于采购管理。采购管理本身又可能直接涉及具体的采购业务的每一个步骤、每一个环节、每一个采购员，因此，二者又有一定的联系。

## 二、采购管理的目标

采购管理的总目标是保证企业物资供应，确保企业经营战略实现，即企业应以最低的总成本为企业提供满足其需要的货物和服务。为了保证物资供应的有效性，应通过采购管理，在确保适当质量的前提下，能够以适当的价格，在适当的时期，从适当的供应商那里采购适当数量的物资和服务。采购管理目标可以表述为以下几个方面。

1. 选择合适的供应商，满足企业生产所需的物料和服务

采购管理最基本的目标是为企业提供不间断的物料和服务，以保证企业正常生产。如果因原材料和零部件缺货而造成生产延迟，无法向顾客兑现做出的交货承诺，将会给企业造成极大的损失。对于采购方来讲，选择供应商是采购管理的首要目标。供应商适时、适地地为企业提供物资供应，保证企业生产和流通的顺利进行，是企业最大的需要。一批适合于企业需要的供应商是企业的宝贵资源。选择的供应商是否合适，如所供物料或服务的数量、质量是否有保证，总成本是否降到最低，能否按时交货等，会直接影响采购方的利益。选择供应商，除了要考察供应商的整体实力、生产供应能力、信誉等，也要考虑供应商与企业之间的互动和配合以及供应商的可持续发展等，以便建立双方相互信任的长期合作关系，实现采购与供应的"双赢"战略。企业在选择供应商时，往往容易在与距离较近的供应商的合作中取得主动权。近距离供货不仅使得买卖双方沟通更为方便，处理事务更快捷，亦可降低采购物流成本。而从采购实践来看，供应商并非越多越好，而与少数供应商(一般同一种生产材料维持 3～4 个供应商)打交道是最佳采购模式。

2. 适当的质量，即获得适宜的物料或服务质量

企业进行采购的目的是满足生产需要，因而采购商品的质量必须能够满足企业生产的质量标准。采购物资的质量直接关系到产品的质量。质量与规格是采购物料的基本要素，所有物料的采购，必须事先依据所要求的性能或质量列出技术要求，依据技术要求寻找供应源，再作价格比较，最后确定包装、运输等方式。必须明确的是，并不是质量指标越高越好。因此，采购部门要保证采购的物品能达到企业生产和流通所需要的质量标准，就要做到适质，即采购产品的质量要适当，如果采购物料的质量过高，会加大采购成本，同时也造成功能过剩；但所采购物料质量太差就不能满足企业生产对物料品质的要求，将影响到最终产品的质量。

(1) 来料品质不良，往往导致企业内部相关人员花费大量的时间与精力去处理，增加大量的管理费用。

(2) 来料品质不良，往往在重检、挑选上花费额外的时间与精力，造成检验费用增加。

(3) 来料品质不良，导致生产线返工增多，降低产品质量、降低生产效率。

(4) 因来料品质不良，导致生产计划推迟进行，有可能导致不能按承诺的时间向客户交货，降低客户对企业的信任度。

(5) 若因来料品质不良引起客户退货，有可能令企业蒙受各种损失，严重的还会丢失客户。

因此，采购人员应保证产品符合所需的质量水准，减少不必要的质量要求，以取得性价

比高的产品。除质量符合要求外，还必须保持一定的稳定性，即供应商每一次交货的质量不能有明显的波动，这样才能使内部生产线上的产品质量及其一致性得到控制和保证。

3. 适当的时间，保证供应不间断

企业都制订了一定的生产计划，若原材料未能如期到达，往往会引起企业内部混乱，出现产生停工待料现象。当产品不能按计划出货时，会引起客户的强烈不满。若原材料提前太长时间买回库存待产，又会造成库存过多，大量积压采购资金，增加管理费用，这都是企业不应出现的事情。因此，在当前市场以满足顾客需求为总目标的环境下，采购管理对采购时间有严格的要求，即要选择适当的采购时间，一方面要保证供应不间断，库存合理；另一方面又不能过早采购而出现积压，占用过多的仓库面积，加大库存成本。这就要求采购人员应尽量缩短供应商交货提前期(Lead Time)并控制其波动，同时还应该制定合适的订货周期，以确保采购商的生产计划有效执行。

4. 适当的数量，防止超量采购和少量采购

如何决定适当采购数量是采购部门的一项重要决策任务。采购数量决策也是采购管理的一个重要目标，即要科学地确定采购数量。采购量的大小决定生产和销售的顺畅与否以及资金的调度。在采购过程中要确定“适当”的采购量，防止超量采购和少量采购。如果采购量过大，则会造成存货储备过多，资金积压、成本上升；但采购量过小，可能出现供应中断，采购次数增加，使采购成本增大。因此，采购数量一定要适当。

5. 适当的价格，获得有利的采购成本

采购价格是采购活动中最重要的内容，采购价格的高低是影响采购成本的主要因素。就采购方而言，物料成本占生产总成本的比例很高，是影响产品价格和企业利润的主要因素，而物料成本中，采购价格是否合理是非常重要的。因此，采购中能够做到以“合适”的价格完成采购任务是采购管理的重要目标之一。有人以为物料采购越便宜越好，其实并非如此。如果采购价格过低，供应商利润空间小，或无利可图，将会影响供应商供货积极性，甚至以次充好或降低产品质量以维持供应，或不予重视导致拖延交货，如此种种不配合的消极态度给企业造成的损失可能会更大。采购价格过高，加大了企业的生产成本，产品将失去竞争力，供应商也将失去一个稳定的客户，这种供需关系也不能长久。因此，采购员必须根据市场行情，分析物资的质量状况和价格变动情况，选择物美价廉的物资进行购买。那么，如何获得合适的价格呢？合适的价格往往要经过以下几个环节的努力才能得到。

(1) 多渠道获得报价。这不仅要求渠道供应商报价，还应该要求一些新供应商报价。企业与某些现有供应商的合作可能已达数年之久，但它们的报价未必优惠。获得多渠道的报价后，企业就会对该物品的市场价有一个大体的了解，并能据之进行比较。

(2) 比价。俗话说“货比三家”，专业采购所买的东西可能是一台价值几百万元或千万元的设备，或年采购金额达千万元的零部件，这就要求采购人员必须谨慎行事。由于供应商的报价单中所包含的条件往往不同，故采购人员必须将不同供应商报价中的条件转化一致后才能进行比较，只有这样才能得到真实可信的比较结果。

(3) 议价。经过比价环节后，筛选出价格最适当的两至三个供应商。随着进一步的深入沟通，不仅可以将详细的采购要求传达给供应商，而且可进一步“杀价”，因为供应商的第一次报价往往含有“水分”。但是，如果采购物品为卖方市场，即使是面对面地与供应商议价，最后所取得的实际效果也可能要比预期的低。

(4) 定价。经过上述三个环节后，买卖双方均可接受的价格便成为日后的正式采购价，一般需保持2~3个供应商的报价。这些供应商的价格可能相同，也可能不同。

## 三、采购管理的内容

企业为了实现其采购目标，就必须重视企业采购管理工作。企业采购管理的基本任务主要体现在：保证企业所需各种物资的正常供应；从资源市场获取各种信息，为企业采购和生产决策提供信息支持；与供应商建立长期稳定、友好的合作关系，建立企业稳定的资源供应基地。采购管理主要涉及采购管理组织建设、采购计划制订、供应商管理、采购计划实施、采购绩效评估、采购监督与控制等内容，如图1-3所示。

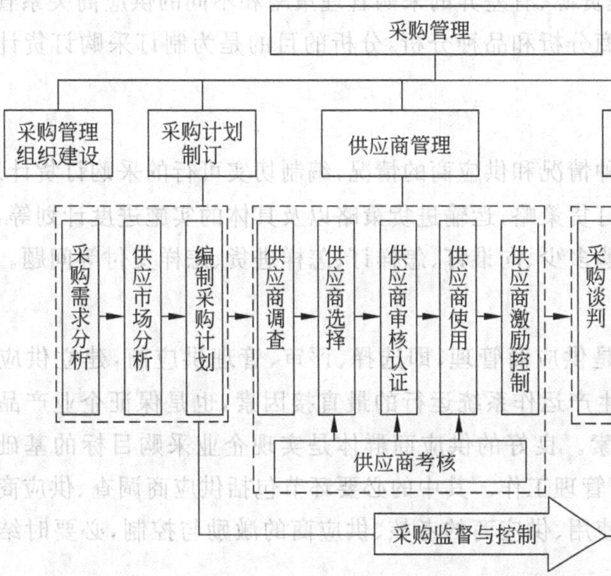

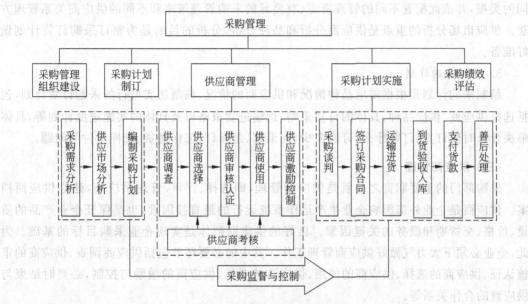


图1-3　采购管理内容示意图

### (一) 采购管理组织建设

采购管理组织是采购管理最基本的组成部分。为了做好采购管理工作，需要一个合理的机制和管理组织机构，要有一批能干的管理人员和操作人员。只有建立起采购管理组织并具备精干的采购团队，才能实现企业采购管理的目标。采购管理组织是企业为了进行采购活动以保证生产运作顺利进行而建立的机构。采购管理组织的工作状况直接影响整个企业的资金流、业务流程与竞争优势。企业目前普遍采用的采购管理组织有“集中型”“分散型”和“复合型”等模式。采购组织设计、建立和运行，需要同物流管理和供应链管理结合起来考虑。

### (二) 采购计划制订

采购部门的职责是代表组织中的其他部门进行采购，这就需要采购部门对采购需求进行分析，对资源市场进行分析，将各部门所需的物料、商品和服务转换为采购目标并最终形成采购计划，具体过程如下。

1. 采购需求分析

采购需求分析就是采购部门接收企业各部门的采购申请后，要弄清企业需要采购什么、需要多少、什么时候需要等问题，从而形成品种、数量、时间、采购方式等决策。物资采购部门应当掌握企业的物资需求情况，制订物资需求计划，从而为制订科学合理的采购订货计划做好准备。

2. 供应市场分析

由于企业采购物品种类繁多，因此需要对供应市场进行分析。供应市场分析就是根据企业所需求的物资品种，分析供应市场的情况，包括资源分布情况、供应商情况、品种质量、价格情况、交通运输情况等，能对采购价格和成本进行预测估计，并且尽可能地了解不同供应商产品的差异。一般可根据供应市场的复杂性(风险)和采购的重要性将采购项目分为不同的类型，并依此配置不同的管理资源、有差异的采购管理策略和不同的供应商关系管理方法。供应市场分析的重点是供应商分析和品种分析，分析的目的是为制订采购订货计划做好准备。

3. 编制采购计划

编制采购计划是根据需求品种情况和供应商的情况，编制切实可行的采购订货计划，包括选择供应商、供应品种、具体的订货策略、运输进货策略以及具体的实施进度计划等，具体解决什么时候订货、订购什么、订购多少、向谁订、怎样订、怎样进货、怎样支付等问题。

**（三）供应商管理**

采购部门的重要职责之一就是供应商管理，即选择、评审、管理供应商，建立供应商档案。供应商是企业外部影响企业生产运作系统运行的最直接因素，也是保证企业产品的质量、价格、交货期和服务的关键因素。良好的供应商群体是实现企业采购目标的基础。为此，企业必须下大力气做好供应商管理工作。其中的必要环节包括供应商调查、供应商的审核认证、供应商的选择、供应商的使用、供应商的考核、供应商的激励与控制，必要时结束与供应商的合作关系等。

**（四）采购计划实施**

采购计划实施就是把制订的采购订货计划分配落实到工作人员，然后工作人员根据既定的进度实施。具体内容包括联系指定的供应商、进行采购谈判、签订采购合同、运输进货、到货验收入库、支付货款以及善后处理等。经过这一系列的具体活动即完成了整个的采购活动。

**（五）采购绩效评估**

采购绩效评估是对采购供应工作进行全面、系统的控制和评价的活动过程，就是在一次采购完成后，对这次采购作业进行评估，或月末、季末、年末对一定时间内的采购作业进行总结评估，目的主要在于评估采购活动的效果、总结经验教训、找出问题、提出改进方法等。通过采购绩效评估，可使采购工作有计划、有目标地进行，有效地控制采购过程；可提供改进绩效的依据，找出采购工作的缺陷所在，从而据此拟定改善措施，量化采购工作；客观地评价个人或部门绩效，能有效地调动采购人员的积极性和开拓性，发挥团队合作精神，进一步提高整个部门的效能；可以为甄选和培养优秀采购人员提供依据；可使采购工作透明化，促进各部门合作；可提高采购人员的士气。可见，采购绩效评估不仅对采购工作，而且对企业整体运作和效益都有不可忽视的影响，同时也是不断提高采购管理水平的保证。

### （六）采购监督与控制

采购监督与控制是采购管理工作的一项重要内容，是对采购活动进行的监控活动，其主要目的是保证实现采购目标、完成采购计划，主要是对采购相关人员、采购资金、采购流程和采购物品的质量进行监控。

1. 采购人员监控

采购人员是采购活动的执行者，也是采购活动顺利进行的关键。企业要依靠采购人员顺利地完成采购工作，就要提高采购人员的素质，具体包括：①使采购人员具备较高的道德素质和敬业精神，热爱企业，品行正派，不贪图私利；②使采购人员有较高的业务素质，即对物料的特性、生产过程、采购渠道、运输保管、市场交易行情及规则等有深入的了解；③要加强采购人员的职业道德教育和业务知识培训，建立奖惩制度，及时对采购人员进行奖惩。

2. 采购资金的监控

在企业中，采购管理者对采购资金的控制是非常重要的，这包括采购预算控制和资金使用控制。采购预算控制是采购资金控制常用的手段。采购预算是一种以货币和数量表示的采购计划，它实现了采购计划的具体化，为采购资金控制提供了明确的标准，有利于采购资金控制活动的开展。因此，采购人员必须按照预算使用采购资金，努力使采购计划符合实际，贯彻既保证生产又节约资金的原则。在采购资金使用方面，要建立一套严格的规章制度，对资金的审批、领取、使用，一般要规定具体的权限范围，要有审批制度和书面证据制度。对于货款的支付，要根据对方的信用程度及具体的风险情况进行妥善的处理。比如，一般货款的支付，要等到货物到手并验收合格后，再付全部货款。对差旅费的领取审批、领取数量等都要有详细的规定。

3. 采购流程监控

采购流程监控包括整个采购的流程，但这并不意味着整个采购流程事无巨细的各种活动都是控制的直接对象。采购流程监控应当抓住流程中的关键点，以重点控制达到控制全局的目的。企业在采购流程中的监控要点包括：采购计划的制订；采购文件的准备；采购文件的基本内容和要求；采购文件的审批；向合格的供应商提交采购文件；采购合同的审批；采购合同的签订；向供应商反馈采购物资的质量状况；在供应商处验证采购产品；对供应商提供的质量进行验证；采购文件的保管，等等。

4. 采购品质量的监控

采购过程中要重点关注对采购品的质量监控，主要方法包括：采购商要与供应商就供应产品的质量达成明确的协议，以确保对供应商提供产品的质量进行控制；采购商应与供应商就验证方法达成明确的协议，以确保验证方法的合理性和验证结果的统一；采购商应当制定与供应商解决质量争端的规定，以利于及时解决和处理有关质量的事宜；采购商应当规定适当措施，以确保收到的产品符合规定的质量要求；采购商还应当保存与接收有关的产品质量记录，以便证实与追查产生质量问题的原因。

## 第三节 采购的发展趋势

如今，随着企业经营行为的变化和各种经济环境的变迁，采购行为发生了很大的改变。同时，随着采购环境和企业管理理念的变化，采购和供应战略出现了新的发展趋势。

## 一、采购外包

随着市场竞争的日益激烈，企业必须专注于自己的核心业务，采购外包现象已经在各行业企业中愈演愈烈，已经成为采购发展的一种趋势。由于现代企业经营所需要的物品越来越多，采购途径和体系也越来越复杂，使得企业的采购管理成本很高，影响了关键部件的采购管理绩效。正是在这种状况下，越来越多的企业开始将部分采购业务（如信息技术或服务等）外包给主要合同商、承包商或第三方公司。与企业自己进行采购相比，利用合同商、承包商和第三方公司往往可以提供更多的经济利益和购买经验，从而使企业从目前与采购相关的繁重的日常事务管理及高成本中解脱出来。传统上，采购外包关注的重点是管理费用、信息系统和技术领域，而现在大家更愿意评估供应链采购和后勤行为，越来越多的大学已经开始将其后勤服务外包出去，就是一个很好的例子。

但是，采购外包往往也是颇具风险的行为。今天的采购与生产战略和经营战略密切相连，采购业务的过分外包，可能会造成企业战略机密的泄露，从而损害企业的核心竞争能力。这就给现代企业采购管理带来了极大的难题，即确定什么样的业务和部件采购或相应的物流活动可以外包，而又有哪些物品和活动必须是由自己控制和掌握。当然，从一般意义上讲，只有非战略物品或非核心业务才有可能外包，这些物品和业务的外包不会给企业带来较大的负面影响；相反，战略物品和核心业务活动无论多么复杂、成本多高都需要企业自己严格控制和运作。但需要强调的是，即使外包也并不意味着放权或者是放弃，所有进行外包的企业都必须认识到这一问题的严重性。虽然外包业务并不一定是公司的核心业务，但是如果公司放弃了权利或者能力，一旦外包企业出现问题，就会严重影响本公司的生产，甚至影响公司的生存。

## 二、全球化采购

随着经济全球化的发展，全球化采购已成为一种趋势。越来越多的迹象表明，我们的世界将变成一个商品在各国之间飞速流动的世界。全球正在变成一个单一的市场，哪里成本低，就在哪里生产。在这种经济全球化的大背景下，供应链和采购的全球化显得越来越重要。全球化采购是指在全世界范围内寻找供应商，寻找质量最好、价格合理的产品。它实际上就是建立在全球市场化和全球相同规范下的一种全球资源配置行为。全球化采购覆盖的范围广，包含了从较为初始的以国内市场为主的国际供应商到较为高级的全球化供应商等形式，已经成为跨国公司和国际化企业获得竞争优势的一个重要途径。全球化采购有利于企业摆脱过去单一、封闭的配套体系，建立符合国际化标准的产品质量认证体系。采购已不再局限于本国，而是扩展到整个区域甚至全球，这引发包括采购行为规则、采购模式及采购范围的深远变革。

全球化采购与本土采购的最大差异在于策略性和地域性。一般的采购以本地为搜寻范围，着眼于低廉的运输成本和寻找供应商的容易程度。当竞争跨越疆界，企业能否取得更有利的生产条件，就成了存亡的关键。全球化采购已将眼光放大到全球。企业在参与全球化采购并与跨国公司或国际企业合作的过程中，不仅能够建立起稳定的供销关系，而且能够按照国际市场的规则来进行生产和销售产品。同时，企业在进入全球经济领域时需要学习和尽快适应全球化采购的资源配置方式，使企业能够在与国际对手竞争的过程中建立起全球化的生产网络和采购网络，迫使国内企业采取符合国际市场规则的、更加规范的竞争手段寻求企业发展，逐步走出以恶性价格竞争、依靠政府维持地区性或行业性的垄断而获得市场优势的低层次竞争怪圈。全球化采购使得企业在世界范围内寻找最优秀的供应商提供原料，让企业本身能因此项采购行为取得相对优势，然后再通过一连串的增值活动，创造比竞争者更高的附加价值。

全球化采购也面临新的挑战和成功要素。它虽然能帮助企业获得全球性的竞争优势，但它所面临的困难与挑战也不容忽视。文化差异往往是最主要的障碍，各地民族风俗的不同、语言的隔阂、政治经济的稳定程度、法令税务的相关规定、汇率的变动等，都会为组织的增值活动增加不确定性。另外，市场知识、后勤支援、JIT 采购等观念，也会影响全球化采购的执行结果。

## 三、电子商务采购

电子商务采购是伴随着 IT 技术的发展而产生、演化的。电子商务采购之所以能成为当今采购发展的重要趋势，原因在于它通过互联网、企业内部网以及其他外部网络技术，突破空间与时间的限制，直接通过网络采购平台在全球范围内寻找货物，能够使众多的交易企业实时地进行信息沟通、访问电子目录，从而以最低的采购成本获取经济利益最大的产品。在国际上，电子商务采购的发展速度也非常迅速，美国电子商务实现率已达到 60%左右，欧洲为 40%左右。像大众、宝马、沃尔沃等汽车集团均实行了电子商务采购。这些国外汽车制造商有关产品协同设计、询价、订货、物流、结算等采购业务都在网上进行。因此，我国电子商务采购的发展也迫在眉睫，大型企业面临很大的竞争压力，不发展电子商务采购将难以与全球性大企业竞争。

随着互联网和信息技术的不断发展，电子商务采购在降低成本和提升效率方面的作用越来越大。相对于传统的采购方式，电子商务采购可以提高通信速度，加强信息交流，降低采购成本，加强业务联系，提高服务质量，延长服务时间，增强企业的竞争力。除了这些优势外，电子商务采购的潜在运用还包括订单跟踪、资金转账、产品计划和进度安排、收据确认等，从而最终加速企业运作、缩短前置时间，同时把大量的人力资源从烦琐的事务性工作中解放出来，全面降低企业采购管理的成本。

电子商务采购虽然具有较大的优势，但也有其局限性。尽管电子商务采购是当今企业采购领域的发展趋势，但是这并不能说明电子商务采购完全适合于所有的行业和产品，因为基于公开竞价招标的采购形式不一定适应于高附加价值、供给不充分的产品。而且今天的采购包含的内容较为广泛，既有成本控制、及时采购的要求，又有供应市场的调查、伙伴关系建立等要求。不仅如此，作为企业价值链组成部分的采购活动，往往又与企业其他管理领域发生各种交互行为。所以，合理采购体系的建立不是推行电子商务能够解决的；相反，电子商务采购的顺利开展和绩效的体现，有赖于整个企业管理的规范以及竞争行为的规范，甚至行业宏观经营体制的健全。脱离了这些最基本的管理规范和良性经营环境，电子商务采购可能不但不能发挥应有的作用，而且会加剧企业经营的难度和风险。

## 四、战略采购

战略采购是一种系统性的，以数据分析为基础的采购方法。它是以最低采购总成本建立供应渠道的过程，而非以最低采购价格获得当前所需原料的简单交易。战略采购的关键是与供应商保持密切的合作关系，特别是那些重要的供应商和转换成本高的供应商。事实上，战略采购将直接导致供应链管理。在供应链中，供应商、制造商、配送公司、销售和营销、财务、客户都在供应链中扮演重要的角色，他们强调相互沟通和合作，这样才能达到协同效应。在供应链管理模式下，采购不再只强调价格最低，而是要求合适的价格、数量、时间和服务。企业的要求也不再是简单的获利，而是双赢甚至是多赢。在这种环境下，采购商更着眼于长远发展，他们把供应商看作合作伙伴甚至还与其建立战略联盟，这更加有利于企业的长期稳定和发展，也有利于成本控制、质量和交货期的保证以及产品开发等。另外，采购也不只是简单的为库存而采购，而是根据生产预测需求进行采购计划，减少了库存。采购商不能仅局限于企业内部的管理，而要放眼于整个供应链，对供应商及物流服务商等进行全面的管理。

由于战略采购的管理重点仍然是以供应商评价、选择和发展为主，因此战略采购未来的发展将以战略联盟和伙伴关系出现，特别是战略物资供应商的管理将率先采取这种管理方式。伴随战略采购的实施，供应商转换成本的进一步细化和明确，采购管理还将出现许多策略性采购行为，如订货、报价、发货等将实现自动化。同时对许多低价值、不重要的标准化产品的采购还会出现以外包的形式由第三方或采购承包商实施，这样可以降低采购和供应部门的业务费用。

## 本章小结

本章首先阐述了采购的含义、采购的分类、采购的原则、采购的地位与作用及采购的基本流程，其次阐述了采购管理的含义、目标及内容，最后介绍了采购的发展趋势。

采购作为企业经营活动的首要环节，对企业的生存和发展起至关重要的作用。它是指采购实体或个人根据生产、销售、消费等目的购买所需要的所有物品或服务的交易行为，是企业根据需求提出采购计划，审核计划，选择供应商，经过商务谈判确定价格、交货及其相关条件，最终签订合同并按要求收货付款的过程。

采购管理是指为保障整个企业物资供应及为增强企业竞争力而对企业整个采购过程进行的计划、组织、指挥、协调和控制等一系列管理活动。它包括采购管理组织建设、采购计划制订、供应商管理、采购计划实施、采购绩效评估、采购监督与控制等内容。

随着采购环境和企业管理理念的变化，采购会向采购外包、全球化采购、电子商务采购及战略采购的方向发展。

## 实训项目

1. 请调研不同类别的企业，了解不同企业的采购流程。
2. 请在网上通过电子采购方式购买一件产品，并说明购买的流程。

## 练习题

**(一) 名词解释**

采购　采购管理

**（二）选择题**

1. 广义的采购可以通过(　　)等方式取得物品或劳务的使用权，以达到满足需求的目的。

A. 借贷　B. 购买　C. 租赁　D. 交换

2. 如果某企业向某供应商购买某项服务，属于(　　)。

A. 个人采购　B. 集团采购　C. 有形商品采购　D. 无形商品采购

3. (　　)采购是一种解决相关需求的采购方式，主要应用于生产企业，是生产企业根据主生产计划和主产品结构以及库存情况逐步推导出主产品所需要的所有零部件、原材料等的生产计划和采购计划的过程。

A. MRP 采购　B. JIT 采购　C. 供应链采购　D. 订货点采购

4. 按照采购的主体不同，采购可以分为(　　)。

A. 个人采购　B. 集团采购　C. 国内采购　D. 国外采购

**（三）填空题**

1. ________采购是指采购人员请数家厂商提供价格，从中加以比价之后，选定厂商进行的采购。

2. 采购在企业中具有举足轻重的地位，主要包括采购的________地位、________供应地位及质量地位。

3. 采购监督与控制是对采购活动进行的监控活动，主要目的是保证实现采购目标、完成采购计划，主要是对采购相关人员、采购________、采购________和采购物品的质量进行监控。

**（四）简答题**

1. 采购的作用是什么？
2. 简述采购的基本流程。
3. 采购的原则有哪些？
4. 采购管理的目标是什么？
5. 采购管理有哪些主要内容？

CHAPTER 1

# 第一章

# 采购管理组织与采购人员

## 引导案例

### 沃尔玛的全球采购管理组织

对于沃尔玛来说,全球采购是一种与其经营战略最为匹配的采购战略。这里的全球采购是指沃尔玛在某个国家的门店通过沃尔玛全球采购的网络从其他国家的供应商处采购预计销售的商品,而从该国供应商那里进行采购的相关工作则由沃尔玛公司在该国设置的采购管理部门负责。举例来说,沃尔玛在中国的门店从中国供应商处采购,是沃尔玛在中国设置的采购管理部门的工作,这属于本地采购;沃尔玛在其他国家的门店从中国供应商处采购商品,就要通过沃尔玛的全球采购网络进行,这就属于全球采购。沃尔玛的全球采购战略要求设计与之相匹配,能够执行该战略的采购管理组织。

国际贸易规则发生变化对沃尔玛的全球采购业务带来了巨大的影响,同时世界制造业的发展和变动也牵动了沃尔玛全球采购的发展。因此,前美国沃尔玛百货集团全球资深副总裁兼全球采购办公室总裁崔仁辅结合沃尔玛全球零售业务的特点,设立了以地理布局为考量的全球采购组织。沃尔玛的全球采购网络由总部、区域公司、国别公司和卫星公司四个层次构成。沃尔玛全球采购网络的总部设在中国深圳,在全球采购总部,设置了四个直接领导采购业务的区域副总裁,此外还设有支持性和参谋性的总部职能部门。区域公司按其全球采购网络的大区分布设置了由大中华及北亚区、东南亚及印度次大陆区、美洲区、欧洲中东及非洲区等四个区域公司;国别分公司则是在每个区域内按照国别设立的负责各国采购管理相关事务的分公司,是进行具体采购操作的关键单位,拥有工厂认证、质量检验、商品采集、运输以及人事、行政管理等关系采购业务的全面功能;卫星公司则设置在国别分公司之下,根据商品采购量的多少来决定拥有国别采购分公司采购管理功能中的一项或几项功能。

但是,由于按地理布局而设计的采购管理组织形式有其固有的缺陷,崔仁辅采取了一些可行的措施来弥补这一缺陷。

第一,提高采购人员的能力和素质。沃尔玛要求采购人员成为其所负责的工作领域的专家。举例来说,负责为中国的沃尔玛门店采购商品的采购人员,不仅是关于中国零售市场的专家,满足中国沃尔玛门店提出的各种采购需求;而且是所负责采购的商品类别及其全球供应商方面的专家,懂得这类商品供应到全球哪些其他国家的沃尔玛门店里更具有竞争力。

第二,在沃尔玛集团尊重个人、服务顾客、追求卓越的企业文化的基础上,针对全球采购业务增加了负责可靠、正直诚信等特殊内容，形成独特的全球采购文化。并利用这种全球采购文化，强化采购人员同其所服务的各国沃尔玛门店买家及全球供应商之间的合作关系。

**案例解析**

(1) 采购管理组织形式的选择

沃尔玛的全球采购组织是较典型的依据企业采购业务活动而设置的全球布局形式。

(2) 设置专门的全球采购总部职能部门

沃尔玛的全球采购网络不仅为沃尔玛美国的门店采购商品，而且还是其他国家的沃尔玛门店的采购代理。但不同国家之间的贸易政策一般是有差别的，这些差别是需要随时关注的，并在采购政策上相应地做出调整。为此，沃尔玛的全球采购组织中设置了专门的有支持性和参谋性的总部职能部门来负责制定公司的全球采购政策。例如，在沃尔玛全球采购总部设有专门监测国际贸易领域和全球供应商的新变化对全球采购影响的部门。

(3) 完善全球采购管理组织结构

按地理区域布局的区域事业部制采购管理组织结构有助于沃尔玛充分利用各区域的市场、文化、经济、法制等外部环境的机会，但也存在一定的缺陷，如不利于全球采购的各种业务在同一地理区域的深耕细作等。为此，沃尔玛通过提高采购人员的能力和素质并充分利用其独特的全球采购文化，弥补了全球采购管理组织结构中的缺陷。

（资料来源：采购管理案例：沃尔玛的全球采购组织，诺达名师网，2012-10-9. http://edu. 21cn. com/qy/Learn/41090. htm.）

**案例涉及的主要知识点**

- 采购管理组织的类型
- 采购管理组织的设计
- 采购管理部门的职责
- 采购人员的能力与培训

## 学习导航

- 了解采购部门人员职责
- 熟悉采购管理组织的基本类型和特点
- 掌握采购管理组织设计的步骤和标准
- 了解采购部门人员素质能力要求
- 了解采购管理人员素质及能力培训的内容

## 教学建议

- 备课要点：采购管理组织类型的优缺点和适用范围、采购管理组织设计
- 教授方法：讲授法、案例分析法、项目法、情景模拟法
- 扩展知识：①管理学中的组织 http://doc. mbalib. com/view/c20d59ddb5d9bcdb1819e1269828e266. html；②人力资源管理中的人员招聘与培训等 http://max. book118. com/html/2013/0414/3602602. shtm

# 第一节　采购管理组织的设置

采购管理的相关职能需要有专门的职能部门执行。在企业中，采购管理组织是企业组织的重要组成部分，是企业为保证生产、运营的持续、稳定，有效实施采购活动而设置的职能部门。由于企业的规模、性质、业务范围、所处地域等各有差异，因此，对采购管理组织的设置要求、功能定位也会有所不同，采购管理组织在企业中的地位也会随之显示出差别。由此可见，企业采购管理活动效率的高低与采购管理组织设置得是否科学，是否与企业运行对采购管理的功能需求相匹配有重要关联。

## 一、采购管理组织的概念

采购管理组织在企业中的设置目标是保证采购管理活动的有效完成。因此，采购管理组织是指为了完成企业与采购管理相关的业务、活动，保证生产经营活动的顺利开展，由采购管理人员依据企业对采购管理组织设置的要求和一定的规则，组建起来的一种采购团队。

## 二、采购管理组织的类型

根据采购管理组织在企业中设置的位置、承担的功能和分配的权责，以及所支持的采购方式的差别，可以将采购管理组织划分为分散型采购管理组织、集中型采购管理组织和混合型采购管理组织三种基本的类型。

### （一）分散型采购管理组织

1. 分散型采购管理组织的基本概念

分散型采购管理组织是一种由各预算单位自行开展采购活动的一种采购管理组织形式。分散型采购管理组织是总部对下属分支单位采购管理权限放开的一种表现形式，各分支单位负责人可以根据本单位实际的运营情况自主地对采购管理进行决策，并要对本单位采购管理运行的财务后果和决策影响负全责。分散型采购管理组织的结构如图 2-1 所示。

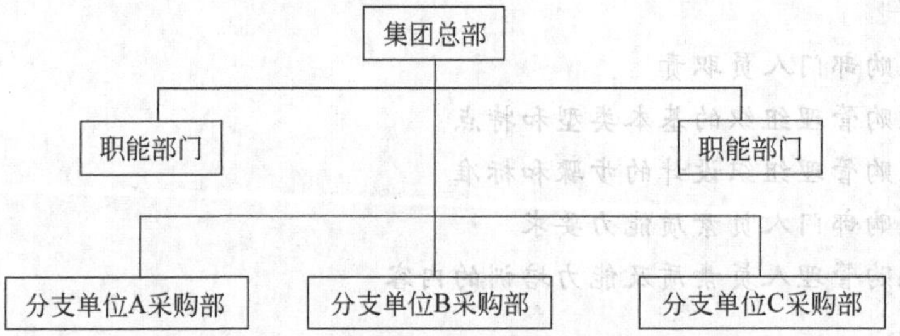


图 2-1　分散型采购管理组织结构图

2. 分散型采购管理组织的特点

(1) 分散型采购管理组织的优点。由于分散型采购管理组织赋予了分支单位采购管理方面独立决策的权力，因此，这种组织形式有非常明显的优点。

① 分支单位在决策上具有完全的自主性，可根据决策环境的变化灵活改变相关决策，使采购管理的决策与本单位的实际经营情况相符。

② 在分支单位采购管理业务与其他单位有较大地域差异的情况下，分散型采购管理组

织可以最大限度地保证分支单位采购活动的独立性，并有利于分支单位实施本地采购，发展与本地供应商之间的合作关系。

③ 总部将采购管理权限放开，由各分支的经营单位独立进行财务决策，可以充分地显示出各分支单位在财务上对总部的影响和贡献，有利于在各分支机构之间进行良性竞争。

(2) 分散型采购管理组织的缺点。分散型采购管理组织虽然由于决策的自主性和灵活性显示出充分的优点，但同时又存在局限和不足。

① 不同的分支单位可能会与同一个供应商就同一种产品进行谈判，结果达成了不同的采购情境。当供应商的能力吃紧时，分支单位相互之间可能会成为真正的竞争者。

② 分支单位在物资采购的批量、规模上往往有限，因此在向供应商采购时通常无法得到由于规模采购而带来的折扣和其他优惠。

③ 如果分支单位数量较多，且分布较为分散，采用分散型采购管理组织会增加总部管理的难度，带来更多的管理成本，降低科学管理的效率。

此外，分散型的采购管理组织还有可能带来过量的地方采购、总部对分支机构难以进行合理的财务控制等问题，这些问题的存在一定程度上会抵消分散采购管理组织所带来的好处。

3. 分散型采购管理组织的适用情况

如果一个集团跨行业多元化经营，各经营单位之间差异较大，且采购业务相互交叉较小，则分散型的采购组织对其非常适用。此外，如分支单位的工厂离主厂区或集团供应基地较远，其本地供应成本低于集中采购成本，也可采用分散型采购管理组织结构。

### （二）集中型采购管理组织

1. 集中型采购管理组织的基本概念

集中型采购管理组织是一种由一个部门统一组织本部门、本系统的采购活动的采购管理组织形式。集中型采购管理组织既可以在集团总部设置一个职能部门统一实施本集团各分支单位的采购管理活动，也可将集团各分支单位的采购管理活动统一外包给具有资质和能力的采购代理机构，是一种集权式的管理组织形式。集中型采购管理组织的结构如图 2-2 所示。

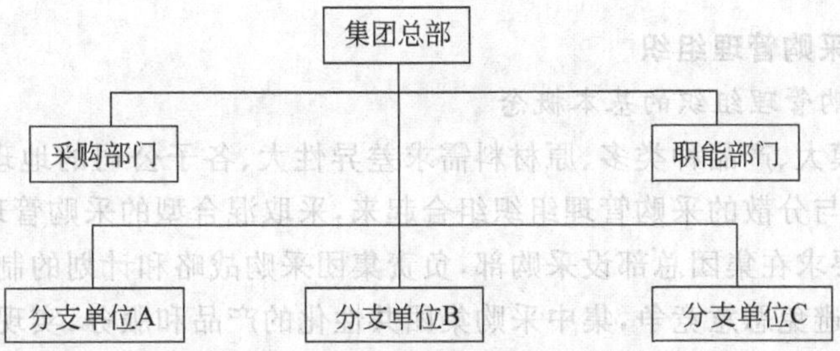


图 2-2　集中型采购管理组织结构

2. 集中型采购管理组织的特点

(1) 集中型采购管理组织的优点。集中型采购管理组织由于权力高度集中，可以对集团纳入采购管理的各种资源进行有效调配，因而具有显著的优点。

① 集中型采购管理组织可以将各分支单位的需求进行汇总和统计，形成采购的批量规

模,因此可以获得与供应商进行价格谈判和争取更多优惠合作条件的砝码,并可因此而降低单位产品的采购成本。

② 集中型采购管理组织可以协调组织各分支单位的采购业务活动,采取科学的管理原则和方式。例如,采用统一的采购政策、单一货源或合作伙伴关系组织货源;遵循统一采购程序和步骤;采用全公司的统一技术规范,推进采购管理标准化;以一个统一的声音与供应商对话;协调各分支单位的库存、生产进程、供货数量和日期,等等。

③ 集中型采购管理组织可以实现对集团采购业务活动的有效控制,尤其是在采购的财务支出方面,集中型采购管理组织可成立独立的成本中心,也可以成立独立的利润中心对集团因采购发生的成本支出和利润变化进行统一管理,并且面向集团各分支单位进行统一的预算控制。在集中型采购管理组织的统一管理和调配之下,可以对集团的资源进行最优化的配置。

(2) 集中型采购管理组织的缺点。集中型采购管理组织在带来规模效益的同时,在市场反应、管理费用等方面也面临难以调和的问题。

① 集中型采购管理组织实施采购活动的过程周期较长,需要先明确各分支单位的需求并进行汇总,制订和执行采购计划,再向下分配所采购的各种物资,整个过程需要较长的时间,尤其是在调度和协调方面所需的时间一般较长,因此对市场的反应相对较慢,并可能因此而丧失一些有利的市场机会。

② 如果一个集团中的分支机构数目较多,则在对各分支机构采购事务进行统一管理的过程中势必将产生较高的管理成本。

③ 分支机构对集团的采购管理资源调配并不总能无条件服从,对于不能满足需求的情况会产生抱怨和消极抵抗的现象,进而降低集中采购管理组织的工作效率。

3. 集中型采购管理组织的适用情况

一般来说,采用集中型采购管理组织方式要求集中采购的物品批量要达到一定规模或价值较高,或者战略性较强,对企业的关键产品生产的重要程度较高,或者是集团各分支单位共同需要的物资都适合在集中型采购管理组织的主导之下完成采购。此外,如果各分支机构分布围绕集团比较集中,或价格比较敏感,容易波动的物资(如金属、油品、纸品、橡胶、大米等)也适宜采取集中型采购模式。

### (三) 混合型采购管理组织

1. 混合型采购管理组织的基本概念

对于一些规模大、产品种类多、原材料需求差异性大、各子公司的地理位置离中心较远的企业,可将集中与分散的采购管理组织组合起来,采取混合型的采购管理组织形式。混合型采购管理组织要求在集团总部设采购部,负责集团采购战略和计划的制订,协调各子公司之间的采购行动,避免恶意竞争,集中采购集团共性化的产品和服务,实现采购总成本最低。同时,在各分支单位或某一地理区域分设采购部,这样便于各分支单位满足个性化的需求,保持同供应商之间的密切联系,以此促进整个集团的发展。具体如图 2-3 所示。

2. 混合型采购管理组织的特点

(1) 混合型采购管理组织的优点。混合型采购管理组织综合了集中型和分散型两种采购管理组织的优点,由集团统一采购的部分可以保证统一标准、实现规模采购的经济性;由分支单位灵活采购的部分可以保证独立采购的灵活性和快速反应能力。

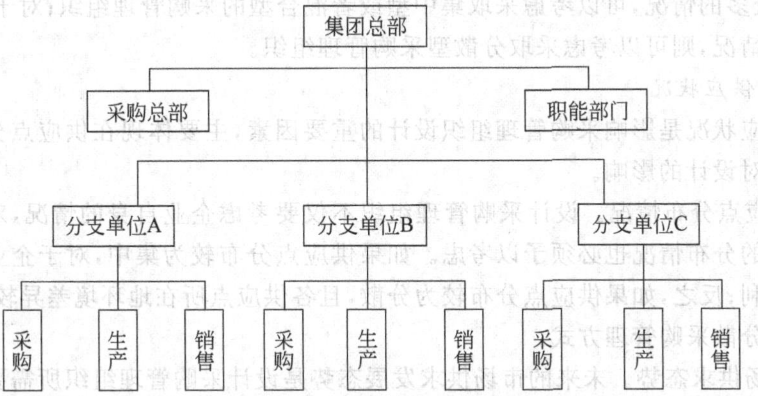


图 2-3　混合型采购管理组织结构

（2）混合型采购管理组织的缺点。混合型采购管理组织对统一采购和分散采购的协调、采购权限的划分、采购的组织和管理提出了较高的要求，适用范围有限。

## 三、三种基本类型的采购管理组织的比较

三种基本类型的采购管理组织各有各的特点和适用范围，在采购组织设置的功能、部门上也有所差别。表 2-1 对这三种基本类型的采购管理组织进行了比较。

**表 2-1　三种基本类型的采购管理组织的比较**

| 项目 / 对象 | 优　点 | 缺　点 | 适用范围 | 设置位置 |
|---|---|---|---|---|
| 分散型采购管理组织 | 自主、灵活、反应快 | 交叉交易、高成本 | 地域性强、低值 | 分支单位 |
| 集中型采购管理组织 | 统一标准、经济 | 反应迟钝、丧失机会 | 高值、量大 | 集团总部 |
| 混合型采购管理组织 | 统一标准、相对灵活、协调 | 两部门冲突 | 跨国集团公司 | 两部门 |

## 四、采购管理组织的设计

如前所述，采购管理组织设计得是否科学、合理将会影响企业采购管理工作的效率和效果。因此，必须充分考虑各种可能会影响采购组织设计的因素，按照规范的步骤，选择合适的形式为企业设计出与经营、战略相匹配的采购管理组织。

### （一）采购管理组织设计的影响因素

一般来说，进行采购管理组织设计时应充分考虑以下几个影响因素。

1．企业规模

企业规模是采购管理组织设计应考虑的最基本的因素。对于大规模的集团型企业，需要与企业经营规模相符的采购管理组织来支持庞杂的采购管理工作，但还需结合各分支单位的经营业务、地理分布等因素设计。对于中小规模的企业，尤其是业务单一的小企业来说，在采购管理组织的设计上要简单得多，可以简单设置一个采购主管负责全部采购业务，也可以设置一个采购部门，配备基本的业务人员负责采购管理的相关事务。

2．经营范围

如果企业经营范围涉及较广，还要看各种经营业务之间的关联性、交叉性。对于关联性

较强，交叉较多的情况，可以考虑采取集中型或者混合型的采购管理组织；对于关联性较弱，交叉较少的情况，则可以考虑采取分散型采购管理组织。

3. 市场供应状况

市场供应状况是影响采购管理组织设计的重要因素，主要体现在供应点分布情况和市场供求态势对设计的影响。

(1) 供应点分布情况。设计采购管理组织不仅要考虑企业自身的情况，对于供应市场中各供应点的分布情况也必须予以考虑。如果供应点分布较为集中，对于企业的集中采购管理比较有利；反之，如果供应点分布较为分散，且各供应点所在地环境差异较大，则适合采取本地化的分散采购管理方式。

(2) 市场供求态势。未来的市场供求发展态势是设计采购管理组织所需要考虑的不确定因素，这需要采购管理组织设计者能够准确判断和把握态势，结合未来企业战略和采购管理战略，为企业设计最为合理的采购管理组织。

4. 信息传递形式与速度

采购管理工作并不是采购管理组织一个部门可以完成的，需要与内部各需求部门、流程和业务相关联的其他部门(如财务管理部门、物流部门等)进行沟通和配合，还需要与下游订单客户和上游各供应商进行充分的交流，因此，对于信息传递的形式与速度会产生不同程度的要求。一般来说，无论采取何种形式，都要保证信息传递的及时性、真实性、准确性和有效性。这对于采购管理组织在企业内的战略地位、对其他部门的重要程度等有不同程度的影响。

5. 采购人员素质

采购人员是采购管理组织中最为基本的工作单位，采购人员的素质高低对于岗位设置、人员配备有较大的影响。如果采购人员综合业务素质较高，则在岗位设置上可以简单一些，人员配备可以少一些；反之，则岗位设置要强调专业，分工明确，人员配备要齐全，要保证满足采购管理业务的需要。

6. 其他因素

此外，还有一些其他因素，如国家相关政策、交通运输条件、通信现代化水平、自然条件等，都从不同的方面影响一个企业的采购管理组织的设立。

### (二) 采购管理组织设计的步骤

1. 考虑采购管理职能

设计采购管理组织首先要确定赋予采购管理以什么职能，是只负责采购，还是多赋予它一些其他职能。若多赋予它一些其他职能，则要确认赋予什么功能，如要不要做需求分析，要不要建立供应商管理体系，市场信息要不要完善，进货、入库、验收、仓储要不要进行管理等。赋予不同程度的职能，则采购管理组织的结构就不一样。

2. 考虑采购任务量职能

管理范围确定后，就要确定任务量。任务量包括采购职能的多少，也包括一个职能下工作量的大小，若采购工作量(包括企业内需要采购物资的品种、数量、采购空间范围)越大，采购工作就越复杂、难度越大，采购工作量也就越大。另外，还要考虑供应商管理的工作量、进货的工作量、仓储管理的工作量、市场信息的工作量等。总之工作量越大，采购管理组织机构也相应要大一些。

3. 确定采购管理组织机构

采购管理组织机构，就是采购管理的幅度和管理层次的总体组织结构框架，也就是采购管理系统各职能部门的构成。其设置情况及设置规模等取决于采购管理组织的任务量的大小，采购管理组织总的工作量越大，采购管理组织机构相应也要大一点；反之，应小一点。

4. 设计管理作业流程

设计采购管理作业流程，即根据所确定的管理职能，对每一个管理职能的每一项任务设计一个作业流程。这个作业流程应当进行充分论证，并且要进行流程化分析。流程越短，将来工作也就越有效率。

5. 设定岗位

要根据具体的管理职能、管理机制和管理任务的作业流程设定各个岗位。设置岗位包括对每一个岗位的责任和权力的设置，包括对每个岗位的人数、工作条件等的设置。一定要将这些要点设计好，并且要形成文件，或者制定出管理规范，作为招聘条件予以公布。

6. 为各个岗位配备合适的人

选择人非常关键一环，应当非常慎重，特别是对各级主要责任人一定要选择好。在人员配备完成以后，把所配备的人和所规定的岗位职责、规章制度、管理职能等结合起来进行运作，就可以构建成一个有效的采购管理组织系统。

### （三）采购管理组织设计形式

1. 单一采购管理组织

如果企业经营规模较小，产品结构较单一（典型的例子就是单一的工厂或企业，也可是分公司距离较近的大公司），设置单一的采购管理组织并直接向总经理汇报工作比较合适，如图 2-4 所示。

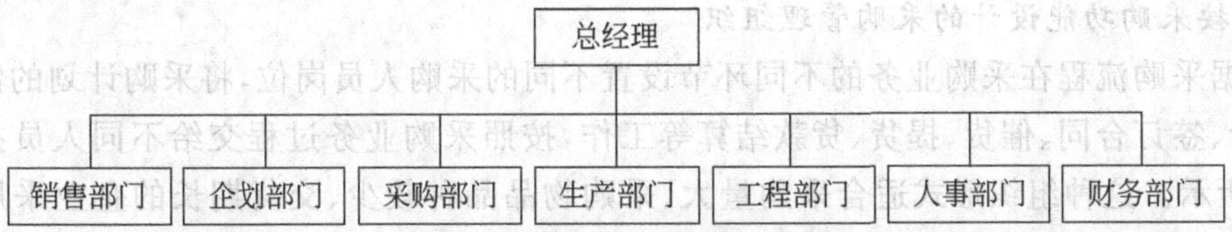


图 2-4　单一采购管理组织

2. 按采购地区设计

如果企业采购的货源来自于不同的地区。按照采购地域的划分可以将采购管理组织分成不同的形式。这些采购管理组织有的负责国内采购管理，有的则负责国外采购管理，如图 2-5 所示。

3. 按物品类别设计的采购管理组织

根据采购物品类别设计的采购管理组织，如图 2-6 所示。

4. 按采购物资价值或重要性物品价值设计的采购管理组织

采购物资价值或重要性物品价值不同，负责人也应当不同，如表 2-2 所示。

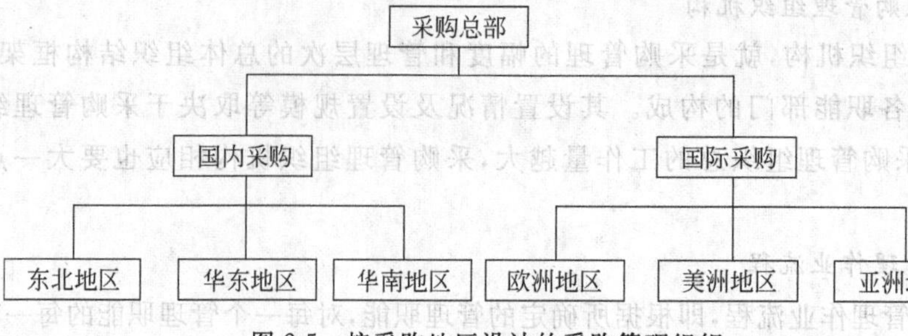


图 2-5　按采购地区设计的采购管理组织

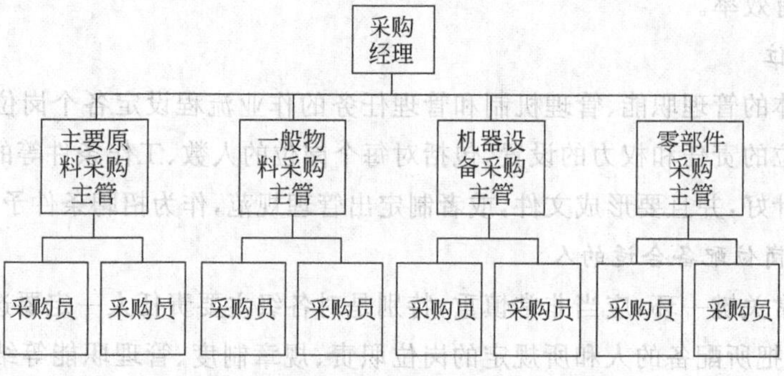


图 2-6　按物品类别设计的采购管理组织

**表 2-2　按采购物资价值或重要性物品价值设计的采购管理组织**

| 物　品 | 价　值 | 次　数 | 承办人员 |
|---|---|---|---|
| A | 70% | 10% | 经理 |
| B | 20% | 30% | 主管 |
| C | 10% | 60% | 职员 |

5. 按采购功能设计的采购管理组织

根据采购流程在采购业务的不同环节设置不同的采购人员岗位，将采购计划的制订、询价、比价、签订合同、催货、提货、货款结算等工作，按照采购业务过程交给不同人员办理，如图 2-7 所示。这种组织形式适合采购量大、采购物品品种较少、交货期长的企业采用，便于采购人员更好地熟悉业务，精通招标、谈判等技能，同时也有利于各个环节之间相互监督，避免浪费和腐败现象，减少内部审计成本，还有利于培养团队合作精神。但要求内部能够更好地协调和合作，否则会造成采购效率低下，管理混乱。

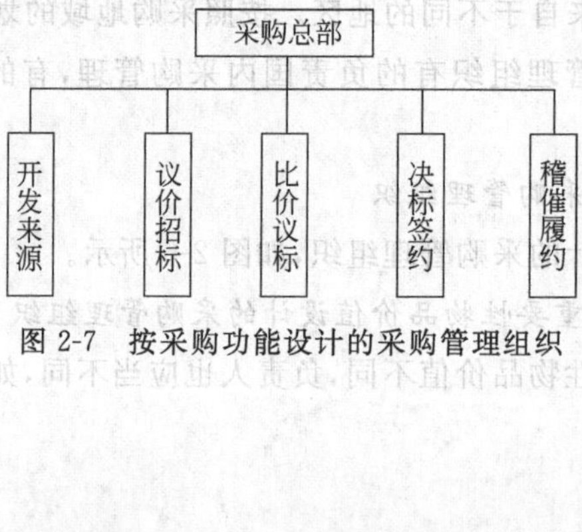


图 2-7　按采购功能设计的采购管理组织

6. 混合式设计的采购管理组织

综合考虑前述两种及两种以上的设计方案，可以进行混合式的采购管理组织设计，如图 2-8 所示。

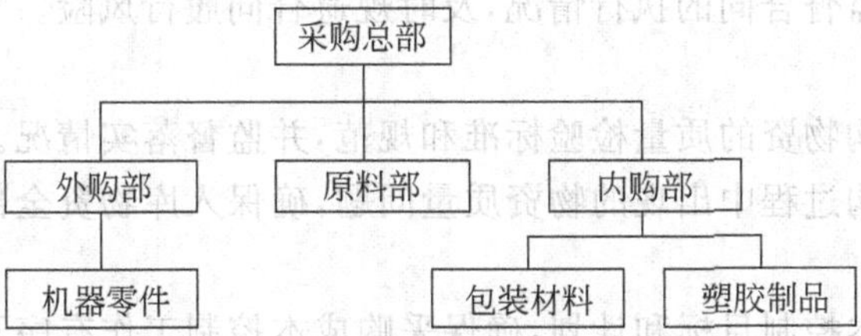


图 2-8　混合式设计的采购管理组织

在设计采购管理组织的过程中，需要注意征求其他相关部门的意见以及供应商的意见，以确保未来在业务、管理上的有效衔接和沟通。

# 第二节　采购管理部门的职责

采购管理部门的职责一般会在采购管理制度中体现。它从采购业务中获得请购部门的请购单开始，包含了与采购管理工作相关的一系列活动。采购管理部门的活动往往与其他部门，如仓储部门、财务部门、运输部门等部门的工作紧密衔接，需要这些部门的配合才能完成。因此，采购管理部门的职责应包含本部门及相关主要工作岗位人员的工作职责。

## 一、采购管理部门的职责

作为一个承担采购管理相关工作的主体职能部门，采购管理部门一般包括以下职责。

1. 建立与完善采购制度

(1) 依据企业管理制度制定采购部门规章制度，以规范采购人员的工作行为。

(2) 制定采购管理制度体系，确保部门内各个环节的工作有章可循。

2. 采购流程设计

(1) 根据企业采购特点及各部门分工情况，建立科学的采购流程。

(2) 监督采购流程的执行情况，确保采购作业的规范化、流程化。

3. 采购计划的制订

(1) 根据企业战略目标和年度经营重点，制订年度采购计划及部门目标。

(2) 根据年度采购计划编制采购预算，确保采购计划顺利执行。

4. 供应商开发管理

(1) 确保认证供应商数量每年增加三家以上，并且保持稳定。

(2) 定期对供应商进行考核，清理不合格的供应商。

(3) 维护和管理现有供应商，与其保持良好的合作关系。

5. 采购价格管理

(1) 建立采购价格管理流程，确保价格管理工作有序开展。

(2) 组织实施价格调研分析以及询价、议价等工作，以获取物资的最优价格。

6. 采购招标管理

(1) 制定评标规则和评价指标的权重，明确目标供应商的资质。

(2) 对招标工作各环节实施监控,确保整个过程公开、公正。

7. 采购合同管理

(1) 建立合同管理流程,统一采购合同范本,实现合同管理规范化。

(2) 签署合同并监督合同的执行情况,及时规避合同履行风险。

8. 采购质量管理

(1) 制定各类采购物资的质量检验标准和规范,并监督落实情况。

(2) 妥善处理采购过程中出现的物资质量问题,确保入库物资全部合格。

9. 采购成本管理

(1) 制订采购成本控制目标和计划,确保采购成本控制工作有序开展。

(2) 监督下属人员采购成本控制计划的实施情况,有效控制采购成本。

10. 采购结算管理

(1) 协调、管理并监督采购日常结算工作。

(2) 及时处理采购结算过程中出现的问题,确保采购结算工作及时、准确。

11. 采购风险管理

(1) 建立完善的采购风险防范机制,有效防范和控制采购风险。

(2) 严密监控采购各环节,预防并及时规避采购风险。

12. 采购人员绩效管理

(1) 依企业绩效管理制度和采购部门目标,制定合理的采购绩效标准。

(2) 定期实施绩效考核,有效应用考核结果,以促进员工绩效的提升。

## 二、采购管理部门主要工作岗位职责

### (一) 采购经理岗位职责

作为采购管理部门的领导岗位,采购经理要担负起上对企业、下对员工、内对其他部门、外向供应商的沟通与协调等岗位职责。具体来看,应该包括以下内容。

1. 制定采购战略规划

(1) 分析内部采购需求和外部市场供需信息,根据企业战略规划情况制定采购战略。

(2) 根据采购战略制定采购部门工作方针和目标。

2. 建立采购管理制度体系

(1) 依企业管理要求和采购战略,建立健全企业采购管理制度。

(2) 贯彻各项采购管理制度并监督落实。

3. 建立并规范采购工作流程

(1) 根据采购业务模式和各岗位职责分工情况,制定科学合理的采购流程。

(2) 根据企业发展和市场变化需要,及时调整并优化各项采购工作流程。

4. 制订采购计划

(1) 根据采购战略和部门目标制订阶段性采购计划。

(2) 根据采购计划编制采购预算。

(3) 审核采购部门内部各岗位的工作计划并监督落实。

5. 控制采购成本

(1) 审核采购成本控制目标和成本控制计划,并监督其落实情况。

(2) 审核采购订单和物资调拨单,严格控制成本费用。

6. 供应商管理

(1) 负责指导下属做好供应市场调研,开发合格的供应商。

(2) 定期组织对供应商的考核、评估工作。

(3) 选择新的合格供应商,并对其进行合作审批。

(4) 指导下属做好供应商维护工作。

7. 采购谈判与合同管理

(1) 监督并开展大批量订货业务的洽谈工作,监督采购合同的执行和落实情况。

(2) 主持采购招标、合同评审工作,签订采购合同,监督执行情况,建立合同台账。

8. 采购交期管理

(1) 整体负责采购进度控制,指导下属开展采购监督跟单、催货工作。

(2) 进行采购交期管理,确保货物及时供应。

9. 采购质量控制

(1) 指导下属认真检验采购货物的质量。

(2) 负责采购货物的废料、质量事故的预防与处理工作,并定期编制采购报告呈上级领导审阅。

10. 部门日常管理

(1) 负责本部门的日常管理工作,主持或参与采购管理相关业务会议,并做好部门间的协调工作,完成领导交办的任务。

(2) 负责采购人员的考核、指导等管理工作。

### (二) 采购员的岗位职责

采购员是采购管理部门最基层的工作人员,也是负责采购管理相关工作具体操作的基本岗位。因此,采购员的岗位职责应包括:

(1) 熟悉企业所需物资的特征、规格、价格;

(2) 对供应市场进行调研,采集供应市场中有关物资、供应商等的信息,形成可供采购管理岗位人员决策的有效信息,同时进行优秀供应商的开发;

(3) 经办一般性物资的采购;

(4) 与供应商进行价格、付款方式、交货日期等合同条款内容的谈判,签订采购合同;

(5) 要求、督促供应商履行采购合同、订单所规定义务的相关工作;

(6) 向供应商确认交货日期、交货数量等;

(7) 一般索赔案件的处理;

(8) 退货情况的处理;

(9) 考核评估供应商;

(10) 月底与供应商核对交易明细。

## 第三节 采购人员的能力与培训

现代采购要求采购人员拥有较高的综合素质和较强的业务能力。但采购部门一直是企业的“幕后英雄”,因而目前国内大多数企业对此关注明显不够,不能摆正采购管理工作在企业经营管理中的应有位置,不能把采购管理纳入企业发展的整体战略,以致采购人员的素质和工作能力还不尽如人意。因此，明确采购人员应具备的素质和能力，并有针对性地进行必要的培训，对于优化企业采购人员队伍，提升采购管理水平非常必要。

## 一、采购人员应具备的素质及能力

作为从事物资采购与供应相关工作的人员，应对所选择的供应商、所购物资的品质、所花费的成本、所消耗的时间等负责。因此，必须具备过硬的职业素质和业务能力。

### （一）采购人员应具备的素质

1. 公正与诚实

采购工作是否能成功，主要取决于供应商的选择是否正确。采购人员必须以公平、公正的方式评选供应商，不可心存偏见、厚此薄彼。处理采购业务时应该对事不对人，在可能的范围内协助供应商及获得供应商的配合与信任，并设法取得供应商的尊重。

2. 临财不苟

采购人员所处理的采购单在价值上与钞票并无太大差异，因此采购员难免被唯利是图的供应商包围。无论是威逼或是利诱，采购人员都必须保持平常心、不动心。

3. 敬业

虽然造成原料短缺或质量低劣的原因很多，但采购人员如果不能保持积极主动的态度，努力钻研专业知识，未雨绸缪，那么将使公司损失惨重。

4. 虚心与耐心

采购人员虽然一般在供求关系上占有一定的优势，但对供应商必须坚持公平互惠的态度，不可趾高气扬。与供应商的谈判艰辛而复杂，采购人员更需有耐心，才能最后取得圆满结果。

### （二）采购人员应具备的能力

采购人员的能力也是影响采购成果的至关重要的因素。在现代采购中，采购人员应当具备以下能力。

1. 成本意识与价值分析能力

由于采购员常常面临许多不同策略的选择与制定，例如物资规格、品种的购买决策、企业所能接受的价格、物资运输与储存、如何管理才能得到消费者的回应等。因此，采购员应具备使用分析工具的技巧，并能针对分析结果制定有效的决策。

首先，采购支出构成了企业制造成本的主要部分。因此，采购员必须具有成本意识，精打细算，锱铢必争，不可“大而化之”。其次，必须具有“成本效益”观念，所谓“一分钱一分货”，不可花一分冤枉钱，买品质不好或不具有使用价值的物品，并能随时将投入（成本）与回报（使用状况、时效、损耗、维修次数等）加以比较。

此外，对报价单的内容应有分析的技巧，不可进行“总价”比较，必须在总价相同的基础上，逐项（包括原料、人工、工具、税费、利润、交货时间、付款条件等）加以剖析判断。

2. 预测能力

在现代动态经济环境下，物资的采购价格与供应数量是经常调整和变动的。采购员应能依据各种产销信息，判断货源是否充裕；通过与供应商接触，从其销售态度揣摩物资供应的可能情况；从物资价格的涨跌，推断采购成本受影响的幅度有多大。总之，采购员必须开阔视野，具备“察言观色”的能力，对物资将来供应的趋势能预谋对策。

3. 表达、沟通与协调能力

采购员无论是用语言还是用文字与供应商沟通，都必须能正确、清晰地表达采购的各种条件。面对忙碌的采购工作，采购人员必须具备“长话短说，言简意赅”的表达能力，以免浪费时间。“晓之以理，动之以情”，是采购人员必须锻炼的表达技巧。

采购员，特别是管理人员，至少应具备专科以上的学历，因为接受过正式专科以上教育训练的学生，其所具备的专业知识与技巧较能符合采购工作的需要。除此之外，采购员最好具有商品学知识，如企业管理、流通业管理、流行商品等。

由于采购业务范围较广，相关部门较多，欲使采购业务顺利进行，获得良好的工作绩效，除了采购人员的努力之外，尚需企业内部各部门之间有效配合。因此，良好的人际沟通及协同能力非常重要，以利于采购工作顺利完成。

4. 业务应用能力

作为与物资打交道的工作人员，采购员业务应用能力必须达到一定的要求，具体表现为以下几个方面。

(1) 熟悉物资。无论是采购哪一种物资，都要求采购人员必须对采购标的物有基本的认识。一些采购员认为，采购员不是搞研究开发的，而且往往有本企业工程技术人员及品管人员协助，故不需掌握太多的专业知识。持有这种观点的采购员必须认识到那些可以支持你的工程技术人员及品管人员并不是时时刻刻在你的左右，况且有时他们因各种原因未必能帮助你。对于零售企业采购员来说，对商品的了解要比其他行业的采购员更深入，因为其必须担负销售业绩的相关责任。

(2) 客观理智。采购员在选择商品或商品组合时绝不能仅凭自我感觉，必须利用科学的方法针对消费者需求与市场流行趋势进行合理的分析，并将分析结果客观地呈现，选择最有利益的商品，不因主观偏见而左右采购策略的拟定。

(3) 专注与投入。对于采购员来说，专注与投入相当重要。因为，采购员必须利用更多的时间去了解市场趋势，发掘更多的供应商，必须常常加班，尤其在生产旺季。

## 二、采购人员培训

采购人员的职业素质和业务能力不是与生俱来的，尤其是在是职业发展的不同阶段，对于业务能力的要求也会发生一定的变化。因此，在不同阶段，有针对性地对采购人员进行适当形式的培训，对提升其业务能力是非常有效的。

### (一) 入职培训

企业对新入职的采购人员进行入职培训是引导其快速融入工作环境，熟悉工作岗位职责和要求，理解工作要点的有效方式。一般来说，面向采购人员的入职培训应包含以下三方面的基础内容。

1. 企业文化

企业文化是企业在长久发展的过程中形成的潜移默化地影响所有员工价值观的内在环境因素。对企业文化的了解和认可是新入职人员培训的必要内容。对于采购人员来说，正确的价值观在采购管理相关工作中有重要的指导作用。树立正确的价值观就是要求将个人的价值观与企业文化进行融合，达到一致。因此，对新入职的采购人员进行企业文化的培训，就是要将企业的发展目标、企业的使命，结合采购管理工作的岗位要求以合适的方式和途径传递给采购人员，并深入他们工作的各个环节，成为指导其工作行为的指导方针。

2. 业务基础知识

无论新入职的采购人员以前是否从事过与采购管理相关的工作，其面对的都是新的工作环境和工作对象。因此，必须对其进行业务基础知识的培训。只有夯实了业务基础知识，才能够支持采购人员熟练地开展各项业务活动。一般来说，业务基础知识应包含供应市场调研、计划与预算制定、供应商开发与管理、谈判、合同与订单管理等业务活动的相关基础知识。

3. 职业道德

引导新入职员工形成正确的职业道德观，对于采购人员来说是十分重要的。采购管理工作对企业产品生产和销售的质量、成本影响重大，因此，从事相关岗位工作的人员必须具备与岗位职业素质和职责一致的职业道德。入职培训就是要让采购人员正确认识自己的工作性质、工作要求，遵守职业道德规范，降低违规、违法行为发生的可能性。

**（二）提升培训**

当采购人员对自己的工作已经非常熟悉，在职业发展中遇到了上升的瓶颈或要求进一步提升业务素质和能力的时候，需要为其提供提升培训。这也是改进采购人员工作绩效的有效方式。通常，提升培训的途径可以包括以下三种。

1. 高校进修

高校是培养高素质人才的摇篮，对于有提升要求的采购人员来说，到高校进修，考取MBA等学位，对于提升其理论素养和实务应用能力是一种比较有效的途径。但应注意的是，企业应与进修的采购人员签订必要的协议，相互约束对方的行为，同时也确保采购人员完成进修后仍可以为企业所用。

2. 企业内研修

有实力的企业其内部培训体系已非常成熟，已有自己的培训机构，可以面向有提升要求的采购人员提供提升培训。企业内研修与高校进修不同，由于其是在本企业内部进行，所研修的内容与本岗位的工作紧密结合，培训效果更为实用。这种培训方式一般也可以与采购人员的职业生涯发展相结合，既有培训作用，又有激励作用，一举两得。

3. 交流

一个企业再优秀，资源和能力也是有限的。因此，与同行业其他企业之间的人才互访与交流成为提升采购人员职业素质和能力、改进采购管理工作绩效的一种比较理想的方式。这种交流可以是单向的，也可以是双向的；可以是定期的，也可以是不定期的，但一般都需要双方签订一定的协议，以确保相关商业机密的保密性。

对采购人员进行职业培训时，还应注意选择合适的培训方式。可选择的培训方式有讲授、视听、案例分析、情景模拟等，每一种方式各有其特点和适用性。其中，讲授是目前应用最为普遍的一种方式。这种方式通过将培训内容进行讲解和分析，使受训者能够了解企业的采购管理岗位所要求的专业知识和相关能力。而其他几种方式分别通过影像、图片与声音、经典案例的分析和特定情境的设定与模拟，对受训者进行比较直观和贴合实际的培训，对于启发受训者思维，解决实际问题很有帮助。

企业在面向采购人员进行培训时应注意综合能力的培养，而不是只针对某一种业务能力。表2-3为企业对采购人员的综合能力培训提供了参考。

**表 2-3　某企业采购人员综合能力培训内容**

| 需受的训练 / 采购者的角色与能力 | 国际贸易及运输训练 | 基本采购训练 | 物流能力训练 | 自制或外购训练 | 谈判技巧训练 | 法务及合约签订训练 | 能力 PQA 90 训练 | ISO 9000 认证标准供应商关系处理 | 汇率波动影响 | 销售技巧训练 | 一般管理训练 |
|---|---|---|---|---|---|---|---|---|---|---|---|
| 谈判者 | | | | | | ◎ | | | | | |
| 供应商的正确选择 | | ◎ | | | | | | ◎ | | | |
| 与工程人员共事的能力 | | | | | ◎ | | | | | | ◎ |
| 绝佳的人际关系处理能力 | | | | | | | | | | | ◎ |
| 法务专家 | ◎ | | | | | ◎ | | | | | |
| 生意人 | ◎ | | ◎ | ◎ | | | ◎ | | ◎ | ◎ | ◎ |
| 具有远见 | | | | ◎ | | | | | | | |
| 清楚地了解公司需求 | | | | | | ◎ | | | | | |
| 清楚地了解顾客需求 | | | | | | ◎ | | | | | |
| 整体成本的考量 | | | | ◎ | | | | | | | |
| 后勤运送专家 | ◎ | | ◎ | | | | | | | | |

注：◎表示应着重培训的能力。

## 本章小结

本章对采购管理组织的设置、采购管理部门的职责以及采购人员的能力与培训的相关知识进行了介绍。

采购管理组织在设置上要根据企业的规模、经营范围、市场供应状况、信息传递形式与速度、采购人员素质等影响因素选择合适的类型，设计合理的架构。分散型、集中型和混合型的采购管理组织各有其优缺点和适用范围，可以依据单一标准或多重标准对组织架构进行混合设计。

采购管理部门是企业内部承担物资供应、价值管理等重要功能的职能部门，应明确部门对内、对外的职责，并明确规定部门内各岗位的工作职责；采购经理是采购管理部门的领导者，既要承担起部门日常管理的相关职责，又要承担起部门内外、企业内外、上层下层之间的衔接、协调等各项职责；采购人员作为采购管理部门的基层操作人员，则应承担起完成采购管理具体工作的相关职责。

采购人员的能力与素质要求与其所要完成的工作、所在岗位的工作职责密切相关，在采购人员职业发展的不同阶段，企业应给予不同形式的培训以不断提升采购人员的能力和素质，从而使采购管理工作的效率和水平不断提升。

## 实训项目

1. 为你的小组设计合适的采购组织架构，说说为什么这样设计。
2. 为采购组织内部人员制定岗位职责，并说明为什么。

## 练习题

### （一）判断题

1. 企业选择业务能力和素质较高的采购人员即可，职业道德素质不重要。（ ）
2. 企业采购管理部门的人员越多越好，分工越细越好。（ ）
3. 在设计采购管理组织的过程中，只需要考虑企业的战略就可以，其他因素不重要。（ ）
4. 集中型采购管理组织比较适合于采购物资规模大、价值高的情况。（ ）
5. 对采购人员的培训只在入职阶段进行即可。（ ）

### （二）简答题

1. 采购管理组织基本类型之间有什么区别？
2. 简述采购管理组织设计的步骤。
3. 采购管理部门的职责是什么？
4. 简述采购人员的培训形式和内容。

CHAPTER

# 第三章

# 采购计划及预算管理

## 引导案例

### 淘宝"美丽心情"的 iPhone 4S 采购预算

乔布斯病逝前夕，新任苹果 CEO 库克第一次主持苹果新产品发布会，推出了 iphone4 的升级版——iPhone 4S。iPhone 4S 一经推出，在全世界掀起购买狂潮，追逐时尚看起来是全世界人们特别是年轻人的共同爱好。2012 年 1 月 13 日 iPhone 4S 在中国上市，作为经济高速发展和人口最多的国家，中国市场非常巨大，iPhone 4S 因此卖到脱销。

现在淘宝上一家名叫"美丽心情"的手机销售店也准备在 iPhone 4S 上赚一桶金。在销售前，该店拟制订一个采购 iPhone 4S 的计划。

要进行采购，"美丽心情"淘宝店管理人员首先要知道顾客的多方面需求，如究竟需要什么、需要多少、对售后服务有什么要求等。只有这样管理者对采购量才有一个大致了解，从而得到一个科学和明确的采购清单。

了解顾客的需求就相当于了解了采购的各种情况。在现代的市场经济中，谁掌握了顾客的需求谁就掌握了市场走向和信息，这对提升企业竞争力有巨大作用。

对顾客需求的分析必须建立在对客观事实、具体数据分析的基础上，才能确保得出切实可行的结论。为此，"美丽心情"店进行了精心的数据搜集和筛选，并深入地分析了顾客的购买特征和需求。

1. 收集数据

"美丽心情"店通过一定途径，获得了淘宝上某四皇冠卖家（以下简称皇冠店）销售 iPhone 4S 的情况。该皇冠店销售的 iPhone 4S 颜色为黑白两种，手机内存分别为 64G、32G、16G 三种。表 3-1 是 3 月份该皇冠店的详细销售情况。

2. 依据历史销售数据统计，确定采购需求

首先，"美丽心情"店分析了表格中的数据，得出顾客对 iPhone 4S 的购买需求。皇冠店 3 月 iPhone 4S 一共销售了 1 600 部，销售总额为 8 698 400 元。

其中，黑色手机一共销售了 890 部，超过了一半，因此采购时应多采购黑色 iPhone 4S。其中内存 16G、32G、64G 的分别销售了 550 部、220 部、120 部，可以得出内存 16G 的更受顾客欢迎；由于价格相对便宜，因而采购量也大。

表 3-1 皇冠店 iPhone 4S 销售历史数据

| 颜色 | 内存(G) | 价格(元) | 销售量(部) | 销售额(元) | 销售总额(元) |
|---|---|---|---|---|---|
| 黑色 | 64 | 6 899 | 120 | 827 880 | — |
| 黑色 | 32 | 5 899 | 220 | 1 297 780 | — |
| 黑色 | 16 | 4 999 | 550 | 2 749 450 | — |
| 白色 | 64 | 6 099 | 140 | 853 860 | — |
| 白色 | 32 | 5 599 | 200 | 1 119 800 | — |
| 白色 | 16 | 4 999 | 370 | 1 849 630 | 8 698 400 |

白色手机一共销售了 710 部，不足一半。可见，尽管白色手机价格更低，但黑色手机更受消费者的青睐。

其中内存 16G、32G、64G 的手机销售量分别为 370 部、200 部、140 部，跟黑色款式价格相同的 4 999 元的 16G 内存的销售量是最多的，采购量也相应较大。

3. 采购数据清单及分析

根据需求数据分析、安全库存的需要和采购价格，“美丽心情”店预测 iPhone 4S 的采购量如表 3-2 所示。

表 3-2 iPhone 4S 采购需求单

| 颜色 | 内存(G) | 价格(元) | 数量(部) | 采购额(元) | 采购期限 |
|---|---|---|---|---|---|
| 黑色 | 64 | 6 700 | 150 | 1 005 000 | 一月一次 |
| 黑色 | 32 | 5 700 | 250 | 1 425 000 | 一月一次 |
| 黑色 | 16 | 4 830 | 600 | 2 898 000 | 一月一次 |
| 白色 | 64 | 5 950 | 170 | 1 011 500 | 一月一次 |
| 白色 | 32 | 5 420 | 230 | 1 246 600 | 一月一次 |
| 白色 | 16 | 4 830 | 400 | 1 932 000 | 一月一次 |

尽管由于颜色和内存不同而导致需求不同，但是根据销售数据和预测数据，可得出以下采购信息：

黑色 iPhone 4S 每月一次采购大约 1 000 部，内存为 64G、32G、16G 的大约分别采购 150 部、250 部、600 部；

白色 iPhone 4S 每月一次采购大约 800 部，内存为 64G、32G、16G 的大约分别采购 170 部、230 部、400 部。

4. 采购预算编制

编制采购预算是每个现代化企业必须进行的一项重要工作，进行采购预算有利于保障战略计划和作业计划的执行、保证资金的分配效率、协调组织资源等。

采购费用概算(不含其他费用)：

采购总额＝1 005 000＋1 425 000＋2 898 000＋1 011 500＋1 246 600＋1 932 000
＝9 518 100(元)

**案例解析**

1. 市场调查

“美丽心情”淘宝店管理人员要想得到采购需求的相关信息，首先要知道顾客需要什么、需要多少、对售后服务有什么要求等，因此需要进行市场调查。由于是对引进新品进行的市场调查，因此应当选择具有一定实力和可比性强的竞争对手作为调查对象。从此四皇冠卖家处得到的历史销售数据可以作为目标顾客需求分析的依据。

2. 需求分析

在对顾客需求进行分析的过程中，采购管理人员抓住了顾客购买特征和顾客需求特征两个方面进行分析。

(1) 顾客购买特征。在对顾客购买特征的分析上，"美丽心情"通过分析此四皇冠卖家销售历史数据中 iPhone 4S 的种类、颜色、版本、内存等数据获取信息，通过顾客评价对顾客对卖家的发货速度及物流速度的要求标准、卖家的信誉和服务态度等进行了分析，从下单时间上对购买时机和数量、购买用途等进行了分析。

(2) 顾客需求特征。在对顾客需求特征的分析上，"美丽心情"通过分析此四皇冠卖家历史销售数据中顾客对价格的期望，购买欲望，对产品的作用和性能要求进行了特征分析。

3. 采购预算的确定

依据需求预测得出采购需求的具体数量和时间，进而得出采购预算支出的额度，数据来源真实可靠，且计算方法简单直接。

（资料来源：某淘宝店 iPhone 4S 采购计划和采购预算编制，道客巴巴网站，http://www.doc88.com/p-4159997630305.html，2013-04-07.）

**案例涉及的主要知识点**

- 采购需求预测
- 采购计划
- 采购预算

## 学习导航

- 了解市场调查的相关内容
- 熟悉采购需求预测的程序
- 掌握采购需求预测的方法
- 熟悉采购计划编制内容
- 掌握采购预算编制方法

## 教学建议

- 备课要点：采购需求预测方法、采购计划和预算的编制
- 教授方法：本章内容涉及采购计划编制和计算的内容较多，因此建议主要采取讲授法，辅以案例分析法、项目法等教授方法
- 扩展知识：
  (1) 市场调查　http://wiki.mbalib.com/wiki/市场调查
  (2) 需求预测　http://wiki.mbalib.com/wiki/需求预测

# 第一节 采购需求预测

采购需求是指对采购标的物的特征描述。用户将采购需求通过采购物品规格的方式向可能的供应商进行传递。一个好的采购需求,能够合理、客观地反映采购标的物的主要特征以及要求供应商响应的条件,符合适用原则、非歧视原则,并能够切合市场实际。

要进行有效的采购管理,首先要分析并明确采购管理组织所代理的全体需求者究竟需要什么、需要多少、什么时候需要的问题,从而明确应当采购什么、采购多少、什么时候采购以及怎样采购的问题,得到一份确实可靠、科学合理的采购任务清单。这个过程就是采购需求分析的过程,而要想科学地对采购需求进行分析,得到相对准确的分析结果,对采购需求现状的分析和未来一段时间内变化情况的预测就非常必要。

## 一、采购需求预测的概念和作用

### (一)采购需求预测的概念

采购需求预测是指在采购市场调查所取得的各种信息的基础上,经过分析和研究,运用科学的方法和手段,对未来一定时期内采购需求的变化趋势和影响因素所做的估计和推断。

### (二)采购需求预测的作用

采购需求预测是企业采购管理工作的开始,由于它是以采购市场调查工作为基础的,因而所取得的资料能够为企业采购决策的制定、采购计划的编制,以及竞争能力和经营管理水平的提高提供所需的信息、资料和建议,是采购管理工作有效开展的关键环节。

1. 作为企业采购决策的前提

采购需求预测能够对未来一定时期内所要采购的各种物资需求的变化趋势和影响因素进行科学的分析,因而,能够为企业做出采购什么、采购多少以及什么时候采购、从哪里采购等采购决策提供可靠的依据,可以作为企业采购决策的前提。

2. 为企业编制采购计划提供依据

采购计划是对未来一定时期内采购管理组织各项工作有序开展的合理规划,是采购管理工作开展的指向针。采购需求预测为采购计划的制订提供了工作对象、内容、时间安排等的必要资料,是企业编制采购计划的必要依据。

3. 提高企业竞争能力和经营管理水平

采购需求预测需要对企业所面临的采购市场环境进行比较全面的调查和分析,从中可能会发现有利于企业提高竞争能力和经营管理水平的各种机会,帮助企业开发供应资源,扩展供应渠道,找出有利于企业在市场中更好地发展和参与竞争的新材料、新供应商等宝贵的资源。

## 二、采购需求预测分类

根据采购需求预测的对象在需求上的相关性,可以将采购需求预测分为独立需求的预测和相关需求的预测两种情况。

### (一)独立需求的预测

1. 独立需求的概念

独立需求指企业对最终产品的采购需求,即企业的供应商所承接的市场订单的需求,因为它的需求量是由市场决定的，企业本身只能根据以往的采购经验进行预测，而无法加以控制或决定，因此称为独立需求。

2. 独立需求的特点

独立需求具有以下特点。

(1) 发挥积极作用，合理控制采购需求。企业可以实行增加采购人员压力、将采购人员工资与采购绩效挂钩、对供应商进行正向激励等措施来对采购需求进行合理的控制。

(2) 被动、简单地服从于采购需求。由某些原因导致企业可能不是试图去改变采购需求状况，而只是简单地接受所发生的一切。如果企业正在满负荷地生产运营，它也许就不想去改变采购需求状况。其他可能的原因包括：供应市场规模一定，且处于稳定状态，采购需求超出其控制范围(如只有唯一的供应商)。此外，诸如竞争、法律、环境、道德伦理等因素也是企业只能被动地服从采购需求的原因。

3. 对独立需求的预测

由于独立需求面向的是最终产品，因而，在对其进行预测的过程中，仅需考虑该种商品自身需求的水平及其影响因素的变化即可。独立需求一般零星、分散地发生，被假设为连续性变化，对某种独立需求产品的需要量进行预测只能按平均需要量加以估算。此外，独立性需求不必要也不可能百分之百地保证供应，一般按规定的服务水平(小于100%)来满足，在进行独立需求预测时应考虑到这种规律。

### (二) 相关需求的预测

1. 相关需求的概念

当对一项物料的需求与对其他物料项目或最终产品的需求有关时，称为非独立需求，即相关需求。这些需求是计算出来的而不是预测的，对于具体的物料项目，有时可能既有独立需求又有非独立需求。

2. 相关需求的特点

相关需求具有以下特点。

(1) 需要量与需要时间确定，而已知产品中各种物料的需求取决于产品的需求量。因为，一台产品中用什么零部件、用多少都是在产品设计时规定好的。因此，当产品生产计划确定之后，构成产品的物料项目的需要量也随之确定，并可以直接依据产品的计划产量计算出来。如一辆汽车有4只轮胎，生产100辆汽车就需要400只轮胎。另一些库存物品，如供销售的产品或维修用的备件，则不是这样。后者的需求往往随机发生，具有很大的不确定性，企业无法预先知道它们的需求量，也无法加以控制，对它们的需求计划不能直接计算，只能借助统计资料作某些估计，这种需求被称为独立性需求。另外，零件的工艺路线和制造工时也都是在设计阶段确定了的。当产品的交货日期确定以后，就可根据零件的工艺路线和制造工时，由产品的交货期推算出零件的需要时间甚至它们在各生产阶段的投入产出时间，从零件的需要时间进而可推算出毛坯或材料的供应时间。零部件等物料与产品之间在需求上的这种相关关系是相关性需求的基本特点。

(2) 需求成批并分时段，即呈现离散性装配型产品生产的间断性，决定了对它们的零部件需求的成批性和分时性，即每隔一段时间产出一批，形成分批分时段产出的特点，呈现出离散性。它们的生产或采购批量按实际需要量确定。

(3) 百分之百地保证供应对物料的需求是从制订产品出产计划时就已提出的。而要完成一批产品，必须供应它所需要的全部物料。因此，为保证产品计划完成，必须按计划的时间要求，百分之百地供应其所需要的全部物料。而且，这种保证不是靠加大库存量和储备高额的保险储备量，而是靠周密的计划和控制实现的。

3. 对相关需求的预测

对物料的相关需求进行预测需要以对产品的生产、市场需求预测为基础，因此，必须充分考虑可能对产品的生产、市场需求带来影响的各种相关因素。在由多个零部件组合而成的产品中，对某个零部件的需求预测不仅要考虑产品的需求影响，还要考虑零部件之间的投入比例和技术组合要求，及时更新物料清单，以保证预测的准确性。

## 三、采购需求预测程序

采购需求预测需要有明确的目标，搜集充分的可用于分析和决策的资料并应用合适的分析、预测方法得出可靠的结论和结果。

### （一）明确采购需求预测目标

明确采购需求预测目标就是确定采购需求预测的目的。预测目的有一般目的和具体目的两类。一般目的通常比较笼统、抽象，如反映供应市场变化趋势、行情变动、供求变化等；具体目的是进一步明确为什么要做此次采购需求预测，预测哪些具体问题，要达到什么效果。

抽象的采购需求预测目标一般会给出抽象的命题，如企业未来的经营状况、供应商队伍的变化、企业未来的采购绩效等。这就需要把命题转化为可以进行操作的具体问题。如经营状况可分解为企业的年销售量、销售率、利润额、供给量、合同签约率、采购量、采购价格与成本变动程度等，否则将无法选择采购需求预测的重点项目、舍弃相类似的项目。选择重点项目的方法很多，可以以商品为重点，选择销售量较大的商品，或者供不应求的商品、价值较高的商品、利润较大的商品；可以偏重竞争问题，也可以偏于商品质量问题、企业形象问题、产品更新问题。

### （二）搜集和分析调查资料

1. 搜集资料

采购需求预测是建立在对客观事实分析的基础上的，搜集的资料充分，可以从不同侧面、不同角度分析出供应市场变化的规律，使采购需求预测的结果更加客观。资料真实，可以保证采购需求预测结果的准确性，减少非随机性误差。搜集资料的过程就是调查过程。按照采购需求预测目的，主要搜集以下两类资料。

(1) 现象自身的发展过程资料。现象发展具有连贯性特点。现象未来变动趋势和结果，必定受该现象现实和历史情况的影响。因此，需要搜集采购需求预测对象的历史资料和现实资料。

(2) 影响现象发展的各因素的资料。现象发展具有关联性特点。一种现象的变动，往往受多种因素或其他现象变动的共同影响。因此，需要搜集与采购需求预测对象相联系的、影响较大的各因素资料，同样也包括现实资料和历史资料。如需要预测汽车市场的价格变化，则要搜集主要石油产品生产国的产量变化、主要石油消耗国的制造业（如汽车业）产量变化、石油消耗量变化、石油输出国组织的相关政策变化以及有关国家的能源政策等资料。

搜集的采购需求预测资料可以是各种文献记录的第二手资料，也可以直接组织调查，获取第一手资料。搜集的采购资料必须符合需求预测目标要求，要即时、准确、真实、系统、全面，不能残缺不全，也不应过多，搜集的资料要进行有用性筛选，然后分类整理，使之系统化。

2. 分析资料

采购需求预测一般是根据现象发展的规律推断未来变化趋势。对调查搜集的资料只有经过综合的分析、判断、归纳、推理，才能正确了解各种现象之间是否存在联系以及如何联系，才能发现现象演变的规律性。分析判断是依据采购需求预测人员的知识、经验来进行的。采购需求预测人员在分析资料之后，判断具体供应市场现象的运行特点和规律，判断供应市场环境和企业自身条件变化与影响程度，然后直接估计未来，或确定现象演变的模型，据此进行采购需求预测。采购需求预测离不开科学、系统的分析，分析工作的主要内容有以下两点。

(1) 分析观察期内影响供应市场的各种因素同采购需求之间的依存关系。

(2) 分析采购需求预测期内的产供销关系。产、供、销是一个有机的整体，它们相互依存。采购需求预测的关键是分析生产与市场需求的矛盾和流通渠道的变化。生产环节主要分析生产与市场需求的矛盾和供需结构适应的程度，以及生产能力的变化，供应环节主要分析原材料、设备的产量及其使用和消耗量的变化。

### (三) 选择采购需求预测方法

采购需求预测方法很多，按照分析的供应市场现象特征不同，可分为定性分析预测法和定量分析预测法。

1. 定性分析预测法

定性分析预测法是从供应市场现象的实质特点进行分析判断，做出采购需求预测的方法。定性分析预测以预测者的经验和知识为基础，应用起来比较简单，而且比较节省时间和费用，还可用于对难以量化的现象的预测。但定性采购需求预测容易受到预测者主观因素的影响，必要时可与定量分析采购需求预测法结合使用。

2. 定量分析预测法

定量分析预测法，是对供应市场现象的性质、特点、关系进行分析后，建立数据模型，进行现象数量变化预测。定量分析预测法又可以分为时间序列预测法和因果关系预测法。定量分析预测法是在客观、具体的数据分析基础上进行的预测，一般来说得到的结果比较可靠，但有时会忽略掉一些不可确定的随机因素，因而可以结合定性分析预测法使用。

### (四) 修正采购需求预测结果

应用采购需求预测方案和合适的采购需求预测方法，对资料进行分析判断和计算预测值，可以得到采购需求预测的初步结果。要想使采购需求预测结果达到100%的准确，完全与未来实际相符是不可能的，一般能达到90%左右的准确率就很成功了。预测结果与实际存在着差别，这种差别可称为预测误差。如果预测误差较大，则需考虑以下几种因素的影响：①采购需求预测所依据的资料不完全或不真实；②采购需求预测人员素质不高、能力不足；③预测时所选定的数据模型或新建立的预测模型本身存在不合理的地方，或与实际运行出入过大；④采购需求预测现象所处外部环境条件或内部因素发生显著变化。

采购需求预测结果允许出现较小的误差，而且出现误差也是必然的。对于误差的出现，可以运用多种方法进行分析和检验。一般来说，对于定量分析预测的结果，可以运用相关检验、假设检验、差值检验(或方差检验)等方法分析预测误差。分析误差大小最常用的方法是利用已定的预测方法或模型,对现期或近期的现象进行预测,然后将预测结果与观察的实际结果进行比较,误差过大的应予放弃或修正。

### (五) 做出最终预测

如果依据搜集的资料和选定的方法得出的采购需求预测结果的误差稍大于允许值,分析原因后可进行修正。如果误差超过允许值较大,并且无资料记录、计算笔误的现象,则需重新进行预测。重新预测之前需对原预测方案的可靠性进行分析,对预测所用的资料进行审核。对于方法正确,资料不全、不实的,要重新选定资料按原方法进行预测。而对于方法不符合供应市场现象运行特点的,要按既定的预测目标重新选定方法,并重新搜集所需资料,按新选定的方法进行预测,直到采购需求预测结果与实际值接近为止,并以此作为采购需求预测的最终结果。

## 四、采购需求预测技术方法

### (一) 定性预测方法

定性预测方法是指预测者通过对影响市场变化的各种因素的分析、判断,根据经验来预测市场未来变化的需求预测的方法。其特点是简便易行、经验色彩浓厚;但易受预测者心理和情绪的影响,预测精度难以控制。常用的定性预测方法有需求调查法、采购人员经验判断法和专家意见法。

#### 1. 需求调查法

需求调查法是对物资需求部门或者个人逐个进行调查,让用料部门或个人给出明确的需求量(如要求用料部门或个人填写请购单),然后进行汇总,进而确定采购总量的方法。需求调查法通常以调查问卷或面谈、电话等方式向用料部门或个人搜集数据。在使用这种方法时,需注意所调查的用料部门给出的数据应该真实准确。因此,应该明确用料部门回答调查问题的意愿和能力,同时还应比较调查所花费的成本和带来的收益,合理地应用调查方法。

需求调查法一般适用于以下几种情况:

(1) 能够明确有限的用料部门或个人;

(2) 调查成本较低;

(3) 用料部门或个人购买意向明确且愿意配合调查。

#### 2. 采购人员经验判断法

采购人员经验判断法是指企业根据采购人员对其负责区域内的采购量或用料部门未来需求量的估计进行综合预测的一种方法。这种方法执行起来比较简单,易操作,且风险小,比较可靠,可应用的范围较广,是目前采购需求预测中最为常用的一种方法。但需要注意的是,由于该种方法对采购人员的经验依赖较强,而采购人员自身能力的一些局限和主观性可能会影响到预测结果的可靠性,尤其是存在个人利益与企业利益的冲突时,有些采购人员为了获得奖励或升迁的机会,可能会故意隐瞒真实的预测数字,而给出不实的预测结果。

#### 3. 专家意见法

专家意见法,是根据采购需求预测的目的和要求,向有关专家提供一定的背景资料,请他们就采购需求未来的发展变化做出判断,提出需求估计量的一种采购需求预测的方法。

专家意见法最常见的有专家意见集合法(头脑风暴法)和德尔菲法。德尔菲法是以匿名的方式,逐轮征求一组专家各自的预测意见,最后由主持者进行综合分析,确定需求预测值的方法。德尔菲法由于采取了逐轮征求意见反馈的方式,并对最后一轮专家意见运用适当的数学方法进行数量化处理,因此可以获得专家意见中集中、统一、有价值和可靠的部分,并以此来作为预测结果,具有相当的参考价值。

**(二) 定量预测法**

定量预测法,又称数学分析法,是在占有充分分析资料的基础上,根据预测的目标和要求,选择合适的数学模型进行预测,然后根据企业内部和外部的变化情况加以分析,以取得所需要的需求预测值的方法。定量预测的常用方法有时间序列法和统计需求分析法。

这里主要介绍一下时间序列法,时间序列法主要有以下三种类型。

1. 简单移动平均法

简单移动平均法是用最近的一组需求数据值进行的预测,前提是不同时期的市场需求相当平稳。

$$简单移动平均数 = \frac{\sum 前\ n\ 期需求总和}{n} \tag{3-1}$$

**例 3-1**　用简单移动平均法预测采购需求量,如表 3-3 所示。

**表 3-3　某企业 2014 年度 A 产品采购量预测**　　单位:件

| 月份 | 实际采购量 | 合计 | 均量 | 下月预测量 |
|---|---|---|---|---|
| 1 | 10 | | | |
| 2 | 12 | | | |
| 3 | 13 | 35 | 11.7 | |
| 4 | 16 | 41 | 13.7 | 11.7 |
| 5 | 19 | 48 | 16.0 | 13.7 |
| 6 | 23 | 58 | 19.3 | 16.0 |
| 7 | 26 | 68 | 22.7 | 19.3 |
| 8 | 30 | 79 | 26.3 | 22.7 |
| 9 | 28 | 84 | 28.0 | 26.3 |
| 10 | 18 | 76 | 25.3 | 28.0 |
| 11 | 16 | 62 | 20.7 | 25.3 |
| 12 | 14 | 48 | 16.0 | 20.7 |

不同的 $n$ 值,其预测结果不同,这就面临如何选择 $n$ 的问题。随机影响因素影响大,$n$ 就越大,反之越小。在水平模式中,$n$ 值取大些为好。原则上要求 $n$ 的取值在 2 到 6 之间。

2. 加权移动平均法

采用加权移动平均预测法预测采购需求,当未来的采购需求存在可察觉的趋势时,可用权数强调最近时期的数据。使用加权移动平均法首先需要设定各期的权数(见表 3-4)。

$$加权移动平均数 = \frac{\sum (第\ n\ 期权数) \times (第\ n\ 期需求)}{\sum 权数} \tag{3-2}$$

**表 3-4 各期的权数**

| 时 期 | 权 数 |
|---|---|
| 上月 | 3 |
| 前第二月 | 2 |
| 前第三月 | 1 |
| 权数总和 | 6 |

本月预测＝(3×上月＋2×前第二月＋1×前第三月)/ 6

**例 3-2** 用加权移动平均法预测采购需求量如表 3-5 所示。

**表 3-5 某企业 2014 年度 B 产品采购量预测** 单位：件

| 月份 | 实际销量 | 预测量 |
|---|---|---|
| 1 | 20 | |
| 2 | 24 | |
| 3 | 26 | |
| 4 | 32 | 24.4 |
| 5 | 38 | 28.6 |
| 6 | 46 | 34.0 |
| 7 | 52 | 41.0 |
| 8 | 60 | 47.6 |
| 9 | 56 | 55.0 |
| 10 | 36 | 56.6 |
| 11 | 32 | 46.6 |
| 12 | 28 | 37.4 |

最近一月的权数更大会使外推更接近实际值。

3. 指数平滑法

应用指数平滑法预测采购需求量，借助于所求得的上一期的实际值和上一期的预测值的加权和，并通过依次向前递推，进而考虑了所有期的历史数据。

基本公式：
$$F_t + 1 = \alpha A_t + (1-\alpha) F_t \tag{3-3}$$

式中：$F_t+1$ 为 $t+1$ 期(下期)的指数平滑预测值；$F_t$ 为 $t$ 期(当前期)的指数平滑预测值；$A_t$ 为 $t$ 期(当前期)的实际值；$\alpha$ 为平滑系数($0 \leqslant \alpha \leqslant 1$)，其实际意义为当前期实际值的权重。

**例 3-3** 1 月，某汽车销售公司预计 2 月桑塔纳汽车需求为 142 辆，实际需求为 153 辆，请用指数平滑法来预测 3 月的需求。($\alpha$＝0.20)

**解** $F_t+1=\alpha A_t+(1-\alpha)F_t$

3 月需求＝0.20×153＋(1－0.20)×142＝144.2(辆)

即 3 月对桑塔纳汽车的需求为 145 辆。

平滑系数的大小对预测值的准确性有较大影响，如图 3-1 所示。

实际需求稳定，可选用较小的 $\alpha$ 值来减弱短期变化或随机变化的影响。

实际需求波动较大，应选择较大的 $\alpha$ 值以便跟踪这一变化。

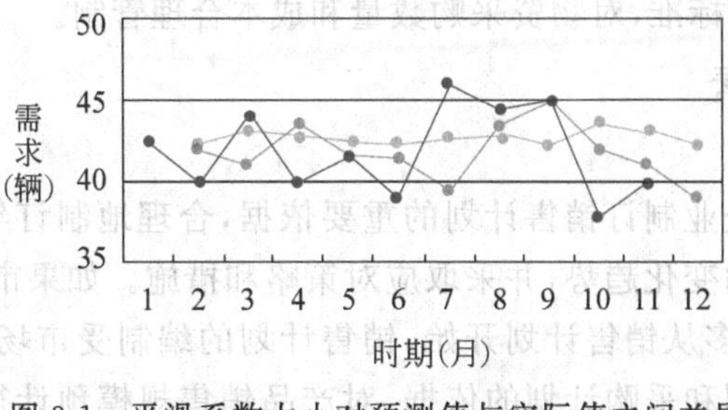


图 3-1　平滑系数大小对预测值与实际值之间差异的响应速度

# 第二节　采购计划

经过科学的销售预测、生产预测和采购预测之后，企业可以开始进行相应的工作计划的制订。在采购计划的编制过程中，时间和数量是两个关键的变量。一般来说，材料消耗量的估算以月度、季度、年度三个不同的时间维度为单位，要将估算的数据与库存管理系统中的数据进行比对，而库存管理系统中的数据会考虑采购的提前期和应持有的安全库存量。依据对采购需求量的估算值与采购材料的市场价格变化趋势以及合理的预测联系起来，可以拟定未来一段时期企业的采购计划。如果预测的材料供给量充足，则采购市场的价格有下降的可能，相应的采购政策就可能会将库存水平降到最低。反之，如果预测材料供应紧张，采购价格可能上升，则应采取增加库存保有量，并辅以期货购买的策略。

## 一、采购计划的概念

采购计划是指为满足企业生产和经营的需求，在某一时期内，企业管理人员在了解了材料市场供求状况的基础上，对物资采购的内容、时间、数量及采购作业进行的预见性的安排活动。一般来说，采购计划的制订包含了认证计划制订和订单计划制订两个方面的工作。

认证计划是指为确保采购订单的下达和实现，满足企业有效采购的需求，对未来一段时期内合格的、有能力的供应环境进行分析、评估、计算、认定的相关工作，其主要内容是要确定认证物料的数量和开始进行认证的时间。

订单计划则是针对已通过认证的供应环境，对企业未来一段时期内企业各种实际需求的物资下达采购订单的数量、时间等做出安排和部署。其主要内容是确定和下达采购订单物资需求的数量和时间。

认证计划和订单计划二者必须要做到综合平衡，以便保证采购物料能及时供应，同时降低库存及成本、减少应急单、降低采购风险。

## 二、编制采购计划的目的

采购计划是未来一段时期内采购管理组织各项工作开展的预先性安排，是对企业正常、稳定运营的必要保障。具体来说，采购计划的编制应达到以下目的：

(1) 保证各部门所需物资的充分供应，防止供应中断；

(2) 避免因物资库存过多而积压资金，占用储存空间；

(3) 配合企业的生产计划与资金调度；

(4) 做出有利的采购物资时机的选择，预先做好采购准备；

(5) 确定各种物资的耗用标准，对物资采购数量和成本合理管制。

## 三、影响采购计划的因素

1. 年度销售计划

产品市场需求的规模是企业制订销售计划的重要依据，合理地制订年度销售计划可以帮助企业预先掌握市场需求的变化趋势，并采取应对策略和措施。如果市场需求稳定，供求差异不大，企业制订年度计划多从销售计划开始，销售计划的编制受市场需求预测的影响。销售计划是企业编制生产计划和采购计划的依据，对产品销售规模预计得准确与否直接影响生产规模和产品库存水平，进而影响材料采购的规模和库存水平。

2. 年度生产计划

年度生产计划是对企业未来一年所生产的产品品种、数量、生产进度和能力分配的安排，其制订以销售计划为主要依据。年度生产计划编制的主要内容是确定企业在未来 1 年内预计生产产品的数量及时间分布。预计生产量的确定可依据以下公式：

预计生产量＝预计销售量＋预计年末库存量－预计年初存货量

**例 3-4** 某企业某种产品预计生产量计算如表 3-6 所示。

**表 3-6 某企业某种产品预计生产量计算表** 单位：件

| 项 目 | 第一季度 | 第二季度 | 第三季度 | 第四季度 | 合计 |
|---|---|---|---|---|---|
| 预计销售量 | 4 000 | 4 500 | 5 000 | 4 500 | 18 000 |
| 加：预计期末存活量 | 450 | 500 | 450 | 500 | 500 |
| 预计需要量合计 | 4 450 | 5 000 | 5 450 | 5 000 | 18 500 |
| 减：期初存货量 | 400 | 450 | 500 | 450 | 400 |
| 预计生产量 | 4 050 | 4 550 | 4 950 | 4 550 | 18 100 |

生产计划是采购计划编制的直接依据，其中的产品生产量是各种物料需求量估算的基础数据，采购计划的编制是对生产计划顺利推行的保证。生产计划编制得是否合理、可靠和稳定直接影响到物料供应的效果。

3. 用料清单

用料清单(BOM)是依据产品结构列出的所需采购的物料的品种和数量的明细，是生产采购计划数量和项目的主要依据(如表 3-7 所示)。目前，企业为参与市场竞争，更好地满足顾客需求，新研发的产品层出不穷。因此，是否能够及时地更新用料清单，将会对采购物资的品种、规格、数量产生重要的影响。为确保采购计划的准确性，用料清单必须及时更新，务必做到最新、最准确。

**表 3-7 某企业的用料清单**

| 材料名称 | 规格 | 单位 | 数量 | 单价 | 金额 | 备注 |
|---|---|---|---|---|---|---|
| | | | | | | |
| | | | | | | |
| | | | | | | |

4. 物资消耗定额

物资消耗定额是生产单位产品或完成单位工作量所必须消耗的物资的数量标准。它是正确编制物料采购计划的依据，也是降低消耗、增加生产、提高效益的重要手段。对物资消耗定额的分类是否准确、选择的计算方法是否合理以及计算物资消耗定额的人员本身的知识和经验是否可靠都会影响物资消耗定额计算的准确性，进而影响采购计划中物料需求数量估算的准确性。因此，合理划分物资消耗定额类别，准确计算数据标准是非常必要的。

5. 存量管制卡

如前所述，企业生产的数量不一定等于销售的数量，这是受存货影响造成的。因此，如果生产所用的物料有库存，则采购数量不一定等于用料清单所计算的材料需求量。物料的存量管制卡(如表 3-8 所示)是对某种物料库存状况的管理数据，依据物料需求量和存货量，结合物料的平均消耗和安全库存标准即可算出其在采购订单上的数量。存量管制卡记载的库存数量准确与否直接影响采购订单中物料的采购数量。因此，必须保证存量管制卡上数量的及时更新和准确性。

表 3-8　存量管制卡

| 物料名称 | | 物料编号 | | 存放位置 | | | |
|---|---|---|---|---|---|---|---|
| 物料等级 | □A<br>□B<br>□C | 安全存量 | | 订购点 | | | |
| | | 最高存量 | | | | | |
| | | | | | | | |
| 日期 | 入库 | 出库 | 结存 | 日期 | 入库 | 出库 | 结存 |
| | | | | | | | |
| | | | | | | | |

6. 劳动生产率

劳动生产率是指单位产品的物料消耗量，其高低将会影响预计消耗量和实际消耗量的差异，可能会引发物料的积压或短缺。因此，劳动生产率会影响采购计划中物料采购数量的准确性。

7. 价格预期

正常情况下，物料需求量与物料价格之间存在反向变化的关系。在编制采购计划时，常对物料的市场价格走势进行估计，分析其对物料供应数量的影响，可将其作为采购计划编制中调整预测的因素。

## 四、采购计划编制程序

### （一）编制采购计划的准备

企业进行采购计划编制主要包括准备认证计划、评估认证需求、计算认证容量、制订认证计划、准备订单计划、评估订单需求、计算订单容量以及制订订单计划八个环节。

1. 准备认证计划

准备认证计划是准备编制采购计划的第一步，主要包含以下三项工作。

(1) 确定能够保证企业生产经营活动正常进行的库存水平下限，由此推出采购需求。

(2) 通过引进新供应商或扩大与原有供应商的合作，消除企业当前物料需求与供应环境的差距。

(3) 编制认证计划说明书。认证计划说明书须包括物料项目名称、需求数量和认证周期等，以及开发需求计划、余量需求计划、认证环境资料等材料，还需附上各部门需求汇总和认证环境资料等。

2. 评估认证需求

评估认证需求是要分析采购需求和因市场或供应环境变化而产生的余量需求，以此来评估采购需求的合理性，并确定认证需求。

3. 计算认证容量

采购管理组织应通过分析供应商认证资料计算总体认证容量和已承接认证量，最终确定认证容量余量。物料认证容量计算公式如下：

$$物料认证容量=物料供应商群体总体认证容量-已承接认证容量 \quad (3\text{-}4)$$

认证容量不仅是采购计划中的重要指标，同时也是企业维持持续发展的关键。

4. 制订认证计划

制订认证计划，首先需要对比认证总需求与供应商对应的认证容量，如果需求小于容量，则直接按照认证需求制订认证计划；如果需求远远超出容量，则需要从全局出发，综合考虑生产、认证容量、物料生命周期等要素，判断认证需求的可行性，对采购需求或计划进行调整。

采购计划人员对于采购环境不能满足的剩余认证需求，应提交采购认证人员分析并提出对策，共同商讨和确认采购环境之外的供应商认证计划。

认证物料数量和时间的确定参照以下公式：

$$认证物料数量=开发样件需求数量+检验测试需求数量+样品数量+机动调整数量 \quad (3\text{-}5)$$

$$开始认证时间=要求认证结束时间-认证周期-缓冲时间 \quad (3\text{-}6)$$

5. 准备订单计划

准备订单计划首先需要确定企业年度销售计划和生产计划以及订货物料的供应商信息，明确订单分配比例和订单周期等信息后，编制订单计划说明书，其中包括物料名称、需求数量、订货和到货日期等信息。

6. 评估订单需求

评估订单需求是通过评估市场需求和生产需求两个重要方面，以及市场销售订单计划的可信度确定。采购管理组织需要研究市场订单的变化趋势，并与历史订单数据进行对比，保证市场订单计划的严谨性；同时，根据市场订单计划分析生产需求，最终根据二者的分析结果确定采购订单需求。

7. 计算订单容量

订单容量计算包括三项内容，具体内容如下。

(1) 总体订单容量。一般包括可供给的物料数量和可供给物料的交货时间两个方面的内容。

(2) 承接订单量。是指某供应商在限定时间内已签订的订单量。

(3) 剩余订单容量。是指某种物料所有供应商群体的剩余订单容量的总和。其计算公式如下：

$$物料剩余订单容量=物料供应商群体总体订单容量-已承接订单量 \quad (3\text{-}7)$$

8. 制订订单计划

采购管理组织通过对比总需求与订单容量，确定是否产生剩余物料需求。对于产生剩余物料需求的采购计划，应根据市场情况、生产情况以及订单容量等要素，进行订单计划调整，使订单容量尽可能满足剩余订单需求，并最终制订订单计划。

订单计划包括采购订单下单时间和下单数量两项内容，其计算公式如下：

$$下单数量 = 生产需求量 - 计划入库量 - 现有库存量 + 安全库存量 \quad (3\text{-}8)$$

$$下单时间 = 要求到货时间 - 认证周期 - 订单周期 - 缓冲时间 \quad (3\text{-}9)$$

**例 3-5**　手机制造厂编制认证计划。

某手机制造厂根据去年的销售量统计，其生产的某款手机销售量达到了 20 万部，根据市场分析，今年的销售量会比上一年增长 30%。为生产 20 万部手机，公司需要采购某种零件 60 万件才能保证生产。由于该种新型手机销售量扩大，原有零部件供应商难以达到要求的供应量。供应比例：A 供应商 70%，B 供应商 30%。A 供应商年生产能力为 80 万件，已经有 40 万件的订单；B 供应商年生产能力为 50 万件，已经有 24 万件的订单。设测试的数量为此批样件的 0.1%，样品数量和机动数量分别为 0.05%。要求在 4 月 1 日前(3 月 31 日)完成认证，认证周期为 15 天，缓冲时间为 15 天。

根据此情况，公司做采购前分析——编制认证计划。

第一步，分析认证需求。

根据市场调研，公司某款手机市场需求量将比去年增长 30%，即需生产 20×(1+30%)＝26(万件)，才能满足销售需求。这时，该种零部件的需求量为：26×(60÷20)＝78(万件)，比去年增长 78－60＝18(万件)。

第二步，计算认证容量。

根据需求，A 供应商需要供应 78×70%＝54.6(万件)，B 供应商需要供应 8×30%＝23.4(万件)才能满足需求。但是 A 供应商的年生产能力是 80 万件，已经有 40 万件的订单；B 供应商的年生产能力是 50 万件，也已经有 24 万件的订单。所以 A 供应商＋B 供应商的供应量可以达到(80－40)＋(50－24)＝66(万件)。

第三步，制订认证计划。

经过比较，78－66＝12(万件)，公司还需要再采购 12 万件才能满足需求。由于此种零件是根据公司要求进行定做的，所以公司需对其能否满足公司要求的新供应商产品进行认证。

$$\begin{aligned}认证物料数量 &= 开发样件需求数量 + 检验测试需求数量 + 样品数量 + 机动数量 \\ &= 12 + 12 \times 0.1\% + 12 \times 0.05\% + 12 \times 0.05\% \\ &= 12.024(万件)\end{aligned}$$

$$开始认证时间 = 要求认证结束时间 - 认证周期 - 缓冲时间 = 31 - 15 - 15 = 1(天)$$

即要求从 3 月 1 日开始认证，认证的物料数量为 120 240 件。

### (二) 采购计划的编制步骤

1. 掌握企业经营情况

(1) 采购人员需明确掌握企业于每年年底制定的下一年度的经营目标。

(2) 采购人员应根据企业经营目标、客户意向和市场预测等资料进行采购需求预测。

(3) 采购管理组织需明确掌握企业各部门上一年度的请购计划及其执行情况。

(4) 各部门根据年度目标、经营计划和生产计划等预估各种物料消耗的需求量。

2. 汇总采购需求

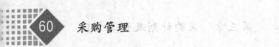

采购计划编制人员需汇总各部门物料的需求和请购单，并据此对采购需求进行汇总。

3. 制订采购计划

采购管理组织根据需求汇总表、上一年度采购情况以及企业年度经营计划，判断物料需求是否合理并编制采购计划，提交采购总监和总经理进行审核和审批。

4. 采购计划执行与变更调整

采购管理组织按月度和部门细化分解采购计划，制订月度采购作业计划，明确采购人员配置、物料项目、数量等信息。如果企业经营或市场情况变动而引起企业采购需求变化，则相关部门及人员需按照采购计划变更申请审批流程申请采购计划的变更调整。

## 第三节 采购预算

### 一、预算的概述

#### （一）预算的概念

预算是指企业未来一定时期内经营、资本、财务等各方面的收入、支出、现金流的总体计划。它以货币的形式表现各种经济活动。企业中的每一个责任中心都有一个预算，它是为执行本中心的任务和完成财务目标所需各种资财的财务计划。

#### （二）预算的目的

1. 强制计划

预算迫使管理层预先考虑未来本部门可能发生的各种财务活动，并制订详细的计划实现企业每个部门、每项业务甚至每个经理的财务目标并预计可能会出现的问题。

2. 交流思想和计划

预算是企业内一个正式的系统，这个系统确保计划涉及的每个人看清自己应该做的事情。这种沟通可能是单向的，如上级给下属布置任务，也可能是双向的交流。

3. 协调活动

需要对企业不同部门的活动进行整合，以确保所有部门都向着共同目标一起努力。而实际上这种协调很难实现。例如，采购部门应立足于生产要求编制预算，而生产预算应当基于销售预期。

4. 分配资源

预算过程包括识别将来需要以及可以获得的资源。应当要求预算编制者根据预计的活动层级或者资源水平估算它们的资源需求，以便最佳地分配和利用资源。为实现利益最大化，通常使用成本—收益分析法分配资源，优先满足利益创造能力强的需求。

5. 制定责任计算框架

预算编制要求预算中心经理对其预算控制目标负责。

6. 授权

规范的预算应当作为对预算经理支出费用的授权。只要预算中包括费用支出项目，就不需在费用发生之前获得进一步的批准。

7. 建立预算控制系统

可以通过比较现实结果和预算计划实现对实际业绩的控制。对于背离预算的情况能够被调查，而且应将背离的原因区分为可控和不可控两种因素。

8. 提供绩效评估手段

它提供了可以与实际结果进行比较的目标，以便评估员工的工作绩效。

9. 激励员工提高工作业绩

预算系统是一个可以让员工了解其工作完成好坏的系统，可以使员工保持对工作的兴趣和投入程度。管理层应识别背离预算的可控原因，为提高未来绩效提供动力。

然而，现实中存在一些不切实际的预算，有些时候部门经理对预算进行缓冲以保证实现目标的预算，或者仅仅关注目标的实现而没有实际行动，这些预算都不能算是好的预算，因为它们都没有关注长期的影响。

## 二、采购预算的概念和作用

### （一）采购预算的概念

采购预算是指采购部门在一定计划期间（年度、季度或月度）编制的材料采购的用款计划，是采购计划具体化、数字化的表现。在政府采购中，采购预算是指政府采购中政府部门批复的采购部门编制的采购项目的用款计划，当出现投标人的报价均超过了采购预算时，该次采购将作废标处理。

采购预算的内容包括列入采购预算的各种物料的采购数量和金额，以企业进行生产和经营维修所需的原材料、零部件、备件等为主。设备更新和基本建设所需的机器设备和工程材料应另编单项采购预算，不包括在计划期间的采购预算。

### （二）采购预算的作用

采购预算具有以下作用：

（1）保障企业战略计划和作业计划的执行，确保企业组织目标一致；

（2）协调企业各部门之间的合作经营；

（3）在企业各部门之间合理安排有限的资源，保证资源分配的效率性；

（4）对企业物流成本进行控制和监督。

## 三、采购预算的编制

### （一）采购预算的基本要求

采购预算应当遵循以下一些基本要求：

（1）企业应根据自身实际收支情况和资金状况安排预算，做到量力而行、收支平衡；

（2）企业内部应切实做到采购预算方案符合企业实际，坚决杜绝瞒报、虚报的现象；

（3）企业应对预算实施时涉及的企业内外部资金供求情况进行统筹安排；

（4）企业应确保采购预算能够满足企业各部门、下属单位及项目的采购需求；

（5）企业和各部门的支出预算确定以后，除突发性事件和政策因素增加的必不可少的开支外，其他支出项目当年预算不予追加，一律在编制下年度预算时考虑。

### （二）采购预算编制的流程

采购预算编制一般应采取以下步骤。

1. 审查企业以及部门的战略目标

在编制下一财务年度的预算之前，企业管理者需要对企业层级和各部门层级的战略目标进行研究和审查，使部门级的战略目标服从于企业层级的战略目标，协调各部门级的战略目标，使之相匹配。采购战略目标服务于企业战略目标。

2. 制订明确的采购计划

依据企业和采购部门的战略目标，依据各部门上报的物资需求申请，采购部门需制订预算期间的采购工作计划，明确为达成战略目标所应完成的采购工作项目及其进度安排。

3. 确定所需的资源

根据采购计划，进一步确定完成各采购项目所需消耗的物资，并根据重要和紧急程度给出排序。

4. 提出准确的预算数字

将采购计划中各项资源消耗转变为所需的物资数量与金额的乘积，提出各部门用于物资消耗、采购的预算。

5. 汇总

采购部门汇总各物资采购项目的预算，并逐个核对、审查，对有疑问的物资采购项目预算需要确认和修改。

6. 提交预算

采购部门将汇总、修改且无误的采购预算提交给财务部门。

### （三）采购预算编制的方法

采购预算编制的方法有多种，企业应根据实际的采购业务情况及采购的物资项目特点选择合适的方法编制采购预算。

1. 按业务水平变化情况划分

按业务水平的变化情况可以将采购预算编制分为固定预算和弹性预算两种方法。

(1) 固定预算。

固定预算又称静态预算，即按固定不变的业务水平编制预算。这种方法比较直观，简便易行。但操作起来机械呆板，可比性差，不利于正确地控制、考核和评价采购预算的执行情况。适用于非营利性组织和一定范围内业务水平较为稳定的企业。如支出金额变化很小的汽车保险，又如支出金额变化难以估计的小车燃修费、会议费等。应用固定预算编制采购预算一般按定额标准测算。预算前，已确定的采购支出项目。

(2) 弹性预算。

弹性预算又称变动预算，根据预算期内一系列可能达到的业务量水平编制采购预算，能适应多种情况的预算。可充分发挥预算在管理中的控制和考核作用。在弹性预算法中，将预计发生的支出费用分成了固定和可变的两类项目，分别计算出每一种可能的业务量水平下所发生的预算支出。因此，这种方法是以某个“相关范围”为编制基础，而非以某个单一业务水准为基础，且反映出一定的“动态”性。

应用弹性预算法编制采购预算步骤包括：

① 确定与预算内容相关的业务量计量标准和范围，如产销量、材料消耗量、直接人工小时、机器工时、价格等，一般来说，业务量波动范围在基础业务量的70％～120％或者60％～110％。

② 计算各经济变量之间的数量关系，预测计划期或预算期可能达到的各种经营活动业务量。

③ 预测随业务量增减变化而变化的变动成本，应计算每单位业务量所负担的某种成本

费用。

④ 计算各种业务量的财务预算数额，并以列表、图示或公式等方式表示。

**例 3-6** 某公司采购部门某产品在正常情况下，全年采购量预计为 50 000 件。要求在其 70%～120%按间隔 10%的采购量，以及按表 3-9 所示的各项费用的标准编制其弹性预算。

**表 3-9 各项费用及其标准编制弹性预算**

| 成本项目 | 费用与销售量的关系 |
|---|---|
| 业务佣金 | 按采购量每件支付 2 元津贴 |
| 包装费 | 按采购量每件支付 1 元津贴 |
| 装卸费 | 基本工资 2 100 元，另按采购量每件支付 1.5 元津贴 |
| 管理人员工资 | 基本工资 30 000 元，另按采购量每件支付 0.1 元津贴 |
| 保险费 | 2 000 元 |
| 差旅费 | 30 000 元 |
| 办公费 | 40 000 元 |

请运用弹性预算法为该公司采购这种产品编制采购预算。

**解** 设费用支出为 $Y$，固定费用为 $a$，单位变动费用为 $b$，采购业务量为 $X$，则有：

$$Y = a + bX$$

由题

$$a = 2\ 100 + 30\ 000 + 2\ 000 + 30\ 000 + 40\ 000 = 104\ 100(\text{元})$$

$$b = 2 + 1 + 1.5 + 0.1 = 4.6(\text{元}/\text{件})$$

则有

$$Y = 104100 + 4.6X$$

由此，采购业务量 $X$ 的可能发生量为：$X_1 = 35\ 000$，$X_2 = 40\ 000$，$X_3 = 45\ 000$，$X_4 = 50\ 000$，$X_5 = 55\ 000$，$X_6 = 60\ 000$。

将公司这种产品的采购预算额 $Y$ 与采购业务量 $X$ 代入公式 $Y = 104\ 100 + 4.6X$，其结果可能为：$Y_1 = 265\ 100$(元)；$Y_2 = 288\ 100$(元)；$Y_3 = 311\ 100$(元)；$Y_4 = 334\ 100$(元)；$Y_5 = 357\ 100$(元)；$Y_6 = 380\ 100$(元)。

2. 按预算期时间特征划分

按预算期的时间特征可将采购预算编制分为定期预算与滚动预算。

(1) 定期预算。

定期预算是指在编制预算时以不变的会计期间(如日历年度)作为预算期的一种预算编制的方法。这种方法能够使预算期间与会计年度相配合，便于考核和评价预算的执行结果但其远期指导性、灵活性和连续性都比较差。

(2) 滚动预算。

滚动预算又称连续预算、永续预算，其预算期随着时间的推移自行延伸，始终保持一定的期限(通常为 1 年)。每过 1 个月(季)，就应对本月预算执行情况进行差异分析，根据变化的情况修改后几个月的预算，并增加 1 个月的新的预算。采用滚动预算法可以保持预算的完整性和连续性，从动态预算中把握企业未来的发展趋势。使企业管理人员对未来一定时期的生产经营活动作更长远、更周密的考虑和规划，保证企业工作有条不紊地进行。可随情况的变化，不断修改预算，使预算更切实可行。

应用滚动预算法编制采购预算要求近期的实施预算要具体，远期的展望预算可以粗略。例如滚动期为5年的预算，第一年要具体，中间两年较细，后两年可较粗略。

**例 3-7** 以滚动预算法编制的采购预算案例如表3-10所示。

**表 3-10 滚动预算示例**

| 月份 | 1 | 2 | 3 | 4 | 5 | 6 |
|---|---|---|---|---|---|---|
| 预算(万元) | 12 | 12 | 12 | 12 | 12 | 12 |
| 月份 | 2 | 3 | 4 | 5 | 6 | 7 |
| 预算(万元) | 13 | 13 | 13 | 13 | 13 | 13 |
| 月份 | 3 | 4 | 5 | 6 | 7 | 8 |
| 预算(万元) | 14 | 14 | 14 | 14 | 14 | 14 |

3. 按编制出发点特征划分

按编制出发点的特征可以将采购预算编制分为增量预算和零基预算。

(1) 增量预算。

增量预算，又称调整预算，它是以基期成本费用水平为基础，结合预算期业务量水平及有关影响成本因素的未来变动情况，通过调整有关原有费用项目来编制预算。

增量预算的使用前提是现有的业务活动是企业必需的；原有的各项开支都是合理的；增加费用预算是值得的。

使用增量预算法会受到原有费用项目限制，可能导致保护落后；同时也可能会滋长预算中的"平均主义"和"简单化"，不利于企业未来发展。

(2) 零基预算。

零基预算是一种特殊的采购预算编制方法，是指不考虑过去的预算项目和收支水平，以零为基点编制的采购预算。这种方法的好处是不受现行预算框架限制，但因其工作量大，且在衡量业务重要性时，可能主观随意，因此适合隔几年采取一次零基预算，期间内预算微调。

应用零基预算法的步骤如下。

① 提出预算目标。各相关部门根据企业的战略目标和本部门的目标与任务，对可能发生的采购支出费用逐一列出，并考证其支出的必要性，编写各项采购支出费用项目的方案。

② 开展成本—收益分析。对所提出的每一个预算项目应将所需要的支出费用与所能获得的收益进行比较和计算，依据结果进行排序，权衡其重要性。此项工作需要由企业的主要负责人、总会计师等人员组成预算委员会来执行。

③ 分配资金，落实预算。根据预算委员会认定的结果，结合预算期内可动用的资金来源对各个可行的预算项目进行资金分配，落实预算。

4. 按预算期内构成条件的确定性划分

按预算期内预算构成条件的确定性可以将采购预算编制分为确定预算和概率预算。

(1) 确定预算。

对于多数预算来说，影响预算的因素比较确定，所制定的预算具有唯一的可能性，属于确定预算。

(2) 概率预算。

概率预算是指通过对影响预算对象的若干不确定因素进行分析、计算，然后确定一个预算期间该项预算对象最有可能实现的值的预算。这需应用概率和期望的原理来进行计算。这种方法适用于变量(如业务量、价格成本等)较多的情况。应用概率预算法将预计发生的费用分成了固定和可变两种情况，对于业务量和价格成本来说，根据其相关性可使用独立概率和联合概率两种情况。应用联合概率时，计算公式为：

采购总成本 = 单位可变成本 × 采购量 + 固定成本 (3-10)

联合概率 = 采购量概率 × 单位可变采购成本的概率 (3-11)

概率预算法的编制步骤如下。

① 确定变量水平及其发生的可能性。确定有关变量预计发生的水平，并为每一个变量的不同水平的发生估计一个概率(可根据历史资料或经验进行判断)。

② 编制预期价值分析表。根据估计的概率及条件价值，编制预期价值分析表。

③ 编制预算。根据预期价值表，计算期望值，编制预算(一般只对变量的一个或几个确定的值进行分析，而未考虑变量有可能出现的值以及出现的可能性大小)。

**例 3-8** 某公司根据预算年度上级下达的预算指标，结合上一年本公司生产部门的实际用料情况，经预测分析，本年度公司该物料需求量为 6 000 吨的概率为 0.4，需求量为 8 000 吨的概率为 0.6。公司上一年度的单位可变采购成本为 200 元，本年度预计通过流程改造可使单位可变采购成本降为 100 元，此种情况经测算概率为 0.8，若流程改造不顺利，则仍然保持 200 元，如表 3-11 所示。公司年度采购固定成本预计为 5 万元，则该公司本年度的采购预算额度为多少？

**表 3-11 采购概率预算表**

| 采购量(吨) | 概率 | 单位变动采购成本(元) | 概率 | 固定成本(元) | 采购成本(元) | 联合概率 | 采购成本预算值(元) |
|---|---|---|---|---|---|---|---|
| 6 000 | 0.4 | 200 | 0.2 | 500 000 | 1 700 000 | 0.08 | 136 000 |
| | | 100 | 0.8 | 500 000 | 1 100 000 | 0.32 | 352 000 |
| 8000 | 0.6 | 200 | 0.2 | 500 000 | 2 100 000 | 0.12 | 252 000 |
| | | 100 | 0.8 | 500 000 | 1 300 000 | 0.48 | 624 000 |
| 采购成本最终预算值 | 1 364 000 元 | | | | | | |

## 本章小结

企业在制订采购计划和预算之前需要先对采购物资的需求进行预测，这是采购计划和预算工作的基础和依据。根据采购需求预测的对象在需求上的相关性可将采购物资的需求分成独立需求和相关需求。需求预测需要目标明确，资料充分，方法合理。需求预测的方法有定性预测方法和定量预测方法，必要的情况下可以将两种方法结合使用。

采购计划是未来一段时期内采购部门各项工作的规划和安排，包含了认证计划和订单计划两个部分，编制采购计划的主要内容就是要明确计划期内需求的数量及下达认证订单和采购订单的时间。

采购预算是采购计划的具体化和数量化的表现，编制采购预算要遵循严格的程序，选择科学的方法。

## 实训项目

A家具厂现在为了要制订年度物资需求计划，需要确定公司用于生产某文件柜的物资需求情况。公司的销售部门通过对以往的销售数据分析，利用线性回归法预测六月份的采购量为2 000个，假设公司的生产能力完全能够满足销售需要，并且对原材料采取一步到位的形式采购。通过查阅库存文件知道，文件柜成品库存为0，木材库存为3 000kg，柜体库存500个，滑条1 000个，锁和手柄库存均为400个，但是它们是存量管制物流，要求库存比低于300，其余物资库存为0，文件柜的主生产文件如图3-2所示。请你确定文件柜各物资的需求时间与发出订单时间。

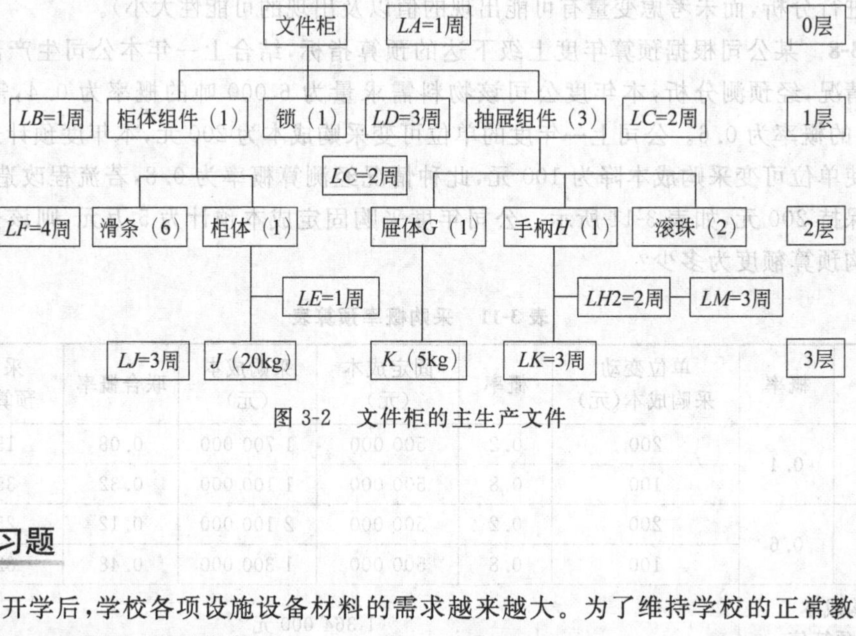


图3-2 文件柜的主生产文件

## 练习题

新生开学后，学校各项设施设备材料的需求越来越大。为了维持学校的正常教学，先需要提前采购一批粉笔，供教学使用。

现如果已经知道今年1～9月份，粉笔的采购需求见表3-12。

**表3-12 1～9月份粉笔采购需求**

| 月份 | 1 | 2 | 3 | 4 | 5 | 6 | 7 | 8 | 9 |
|---|---|---|---|---|---|---|---|---|---|
| 数量(盒) | 134 | 120 | 156 | 182 | 196 | 216 | 248 | 0 | 280 |

请你根据以上信息分别运用简单移动平均法、加权移动平均法、指数平滑预测法预测10月份学校的粉笔采购需求量。

# CHAPTER 第四章

# 采购方式

## 引导案例

### 绿城："网络商城＋实体体验"网络建材采供模式

绿城以其"轻资产化"理念下催生的新业务板块，成为国内首家建材 B2B 电子商务企业。2011 年 3 月，绿城电子商务有限公司正式成立。在短短的两年多的时间里，绿城电商晒出首张"成绩单"，截至 2013 年年底，全年完成销售额 25 亿元，实现业绩翻倍。事实上，这家年轻电商企业首创的新型建材采供模式，正在业内引发"蝴蝶效应"。绿城电商董事长宓建栋认为："绿城电商通过电子商务手段，将建材价格透明化，同时凭借规模集采优势，优化建材供应链，承诺所出售产品均为全国同期同类工程最低价。这是绿城电商最直接的价值体现，也是缺乏议价能力的中小房企选择与绿城电商合作的最关键因素。"据了解，截至目前，绿城电商在确保绿城集团各项目用材供给的前提下，已成功拓展了包括葛洲坝集团、积水房产、重庆两江集团、海尔集团等外部会员 500 余家，客户类型包括房地产开发商、工程承建商、城市综合体、酒店、银行等。

**自我革命**

宓建栋认为："绿城电商在国内建材采集平台中脱颖而出，与其完整服务模式和背靠绿城集团强大的资源分不开。"在这个平台上，客户可以通过实体体验和网络商城的线上线下服务，综合考虑进行选择，并享受由绿城电商提供的从设计、规划到安装的一条龙服务。平台中的多数建材品牌都与绿城集团有着多年合作，品牌品质无形中被贴上了"绿城验证"的标签，这对于部分在建材方面经验不足的客户来说省去了不少做选择的时间。

对于合作客户来说，最具吸引力的莫过于通过绿城电商平台有效节省成本。据绿城电商工作人员展示，平台部分材料的价格较市场均价的确能达到超过五成的优惠。大幅度价格优惠得益于绿城电商自身的定制属性：通过精准的规模化采集，帮助供应商在为电商提供定制建材产品时做到"零库存"，即供应商在接到实际订货后才开始生产建材，减去不必要消耗和库存浪费，大幅度降低产品成本。绿城电商的另一个最具潜力的增长空间来自地方政府。随着反腐工作力度加大，部分地方政府看重电商的透明度，选择将公建项目的建材采购交由在绿城电商平台上进行，这个趋势在今年尤为明显。

目前，绿城电商已经与浙江嵊州市政府签订合作协议，所有政府类项目所需用材均会优先在该平台上采购。尽管这类合作需要经过纪委考察等程序，但绿城电商对于这一类业务前景持乐观态度。

**B2B+O2O电商模型**

绿城系自身在全国有上百个在建、待建项目，这些项目所涉及的海量建材采购，无论哪个建材提供商都要为之“折腰”。再来剖析这个不在网上售房而只售建材的“绿城电商”，它自身的采购量差不多已足以把这个电子商务撑起来了，而现在又更像把原本只属于自用的集采系统，向其他开发商、酒店以及商场等工程大客户们开放。所以“团购”是绿城电商基因之一，因为采购量巨大，所以就有跟上游供应商议价的话语权。正是这个话语权，绿城可以在线下营造35 000平方米的巨型实体电商体验馆，目前馆内已汇集了西门子、汉莎、东芝、唯宝、汉斯格雅等130余家一线建材品牌，涉及29大品类。

这个模式还有一个与众不同的亮点：绿城不只是平台提供商，还要充当“整体解决方案”操盘手，所以在展馆里，还设置诸如3D环幕演播厅，开发了让会员在计算机里随意拼搭，选择各种品牌的“组合”，使采购变得透明、高效、公平、专业。这是一个完善的B2B+O2O电商模型，再加上绿城自用采购量，就有足以支撑这个平台的业务量。这也是非专业领域竞争者很难复制的电商模型。

**搭建金融平台**

目前绿城电商的最新定位是专业建材服务商，一种具备供应链管理模式的贸易电商。这是一个重大变化。数据显示，在过去的一段时间，绿城电商的会员快速增长到了500多家。如果按照这样的速度，1 200家会员数量很快就会实现。但是，过快的会员增长与供应链管理的精细化矛盾逐渐显露，这促使宓建栋决定在今年不再一味发展会员。

绿城电商副总经理钱晟磊也认同这一节奏。他说：“宋卫平董事长的要求高，他是个完美主义者，对品质和品牌的维护有着超乎常人的理想主义，我们顶着‘绿城’价值上百亿的牌子有时也怕。”尽管目前已有美国、澳大利亚的一些企业想成为绿城电商的国际会员，但宓建栋并不打算马上国际化。“现在还没有这么长远的计划，要么这家企业不做大，要做大国际化是完全必需的。”宓建栋现在琢磨的是与金融结合的问题。我们正在思考“有哪些金融产品通过我们中间的平台，能把下游的客户跟金融机构和金融模式联合起来。”他说。实际上，在这一领域，宓建栋已经开始布局。钱晟磊表示，宓建栋决定一定要做供应链金融服务，那时京东还没提出来。

“目前正在打造一个包括上游、下游、平台和第三方机构的金融闭环。从会员采购角度出发，这需要付款给供应商，但由于一般中小公司通过银行借贷的资金成本高，平台可以通过财务公司等资金机构以较低的利率借贷给会员。从供应商角度运作，平台可以先找资金机构付给供应商货款，然后再以低利率返还资金。最终实现物流、信息流和现金流更加灵活，各取所需。”

**案例解析**

这是一个新型的“网络商城+实体体验”网络采供模式，这种新模式是网络及电子商务快速发展的必然结果。绿城电商搭建了国内建材的采集平台，在这个平台上，客户享受了实体体验和网络商城的线上线下服务；也是在这样的一个平台，客户能够获得更低的价格、更优质的服务、更快捷透明的采购渠道，解决了采购成本高、采购“黑洞”等一系列问题。这种模式是值得学习和借鉴的。首先，平台的搭建需要资源整合，需要与供应商建立良好的战略合作伙伴关系；其次，企业提供的不仅是采购平台，更是整体解决方案，客户可以获得一站式的优质售前、售中及售后服务，更能享受到各种增值服务；最后，供应链金融服务使物流、信息流和现金流更加灵活，为供应商及客户提供全方位保障。绿城电商的成功也说明了在这样激烈的竞争环境下，采购模式创新的重要性与必要性。

（资料来源：中国房地产网，http://info.10000link.com/newsdetail.aspx?doc=2014070190030.）

**案例涉及的主要知识点**

- 集中采购
- 电子采购
- 供应链金融
- 供应链管理

**学习导航**

- 掌握集中采购与分散采购的含义
- 了解询价采购的特点
- 理解联合采购的概念及优劣势
- 掌握招标采购的程序
- 理解 JIT 采购的基本原理及特点
- 了解电子采购模式

**教学建议**

- 备课要点：不同采购模式的内涵、程序、基本原理及相关内容
- 教授方法：案例引导、课堂讨论、板书及 PPT 讲授
- 扩展知识：结合 JIT 采购原理说明 JIT 方式在其他领域中的应用

# 第一节　集中采购与分散采购

## 一、集中采购

### （一）集中采购的含义

集中采购是相对于分散采购而言的。它是指企业在核心管理层建立专门的采购机构，统一组织企业所需物品的采购进货业务，即企业生产中所需物资的采购任务都由一个部门负责，其他部门（包括分厂、分公司）无采购职权。跨国公司的全球采购部门的建设是集中采购的典型应用。它以组建内部采购部门的方式统一管理其分布于世界各地分支机构的采购业务，减少采购渠道，通过批量采购获得价格优惠。

### （二）集中采购的优势与劣势

1. 集中采购优势

(1) 有利于获得采购规模效益，降低采购成本和物流成本。变分散零星采购为集中批量采购，由于批量大、数量多，能够引起供应商的兴趣，在与供应商的谈判中能够增强自身的分量，比较容易获得价格上的折扣和良好的服务；集中采购的批量较大，就可以直接向厂家订货，减少中间环节，可获得较低的价格；也可向厂家提出简化外包装的要求，从而在不影响

商品质量的前提下减少包装成本;集中采购还可使货物量很容易达到整车装运,可以节省运费,因而能降低采购成本和物流成本。

(2) 有利于得到供应商的支持与合作。企业实施集中采购策略,由于采购批量大,可以从少数几个供应商处采购所需的物品,容易与少数供应商建立密切的合作关系。这样,采购商容易得到供应商在技术开发、货款结算、售后服务支持等诸多方面的支持与合作。

(3) 有利于对采购工作实施有效控制。由于采购权集中在核心管理层,采购方针与作业规划比较容易统一实施,所购物料就比较容易达到标准化,这样既可统筹规划供需数量,容易对各部门和工厂所需物品的信息归集,进行统筹安排,减少采购次数,综合调配物资,避免各自为政引起的存货增加,亦可协调各部门的过剩物资,相互转用,防止采购过剩。

(4) 有利于提高采购的工作效率和采购决策的集中程度,采购方针与作业规则容易统一实施。集中采购优化了采购流程,实行了采购的专业化分工,采购的具体方式又往往通过网络来进行,如实行网上招标,这就缩短了采购周期,提高了工作效率。

(5) 有利于遏制腐败现象的发生。集中采购一般采用公开招标、集体决策的方式,整个过程是在公开、公平竞争中完成的,供应商只在价格和质量上竞争,采购商以"质同价低"或"价同质高"以及优良的售后服务等原则选择供应商,整个过程的信息透明度较高,能够实行"阳光采购",有效制止采购中的腐败。

2. 集中采购劣势

集中采购模式也存在不足,主要表现在以下方面:

(1) 采购流程过长,时效性差,难以适应零星、地域性及紧急性的采购;

(2) 非共同性物料集中采购,难以得到数量折扣利益,集中采购的价格优势就无从体现;

(3) 采购主体与使用主体相分离,缺乏激励,很难衡量采购绩效。

### (三) 集中采购适用的范围

1. 集中采购所适用的采购主体

集中采购所适用的采购主体包括以下几个。

(1) 产销规模大,采购量大的企业,如集团范围实施的采购活动和跨国公司的采购。

(2) 连锁经营、OEM 厂商、特许经营企业。这里企业虽有数个生产单位,但采购物品品种单一或种类大同小异,可以通过集中采购达到"以量限价"的效果。

(3) 生产部门比较集中,采购与供应比较方便的企业。如果企业各部门或下属单位分布在相同的国家或地区,各地的商业贸易政策、文化习惯都相同,则也易于采用集中采购方式。

2. 集中采购所适用的采购客体

集中采购所适用的采购客体包括:

(1) 大宗或批量物品,价值高或总价大的物品。

(2) 关键零部件、原材料或其他战略资源,保密程度高、产权约束多的物品。

(3) 容易出问题或已出问题的物品。

(4) 定期采购的物品。

(5) 企业供应与需求同处一地,便于集中组织供应的物品。

## 二、分散采购

### (一) 分散采购的含义

分散采购是由企业下属各单位，如子公司、分厂、车间或分店实施的满足自身生产经营需要的采购，是一种集团将权力分散的采购活动。

分散采购是集中采购的完善和补充，有利于采购环节与存货、供料等环节的协调配合，有利于增强基层工作责任心，使基层工作富有弹性和成效。

### (二) 分散采购的优势与劣势

与集中采购相比，分散采购也具有自身的优势与劣势，如表 4-1 所示。

表 4-1 分散采购的优劣势

| 分散采购的优势 | 分散采购的劣势 |
|---|---|
| 供需双方易于沟通，采购迅速，容易应付紧急情况；<br>责权分明，易于管理；<br>占用库存空间小；<br>手续简便，过程短；<br>当企业的各个运营单位分布在不同地区时，分散采购通过就地购买节约运输成本 | 采购权力分散，采购批量小，不能得到价格折扣；<br>决策层次低，采购权力下放后使采购控制较难，采购过程中容易出现舞弊现象；<br>企业内部部门之间的多头采购容易造成资金占压 |

### (三) 分散采购适用的范围

1. 分散采购适用的采购主体

分散采购适用于下列采购主体：

(1) 二级法人单位、子公司、分厂、车间；

(2) 规模较大，工厂分散于较广区域的企业；

(3) 异国、异地供应的情况。

2. 分散采购适用的采购客体

分散采购适用于下列采购客体：

(1) 小批量、单件、价值低、总支出在产品经营费用中所占比重小的物品；

(2) 在费用、时间、效率、质量等因素方面优于集中采购的物品；

(3) 市场资源有保证，易于送达，物流费用少的物品；

(4) 基层在采购与检测方面更有经验的物品；

(5) 产品开发研制、试验或少量改进产品所需要的物品。

## 三、选择集中采购或分散采购需要考虑的因素

集中采购与分散采购相比，都有其自身的特点。集中采购相对于分散采购，它的规模比较大、效益好、容易取得主动权，同时能保证进货质量，有利于统筹安排各种物品的采购业务，易于得到供应商的支持和保障，有利于采购成本的降低，并有利于做出集体决策，从而使采购过程的透明度增加，减少腐败的滋生和蔓延。但是，集中采购相对于分散采购又具有数量大、过程长、手续多、容易造成库存成本增加、占用资金、保管损失增加、保管水准要求增高的弊端。所以，企业在实际采购过程中，应根据自身的条件、资源状况、市场需求等情况来选择是采用集中采购还是分散采购，不能盲目地照搬其他企业的方式。

在决定集中采购或分散采购时，应考虑下面的因素。

1. 采购物品的通用性

所购产品的通用性越高，产品的种类相对就越少，数量会增加，从而可使得采购商品的数量大，这适于使用集中采购的方式，可获得数量方面带来的优惠。

2. 地理位置的分布

如果企业所拥有的分厂或子公司与总厂或总公司处于同一地域范围内，它们之间的距离比较近，交通也比较方便，这时物品的采购可以考虑采用集中采购的方式；如果它们之间处于不同地域，相隔较远，运费增加；尤其是处于不同的国家或地区，这时也存在不同国家的商业贸易政策不同、管理实践不同、文化差异巨大等，使得集中采购不能实施，或实施后采购成本更高，这时，就不如采用分散采购。

3. 供应市场结构的影响

有时候企业所需要的产品的供应市场是有限的，也就是说其供应商只有一个或仅有几个大型供应商组织，供应商处于有利地位。这时，企业应该考虑采用集中采购的方式，用大批量或大数量来吸引供应商，争取在谈判中与供应商处于较平等的地位，会使企业获得较满意的采购价格。

4. 采购物品降低价格的潜力

有些原材料的价格对采购数量非常敏感，如印刷品、标准产品或高科技元件等，在这种情况下，购买的数量越多，可能获得的价格越低，会导致采购成本的节约，因此各单位应将采购量集中起来，采用集中采购以使成本降低。

5. 专业技术的要求

有时，有些采购需要非常高的专业技术。这时，一般总公司会考虑对这些产品进行集中采购，因为集中采购更能获得供应商的专业支持和保障，同时也会使采购物品的质量有所保证，并能降低成本。

6. 价格波动的影响

有些物资（如小麦、咖啡、果汁、金属、油品、橡胶、大米等）的价格对于政治或经济环境比较敏感，这时易于采用集中采购方式保障获得价格的优惠。

7. 客户的需求

有时，客户会向制造商指定他必须购买哪些产品，如飞机制造业、设备制造等，这就只能遵循客户的要求采取分散采购的方式。

除了考虑以上因素外，选择集中采购时，还应该有利于资源的合理配置，减少层次，加速周转，简化手续，满足要求，节约物品，提高综合利用率，保证和促进生产顺利进行，调动各方的积极性，促进企业整体目标实现。

# 第二节 询价采购

## 一、询价采购的概念

询价采购是国际上通用的一种采购方法，也是企业常用的采购方法。它是指采购者向选定的若干个供应商发出询价函，让供应商报价，然后根据各个供应商的报价而选定供应商的方法。询价采购的最终目的是货比三家。这种方法适用于采购现货或价值较小的、规格标准的设备或者小型的土建工程。

## 二、询价采购的特点

(1) 邀请报价的供应商数量至少为三家。

(2) 只允许供应商提供一个报价。每一供应商或承包商只许提出一个报价,而且不许改变其报价。不得同某一供应商或承包商就其报价进行谈判。报价的提交形式,可以采用电传或传真形式。

(3) 报价的评审应按照买方公共或私营部门的良好惯例进行。采购合同一般授予符合采购实体需求的最低报价的供应商或承包商。

询价采购采购除了具有上述特点外,还具有以下优点。

① 询价采购不是面向整个社会所有的供应商,而是在充分调查的基础上,筛选了一些比较有实力的供应商。所选择的供应商数量不是很多,但是其产品质量好、价格低、企业实力强、服务好、信用度高。

② 采购过程比较简单、工作量小。因备选供应商的数量少、范围窄,所以无论是通信联系、采购进货都比较方便、灵活,采购程序比较简单,工作量小,采购成本低,效率高。

③ 邀请性采购。询价采购通常是分别向各个供应商发询价函,供应商并不面对面地竞争,因此各自的产品价格和质量能比较客观、正常地反映出来,避免了面对面竞争时常常发生的价格扭曲、质量走样的情况。

询价采购正是因具有这样的优点,才被广泛地应用于企业采购和政府采购活动之中。

尽管询价采购具有上述优点,但它也有一定的局限性。它所选供应商数量少、范围窄,可能选中的供府商不一定是最优的。而且由于采购频繁,工作量较大,采购供货周期受到制定询价文件、报价、评审选择、签订合同、组织供货等环节流转的影响,采购周期相对显得较长,采购效率不易提高,供货和使用时常受到影响。

## 三、询价采购应满足的条件

根据《中华人民共和国政府采购法》第三十二条的规定,询价采购必须满足以下四个条件:

(1) 采购对象必须是货物;

(2) 所购货物规格、标准一致;

(3) 该货物在市场上货源充足,交钱即可提货;

(4) 该货物价格相对稳定,在一定时期内波动幅度不大。

## 四、询价采购的流程

### (一) 询价准备

1. 计划整理

采购部门按照采购执行计划,结合采购物品的急需程度和规模,编制月度询价采购计划。

2. 成立询价小组

询价小组由采购商的代表和有关专家共三人以上单数组成,其中专家人数不得少于成员总数的三分之二,询价小组名单在成交结果确定前应当保密。询价小组应当对采购项目的价格构成和评定成交的标准等事项做出规定。

3. 编制询价文件

询价小组要按照采购有关法规和项目特殊要求，在采购执行计划要求的采购时限内拟订具体采购项目的采购方案、编制询价文件。

4. 询价文件核对

询价文件在定稿前需经采购相关人员认真核对。

5. 收集信息

按照采购物品的特点，通过查阅供应商信息库和市场调查等途径进一步了解价格信息和其他市场动态。

6. 确定被询价的供应商名单

询价小组根据采购需求，通过随机方式从符合相应资格条件的供应商名单中确定不少于三家的供应商，同时向其发出询价通知书让其报价。

**（二）询价**

询价小组要求被询价的供应商一次报出不得更改的价格。被询价供应商在询价文件限定的时限内递交报价函，工作人员应对供应商的报价函的密封情况进行审查。询价小组所有成员集中开启供应商的报价函并作报价记录，同时签名核对，按照符合采购需求、质量和服务相等且报价最低的原则，按照询价文件所列的确定成交供应商的方法和标准，确定1～2名成交候选人同时排列顺序。询价小组必须写出完整的询价报告，经所有询价小组成员及监督员签字后，方为有效。

**（三）确定成交供应商**

采购商按照询价小组的书面谈判报告和推荐的成交候选人的排列顺序确定成交人。当确定的成交人放弃成交或因不可抗力提出不能履行合同时，采购商可以依序确定其他候选人为成交人。采购商也可以授权询价小组直接确定成交人。成交人确定后，由采购商向成交人发出《成交通知书》，同时将成交结果通知所有未成交的供应商。询价小组应于询价活动结束后20日内，就询价小组组成、采购过程、采购结果等有关情况，编写采购报告。

## 五、询价采购的实施步骤

1. 供应商的调查和选择

为发挥询价采购的优点，克服其局限性，关键要对资源进行充分调查，了解掌握供应商的基本情况，这是保证询价采购有效实施的第一步。

2. 编制及发出询价函

询价采购不同于别的采购方式，为了发挥其特点，需要编制简单明了的询价函。询价函一般包含以下几项内容：①项目名称、数量、技术参数；②履约期限及交货地点；③供应商应携带的资质证明材料；④递交报价单的地址及截止时间；⑤报价单位法人代表或委托人签字盖章。

3. 报价单的递交及评审

供应商在报价截止日期前，将报价单密封并在封口处加盖公章，递交给采购商；采购商应在规定时间内组成评审小组，对供应商的报价进行详细的分析、比较。

4. 合同的签订及验收、付款程序

选中供应商后，采购商要与供应商按询价采购的程序签订采购合同，合同中应明确采购项目名称、数量、金额、交货方式、履约期限、双方权利与义务、保修期、验收方法、付款方式及违约责任等条款。合同履行完毕，采购商要对商品进行验收，验收合格后，由采购商填制验收单，经审验合格后，办理有关付款手续。

5．履约保证金

为约束供应商履行合同，中标的供应商应在签订合同时向采购商缴纳一定金额的履约保证金。在合同履行完毕，无任何质量问题时，予以结清。

**实用案例 4-1**

## 某企业采购询价函

各受邀报价单位：

我司受用户单位委托，以询价采购方式进行下列货物的批量采购，请按以下要求于2014 年　月　日（星期　）上午 10：00 前将报价文件密封送至我公司招标部。

一、拟采购货物一览表

| 序号 | 货物名称 | 型号规格、主要技术参数及标准配置 | 数量 | 备注 |
| --- | --- | --- | --- | --- |
| 1 | | | | |
| 2 | | | | |

二、与采购货物相关的要求

1．本次询价为整体采购，询价响应供应商报价时须写明单价及总价、产品的详细配置参数，投标报价包含货物制造、运输、装卸、售后服务等交付采购人使用前所有可能发生的费用，定标后不再增补任何费用。

2．交货期：中标后按照采购人规定的期限内全部运抵交付。

3．供货地点：天津新港内采购人指定的堆场或货代机构。

4．询价响应供应商的资质要求（未达到以下资质要求的，将被视为无效询价响应）：

（1）要求企业实力强、具有可靠良好的资信状况；

（2）具有独立承担民事责任能力；

（3）具有良好的商业信誉和健全的财务会计制度；

（4）具有履行合同所必需的设备和专业技术能力；

（5）具有依法缴纳税收和社会保障资金的良好记录；

（6）参加本批采购询价响应的前 3 年内没有法律纠纷及不良记录，在经营活动中没有重大违法记录；

（7）法律、行政法规规定的其他条件；

（8）报价方必须具有完善的售后服务机构和售后服务体系；

（9）询价响应供应商，应能提供本地化技术服务相关的证明材料。

5．询价响应：供应商必须提供产品的质量保证说明及售后服务承诺。询价响应供应商提供的货物制造标准及技术规范等，必须符合最新相关国家标准、部颁相关标准和规范的要求，并且提供相关检验检测报告。

6．询价文件（正本一份，副本一份）由询价响应书、开标一览表、货物说明一览表、规格技术参数表、售后服务体系说明及售后服务承诺、企业工商营业执照有效复印件、法人代表对询价响应供应商代表的询价响应授权书原件、被授权代表的身份证有效复印件、询价响应产品的彩图、检验报告，本询价文件其他条款要求提供的相关文件，以及各询价响应供应商认为应该提供的其他相关文件组成。

7. 采购方在确定成交供应商后有权对成交产品的结构、规格做适当调整，调整内容将以工作联系函形式提前发至供应商。

8. 售后服务：本批采购货物若在验收阶段出现不符合规格或质量标准情况，供应商必须接受退货要求，并在采购人规定期限内等量补运合格产品，若未按时交付影响采购人使用，供应商必须承担由此给采购单位造成的后续经济损失。询价响应供应商必须完全响应以上售后服务承诺，否则视为无效询价响应。

9. 询价响应报价要求：询价响应总报价为货物送达采购人指定地点，经采购人验收合格并交货完毕所有可能发生的费用，包括货物制造、运输、装卸、保险费、采购保管、产品检验检测、税收以及售后服务等费用。

10. 报价方不得虚报各项技术指标，所供货物若不能符合技术要求，成交供应商必须接受全额退还货款，并承担由此给采购单位造成的经济损失。

11. 评审、定标原则：在所有的询价文件符合或高于询价采购文件各项要求的情况下，采购人综合考虑择优选择供应商。

12. 验收方法及标准

(1) 验收依据：询价文件、询价响应文件、厂家货物技术标准说明及国家有关的质量标准规定，均为验收依据。

(2) 货物验收：货物运抵采购人指定交货处后由双方对照采购清单及技术要求进行验收。

13. 出现下列情况之一者，投标文件无效，作为废标处理：

(1) 未提供营业执照有效复印件(加盖投标企业公章)；

(2) 询价响应文件字迹模糊不清(包括提交的各类复印件、图纸)；

(3) 询价响应内容、技术标准、售后服务没有实质性响应询价文件要求；

(4) 未提供询价响应书、报价一览表、货物说明一览表、售后服务体系说明及售后服务承诺、企业工商营业执照有效复印件、法人代表对询价响应代表的询价响应授权书原件、询价响应产品所有的彩图及检验资料。

三、其他与本次询价有关的规定

此次采购为首批采购询价，若询价响应供应商报价符合采购人预期值，双方将建立长期合作关系，选定供应商将获得后续供货优先权。若采购货物行业受大环境影响，整体市场价格有较大幅度波动，采购人有权对下批货物响应价格提出商议协价。

联系人：　　　　　　　　电话/传真：　　　　　　　　地址：

二〇一四年　月　日

（资料来源：http://wenku.baidu.com/.）

# 第三节　联合采购

## 一、联合采购的含义

我国企业现行采购机制的外部特征是各企业的采购基本上还是各自为政，相互之间缺乏在采购及相关环节的联合和沟通，采购效率低下，采购分散，很难实现经济、有效的采购目标。例如，对于通用和相似器材的采购无法实行统一归口和合并采购，无法获得大批量采购带来的价格优惠，这使各企业尤其是中小型企业的采购成本居高不下。中小型企业要降低成本，就要积极地与其他企业联合进行采购，形成较大的采购批量来吸取供应商，增加企业的效益。

联合采购可以看作集中采购在外延上的进一步拓展，是多个企业之间的采购联盟行动，是指同质型企业中需要购买同一产品的客户企业联合，使其产品的数量达到可以取得价格折扣的规模，向供应商提出采购的行为。

## 二、联合采购的优势与劣势

### （一）联合采购的优势

1. 价格优惠，降低采购成本

企业间实施联合采购，可合并同类器材的采购数量。由于采购数量巨大，通常会引起投标厂商的激烈竞价，这不仅使企业可以通过统一采购使采购单价大幅度降低，而且还可以降低各联合企业的采购费用。

2. 统筹管理，降低管理费用

如果参与联合采购的企业所采购的物品相同，在采购及质量保证的相关环节的要求相同，就可以在管理环节上实施联合，对相关工作归口管理，促进信息交流，提高采购绩效。同时，联合后的费用可以由各个企业分担，从而使费用大大降低。

3. 统筹仓储，减少库存积压及资金占用

通过实施各企业库存资源的共享和物资的统一调拨，可以大幅度减少备用物资的积压和资金占用，提高各企业的紧急需求满足率，减少因物资供应短缺造成的生产停顿损失。

4. 联合运输，降低运输费用

货物单位重量运费率与单次运输总量成反比，特别是在国际运输中更为明显。因此，企业在运输环节的联合，可通过合并小重量的货物运输，使单次运量加大，从而可以以较低的运费率计费，减少运输费用支出。

### （二）联合采购的劣势

1. 采购作业手续复杂

企业实施联合采购，参与的企业较多，联合采购的过程就需要更多次的沟通与协商，手续复杂，主办单位的工作量较大。

2. 采购时机与条件未必能配合所有联合企业

在实施联合采购的企业中，有些企业的库存量较少，故希望到货的时间越快越好；而有些企业的库存量较大，则希望到货越慢越好。另外，有些企业的财务能力也无法配合联合采购的付款条件。

3. 造成联合垄断

参与联合采购的企业可能利用联合采购，控制进出货品的数量，达到操纵市场价格的目的，形成联合垄断，对消费者或下游工业用户造成不公平的交易。

## 三、联合采购的类型

### （一）采购战略联盟

采购战略联盟是指两个或两个以上的企业出于对整个国际市场的预期目标和企业自身总体经营目标的考虑，采取一种长期联合与合作的采购方式。这种联合是自发的、非强制性的，联合各方仍保持各个公司采购的独立性和自主权，彼此依靠相互间达成的协议以及经济利益的考虑联结成松散的整体。现代信息网络技术的发展，开辟了一个崭新的企业合作空间，企业可通过网络保证采购信息的即时传递，使处于异地甚至异国的企业实施联合采购成为可能。国际上的一些跨国公司为充分利用现有规模效益，降低采购成本、提高企业的经济效益，正在向采购战略联盟发展。

### （二）通用材料的合并采购

这种方式主要运用于有相互竞争关系的企业之间，通过合并通用材料的采购数量和统一归口采购来获得大规模采购带来的低价优惠。在这种联合方式下，每一项采购业务都交给采购成本最低的一方去完成，使联合体的整体采购成本低于各方原来进行单独采购的成本之和。例如，英国施乐公司、斯坦雷公司和联合技术公司三家组成了钢材采购集团，虽然施乐公司的钢材用量仅是其他两家公司用量的四分之一，但是它通过这种方式获得了这两家公司大规模采购带来的低价好处。

### （三）基于行业协会的联合采购

基于行业协会的联合采购是指企业通过行业协会牵头实施的联合采购。行业协会对行业的专业知识和本行业的市场信息掌握得比较全面，因此，采购的物品不仅能够充分利用规模效益，降低成本，而且还能保证质量。

### （四）第三方运营的联合采购模式

这种方式是通过一个专业性的第三方组织实施。通过第三方组织实施企业的联合采购，企业可以享受专业化的服务，比独立采购更具优越性。

# 第四节 招标采购

## 一、招标采购的概念及特点

招标采购是伴随着社会经济的发展而产生的一种高级的、有组织的、规范化的采购方式。它是采购商作为招标方，事先提出采购的条件和要求，邀请众多企业参与投标，然后由采购商按照规定的程序和标准一次性地从中择优选择交易对象，并与提出最有利条件的投标商签订采购合同的采购方式。

招标采购是在众多的供应商中选择最佳供应商的有效方法，它体现了“公开、公正和公平”的原则。通过招标采购，招标企业可以最大限度地吸引和扩大投标方的竞争，从而使招标方有可能以最低的价格采购到所需要的物资或服务，更充分地获得市场利益。招标采购是很多企业组织尤其是政府部门采购最通用的方法之一。

总体来说，招标采购的主要特点体现在以下方面。

1. 招标的组织性

招标采购是有组织地进行的，即它是通过招标采购货物的买方或工程项目的主办人，或者招标人委托的招标代理机构按照预定的日程在招标机构所在地或招标机构所规定的场所有组织地进行。在整个过程中，从招标、投标、评标、定标到签订合同，每个环节都有严格的程序和规则。这些程序和规则具有法律约束力，当事人不能随意改变。即要求当事人必须严格按照既定程序和条件并由固定招标机构组织招投标活动。

2. 招标的公开、公正和公平性

公开性是指招标采购的操作过程全部公开，接受公众的监督，防止暗箱操作，即公开发布招标邀请，公开发布投标商资格审查标准和最佳投标商评选标准，公开进行开标，公布中标结果。招标采购的公开运作，使得凡是符合招标书所规定的条件者，均可自愿参与投标，参与竞争。公平性就是指在招标采购过程中应自始至终按照事先规定的程序和条件，本着公平竞争的原则进行，即给予每一个有兴趣的供应商以平等的机会，使其享受平等的待遇；公正性是指在招标公告或投标邀请书发出后，所有对招标感兴趣的供应商、承包商和服务提供商都可以进行投标，并且地位一律平等，不允许对任何投标商进行歧视。同时，评标委员会在评标时按事先公布的标准公平、客观地对待每一个投标商。

3. 招标的竞争性

招标是一种引发竞争的采购程序，是竞争的一种具体方式。招标活动是若干投标商的一个公开竞标的过程，是一场实力的比拼。招标的竞争性体现了市场经济的平等、诚信、正当和合法等基本原则。招标是一种规范的、有约束的竞争，有一套严格的程序和实施方法。企业采购通过招标活动，可以最大限度地吸引和扩大投标商参与竞争，从而使招标企业有可能以适宜的价格采购到所需的物资或服务。

4. 招标的一次性

在一般的交易活动中，采购商和供应商往往要经过多次谈判才能成交，但招标采购却不一样。从投标商递交投标文件后到确定中标商之前，招标人不得与投标商就投标价格等实质性内容进行谈判，即投标商只能一次性地递交投标书，交易双方没有面对面地讨价还价的过程。

## 二、招标采购的方式

目前，世界各国和国际组织的有关采购法律、规则基本认可三种招标方式，即公开招标、邀请招标、议标。

### （一）公开招标

公开招标，又称为竞争性招标，即由招标人在报刊、网络或其他媒体上发布招标公告，吸引众多企业单位参加投标竞争，招标人从中择优确定中标单位的招标方式。

公开招标中，凡符合招标人关于投标人条件约定的法人或其他组织均可参与投标。公开招标方式有助于开展充分的竞争，打破垄断，促使供货商或承包商努力提高货品质量或工程质量，降低成本。但是在大型采购项目及建设工程项目中采用公开招标方式，也会因为投标商人数较多而导致工作量较大，所费时间较多。

按照竞争程度，公开招标方式又可分为国际竞争性招标和国内竞争性招标。

1. 国际竞争性招标

国际竞争性招标就是在世界范围内进行的招标，是在国际上通过各种宣传媒介刊登招标公告，符合招标文件规定的国内外法人或其他组织参加投标，并按照招标文件规定的币种进行结算的招标活动。

国际竞争性招标的优点有：①由于投标竞争激烈，一般可以让买主以有利的价格采购需要的设备和工程；②可以引进先进的设备、技术和工程管理经验；③可以保证所有合格的投标商都有公平参加投标的机会；④可以保证采购工作根据预先指定并为大家所知道的程序和标准公开而客观地进行，因而减少了在采购中作弊的可能性；⑤有利于促进供应商提高产品和工程质量。国际竞争性招标对货物、设备和工程的客观的衡量标准，可促进发展中国家的制造商和承包商提高产品和工程建造质量，提高国际竞争力。

国际竞争性招标有如下缺点：①国际竞争性招标流程长，费时多。国际竞争性招标有一套周密而比较复杂的程序，从招标公告发布、投标人做出反应、评标到授予合同，一般都要半年甚至一年以上的时间。②国际竞争性招标所需准备的文件较多。招标文件要明确规定各种技术规格、评标标准以及买卖双方的义务等内容，同时，国际竞争性招标要求把大量的文件译成国际通用文字，从而使国际竞争性招标的工作量增大。③在中标的供应商和承包商中，发展中国家所占份额较少。据统计，世界银行用于采购的贷款总金额中，国际竞争性招标约占60%，其中美国、德国、日本等发达国家的中标额占80%左右，这反映了国际竞争的不平等和不平衡。

2. 国内竞争性招标

国内竞争性招标就是在国内进行招标，可用本国语言编写标书，只在国内的媒体上登出广告，公开出售标书，公开开标。它通常用于合同金额较小（世界银行规定一般在50万美元以下）、采购品种比较分散、分批交货时间较长、劳动密集、商品成本较低而运费较高、当地价格明显低于国际市场价格等类型的商品的采购。

在国内竞争性招标的情况下，如果外国公司愿意参加，则应允许它们按照国内竞争性招标参加投标，不应人为设置障碍，妨碍其公平地参与竞争。国内竞争性招标的程序大致与国际竞争性招标相同。

### （二）邀请招标

邀请招标也称有限竞争性招标或选择性招标，即由招标单位选择一定数目的企业，向其发出投标邀请书，邀请它们参加招标竞争。一般选择3～10个企业参加较为适宜，当然也要视具体招标项目的规模大小而定。

邀请招标有以下特点：

(1) 邀请招标不使用公开的公告形式；

(2) 接受邀请的单位才有资格参加投标；

(3) 投标人的数量有限。

邀请招标与公开招标相比，由于被邀请参加的投标竞争者有限，不仅可以节约招标费用，而且提高了每个投标者的中标机会。又因为不用刊登招标公告，招标文件只送几家，投标有效期大大缩短，这对于采购那些价格波动较大的商品是非常必要的，可以减低投标风险和投标价格。

邀请招标可能带来以下问题：①邀请招标串通投标的机会较大，很可能事先分配或轮流供应，而不能做到真正的竞价或合理报价。尤其当投标单位规模不一时，竞争能力必有差异，可能出现弱肉强食、被大企业操纵的局面。②由于可能由多家分配或轮流得标，所以供应的规格会有所差异，以致影响生产效率，增加损耗，并使维修更加困难。

按照国内外的通常做法，采用邀请招标方式的前提条件是对市场供给情况比较了解，对供应商或承包商的情况比较了解。在此基础上，还要考虑招标项目的具体情况：①招标项目的技术新而且复杂或专业性很强，只能从有限范围的供应商或承包商中选择；②招标项目本身的价值低，招标人只能通过限制投标人数来达到节约和提高效率的目的。因此，邀请招标是允许采用的招标方法，而且在实际中有其较大的适用性。但是，由于邀请招标限制了充分的竞争，因此招标投标法规一般都规定招标人应尽量采用公开招标。

### （三）议标

议标也被称为谈判招标或限制性招标，指不通过预先刊登公告程序，直接邀请一家或两家以上的供应商参加投标，通过谈判确定中标者。议标包括以下几种方式。

（1）直接邀请议标方式。在这种方式下，由招标人或其代理人直接邀请某一企业进行单独协商，达成协议后签订采购合同。如果与一家协商不成，可以邀请另一家，直到协议达成为止。

（2）比价议标方式。比价是兼有邀请招标和协商特点的一种招标方式，一般应用于规模不大、内容简单的工程承包和货物采购。通常的做法是由招标人将采购的有关要求送交选定的几家企业，要求它们在约定的时间提出报价。招标单位经过分析比较，选择报价合理的企业，就工期、造价、质量付款条件等细节进行协商，从而达成协议，签订合同。

（3）方案竞赛议标方式。它是选择工程规划设计任务的常用方式。其一般做法是由招标人提出规划设计的基本要求和投资控制数额，并提供可行性研究报告或设计任务书、场地平面图、有关场地条件和环境情况的说明，以及规划、设计管理部门的有关规定等基础资料；参加竞争的单位据此提出自己的规划或设计的初步方案，阐述方案的优点和长处，并提出该项规划或设计任务的主要人员配置、完成任务的时间和进度安排、总投资估算和设计等，一并报送招标人；然后由招标人邀请有关专家组成评选委员会选出优胜单位，招标人与优胜者签订合同，而对没有中选的参审单位给予一定补偿。

## 三、招标采购的程序

招标采购是一个复杂的系统工程，它涉及许多方面和环节。一个完整的招标采购过程如图 4-1 所示。

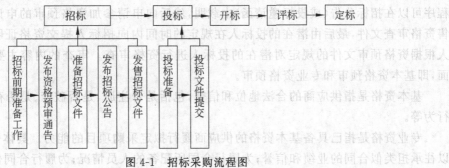

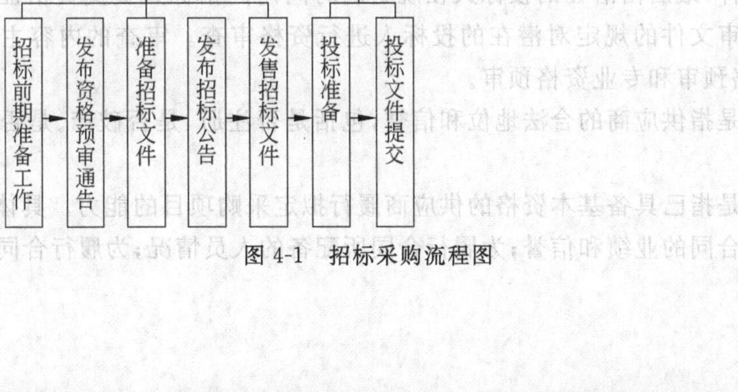


图 4-1　招标采购流程图

## (一) 招标

在通常情况下，人们习惯把招投标的全过程，即从招标、投标、开标、评标到定标统称为招标过程。这里所指的招标是指拟定以招标的方式进行物资采购或进行建设工程项目全过程的第一个步骤，主要包括招标前期准备工作、发布招标公告、发售招标文件等。具体内容如下。

1. 招标前期准备工作

招标活动是一项涉及范围很大的大型活动。因此，开展一次招标活动，需要进行认真、周密的准备。招标前期准备的工作主要包括以下内容。

(1) 招标条件的准备：①招标项目的审批。招标项目按照国家有关规定需要履行项目审批手续的，应当先履行审批手续，获得批准；如果国家对项目没有审批手续要求的，则无须经过国家批准。但按照国家有关规定应审批而未审批的项目，或者违反审批项目权限进行审批的项目不得进行招标；擅自招标的，招标人应承担相应的法律责任和经济责任。②落实资金来源。招标人应当有进行招标项目的相应资金或者已落实资金来源，且应在招标文件中如实载明。招标项目所需的资金，是招标人对项目进行招标并最终完成招标项目的物质保证。资金是否落实，不仅关系到招标项目是否能够顺利实施，而且也关系到投标人的利益能否得到保证。在实践中，招标项目的资金来源一般有国家和地方财政拨款、企业自筹资金、银行贷款及国外政府和国际组织贷款。

(2) 制定招标方案。招标方案主要明确以下事项：①明确招标的内容和目标，对招标采购的必要性和可行性进行充分的研究和探讨；②对招标书的标底要仔细研究确定；③对招标的方式、操作步骤、时间进度等进行研究决定，例如采用公开招标还是邀请招标，是自己亲自主持招标还是请人代理招标，分成哪些步骤，每一步怎么进行等；④对评标方法和评标小组进行讨论研究。

把以上讨论形成的方案计划形成文件，交由企业领导层讨论决定，取得企业领导决策层的同意和支持，有些甚至可能还要经过公司董事会同意和支持。

2. 发布资格预审通告

资格预审是招标采购程序中的一个重要环节，它直接关系到采购能否顺利进行。对于大型或复杂的土建工程或成套设备，在正式组织招标以前，需要对供应商或承包商的资格和能力进行预先审查，即资格预审。资格预审的目的是在采购过程的早期阶段剔除资格条件不适合履行合同的供应商和承包商。只有在资格预审中被认定为合格的潜在投标人才可以参加投标。

招标人首先向潜在的投标人通过指定报刊、媒体发布资格预审公告，资格审查的办法和程序可以在招标公告(或投标邀请函)中载明，然后向申请参加资格预审的申请人发放或出售资格审查文件，最后由潜在的投标人在规定的时间内向招标人提交资格证明文件。招标人根据资格预审文件的规定对潜在的投标人进行资格审查。审查的内容主要包括两个方面，即基本资格预审和专业资格预审。

基本资格是指供应商的合法地位和信誉，包括是否注册、是否破产、是否存在违法违纪行为等。

专业资格是指已具备基本资格的供应商履行拟定采购项目的能力。具体包括：经验和以往承担类似合同的业绩和信誉；为履行合同所配备的人员情况；为履行合同任务而配备的机械、设备及施工方案等情况；财务状况；售后维修服务的网点分布、人员结构等。

3. 准备招标文件

招标文件是招标人向投标人提供的为进行投标工作所必需的文件，旨在向其提供为编写投标文件所需要的资料并向其通报招标投标将依据的规则和程序等项内容的书面文件。招标文件是整个招投标活动的核心文件，是投标商编制投标文件的依据，也是采购商与中标商签订合同的基础，所以准备招标文件是非常关键的环节，它直接影响到采购的质量和进度。

我国《招标投标法》规定，招标人应当根据招标项目的特点和需要编制招标文件。招标文件的内容大致可分为三部分：①关于编写和提交投标文件的规定。载入这些内容的目的是尽量减少符合资格的供应商或承包商由于不明确如何编写投标文件而处于不利地位或其投标遭到拒绝的可能性。②关于投标文件的评审标准和方法。这是为了提高招标过程的透明度和公平性，是非常重要的且必不可少的。③关于合同的主要条款，其中主要是商务性条款，有利于投标人了解中标后所要签订合同的主要内容，明确双方各自的权利和义务。其中，技术要求、投标报价要求和主要合同条款等内容是招标文件的内容，统称实质性要求。如果投标文件与招标文件规定的实质性要求不相符，即可认定投标文件不符合招标文件的要求，招标人可以拒绝该投标，并不允许投标人修改或撤销其不符合要求的差异或保留，使之成为实质性响应的投标。

具体来讲，招标文件一般至少包括下列内容。

(1) 招标须知。

这是招标文件中反映招标人招标意图的内容，每个条款都是投标人应该知晓和遵守的规则的说明，使投标商在投标时有所遵循。

投标须知的主要内容基本上是招标投标的一些基本规则、做法标准等。这些内容基本上可从《招标投标法》中找到依据(不可与《招标投标法》相抵触)，并可根据自己的具体情况具体化、实用化，把它一条条地列出提供给投标人，作为与投标人的一种约定做法。

投标须知的主要内容包括：

① 资金来源；

② 没有进行资格预审的，要提出投标商的资格要求；

③ 货物原产地要求；

④ 招标文件和投标文件的澄清程序；

⑤ 投标文件的内容要求；

⑥ 投标语言，尤其是国际性招标，由于参与竞标的供应商来自世界各地，必须对投标语音做出规定；

⑦ 投标价格和货币规定；

⑧ 修改和撤销投标的规定；

⑨ 标书格式和投标保证金的要求；

⑩ 评标的标准和程序；

⑪ 国内优惠的规定；

⑫ 投标程序；

⑬ 投标有效期；

⑭ 截止日期；

⑮ 开标时间、地址等。

(2) 招标项目的性质和数量。

(3) 技术规格。招标项目的技术规格或技术要求是招标文件中最重要的内容之一，是指招标项目在技术、质量方面的标准，如一定的大小、轻重、体积、精密度、性能等。招标文件规定的技术规格应采用国际、国内公认或法定的标准，除不能准确或清楚地说明拟招标项目的特点外，各项技术规格均不得要求或标明某一特定的商标、名称、专利、设计、原产地或生产厂家，不得有针对某一潜在供应商或排斥某一潜在供应商的内容。

(4) 投标价格的要求及其计算方式。投标报价是招标人评标时衡量的重要因素，在招标文件中应事先提出报价的具体要求及计算方法。如在货物招标时，国外的货物一般应报到岸价(CIF)或运费、保险付至目的地的价格(CIP)；国内的现货、制造或组装的货物，包括以前进口的货物报出厂价。如果要求招标人承担内陆运输、安装、调试或其他类似服务的话，比如供货与安装合同，还应要求投标人对这些服务另外提出报价。在工程招标时，一般应要求招标人报完成工程的各项单价和一揽子价格，该价格应包括全部的关税和其他税。招标文件中应说明招标价格是固定不变的，或是采取调整价格。价格的调整方法及调整范围应在招标文件中明确。招标文件中还应列明投标价格的一种或几种货币。

(5) 评标的标准和方法。评标时只能采用招标文件中已列明的标准和方法。

(6) 交货、竣工或提供服务的时间。

(7) 投标人应当提供的有关资格和资信证明文件。

(8) 投标保证金的数额或其他形式的担保。

在招标投标程序中，如果投标人投标后擅自撤回招标，或者投标被接受后由于投标人的过错而不能缔结合同，那么招标人就可能遭受损失(如重新进行招标的费用和招标推迟而造成的损失等)。因此，招标人可以在招标文件中要求提供投标保证金或其他形式的担保，如抵押担保等，以防止投标人违约，并在投标人违约时得到赔偿。投标保证金可以是现金、支票、信用证、银行汇票，也可以是银行保函等。投标保证金的金额不宜太高，可以确定为投标价的一定比例，一般为投标价的1%～5%，也可以是一个固定数额。

如果投标商有下列行为之一的，采购方有权没收其投标保证金：

① 投标商在投标有效期内撤回投标；

② 投标商在收到中标通知书后，不按规定签订合同或不缴纳履约保证金；

③ 投标商在投标有效期内有违规违纪行为等。

在下列情况下，投标保证金应及时退还给投标商：

① 中标商按规定签订合同并缴纳履约保证金；

② 没有违规违纪的未中标投标商。

(9) 投标文件的编制要求。

(10) 提供投标文件的方式、地点和截止时间。

(11) 开标、评标的日程安排。

(12) 主要合同条款。合同条款应明确将要完成的工程范围、供货的范围、招标人与中标人各自的权利和义务。除一般合同条款之外，还应包括招标项目的特殊合同条款，如表4-2所示。

表 4-2　招标采购合同条款内容

| 一般合同条款 | 特殊合同条款 |
|---|---|
| 买卖双方的权利和义务；<br>价格调整程序；<br>不可抗力因素；<br>运输、保险、验收程序；<br>付款条件、程序及支付货币规定；<br>延误赔偿和处罚程序；<br>合同中止程序；<br>合同适用法律的规定；<br>解决争端的程序和方法；<br>履约保证金的数量、货币及支付方式；<br>有关税收的规定 | 交货条款；<br>验收和测试的具体程序；<br>履约保证金的具体金额和提交方式；<br>保险的具体要求；<br>解决争端的具体规定；<br>付款方式和货币要求；<br>零配件和售后服务的具体要求；<br>对一般合同条款的增减等 |

4. 发布招标公告

招标人采用公开招标方式的，应当在正式招标之前，在国家指定的报刊、信息网络或者通过其他媒介刊登招标公告。在法学意义上，发出招标公告是招标活动的要约邀请，对招标人具有法定的约束力，因而招标人不得随意变更招标公告的内容。招标公告的内容因项目而异，一般应包括：招标人的名称和地址；资金来源；招标项目的名称、性质、数量及地点；希望或要求供应货物的时间或工程竣工的时间或提供服务的时间表；获取招标文件的办法和地点；招标人对招标文件收取的费用及支付方式；提交投标书的地点和截止日期；投标保证金的金额要求和支付方式；开标日期、时间和地点，等等。

招标人若采用邀请招标方式，需要向三个以上具备承担项目能力、资信良好的法人或其他组织发出投标邀请书，其应载明的事项同公开招标相同。

5. 发售招标文件

招标文件必须按照招标公告或投标邀请书规定的时间、地点出售。如果经过资格预审程序，招标文件可以直接发售给通过资格预审的供应商；如果没有资格预审程序，招标文件可发售给任何对招标通告做出反应的供应商。招标文件的发售，可采取邮寄的方式，也可以让供应商或其代理前来购买。投标人在收到招标文件、图纸和有关技术资料后，认真核对无误后以书面形式予以确认。招标文件售出后不得退还。除不可抗力原因外，招标人在发布招标公告或发出投标邀请书后不得终止招标。

招标人需对已发出的招标文件进行必要的澄清或修改的，应当在招标文件要求提交投标文件截止时间至少 15 日前，以书面形式通知所有招标文件收受人。该澄清或修改的内容为招标文件的组成部分。

### （二）投标

投标人在收到招标书以后，如果愿意投标，就要进入投标阶段。投标是指投标人接到招标通知后，如果愿意投标，在同意并遵循招标文件各项规定和要求的前提下，在规定的时间提交自己的投标文件，以期通过竞争而中标的交易过程。投标过程包括投标准备和投标文件提交。

1. 投标准备

投标准备工作包括申请投标资格和编制投标文件。

(1) 申请投标资格。如果招标单位没有要求进行资格预审，投标人可以直接购买招标文件，并进行投标准备。如果招标单位要求进行资格预审，投标人应及时向招标单位购买投标资格申请书，经认真研究后填写投标资格申请书。投标资格申请书的格式一般由招标单位拟定，并作为资格预审文件的组成部分提供给投标商。招标单位将从技术、财务、人事等方面对投标人进行资格审查，审查合格的投标人准许投标，投标人便可以购买招标文件准备投标书。

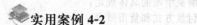

**实用案例 4-2**

**投标资格预审申请书**

日期：　　　年　　　月　　　日

致：(招标代理公司)

1. ________经授权作为代表，并以(申请人的名称)(以下简称“申请人”)的名义，同时基于对提供的资格预审资料做了检查和充分的理解，签字人在此以(工程名称)的投标人身份，向你方提出资格预审申请。

2. 本函后附有关以下内容的文件的复印件：

(1) 企业营业执照(副本)；

(2) 企业资质证书(副本)；

(3) 项目经理证；

(4) 主要技术负责人的资格证书；

(5) 法定代表人证书；

(6) 法人代表授权委托书(正本中装订原件，副本中附复印件)。

3. 我方授权你方及其授权代表查询或调查我们递交的与此申请相关的声明、文件和资料，并通过我们的开户银行和客户澄清申请文件查询有关财务和技术方面的问题。该申请书还将授权给提供与申请有关的证明资料的任何个人或机构的授权代表，按你方及其授权代表的要求，提供必要的或要求的资料以核实本申请中提交的与申请人的资金来源、经验和能力有关的声明和资料。

4. 你方及其授权代表可通过下列人员得到进一步的资料。

**一般情况质询和管理方面的质询**

| | |
|---|---|
| 联系人 1： | 电话： |
| 联系人 2： | 电话： |

**有关人员方面的质询**

| | |
|---|---|
| 联系人 1： | 电话： |
| 联系人 2： | 电话： |

**有关技术方面的质询**

| | |
|---|---|
| 联系人 1： | 电话： |
| 联系人 2： | 电话： |

**有关财务方面的质询**

| | |
|---|---|
| 联系人1： | 电话： |
| 联系人2： | 电话： |

5. 本申请充分理解下列情况。

(1) 资格预审合格的申请人的投标，必须以投标时提供的资格预审申请书主要内容的更新为准；

(2) 你方及其授权代表保留如下的权利。

更改本项目下合同的规模和金额。在这种情况下，投标仅面向资格预审合同且能满足变更后要求的投标人。

废除或接受任何申请，取消资格预审和废除区别申请。

6. 下述签字人在此声明，本申请书中所提交的声明和资料在各方面都是完整、真实和准确的。

| |
|---|
| 签名： |
| 姓名： |
| 兹代表(申请人)： |
| 申请人盖章： |
| 签字日期： |

附件1：企业营业执照(副本复印件，并体现年检情况)

附件2：企业资质证书(副本复印件，并体现年检情况)

附件3：建筑施工企业安全生产许可证(复印件)

附件4：项目经理证(复印件，并体现年检情况)

附件5：主要技术负责人的资格证书

附件6：法定代表人证书

附件7：法人代表授权委托书(附格式)

(资料来源：http://www.docin.com/p-1031532762.html.)

(2) 编制投标文件。投标人应该按照招标文件的规定编制投标文件。投标文件是投标人对其投标内容的书面说明。投标文件必须严格按照招标文件的要求进行编写，应逐项逐条回答招标文件，顺序和编号应与招标文件一致，可以增加说明或描述性文字。投标文件对招标文件未提出异议的条款，均被视为接受和同意。投标文件与招标文件有差异之处，无论多么微小，均应汇总说明。投标文件一般应当包括以下基本组成部分：投标书；目标任务的详细技术方案；投标资格证明文件；公司有关技术资料及客户反馈意见；投标价格；投标保证金或者其他形成的担保；招标文件要求具备的其他内容等。投标文件的具体内容如下。

① 投标书。投标书是投标人对于招标书的回应，投标书要填写的内容包括：招标代理机构的名称；项目/产品的名称；招标编号；副本份数；投标保函金额；投标价格；补遗书份数；投标有效期天数和联系人地址及联系方法。投标价格应表述全面，包括报价方式和大小写金额。

② 目标任务的详细技术方案。这是投标文件的主体文件。在这份文件中，要针对招标项目提出自己的技术方案和商务方案，还要对完成自己的方案所需要的成本费用以及需要

购置的设备材料等列出详细的清单。包括对商务条款和技术规范的逐条应答和对招标书中的合同条款的应答。对商务条款和技术规范的逐条应答应注意，在应答中不能只说满足或不满足，而且应注明满足到什么程度，也就是尽量量化，最好用数字表示。合同条款的内容需要注意交货时间、付款方式、运输和验收、服务、技术支持等。如果项目由多个单位多个人完成，还要把项目组织的人员、项目分工等列表说明。

③ 投标资格证明文件。这一部分要列出投标人的资格证明文件，包括投标企业的全称、投标企业的历史简介和现状说明、企业的组织结构、企业的营业执照副本复印件、企业组织机构代码证、技术交易许可证等，还要有开户银行名称以及开户银行出具的资格证明书。如果投标人委托代理人进行投标，还要对授权代理人的情况、资格等做出说明，并附授权委托证明书；如果投标人是某些制造商的产品代理，则还要出具和制造商的代理协议复印件以及制造商的委托书。

④ 公司有关技术资料及客户反馈意见。这一部分主要是投标企业对自己的业务水平、技术能力、市场业绩等提出一些让招标人可信的说明以及证明材料，增加招标人对自己的信任，也是一种对自己的技术资格的另一种方式的证明。在这里，可以用实例表明自己令人信服的技术能力、质量保证能力等，附带自己有关技术资格证书、获奖证书、兼职聘任证书等的复印件。特别是可以简述几个自己完成的具体实例，说明它们创造的效益等。

⑤ 投标价格。本部分主要是供应商在投标报价表上注明本合同拟提供货物的单价和总价。如招标文件的脚注注明“如果不提供详细分项报价将视为没有实质性响应招标文件，会导致废标”，则这里应该列出投标分项报价表。要求列出此表的目的是了解投标总价的构成并比较各个投标人相同项目报价的高低。

⑥ 投标保证金。投标保证金是为了避免招标人因投标人的行为而蒙受损失，要求投标人在提交投标书时提交的一种资金担保。投标保证金应用信封单独密封，封面上注明“银行保函”“投标保证金”和“保密”字样。

2. 提交投标文件

投标人应将投标书按招标文件的要求编制、密封，一般要封装成一份“正本”，还要根据招标文件的要求分别复印若干份“副本”。每本在封装好后，再在封口处加盖法人骑缝章，并在信封上注明项目名称、投标人名址、“正本”或“副本”字样及“不准提前启封”字样，在规定的截止日期和时间之前通过邮寄或派专人送交方式递交到指定地点。截止日期后送到的投标文件会被拒收，并取消投标人资格。招标人在收到投标文件后，要签收或通知投标人投标文件已收到。这里特别要注意的是，招标公告发布或投标邀请函发出日到提交投标文件截止日，一般不得少于20天，即等标期最少为20天。

**知识链接**

### 无效投标的情况

发生下列情况之一者，视为无效投标：

(1) 投标文件未密封和/或技术文件未按规定加盖公章和签字；

(2) 投标文件中无投标保证金；

(3) 投标文件未按规定格式、内容填写和/或投标文件内容与准备文件严重背离；

(4) 在投标文件中有两个以上的报价，且未明确哪个报价有效；

(5) 其他不符合招标文件要求的投标。

### （三）开标

开标是招标人按照招标公告或投标邀请函规定的时间和地点，当众开启投标文件，宣布投标人的名称、报价等的公开过程。开标由招标人或者招标投标中介机构主持，邀请所有投标人或其委派的代表和有关单位代表参加。开标时，由投标人或者其推选的代表检查投标文件密封情况，也可以由招标人委托的公证机构检查并公证。经确认无误后，由开标主持人以招标文件递交的先后顺序逐个开启投标文件，宣读投标人名称、投标价格和投标文件的其他内容。开标时应做好开标记录，内容包括项目名称、招标号、刊登招标通告的日期、购买招标书的单位及其报价、收到其招标书的日期及其处理情况。以电传、电报等方式来投标的，不予开标。

### （四）评标

投标书一经开标，即转送到评定委员会进行评价以选择最有利的标书，即为评标。评标是招标人根据招标文件要求，对投标人所报送的投标书进行审查和评比的行为。评标是招标人的单独行为，由招标人组织进行。评标的目的在于从技术、经济、商务、法律、组织和管理等方面对每份投标书加以分析评价。评标是由招标人依法组建的评标委员会负责，评标委员会由招标人的代表和有关技术、经济方面的专家组成，成员人数为5人以上的单数，其中技术、经济等方面的专家不得少于成员总数的三分之二。评标委员会可以要求投标人对于投标书中含义不明确的地方做简要解释，但所作解释不能超过投标文件记载的范围，或实质性地改变投标文件的内容。投标人陈述辩论完毕后退出会场，评标委员会应当按照招标文件确定的评标标准和方法，对投标文件进行评审和比较。设有标底的，应当参考标底。评标委员会成员不得私下接触投标人，不得收受投标人的财物或者其他好处。评标委员会完成评标后，应当向招标人提出书面评标报告，并推荐合格的中标候选人。

评标的程序和基本内容和如下。

#### 1. 初步评标

初步评标工作比较简单，但却是非常重要的一步。初步评标的内容包括对投标文件的资格性审查、符合性审查、技术性审查和商务性审查。此阶段不对各投标书进行比较，只以招标须知为依据，检查各投标书是否为响应性的投标，即对投标书的有效性进行确定，具体内容如下。

(1) 资格性审查。

依据法律法规和招标文件的规定，对投标文件中的资格证明、投标保证金等进行审查，以确定投标人是否具备投标资格。审查的内容包括：投标文件是否完整；是否按规定方式提交投标保证金；是否按照招标文件规定要求密封、签署、盖章；投标书的总体编排是否有序；是否按照招标文件要求提交资格证明文件；是否有计算上的错误，等等。如果发现有计算上的错误，在修改计算错误时，要遵循两条原则：①如果数字表示的金额与文字表示的金额有出入，要以文字表示的金额为准；②如果单价和数量的乘积与总价不一致，要以单价为准。但是，如果采购单位认为有明显的小数点错误，此时要以标书的总价为准，并修改单价。如果投标商不接受根据上述修改方法而调整的投标价，可拒绝其投标并没收其投标保证金。

上述检查内容由采购代理机构整理后，交评标委员会成员审核，并形成资格性检查评审意见。采购代理机构工作人员、评标委员会应在资格性检查评审意见上签名。具备投标资格的供应商满足 3 家或 3 家以上时，进入符合性审查阶段。

(2) 符合性审查。

依据招标文件的规定，从投标文件的有效性、完整性和对招标文件的响应程度进行审查，以确定是否对招标文件的实质性要求做出响应。所谓实质上响应招标文件的要求，是指其投标文件应该与招标文件的全部条款、条件和规定相符，无显著差异或保留。投标文件对招标文件实质性要求和条件响应的偏差分为重大偏差与细微偏差两类。

① 重大偏差。重大偏差表现在：没有按招标文件的要求提供投标担保或所提供的投标担保有瑕疵；没有按照招标文件的要求由投标人授权代表签字并加盖公章；投标文件记载的招标项目完成期限超过招标文件所规定的完成期限；明显不符合技术规格、技术标准的要求；投标文件载明的货物包装方式、检验标准和方法等不符合招标文件的要求；投标附有招标人不能接受的条件；不符合招标文件中规定的其他实质性要求。投标文件有上述情形之一的，为未能对招标文件做出实质性响应，作废标处理。

② 细微偏差。细微偏差是指投标文件在实质上响应招标文件要求，但在个别地方存在漏项或者提供了不完整的技术信息和数据等情况，并且补正这些遗漏或者不完整不会对其他投标人造成不公平的结果。细微偏差不影响投标文件的有效性。评标委员会应当书面要求存在细微偏差的投标人在评标结束前予以补正。

(3) 技术性审查。

技术审查的目的是确认备选的中标商完成本招标项目的技术能力以及其后提供方案的可靠性。技术评审主要包括以下内容。

① 标书是否包括了招标文件要求提交的各项技术文件，它们与招标文件中的技术说明和图纸是否一致。

② 实施进度计划是否符合招标人的时间要求，计划是否科学和严谨。

③ 投标人准备用哪些措施来保证实施进度。

④ 如何控制和保证质量，措施是否可行。

⑤ 如果投标人在正式投标时已列出拟与之合作或分包的公司名称，则需要审查这些合作伙伴或分包公司是否具有足够的能力和经验保证项目的实施和顺利完成。

⑥ 投标人对招标项目在技术上有何种保留，建议的可行性和技术经济价值如何。

(4) 商务性审查。

商务审查的目的是从成本、财务和经济分析等方面评定投标报价的合理性和可靠性，并估量授标给各投标人后的不同经济效果。商务评审的主要内容包括：

① 将投标报价与标底进行对比分析，评价该报价是否可靠合理；

② 分析投标报价构成的合理性；

③ 分析投标文件中所附现金流量表的合理性及其所列数字的依据；

④ 审查所有保函是否被接受；

⑤ 评审投标人的财务能力和资信程度；

⑥ 投标人对支付条件有何要求或给招标人何种优惠条件；

⑦ 分析投标人提出财务和付款方面建议的合理性。

2. 详细评标

在完成初步评标以后，对经评审合格的投标文件，评标委员会应当根据招标文件确定的评标标准和方法，对其技术部分和商务部分作进一步评审、比较。评标的标准与方法如下。

(1) 评标的标准。评标的标准一般包括价格标准和价格以外的其他有关标准(非价格标准)，以及如何运用这些标准来确定中选的投标。非价格标准应尽量客观和定量化，并以货币额表示，或规定相对的权重。通常来说，在货物评价时，非价格标准主要有运费和保险费、付款计划、交货期、运营成本、货物的有效性和配套、零配件和服务的供给能力、相关的培训、安全性和环境效益等。在服务评价时，非价格标准主要有投标人及参与提供服务的人员的资格、经验、信誉、可靠性、专业和管理能力等。在工程评标时，非价格标准主要有工期、质量、施工人员和管理人员的素质、以往的经验等。评标过程将重点考虑以下因素。

① 投标文件符合招标文件要求，方案设计先进、合理、针对性强、适应性强。

② 整体报价合理，不过高或过低。如投标报价过低，应能够做出合理解释。

③ 所选用的设备及产品必须符合用户要求，产品具有较高的可靠性、先进性和可拓展性，同时具有较强的兼容性。如果是选择服务，则要考虑供应商提供服务的能力、服务水平及服务管理能力的强弱。

④ 供应商具有良好的信誉和产品(或服务)的开发和提升能力，资金雄厚，技术力量强，能够保证及时完成投标项目，在项目完成后，可以及时、准确地解决用户所提出的问题。

(2) 评标的方法。评标方法有很多，目前常用的也是最具操作性的方法有以下几种。

① 最低投标价法。最低投标价法是以价格为主要因素确定中标人的评标方法，即在全部满足招标文件实质性要求和内涵相同的条件下，以报价最低确定中标方的评标方法。最低投标价是一种评标方法，也是一种中标标准。最低投标价法操作简单，应用范围较广，是评标中常使用的评标方法。最低投标价法一般适用于具有通用技术、性能标准或者招标人对其技术、性能没有特殊要求的招标项目，如采购简单的商品、半成品、原材料及其他性能质量相同或容易进行比较的货物时，价格可以作为评标考虑的唯一因素，就可以采用此方法。因此，合同一般授予投标价格最低的投标人。

② 标底价评标法。标底价评标法是招标人确定标的物的标底价，评标委员会以标底价为依据，评定出投标价格最接近标底价的单位为中标方的评标方法。例如，某项工程的标底价为100万元，交货期为关键影响因素，若甲方提前1周交货，则折扣1%，评标价为99万元；乙方推迟1周交货，则折扣为2%，即102万元，则甲方为最终中标方。此种方法须在招标文件中明确各种因素对投标报价的影响。因此，在编制招标文件时要周全考虑，以避免招标过程中发生争议。

③ 以寿命周期成本为基础的评标方法。有些设备，如采购整座厂房、生产线或设备、车辆等，在运行期内的各项后续费用(如零配件、油料、燃料、维修费等)很高，有时甚至超过采购价时，可采用寿命周期成本为基础的评标方法。计算寿命周期成本时，可根据实际情况，评标时在投标书报价的基础上加上一定运行期年限的各项费用，再减去一定年限后设备的残值，即扣除这几年折旧费后的设备剩余值。例如，汽车按生命周期成本评标应计算的因素如下：汽车价格；根据标书偏离招标文件的各种情况，包括零配件短缺、交货延迟、付款条件等进行调整；估算车辆行驶生命周期所需的燃料费用；估算车辆行驶生命周期所需的零件及

维修费用;估算生命期末的残值。

④ 综合评标法。综合评标法是指在最大限度地满足招标文件实质性要求的前提下,按照招标文件中规定的各项评标标准进行综合评审后,以评标总得分最高的投标人作为中标人的评标办法,即在评标时除考虑投标价外,还应考虑投标文件中所报交货期及付款方式,货物技术水平、性能和供货能力,货物的质量和适应性,货物发到最终目的地的运输、保险及其他费用等,并将这些众多影响因素进行综合考虑、评分。不宜采用经评审的最低投标价法的招标项目,一般应当采用综合评标法进行评审。

3. 编写并上报评标报告

评标工作结束后,采购单位要编写评标报告,上报采购主管部门。评标报告包括以下内容:

(1) 招标通告刊登的时间、购买招标文件的单位名称;

(2) 开标日期;

(3) 投标商名单;

(4) 投标报价及调整后的价格(包括重大计算错误的修改);

(5) 价格评比基础;

(6) 评标的原则、标准和方法;

(7) 授标建议。

### (五) 定标

定标是招标人决定中标人的行为,它是招标人在评标委员会充分评审的基础上,最终确定中标人的过程。定标是招标人的单独行为,但需要由使用机构或其他人一起进行裁决。在这一阶段,招标人主要进行如下工作:①决定中标人,招标人可根据评标委员会提出的书面评标报告和推荐的中标候选人确定中标人,也可以授权评标委员会直接确定中标人;②通知中标人其投标已经被接受;③向中标人发出授标意向书;④通知所有未中标的投标人并向他们退还投标保函,同时对他们表示感谢。

中标人确定后,招标人应当向中标人发出中标通知书,中标通知书对招标人和中标人都具有法律效力。中标通知书发出后,招标人改变中标结果的,或者中标人放弃中标项目的,须依法承担法律责任。我国法律规定,招标人和中标人应当自中标通知书发出之日起30日内,按照招标文件和中标人的投标文件订立书面合同。招标人和中标人不得再行订立背离合同实质性内容的其他协议。招标文件要求中标人提交履约保证金的,中标人应当提交。

## 第五节 JIT采购

JIT(Just In Time)采购,又称准时化采购、即时制采购,是准时化生产系统的重要组成部分,是由准时化生产的管理思想演变而来的。最初,JIT只是作为一种减少库存水平的方法,其基本思想是“杜绝浪费”,“只在需要的时间、按需要的量生产需要的产品”。而今,JIT已经发展成为一种内涵丰富,有特定知识、原则、技术和方法的管理哲学。现在越来越多的人把这种管理思想运用到各个领域,即除了JIT生产之外,又逐渐出现了JIT采购、JIT运输、JIT储存以及JIT预测等,形成各个领域的准时化管理方法。实际上,现在JIT应用已经形成了一个庞大的应用体系。

## 一、JIT 采购的含义

JIT 采购是一种完全以满足需求为依据的采购方法。需求方根据自己的需要，对供应商下达订货指令，要求供应商在指定的时间，将指定的品种、指定的数量送到指定的地点。它的基本思想是：在恰当的时间、恰当的地点，以恰当的数量、恰当的质量提供恰当的物品。JIT 采购必须达到三个目的，即争取实现零库存；提高采购品的质量，减少因提高质量而增加的成本；降低采购价格。这些目的的实现就是要减少多余库存，避免废品及次品，去除不必要的订货手续、装卸货环节及检验手续等。为了保证 JIT 采购的实施，采购商一方面应向供应商提供恰当、有效的需求计划；另一方面还应与供应商建立长期稳定的合作关系，在产品设计初期就强调供应商参与，使供应商充分了解 JIT 采购的意义，掌握 JIT 采购的技术和标准，从而保证 JIT 采购的有效实施。

JIT 采购作为一种先进的采购模式，其战略价值主要体现在以下几个方面。

1. 消除了生产过程的不增值过程，提高了工作效率

在企业采购中存在大量的不增加产品价值的活动，如订货、修改订货、收货、装卸、开票、质量检验、点数、入库及运转等，把大量的时间、精力、资金花在这些活动上是一种浪费。而 JIT 采购由于大大地精简了采购作业流程，因此消除了这些浪费，极大地提高了工作效率。

2. 进一步减少并最终消除原材料和外购件库存

降低企业原材料库存，不仅取决于企业内部，而且取决于供应商的管理水平。JIT 采购一般采用供应商管理库存的方式，把供方的成品库和需方的材料库合二为一，实施基于时间的采购，仅在需方生产需要时，才把供方的产品直接发货到需方的生产线，并进行支付结算，这样就能大大节省原材料和零部件库存占用的空间，甚至能使采购商做到零库存，降低了库存成本。根据国外一些实施 JIT 采购策略企业的测算，JIT 采购可以使原材料和外购件的库存降低 40%～85%。

3. 使企业真正实现柔性生产

JIT 采购活动是以订单驱动方式进行的，制造订单的产生是在用户需求订单的驱动下产生的，然后，制造订单驱动采购订单，采购订单再驱动供应商。而当用户需求发生变化时，制造订单又驱动采购订单发生变化，这使得供需双方能够做到协同运作，制造计划、采购计划、供应计划能够同步进行。这种准时化的订单驱动模式，使得生产企业能够随时响应用户的不同需求，企业能够真正实现柔性化生产。

4. 从根源上保障采购质量

实施 JIT 采购后，企业的原材料和外购件的库存很少，以至为零。因此，为了保障企业生产经营的顺利进行，采购物资的质量必须从根源上抓起。也就是说，购买的原材料和外购件的质量保证，应由供应商负责，而不是企业的采购部门负责。JIT 采购就是要把质量责任返回给供应商，从根源上保障采购质量。为此，供应商不仅会设立质量工程师，专门负责全面质量管理，而且还会主动参与制造商的产品设计过程，制造商也会帮助供应商提高技术能力和管理水平，这就从源头上保障了采购的质量。一般来说，实施 JIT 采购，可以使企业购买的原材料和外购件的质量提高 2～3 倍。

5. 有效降低原材料和外购件的采购价格

由于供应商和制造商的密切合作及内部规模效益与长期订货，再加上消除了采购过程

中的一些浪费(如订货手续、装卸环节、检验手续等),就使得购买的原材料和外购件的价格得以降低。例如,生产复印件的美国施乐公司,通过实施JIT采购策略,使其采购价格下降了40%～50%。

## 二、JIT采购的基本原理及内涵

JIT采购的基本原理是以需定购,即供方根据需方的要求(或称看板),按需方需求的品种、规格、质量、数量、时间、地点等要求,将物品配送到指定的地点。不多送,也不少送,数量准确;不早送,也不晚送,非常准时;所送品种要各个保证质量,不能有任何废品。

JIT采购的原理虽简单,但内涵很丰富,包括以下内容。

(1) 品种配置。保证品种的有效性,拒绝不需要的品种。即用户需要什么物品,就送什么物品,品种规格符合客户需要。

(2) 数量配置。保证数量的有效性,拒绝多余的数量。即用户需要多少,就送多少,不少送,也不多送。

(3) 时间配置。保证所需时间,拒绝不按时的供应。即用户什么时候需要,就什么时候送货,不晚送,也不早送,非常准时。

(4) 质量配置。保证产品的质量,拒绝次品和废品。即用户需要什么质量的物品,就送什么质量的物品,产品质量符合客户需要。

(5) 地点配置。保证送货上门的准确性。与传统采购面向库存不同,JIT采购是一种直接面向需求的采购模式,它的采购送货是直接送到需求点上,即用户在什么地点需要,就送到什么地点。

## 三、JIT采购的特点

JIT采购与传统采购的不同之处在于采用订单驱动的方式。这种订单驱动的方式使供应与需求双方都围绕订单运作,也就是实现了供需双方同步化运作。传统的采购模式下,采购的目的就是补充库存,而JIT采购模式追求的是零库存。JIT采购和传统采购在质量控制、供需信息、供应商的数目、交货期的管理等方面有很多不同之处,具体如表4-3所示。

表4-3 JIT采购与传统采购的比较

| 项目 | JIT采购 | 传统采购 |
|---|---|---|
| 供应商选择 | 单源供应,长期合作关系 | 多源供应,短期合作关系 |
| 采购批量 | 小批量,送货频率高 | 大批量,送货频率低 |
| 供应商评价 | 价格、质量、交货期等 | 价格、质量等 |
| 双方磋商重点 | 长期合作关系,质量和合理的价格 | 获得最低价格 |
| 运输 | 准时送货,采购者负责计划安排 | 较低的成本,供应商负责计划安排 |
| 包装 | 小,标准化容器包装 | 普通包装,没有特殊说明 |
| 检验 | 开始是逐步减少,最终取消 | 收货,点数统计,品质鉴定 |
| 文书工作 | 工作量少,需要的是有能力改变交货时间和质量 | 工作量大,改变交货期和质量的采购单多 |
| 信息交换 | 快速,可靠 | 一般要求 |
| 产品说明 | 供应商革新,强调性能,宽松要求 | 买方关心设计,供应商没有创新 |

JIT采购相较于传统采购的主要特点体现在以下几方面。

### （一）采用较少的供应商，甚至单源供应

单源供应是JIT采购的基本特征之一。与传统采购模式比较，传统的采购模式一般是多头采购，供应商的数目相对较多，企业与供应商的关系是通过价格竞争而选择供应商的短期合作关系。而JIT采购往往采用的是较少的供应商，甚至单源供应。JIT采购最理想的供应商的数目是：对于每一种原材料或外购件，只有一个供应商，即单源供应。从理论上讲，采用单源供应比多源供应好，这是因为：一方面，管理供应商比较方便，也有利于降低采购成本；另一方面，有利于供需之间建立长期稳定的合作关系，质量比较有保证。但是，采用单源供应也有风险，比如供应商可能因意外原因中断交货或者供应商缺乏竞争意识等。

在实际工作中，许多企业也不是很愿意成为单一供应商的。原因很简单，一方面，供应商是独立性较强的商业竞争者，不愿意把自己的成本数据透露给用户；另一方面，供应商不愿意成为用户的一个产品库存点。实施准时化采购，需要减少库存，但库存成本是从采购企业一边转移到了供应商这边。因此，企业必须意识到供应商的这种忧虑。

### （二）供应商的选择标准发生变化

由于JIT采购采用单源供应，因而对供应商的合理选择就更为重要。在传统的采购模式中，供应商是通过价格竞争而选择的，企业与供应商的关系是短期的合作关系，当发现供应商不合适时，可以通过市场竞标的方式重新选择供应商。但在JIT采购模式中，由于供应商和用户是长期的合作关系，供应商的合作能力将影响企业的长期经济利益，因此对供应商的要求就比较高。在选择供应商时，需要对供应商进行综合的评价，而对供应商的评价必须依据一定的标准。这些标准应包括产品质量、交货期、价格、技术能力、应变能力、批量柔性、交货期与价格的均衡、价格与批量的均衡、地理位置等，而不像传统采购那样主要依靠价格标准选择供应商。在这些标准中，质量是最重要的标准。这是因为实施JIT采购后，企业的原材料和外购件的库存很少甚至为零，这就要求供应商送货质量完全合乎企业要求。这里所说的质量不单指产品的质量，还包括工作质量、交货质量、技术质量等多方面内容。高质量的供应商有利于建立长期的合作关系。为此，供应商必须参与企业的产品设计过程，企业也应该帮助供应商提高技术能力和管理水平，共同保证产品质量。

### （三）对交货准时性的要求更严格

由于JIT采购消除了原材料和外购件的缓冲库存，供应商的失误和送货的延迟必将导致企业生产线的停工待料，因此交货准时是实施JIT的前提条件。交货准时取决于供应商的生产与运输条件。虽然存在一些不可预料的因素，如恶劣的气候条件、交通堵塞、运输工具损坏等，但作为供应商来说，要使交货准时，可以从以下几个方面着手：一是不断改进企业的生产条件，提高生产的可靠性和稳定性，减少延迟交货或误点现象；二是作为准时化供应链管理的一部分，供应商同样应该采用准时化的生产管理模式，以提高生产过程的准时性；三是为提高交货准时性，运输问题不可忽视。在物流管理中，运输问题是一个很重要的问题，它决定准时交货的可能性。特别是全球的供应链系统，运输过程长而且可能要先后使用不同的运输工具，还需要中转运输等。因此，要进行有效的运输计划与管理，使运输过程准确无误。

### （四）采取小批量采购的策略

小批量采购是JIT采购的一个基本特征。传统采购是以填充库存为目的，需大批量采

购，保证安全库存量。而JIT采购和传统的采购模式最大的不同，在于JIT生产需要减少生产批量。另外，企业生产对原材料和外购件的需求是不确定的，而JIT采购又旨在消除原材料和外购件的库存。为了保证准时、按质按量地供应所需要的原材料和外购件，采购必然是小批量的。当然，小批量采购自然会增加运输次数和成本，对供府商来说是很为难的事情，特别是供应商在国外等情形下，实施准时化采购的难度就更大。解决的办法可以采取混合运输、代理运输等方式，或尽量使供应商靠近用户等。

### （五）可靠的送货和特定的包装要求

由于JIT采购消除了原材料和外购件的缓冲库存，供应商的失误和送货的延迟必将导致企业生产线停工待料。所以，可靠的送货是实施JIT采购的前提条件。当然，最理想的送货是直接将货物送到生产线上。另外，JIT采购对物资原材料和外购件的包装也提出了特殊要求，较为理想的情况是：对每一种物资原材料和外购件，采用标准规格且可重复使用的容器包装。这样，既可提高运输效率，又能保证交货的准确性。

### （六）对信息交流的需求加强

传统采购供需双方的信息是不对等的，双方的信息相互保留。而JIT采购要求供应与需求双方信息高度共享，保证供应与需求信息的准确性和实时性。只有供需双方进行可靠而快速的双向信息交流，才能保证所需要的原材料和外购件即时按量供应。同时，充分的信息交换可以增强供应商的应变能力。所以，实施JIT采购就要求供应商和企业之间进行有效的信息交换。信息交换的内容包括生产作业计划、产品设计、工程数据、质量、成本、交货期等。信息交换的手段包括电报、电传、电话、信函、卫星通信等。现代信息技术的发展，如EDI、E-mail等，为有效的信息交换提供了强有力的支持。

## 四、JIT采购的实施

JIT采购将采购及供应商的活动看作自身供应链的一个有机组成，其管理重点在于做好供应商管理工作，正确处理和发展同供应商的关系，加快物料及信息在整体供应链中的流动，做到缩短生产周期、降低成本和库存，同时又能以最快的交货速度满足企业生产需求。因此，企业要想实施JIT采购，必须具备相应的条件和遵循一定的实施步骤。

### （一）JIT采购的实施条件

1. 供应商与企业的距离越近越好

JIT采购要求准时供应，为了能保证及时供应，则供应商和用户企业之间的空间距离越近越好，远了，操作不方便，发挥不了JIT采购的优越性，很难实现零库存。

2. 供应商和企业建立互利合作的战略伙伴关系

实施JIT采购需要供应商能和采购商密切配合，因此，要实施准时制采购，生产企业和供应商必须建立一种长期的互利合作的新型关系，必须相互信任、相互支持，这样才能获得更大的利益。因此，必须找到可靠的供应商，与其建立战略伙伴关系。

3. 注重基础设施的建设

实施JIT采购需要一定的基础设施，其中交通运输和通信条件、计算机网络系统等是实施JIT采购的重要保证，而企业间通用标准的使用对JIT采购也至关重要。所以，要想成功实施JIT采购策略，企业和供应商都应注重基础设施的建设。当然，这些条件的改善不仅仅取决于企业和供应商的努力，各级政府也要加大投入。

4. 强调供应商的参与

JIT 采购的实施不是生产企业物资采购部门单独就能解决的，它离不开供应商的参与。供应商的参与不仅仅体现在准时、按质按量供应企业所需的合格的原材料和外购件上，而且还体现在参与企业的产品开发设计过程中。同时，生产企业也有帮助供应商提高产品质量和生产率，降低成本的义务。

5. 建立实施 JIT 采购的组织

企业领导必须从战略高度认识 JIT 采购的意义，并建立相应的企业组织来保证该采购策略成功实施。这一组织的构成不仅包括生产企业的物资采购部门，还应包括产品设计部门、质量部门、财务部门、生产部门等。生产企业的高层领导必须从战略高度来考虑准时制采购的意义。其任务是：提出实施方案，具体组织实施，对实施效果进行评价，并进行连续不断的改进。

6. 加强信息技术的应用

JIT 采购是建立在有效信息交换的基础上，信息技术的应用可以保证生产企业和供应商之间的信息交换。因此，生产企业和供应商都必须加强对信息技术，特别是 EDI 技术的应用投资，以便更加有效地推行 JIT 采购策略。

7. 生产企业向供应商提供综合的稳定的生产计划和作业数据

实施 JIT 生产方式，生产企业必须向供应商提供综合的、稳定的生产计划和作业数据，可以使供应商及早准备，精心安排生产，确保准时、按质按量交货；否则，供应商就不得不求助于缓冲库存，从而增加其供货成本。有些供应商在生产企业工厂附近建立仓库以满足制造商的 JIT 采购要求，实质上这不是真正的 JIT 采购，而只是将负担转移给供应商而已。

8. 注重教育和培训

通过教育和培训，使生产企业和供应商都认识到实行 JIT 采购的意义，并使他们掌握 JIT 采购的技术和标准，以便对 JIT 采购实施和改进。

**(二) JIT 采购实施的步骤**

开展 JIT 采购同其他工作一样，需遵循计划、实施、检查、总结提高的基本思路，具体包括以下步骤。

1. 创建 JIT 采购团队

世界一流企业的专业采购人员有三个责任：寻找货源、商定价格、发展与供应商的协作关系并不断改进。为了对原材料和外购件的来源以及采购事宜做出正确的决策，需要得到企业内部许多职能部门的支持。因此，企业应该组建专业化的高素质的 JIT 采购团队，这对实施 JIT 采购来说至关重要。企业可以成立两个团队：一个是专门处理供应商事务的团队，该团队的责任是认定资格、评估供应商的信誉和能力、与供应商谈判签订 JIT 采购合同、向供应商发放免检签证等，同时要负责供应商的培训与教育；另外一个团队专门协调本企业各个部门的 JIT 采购操作、制定作业流程、指导和培训操作人员，进行操作检验、监督和评估。

2. 分析现状，确定供应商

首先根据采购物品的分类选择价值大、金额多的主要原材料及零部件，结合供应商的关系，优先选择伙伴型或优先型供应商进行 JIT 采购可行性分析，确定可实施 JIT 采购模式的供应商。然后根据现状，进一步分析问题所在以及导致问题产生的原因。

3. 制订计划

依据JIT采购策略制订计划以及寻找改进当前采购方式的措施，包括减少供应商的数量、正确评价供应商、向供应商发放签证等内容，确保JIT采购策略有计划、有步骤地实施。在这个过程中，生产企业要与供应商一起商定准时制采购的目标和措施，保持经常性的信息沟通。

4. 精选少数几家供应商建立伙伴关系

JIT采购对供应商的选择要求较高，从国内外企业实施JIT采购效果的调查中发现：JIT采购成功的关键在于与供应商的关系，选择是否合适是影响准时化采购的重要条件。供应商和企业之间互利的伙伴关系，意味着双方之间充满一种紧密合作、主动交流、相互信赖的和谐气氛，共同承担长期协作的义务。因此，企业可以选择少数几个最佳供应商作为工作对象，抓住一切机会加强与他们之间的业务，加强信息共享，相互进行技术和设计支持等。

5. 选择试点、取得经验

JIT采购的最终目标是实现企业的生产准时制。为此，要实现从传统的交货方式向准时制适时交货方式转变。可先进行零部件或原材料的JIT供应试点。企业可以先从某种产品、某条生产线或是某些特定原材料的试点开始，进行JIT采购的试点工作。在试点过程中，取得企业各个部门的支持是很重要的，特别是生产部门的支持。物色少数最佳供应商合作完成试点。作为试点伙伴，通过试点及时总结经验，为即将实施的准时采购奠定基础。

6. 搞好供应商培训，确定共同目标

JIT采购需要供应商配合。只有供应商也对JIT采购的策略和运作方法有了认识和理解，才能获得供应商的支持。因此，需要对供应商进行教育和培训。通过培训，大家取得一致的目标，相互之间就能够很好地协调做好采购的准时化工作。

7. 给供应商颁发产品免检证书

在实施JIT采购策略时，核发免检证书是非常关键的一步。颁发免检证书的前提是供应商的产品100%合格。为此，核发免检证书时，要求供应商提供最新的、正确的、完整的产品质量文件，包括设计蓝图、规格、检验程序以及其他必要的关键内容。经长期检验达到目标后，所有采购的物资就可以从卸货点直接运至生产线使用。

8. 继续改进，扩大成果

JIT采购是一个不断完善和改进的过程，即使所有的基本要求都达到了，也应继续不断总结经验教训，从降低运输成本、提高交货的准确性、提高产品质量、降低供应库存等各个方面进行改进，不断提高JIT采购的运作绩效。另外，企业也应该尽快地与公司的整体策略相适应，推广JIT采购策略，以确保整个公司成功实施JIT战略。

总之，JIT采购不仅是一种采购方式，也是一种科学的管理模式。JIT采购模式的运作，在客观上将在用户企业和供应商企业中铸造一种新的科学管理模式，这将大大提高用户企业和供应商企业的科学管理水平。

# 第六节　电子采购

Internet 和计算机技术的飞跃发展使许多商业流程从传统的、手工的方式变成了以计算机网络为基础的自动化流程。电子采购系统是伴随着互联网的兴起而发展起来的。电子采购最先兴起于美国，它的最初形式是一对一的电子数据交换系统，即 EDI。但早期的 EDI 价格昂贵、耗费庞大，且由于其封闭性，仅能为一家买家服务，尤令中小供应商和买家却步。电子采购实际上产生于 20 世纪 90 年代后期，90 年代中期电子采购目录开始兴起，使得电子采购最初仅是以电子目录为基础的一对一式的提供办公用品的采购和服务。后来随着计算机管理软件和电子采购技术的发展，全方位综合电子采购平台出现，它能广泛地连接买卖双方，从而使得电子采购广泛应用于企业。在国外，电子采购已经引起了企业界的足够重视，实施电子采购成为建立企业竞争优势所不可或缺的手段。如美国三大汽车厂商通用、福特和克莱斯勒合作，运营 B2B 网上采购商务网站。该网站面向所有汽车零配件供应商，它的网上交易额估计将达到 6 000 亿美元以上。国内企业如海尔、中石油、中石化、宝钢等，都在网上实施采购，并取得明显的经济效益。

## 一、电子采购的含义

电子采购是在电子商务环境下的采购模式，也就是网上采购，是指用计算机系统代替传统的文书系统，通过网络支持完成采购工作的一种业务处理方式。企业可以通过建立电子商务交易平台，发布采购信息，或主动在网上寻找供应商、寻找产品，然后通过网上洽谈、比价和网上竞价实现网上订货，甚至网上支付货款，最后通过网下的物流过程进行货物的配送，完成整个交易过程。电子采购的特点体现在以下方面。

(1) 公开性。电子采购是在网上完成的。基于互联网的公开性的特点，全世界都可以看到采购商的招标公告，任何有兴趣的供应商都可以前来投标，体现了公开、公正、公平的特点。

(2) 广泛性。由于互联网是没有边界的，全球范围内的所有供应商都可以登录采购商的网站进行投标，而采购商也可以登录任何其感兴趣的供应商网站查询产品。因此，供应商群体范围是任何采购无法比拟的。

(3) 交互性。在电子采购中，采购商与供应商的网上联系十分方便，可以通过电子邮件或聊天的方式谈产品、谈价钱、谈服务、讨价还价、签订合同，进行信息交流，既方便、迅速，成本又低。

(4) 节约性。在网上采购，就可以做到足不出户，而且操作也极其简单，这样就可以节省大量人工作业环节，节省工作量，使得总成本降低。

(5) 便捷性。采用电子采购，通过互联网传递信息，信息传输既方便又快捷，无论是发邮件、上网登录、查询商品、查找资料，都可以在瞬间完成，而且随着计算机性能的提高及宽带网的普及，这个速度会越来越快，可以大大节省时间，提高效率。

## 二、电子采购的优势

电子采购从根本上改变了商务活动的模式，它不仅将间接商品和服务采购过程自动化，极大地提高了效率，降低了采购成本，而且使企业在一定程度上避免了因信息不对称引起的资源浪费，有利于社会资源的有效配置，从而使企业实现战略采购。电子采购的优势体现在宏观和微观两大方面。

### （一）宏观优势

1. 电子采购保证市场内的供求双方能更有效地衔接

在市场透明度提高的情况下，买卖双方能更有效地平衡市场上的需求。在过去，供应商即使打折也很难卖掉多余的库存，而电子采购模式的出现，使得大量买方和卖方能聚集到线上交易市场，并以衔接需求的方式解决了这方面的问题。

2. 电子采购冲破了地域范围和语言障碍

商业与互联网在本质上都是全球性的。互联网提供了全球性的通路，买家或卖家只要敲击按钮，就可以与潜在的卖家或买家在线上相聚。供应商与采购商可以在互联网上寻找一些伙伴并与之交易，而这些商业伙伴在电子采购平台设立前可能是无法找到的。尽管语言可能仍是一个问题，尤其是对全球贸易而言，但作为第三方的电子采购平台提供者通常能提供多语言平台和产业/贸易专家等增值服务，来增加国际贸易额。

3. 电子采购可以改善资源分配

除了市场价格更为协调一致外，电子采购可以保证更有效地利用有限的资源。信息缺乏导致许多企业无法预测需求、分配资源。为解决这种问题，一般在传统供应链的每一段都备有缓冲库存，从而会导致过多的库存成本和库存过时风险。电子采购平台能使信息充分共享，有助于更有效地分配资源，即电子采购平台能在库存过时之前，通过拍卖为供应商提供一个更有效的处理多余库存的方法。

### （二）微观优势

1. 节省采购时间，提高采购效率

传统采购方式主要以书面资料和电话、传真、直接见面的方式来进行信息交流，采购周期冗长，出错率高，效率低下。而企业实施电子采购，以计算机代替手工，减少了简单劳动的工作量，提高了速度；以自动化系统代替了订单登记员、应付账部门等人员阅读、输入数据、计算、统计等人工劳动，消除了邮寄或其他形式文件传递的时间，提高了效率。另外，由于电子采购系统通过标准化的设计使全部采购工作流程自动化，消除了多余的采购环节，从而使企业降低了出错率，业务处理时间缩短，大大提高了采购效率。

2. 采购成本显著降低

电子采购的信息交流和管理是建立在互联网基础上的，互联网自由开放的特性，使采购企业可以迅速、及时地收集大量的供求信息，进行集中分类整合，以集中采购的形式统一采购，从而获得更优惠的价格；采购企业可以通过互联网对各种型号产品的性能、外观甚至价格进行详细的了解和比较，还可以在网上直接与商家沟通，采购人员不需要出差，这就大大减少了文件处理、信息收集、通信、差旅和其他的交易程序，从而降低了交易成本；而电子采购的快速及时、较短的采购周期，使得采购企业可以减少过量的安全库存，从而降低库存成本；电子采购有助于企业扩大市场范围，从货比三家到货比多家，在比质比价的基础上找到满意的供应商，大幅度地降低采购价格。研究显示，应用电子采购后可以降低5%～10%的产品成本，降低70%的流程成本。

3. 提供了有效的监控手段

很多大型企业可能面临着这样的矛盾：企业规模大、部门多，采购物资种类庞杂、需求不定，严格监控必然导致效率低下，反之，则管理混乱。电子采购管理为采购企业提供了有效的监控手段。电子采购在提高效率的同时，使各部门甚至个人的任何采购活动都在实时监控之下，有效地堵住了管理漏洞，杜绝暗箱操作。

4. 加强了对供应商的评价管理

电子采购提供一套商家信用评估体系，采购方和供应商可以对双方交易的过程和结果在网上发表意见，采购企业可以对商家的产品和售后服务进行打分，通过对自己的数据库进行分析评估，得出供应商的交易诚信得分，对于信誉差的供应商禁止其投标、报价。另外，供应商的静态数据库的建立也为企业采购提供了方便的查询手段，帮助采购企业及时、准确地掌握供应商的变化，可以提前预见供应商的供货能力，及早采取措施降低风险。

5. 提高了采购的透明度

由于电子采购是一种不谋面的交易，通过将采购信息在网站公开，采购流程公开，避免交易双方有关人员私下接触，由计算机根据设定标准自动完成供应商的选择工作，有利于实现实时监控，避免采购中的黑洞，杜绝采购过程中的腐败，使采购更透明、更规范。实现采购过程的公开、公平、公正。

6. 实现采购业务程序标准化

电子采购是在对业务流程进行优化的基础上进行的，必须按软件规定的标准流程进行，可以规范采购行为，规范采购市场，有利于建立一种比较良好的经济环境和社会环境，大大减少采购过程的随意性，避免盲目采购、超前采购、重复采购和非需求性采购。

## 三、电子采购的模式

电子采购是利用网络和信息技术为采购人员提供的一个快速、低成本、大范围的工具系统，它所要进行的业务关系到供应商和采购商两个主体。因此，电子采购可根据不同组织者在采购过程中发挥的不同作用而形成对采购商和供应商都有利的不同采购模式，主要包括以下几种。

### （一）专用模式

专用模式主要包括卖方模式和买方模式两种类型。

1. 卖方模式

卖方模式是指供应商在互联网上发布其产品的在线目录，采购商通过网页浏览来取得所需的商品信息，做出采购决策，并下订单以及确定付款和交付选择，如图 4-2 所示。

在卖方模式中，卖方创建联机目录，使买方可以采用实时的特定合同购买工具，联机浏览和购买商品。因此，作为卖方的供应商开发自己的互联网网站，允许大量的买方企业浏览和采购自己在线产品，买方可免费登录卖方系统进行采购，由卖方保证采购的安全性。在这种模式中，作为卖方的供应商必须投入大量的人力、精力和财力来建立、维护和更新产品目录，所以成本较高、操作较为复杂。

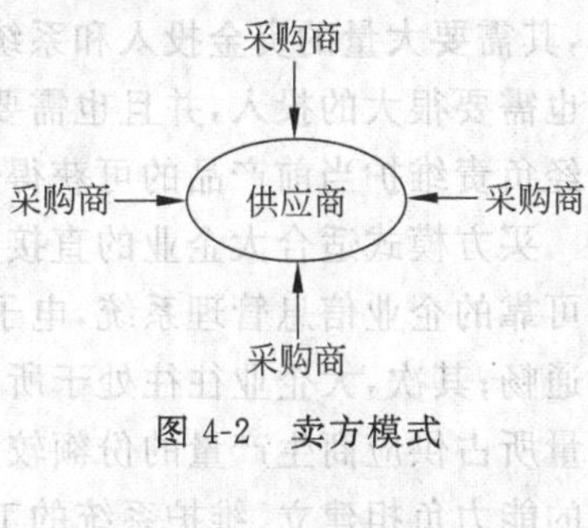

图 4-2　卖方模式

对买方企业来说，卖方模式的优点是便于采购商访问，并且采购商不需要做任何投资，不需要花费太多就能获得自己所需要的产品信息，既花费小又方便。但是卖方模式的缺点也是比较明显的，其具有以下缺点。①电子采购与后端的企业内部信息系统无法很好地集成。因为采购商与供应商是通过供应商的系统进行交流的，由于双方所用的标准不同，供应商向采购商传递的电子文档不一定能为采购商的信息系统所识别，自动地加以处理并传送到相关责任人。这些文档必须经过一定的转化，甚至需经手工处理，这大大降低了电子采购的效率，延长了采购的时间。②采购商为了进行供应商选择，必须寻找并浏览大量的供应商网站，这些网站有各自的界面、布局、格式，不便于进行迅速的比较。另外，采购商寻找到供应商网站登录后，需要通过目录网络手工输入订单，每次都必须输入所有相关的扼要信息，如公司名称、通信地址、电话号码、账户等，这使得采购工作量增加，采购工作的内容更加复杂。③虽然互联网采购形式使得采购人员采购原材料变得简单易行，但同时容易导致滥用职权，如采购人员可能绕过公司采购政策随意从在线供应商那里采购。

卖方采购模式主要适合于零售业，如 Office Depot 开发了一个卖方电子采购系统，希望与客户建立更为密切的联系。该系统非常容易接入主要客户的内部网络，如美洲银行等。客户通过该系统购买的办公用品占总量的 85%，Office Depot 通过网络销售的商品价值已接近 10 亿美元。

2. 买方模式

买方模式是指采购商在互联网上发布所需采购产品的信息，供应商在采购商的网站上登录自己的产品信息，供采购商评估，并通过采购商网站双方进行进一步的信息沟通，完成采购业务的全过程，如图 4-3 所示。

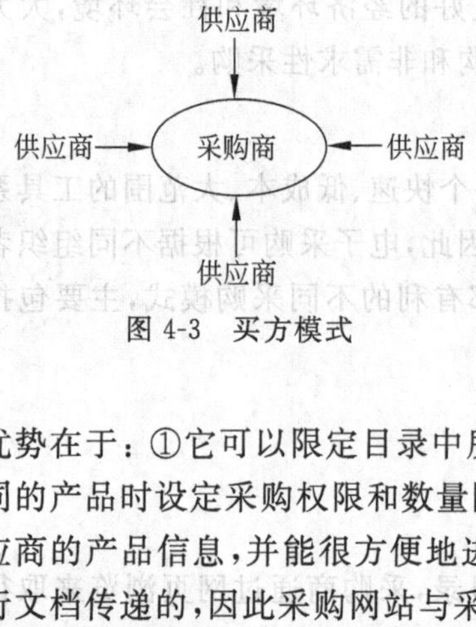

图 4-3 买方模式

在买方模式中，买方维护多家供应商的商品和服务的联机目录及数据库，并负责将所有交易传入这些公司的采购和财务系统。因此，在买方模式中，采购商承担了建立、维护和更新产品目录的工作。虽然这样花费较多，但采购商可以更紧密地控制整个采购流程。这种模式的优势在于：①它可以限定目录中所需产品的种类和规格，甚至可以给不同的员工在采购不同的产品时设定采购权限和数量限制；②员工只需通过一个界面就能了解到所有可能的供应商的产品信息，并能很方便地进行对比和分析；③由于供求双方是通过采购商的网站进行文档传递的，因此采购网站与采购商信息系统之间的无缝连接将使这些文档流畅地被后台系统识别并处理。但这种模式也有自身的劣势：采购商承担了目录和系统维护的艰巨工作，其需要大量的资金投入和系统维护成本。另外，采购商在最初的信息整合和合理化过程中也需要很大的投入，并且也需要大量买卖双方之间的谈判与合作，这是因为采购商实际上已经负责维护当前产品的可获得性、递送周期和价格说明。

买方模式适合大企业的直接物料采购。其原因如下：首先，大企业内一般已运行着成熟可靠的企业信息管理系统，电子采购系统可以实现与现有的信息系统的集成，保持信息流的通畅；其次，大企业往往处于所在供应链的核心地位，有较为固定的供应商，且大企业的采购量所占供应商生产量的份额较大，因此双方保持着紧密的合作关系；最后，大企业也有足够的能力负担建立、维护系统的工作。

**（二）公共模式**

公共模式主要包括市场模式和电子拍卖两种类型。

1. 市场模式

市场模式是指供应商和采购商通过第三方建立的专业采购网站进行采购业务的过程。在这个模式里，无论是供应商还是采购商都只需在第三方网站上发布并描述自己提供或需要的产品信息，第三方网站则负责产品信息的归纳和整理，以便于用户使用，如图 4-4 所示。

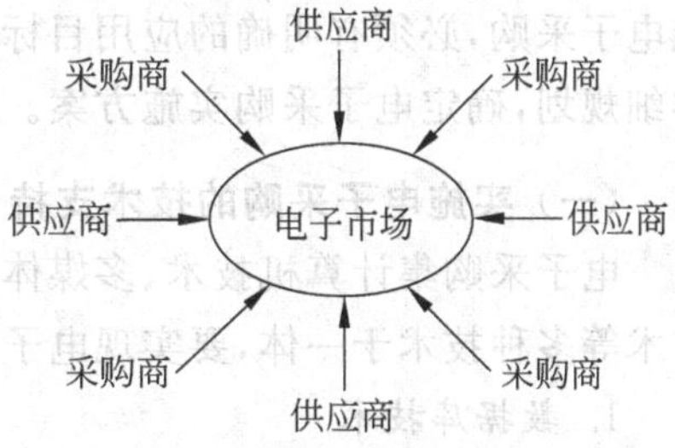

图 4-4　市场模式

在市场模式中，由独立的网站为多家买方和卖方提供入口点，全世界范围内的任何人都可以进入互联网的单个网站站点，允许任一参与者登录并进行交易，但买卖双方需要支付使用费用，一般可按交易税金或交易费的百分比来支付。这种模式对于采购商和供应商来说，可以使双方省去建立网站的花费，但由于这一市场是独立的第三方网站，它与采购商的后台系统集成比较难。

为了改进市场中买卖交易的效率，市场模式在互联网上有两种基本类型。

(1) 纵向电子市场。纵向电子市场一般突出某一行业的需要，由一家或多家大企业提供赞助，如化工、纸张、汽车部件等行业。一个纵向电子市场经常由该行业内的几个主要参与者支撑，这些参与者通常可能是竞争关系。

(2) 横向电子市场。横向电子市场通常是跨行业市场，涉及多个行业，关注许多行业和商务通用的产品和服务，比如 ORM(运营资源管理)以及确定的普通非专业化的 MRO(维护、修理和运行)。横向电子市场主要由间接采购驱动。

2. 电子拍卖

电子拍卖是传统拍卖形式的在线实现，它通过网上拍卖平台提供在线实时交换，买方和卖方可以登录拍卖平台，对拍品出价。如卖方可以借助网上拍卖平台运用多媒体技术来展示自己的商品，这样就可以免除传统拍卖中实物的移动；竞拍方也可以借助网络，足不出户进行网上竞拍。该方式的驱动者是传统的拍卖中间商和平台服务提供商(PSP)。电子拍卖一般有正向拍卖和反向拍卖两种类型。

电子拍卖模式既有其优势，又存在一些劣势。其优势主要体现在以下两个方面。第一，采用电子拍卖方式可以节省时间，提高速度。第二，采用电子拍卖方式可以节约成本。对于采购商来说，采用反向拍卖的方法可以避免与成千上万家小企业打交道，节省了管理费用。同时，反向拍卖的方式也促使产品价格大幅降低。

电子拍卖的劣势主要体现在以下两方面：①采购商过分关注价格，忽视与供应商的关系。②预测较困难，采购商采用反向拍卖形式，其很难预测最终价格，每天都可能产生一个完全不同的竞标价格。

电子拍卖通常适用于间接商品，有时也适用于直接原材料。这种实时竞标的形式最适合于批量大的普通商品，由于批量大，因此在价格上的微小差别也会累积成一个可观的数目。

## (三) 第三方模式

第三方模式作为一种为提高供应链效率、节省资源、降低成本而开发的专用采购模式，是指由服务供应商创建和管理联机目录，通过集中采购商的购买力，利用价格杠杆进行采购，为企业节约成本。

## 四、电子采购方案的实施

随着电子商务及软件技术的发展，电子采购的广泛应用将是不可避免的。企业要想实施电子采购，必须有明确的应用目标和必要的成本效益估计，选择适当的应用形式，并进行详细规划，确定电子采购实施方案。电子采购的具体实施离不开技术支持和相应的步骤。

### （一）实施电子采购的技术支持

电子采购集计算机技术、多媒体技术、数据库技术、网络技术、安全技术、密码技术、管理技术等多种技术于一体，要实现电子采购必须依靠下列技术支持。

1. 数据库技术

实施电子采购需要快速、准确地获得相关信息、数据。在电子采购中，存在供应商数据、采购物资数据、内部物资需求数据等。有效地组织好这些数据才能更好地支持采购决策的制定和实施。因此，实施电子采购，企业就需要建立合理、完善的数据库。数据库的作用在于存储和管理各种数据，支持决策，是实现电子采购必不可少的技术条件。数据库技术是因企业的需求和技术的成熟而产生的，它包括数据仓库技术、联机分析处理技术和数据挖掘技术。

2. EDI 技术

企业与企业之间的交易谈判、交易合同的传送、商品订货单的传送等都需要 EDI 技术。EDI 是指具有一定结构特征的数据信息在计算机应用系统之间进行的自动交换和处理，这些数据信息称为电子单证。EDI 的目的就是以电子单证代替纸质文件，进行电子贸易，提高商务交易的效率并降低费用。在 EDI 中，计算机系统是生成和处理电子单证的实体；通信网络是传输电子单证的载体；生成的电子单证必须经过标准化处理，即按规定格式进行转换以适应计算机应用系统之间的传输、识别和处理。

3. 金融电子化技术

电子采购过程包括交易双方在网上进行货款支付和交易结算，金融电子化为企业之间进行网上交易提供保证。在全球供应链网络中，交易双方可能相隔很远，双方货款只有通过银行系统来结算，银行在企业间的交易中起着重要的作用，它们处理业务的效率将直接影响到企业的资金周转，构成影响供应链的资金流动的因素之一。

4. 网络安全技术

企业实施电子采购，就需要在网上进行合同签订、合同传递、货款支付等行为，这就需要保证信息传递的可靠性以及网络的安全性。

企业要实施电子采购，就必须考虑网络安全问题。而网络安全技术是实现电子商务系统的关键技术，它涉及计算机网络的各个层次。解决电子商务安全问题，主要采取访问控制、授权、身份认证、防火墙、加密存储及传送、内容控制等措施，涉及的技术主要包括防火墙技术、加密技术、密钥分配、数字签名技术和认证技术、虚拟专用网等。

5. 计算机及网络技术

企业实施电子采购需要有相应的硬件和软件系统，这就离不开计算机及网络技术的支持。计算机硬件性能的增强，可提高信息处理速度和准确性；软件功能的完善不仅大大方便了操作，也使其操作界面更加完善。

电子采购的网络基础包括局域网技术、广域网互联、接入技术和网络通信协议。在局域网方面，一般参考和引用 ISO/OSI 模型，结合本身特点制定自己的具体模式和标准。

广域网互联是把跨地区、跨国的计算机和局域网连接起来，所涉及的技术有 ISDN、宽带、ATM 等。随着宽带网技术的成熟，提供的网络带宽不断增加，数据传输的瓶颈问题逐步得到解决。

接入技术是负责将用户的局域网或计算机与公用网络连接在一起，对于企业来说就是企业的内部局域网同互联网连接。它要求有高的传输效率，随时可以接通或迅速接通，且价格便宜。目前，比较现实的技术有电缆 Modem 和 ADSL Modem，为企业实现接入创造条件。

### （二）实施电子采购的步骤

#### 1. 事前培训

一般情况下，企业多数是在系统开发完成之后才对使用者进行应用技术培训。但是国外企业和国内一些成功企业的做法表明，事先对所有使用者提供充分的培训是实施电子采购成功的一个关键因素。培训内容不仅包括技能的方面，更重要的是让员工了解将在什么地方进行制度革新，以便将一种积极的、支持性的态度灌输给员工，这将有助于减少未来项目进展中的阻力。

#### 2. 建立数据源

建立数据源的目的是为通过互联网实现采购和供应管理功能而积累数据。其内容主要包括供应商目录、供应商的原料和产品信息、各种文档样本、与采购相关的其他网站、可检索的数据库、搜索工具。

#### 3. 成立正式的项目小组

企业要想成功实施电子采购，就需要成立正式的项目小组并对其负责，项目小组由高层管理者直接领导，其成员应当包括项目实施的整个进程所涉及的各个部门的人员，如信息技术、采购、仓储、生产、计划等部门，甚至包括互联网服务提供商(ISP)、应用服务提供商(ASP)、供应商等外部组织的成员。项目小组的作用就是全面处理与电子采购相关事宜，包括对方案选择、面临的风险、所需的成本、程序的安装和监督程序运行的职责分配等内容。

#### 4. 广泛调研，收集意见

为做好电子采购，在实施前应广泛听取各方面的意见，包括有技术特长的人员、管理人员、软件供应商等。同时要借鉴其他企业行之有效的做法，在统一意见的基础上，制定和完善有关的技术方案。

#### 5. 建立企业电子采购网站

企业成功实施电子采购，首先需要企业建立内部管理信息系统，以实现业务数据的计算机自动化管理。企业建立电子采购系统网站，需要设置电子采购功能板块，主要包括组织机构管理模块、供应商目录管理模块、产品目录管理模块、采购计划管理模块、采购过程管理模块、合同执行管理模块、采购效果分析模块、决策支持系统及采购成本管理系统（如图 4-5 所示），以使整个采购过程始终与管理层、相关部门、供应商及其他相关内外部人员保持动态的实时联系。

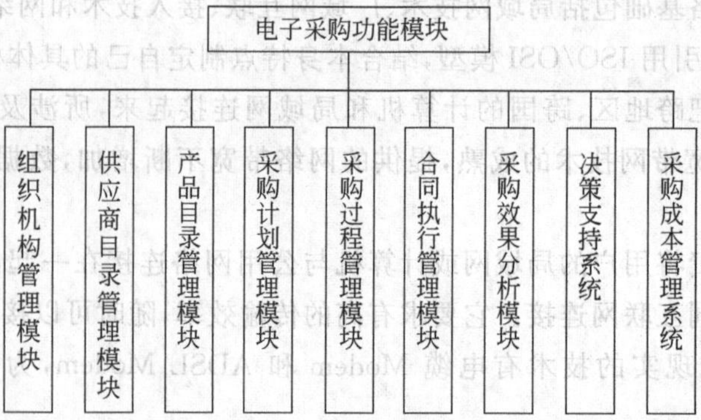


图 4-5　电子采购模块图

6. 应用之前的测试

在电子采购系统正式应用之前，必须对所有的功能模块进行测试，因为任何一个功能模块如果存在问题，都会对整个系统的运行产生很大的影响。进行测试时，可以先从某种产品或某条生产线的功能模块开始。在测试时，取得企业各个部门的支持是很重要的。

7. 培训使用者

对电子采购系统的实际操作人员进行培训也是十分必要的，这样才能确保电子采购系统得以很好的实施。

8. 网站发布

利用电子商务网站和企业内部网收集企业内部各个单位的采购申请，并对这些申请进行统计整理，形成采购招标计划，并在网上发布。

## 本章小结

本章主要介绍了集中采购与分散采购、询价采购、联合采购、招标采购、JIT采购、电子采购等几种采购方式，重点阐述这些采购方式的含义、特点、原理、实施条件及实施步骤等内容。

集中采购与分散采购是一种采购制度，同时作为一种采购方式在企业中广泛使用。集中采购是指企业在核心管理层建立专门的采购机构，统一组织企业所需物品的采购进货业务；分散采购是由企业下属各单位，如子公司、分厂、车间或分店实施的满足自身生产经营需要的采购。集中采购和分散采购各有自己的特点，二者互为补充。

询价采购指采购者向选定的若干个供应商发出询价函，让供应商报价，然后根据各个供应商的报价而选定供应商的方法。询价采购必须满足四个条件和一个程序。

联合采购是指同质型企业中需要购买同一产品的客户企业联合在一起，使其产品的数量达到可以取得价格折扣的规模，而向供应商提出采购的行为。联合采购可以看作集中采购在外延上的进一步拓展，是一种多个企业之间的采购联盟行动。

招标采购是指采购商作为招标方，事先提出采购的条件和要求，邀请众多企业参与投标，然后由采购商按照规定的程序和标准一次性地从中择优选择交易对象，并与提出最有利条件的投标商签订采购合同的一种采购方式。招标采购是在众多的供应商中选择最佳供应商的有效方法，它体现了“公开、公正和公平”的原则，主要适用于大批量采购项目、重大的建设工程项目和政府采购等方面。

JIT 采购是一种完全以满足需求为依据的采购方法，是一种很理想的采购模式。它的基本思想是“在恰当的时间、恰当的地点，以恰当的数量、恰当的质量提供恰当的物品”。它有最大限度地消除浪费、降低库存、实现零库存等优点。

电子采购是在电子商务环境下的采购模式，是指用计算机系统代替传统的文书系统，通过网络支持完成采购工作的一种业务处理方式。该方式实现了采购信息的公开化，扩大了采购市场的范围，简化了采购流程，减少了采购时间，降低了采购成本，提高了采购效率，使采购交易双方易于形成战略伙伴关系，成为当前最具发展潜力的企业管理工具之一。

## 实训项目

1. 调研一个企业，了解该企业采用的是什么采购模式。

2. 深入一个实施 JIT 采购的企业进行调研，了解该企业的特点及 JIT 采购是如何实施的。

## 练习题

### （一）名词解释

集中采购　分散采购　联合采购　询价采购　招标采购　电子采购

### （二）选择题

1. 若是大量采购或者所需物品对企业的生产经营影响重大，则宜采用(　　)的方式。

A. 集中采购　　B. 间接采购　　C. 分散采购　　D. 本土化采购

2. 评标委员会人数一般应为(　　)以上。

A. 2　　B. 3　　C. 4　　D. 5

3. (　　)阶段是指采购商根据已经确定的采购需求，提出招标采购项目的条件，向潜在的供应商或承包商发出投标邀请的行为，是招标方单独操作的。

A. 策划　　B. 招标　　C. 投标　　D. 开标

4. 在现代采购技术中，JIT 采购是指(　　)。

A. 集中采购　　B. 电子采购　　C. 供应链采购　　D. 准时化采购

5. 按照采购的主体，采购可以分为(　　)。

A. 个人采购　　B. 集团采购　　C. 国内采购　　D. 国外采购

### （三）填空题

1. 电子采购的特点有________、广泛性、________、节约性和便捷性。

2. ________是一种先进的采购模式，也是一种先进的管理模式。它的基本思想是在恰当的时间、恰当的地点，以恰当的数量、恰当的质量提供恰当的物品。

3. 招标采购有__________、__________和__________三种招标投标方式。

（四）简答题

1. 简述集中采购适用的范围。
2. 简述询价采购应满足的条件。
3. 简述招标采购的程序。
4. 简述联合采购的类型。
5. 简述 JIT 采购的原理及内涵。

CHAPTER

# 第五章

# 供应商管理

## 引导案例

### 汽车制造业：分级分层的供应商管理

在采购和供应链管理领域，最佳实践的传播有两个规律：①从大批量向小批量行业传播；②从制造业向非制造业传播。以汽车制造为代表的大批量行业，长期以来代表欧美采购与供应链管理的最高水平。20世纪80年代以来，欧美的汽车行业深受日本企业的冲击。不过生于忧患，全球竞争促进了汽车行业不断改进，整体提升了产业水平，采购和供应链管理也发展到很高的水平。这点从美国《采购》杂志评选的年度“采购金牌”上可见一斑：从1984年开始评奖到1995年，四分之一的获奖公司来自汽车制造业，福特、克莱斯勒、本田美国等都榜上有名。而在其后的二三十年间，采购和供应链管理的很多最佳实践，例如供应商的分层分级管理、供应商开发、精益生产等逐渐从汽车行业传播到小批量行业，以及非生产行业，比如电信、银行、保险业等。

这里主要讲一下供应商的分层分级管理。

汽车主机厂，例如通用、福特、戴姆勒奔驰、BMW，无不高度依赖一级供应商。在汽车制造的供应链条上，主机厂的角色逐渐演变为系统集成者，它们在高层次定义模块、系统之间的搭接规范，由一级供应商设计、开发和生产各模块、系统，最后由主机厂组装完工。汽车的研发、生产过程中，大部分增值活动发生在一级和下级供应商处，汽车成本的70%左右是来自供应商，这也反映了供应商在汽车供应链里的重要性。一级供应商承上启下，地位尤其重要。他们不但就某个模块提供主机厂需要的技术，而且承担着管理下级供应商和供应链的职责。

这种分层管理模式的成功取决于两个先决条件：①一级供应商要足够成熟，不但要技术力量雄厚，而且要有很高的管理能力，能履行管理下级供应商和供应链的要求；②链主要有很高的供应链管理、整合能力，能够有效设定供应链的结构和游戏规则，并能通过有效管理一级供应商来提纲挈领地管理整个供应链。就国内的一级供应商能力而言，行业不同，成熟度也有不同。比如家电业就比较薄弱，2008年金融风暴以来，海尔想走轻资产、生产外包之路，面临的困难之一就是缺少成熟的一级供应商。但对于电信行业而言，华为、中信、诺西等的供应链管理能力就明显强于家电行业，也能够更好地为电信商履行管理下级供应商的职能。

这种模式的副作用是一些核心技术不再由主机厂控制，例如底特律的三巨头通用、福特和克莱斯勒再也没有能力独立设计、制造出一辆汽车来。欧洲的主要主机厂戴姆勒奔驰、大众、BMW的情况也差不多。在对下级供应商的管控力度上，如图5-1所示，不同的汽车主机厂各有不同。例如，丰田采用了集成产品架构和集成供应链，负责对汽车整体性能的设计与优化、各大汽车子系统的功能协同，而零部件则绝大多数靠供应商。它强调精益、准时生产(JIT)，意味着与供应链伙伴需要高度协同，对零部件供应商进行复杂的管控。相比而言，戴姆勒奔驰、大众和奥迪等欧洲主机厂的制造深度较高，它们较深地涉入制造，对于产品质量可以更好地控制，但对供应商的管控力度则没有丰田深，管控难度也低于丰田汽车。传统上，欧洲的汽车主机厂的制造深度较深，它们深度介入零部件的设计、生产和质量控制。为应对日系厂商的竞争，戴姆勒奔驰、BMW和大众等也更多地采取日系厂商的做法，把大量的生产、质控、进度、成本管理等责任转移到供应商处，变内部协调为外部协调，这也增加了外部协调的工作量和难度。管理资源有限的情况下，这就要求减少一级供应商的数量，并且由一级供应商来管理二级、三级供应商等。比如在供应商的分层、分级管理建立前，供应商把零部件送到主机厂，由主机厂组装成组装件、模块、系统，最后成为整车；在分层、分级管理体系建立后，下级供应商把零部件、组装件送交到一级供应商，由一级供应商组装成模块、系统，最后在主机厂组装成整车。这就由原来的"芝麻西瓜一起抓"变为"提纲挈领"，通过供应商的层层管理来提高供应链绩效。

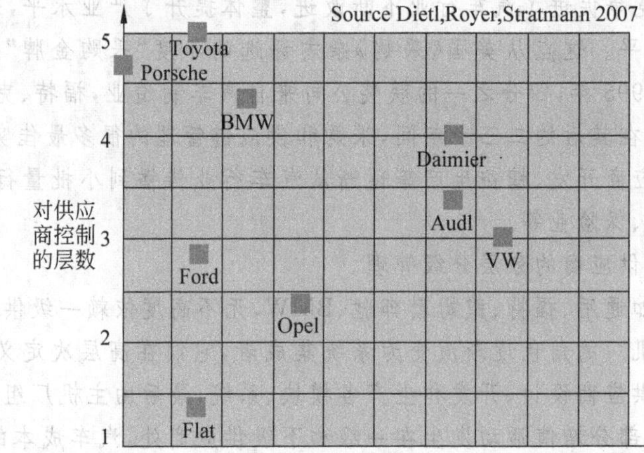

图5-1 汽车主机厂的制造和供应商管控深度

这种分层、分级的管理方式也是欧美汽车主机厂经过很长时间的学习和实践得来的。对采购方来说，对供应链进行多大深度的管控，没有定式可循，但本田美国的做法值得借鉴：如果供应商对公司的技术、成本、质量至关重要，本田美国就会直接签约、管理。

皮革商虽属三级供应商，但本田美国还是与它直接签订合同，因为皮革昂贵，占整车成本的比例较高。同理，车座的面料对于保证汽车的质量十分重要，本田美国直接与之签约。在这种直接签约的情况下，本田美国主导供应商关系，但交货、质量等日常管理的职责还是由一级供应商负责。这种管理思路也被相当多的欧系、美系车厂采用，这反映了供应链管理的一个基本准则：供应链伙伴之间的分工要以供应链利益的最大化为原则。例如，在本田美国的案例中，二级供应商扣件商生产的扣件用在本田所有的车上，本田的采购量最大，议价能力超过任何一个一级供应商，由本田直接签约管理，也最符合供应链利益最大化的准则。

**案例解析**

供应商管理是采购管理中非常重要的一个环节，也是决定采购质量、采购效率及采购成本的关键一环。通过本案例，我们可以了解到采购的绩效来自与数量有限的最佳供应商进行深度合作，而不是维持数量庞大的供应商群及其相互竞争。JIT供货、精益生产等都要求精简供应商数量，以增强与供应商的深度合作。采购的任务不但要提高自己的供应链管理能力，而且要促使供应商来提高对下级供应商的管理能力。当然，这种分级管理是有一定适用性的，如果缺少对供应商的把握、对供应链的资源整合能力，实施分级管理是十分困难的。作为采购最佳实践之一的分层分级管理供应商，是值得我们学习与借鉴的，但更要注意因地制宜。

（资料来源：刘宝红. 供应链管理专栏，http://www.ceconlinebbs.com/FORUM_POST_900001_900003_1090583_0.HTM.）

**案例涉及的主要知识点**

- 供应商管理
- 分层分级管理
- JIT供货
- 供应链管理

## 学习导航

- 掌握供应商管理的含义和内容
- 了解供应商调查的内容及方法
- 理解供应商选择的标准及方法
- 了解供应商审核与资质认证
- 掌握供应商绩效考评的指标
- 掌握供应商关系管理相关内容

## 教学建议

- 备课要点：供应商管理概念、供应商选择及绩效考评方法、供应商关系管理相关内容
- 教授方法：案例引导、课堂讨论、板书及PPT讲授
- 扩展知识：结合供应商关系管理内容学习客户关系管理内容

随着经济全球化和一体化的发展，现在的市场竞争愈加激烈，这使得单个企业自身的盈利空间越来越小，要依靠自身去赢得优势已变得越来越困难。因此，作为生产厂商，与供应商保持良好、长期、稳定的战略合作关系，将会使企业在激烈的竞争中有稳定、可靠的物资来源，有利于企业生存和发展。

供应商管理是供应链管理中的重要环节,也是采购供应管理的核心。加强供应商管理,建立科学、合理的供应商管理体系,可以提高采购供应管理的绩效,提升企业竞争力。

# 第一节 供应商管理概述

## 一、供应商管理的含义

随着现代化大生产的发展,企业之间的分工和合作走向细致和紧密。供应商是物流的始发点,是资金流的开始,同时又是信息流的终点。也就是说,任何一个顾客的需求信息都要最终分解成采购信息,而需求的满足程度则要最终追溯到供应商对订单的实现程度。可见,供应商已成为企业提高竞争优势的关键,成为企业不可忽视的合作力量。

供应商指的是那些向企业提供产品或服务并相应收取货币作为报酬的实体,是可以为企业生产提供原材料、设备、工具及其他资源的企业。企业的生产运作离不开供应商的支持,供应商为企业的生产运作提供其所必需的资源,如人力资源、原材料、信息、金融资本等。

供应商管理是指企业的供应部门以经济效益为目的对企业需用物资的供应厂商进行选择、考核、评比、不断优化的动态管理过程,也就是对供应商的了解、选择、开发、使用和控制等综合性的管理工作的总称。其中,了解是基础,选择、开发、控制等是手段,使用是目的。供应商管理的目的就在于为企业建立一个稳定、可靠的供应商队伍,为企业生产提供稳定、可靠的物资供应。

## 二、供应商管理的意义

供应商作为企业外部环境的组成部分,是影响企业生产运作系统运行的最直接因素,也是保证企业产品的质量、价格、交货期和服务的关键因素。目前,供应商已经成为企业的一种战略筹码,供应商管理也成为造就企业竞争力的有效手段。良好的供应商管理不仅能对生产企业缩短交货期、提高资源利用率、降低成本、改善服务和增加收益等方面起到巨大的推动作用,而且能提升企业在市场竞争中的应变能力,提高企业核心竞争力。供应商管理的意义在于以下几个方面。

1. 供应商管理有利于提高产品质量

供应商产品的质量是企业生产质量和研发质量的组成部分,这是因为高质量的原材料是企业生产高质量产品的首要条件。原材料的质量直接影响到企业所生产的产品的质量,只有供应商提供优质的原材料,企业才能生产出高质量的产品;供应商提供质量低劣的原材料,则会降低企业产品的质量,给企业带来不可估量的损失。因此,企业通过对供应商有效的管理,并与供应商及时、有效地沟通,使供应商充分了解其产品在企业的使用情况和技术质量要求,并在其制造体系中加以贯彻执行,从而不仅可以降低供应中的质量异议,控制质量事故,而且还可在合作研发新品中缩短周期,提高效率。

2. 供应商管理有利于提高企业对客户需求快速反应的敏捷性

零库存管理、准时制生产、精益物流等逐渐占据生产、流通与管理领域,在这种环境下,提高对客户需求的反应速度尤为重要,而供应商的交货时间、订货提前期、生产柔性将直接影响企业的反应速度。如果供应商能够非常迅速地按照企业的要求为企业的生产提供所需的原材料，对于企业竞争优势的建立显然是非常有利的。例如，美国戴尔计算机公司的一个竞争优势就是对客户需求的快速反应。客户发出订单后，戴尔可以在接到订单的36个小时以内组装计算机并且发货运出。为了支持这一生产速度，戴尔要求其供应商在接到戴尔的需求指令以后，必须在1个小时之内为它提供所需的零部件。

3. 供应商管理有利于降低采购成本

企业如果能有效使用供应商推荐的材料，可以获得更多成本的降低。另外，通过与供应商良好的沟通可以降低产品开发成本、质量成本、交易成本、售后服务成本等。据有关资料表明，运用供应商关系管理的解决方案可使企业采购成本削减20%。

4. 供应商管理有利于提高客户需求的满意度

通过供应商管理可以使企业产品质量、交货时间、供货准时率等方面得到很大程度的改善，从而大大提高了顾客的满意度和忠诚度。

5. 供应商管理有利于提升企业核心能力

随着企业越来越注重于核心能力的培养和核心业务的开拓，从外部获取资源，通过供应商介入进行新产品开发以提升自身核心能力的情况也逐渐增多。当前，许多大公司都将自身企业产品开发与生产延伸到供应商，与供应商建立"伙伴关系"，充分利用供应商的技术能力与资产设施为自己开发新技术。这样，一方面可节省自己的投资，降低投资风险；另一方面还可迅速形成生产能力，扩大产品生产规模，提高企业核心竞争力。

## 三、供应商管理的内容

供应商管理是一个复杂的过程，良好的供应商可以保证顺畅的物料供应，可以保证稳定的物料品质，可以保证交货期和交货数量等。为了创造和谐的供应商关系，克服传统的供应商关系观念，有必要注重供应商的管理工作，通过多方面的持续努力，去了解、选择、开发供应商，合理使用和控制供应商，建立起一支可靠的供应商队伍，为企业生产提供可靠的物资供应保障。供应商管理主要包括以下内容。

1. 供应商调查与开发

供应商调查，是对供应商基本情况的调查研究，主要是了解供应商的名称、地理位置、产品类型、供货能力、产品质量、价格、运输、进货条件等。通过对供应商的调查，可能会发现比较好的供应商，但并不一定能马上得到一个完全合乎采购方要求的供应商，还需要在现有的基础上进一步加以开发，才能得到一个基本符合采购方需求的供应商。将一个现有的潜在供应商转化为一个基本符合采购方需要的供应商的过程，是一个开发的过程。供应商开发是一项很重要的工作，同时也是一个庞大、复杂的系统工程，需要精心策划、认真组织。

2. 供应商审核与认证

供应商审核与认证是在完成供应商调查，对潜在供应商已经做出初步筛选的基础上对可能发展的供应商进行的，它是供应商管理的必要环节，是了解供应商的优缺点、控制供应过程、促进供应商改进的有效手段，也是降低经营风险、保证持续供应的重要保障。

3. 供应商选择

供应商审核与认证的目的是选定合适的供应商。选择一批好的供应商不但对企业的正常生产起着决定作用，而且对企业的发展也非常重要。实际上，供应商选择融合在供应商开发的全过程中。供应商开发的过程包括了几次供应商的选择过程，在众多供应商中每个品种应选择若干供应商进行初步调查，然后再从中选择几个供应商进行深入调查，最后还要作一次选择，进一步缩小供应商的范围。初步确定的供应商进入试运行后，还要进行试运行的考核和选择，以确定最后的供应商结果。

4. 供应商评价

供应商评价是一项贯穿于企业供应商管理全过程的工作。在供应商开发过程中需要进行评价，在供应商选择阶段同样需要考核、评价，在供应商使用阶段同样需要进行评价。虽然评价的阶段不同，评价的目的略有差异，但评价的内容大同小异。

5. 供应商的使用

当选定供应商以后，应当结束试运作期，签订正式的供应商关系合同，开始正常的物资供应和业务运作，建立起比较稳定的物资供需关系。在业务运行的开始阶段，要加强指导与配合，要对供应商的操作提出明确的要求。有些大的工作原则、守则、规章制度、作业要求等，应当以书面条文的形式规定下来，有些甚至可以写到合作协议中去。起初还要加强评估与考核，不断改进工作和配合关系，直到比较成熟为止。在比较成熟以后，还要不定期地检查合作情况，发现问题及时协商，以保持业务运行的协调有序。

6. 供应商的激励与控制

在与供应商的整个合作过程中，要加强激励与控制，既要充分鼓励供应商积极主动地搞好物资供应业务关系，又要采取各种措施约束防范供应商，避免因其不正当行为给企业造成损失，从而保证与供应商的合作关系和物资供应业务健康正常进行。

**知识拓展**

供应商管理的目标

- 获得符合企业质量和数量要求的产品或服务；
- 以最低的成本获得产品或服务；
- 确保供应商提供最优的服务和及时送货；
- 发展和维持良好的供应商关系；
- 开发潜在的供应商；
- 整体供应链的优化与整合。

## 第二节 供应商调查

供应商管理的首要工作，就是要了解资源市场，选择合适的供应商。这是因为采购工作的优劣从根本上来说取决于供应商所提供产品的质量、价格、性能等。因此，不管采用何种采购方式，也不管采购何种物料，选择合适的供应商都是采购部门实施计划的首要工作。要想选择质量有保证、供货及时、价格合适、交货及时的优质供应商，首要工作就是做好供应商调查。

## 一、供应商调查的过程

供应商调查，是指对供应商基本资质情况进行的调查。对初次接触、未经考核和评价的供应商应进行供应商调查。供应商调查的内容主要包括供应商初步调查、资源市场调查及供应商深入调查。

### （一）供应商初步调查

所谓供应商初步调查，就是对供应商的基本情况进行的调查。主要是了解供应商的一般情况，即供应商的名称、地址、生产能力，能提供什么产品，能提供多少，价格如何，质量如何，市场份额有多大，运输进货条件如何。供应商初步调查的主要目的是了解、掌握整个资源市场的情况以及供应商的一般情况，为选择最佳供应商作准备。供应商初步调查的范围要广，最好能够对资源市场中所有供应商都有所调查、有所了解，从而尽可能多地掌握资源市场的基本情况。而调查内容不必太深，只要了解一些简单的、基本的供应商情况即可。

### （二）资源市场分析

1. 资源市场调查的内容

供应商初步调查是资源市场调查的内容之一，但资源市场调查不仅仅是供应商调查，它还包括以下一些基本内容。

(1) 资源市场的规模、容量、性质。通过调查可以了解资源市场究竟有多大范围，有多少资源，有多大需求量，是卖方市场还是买方市场，是完全竞争市场还是垄断市场。

(2) 资源市场的环境。通过调查可以理解市场的管理制度、市场的法制建设、市场的规范化程度、市场的经济环境、市场的政治环境等外部条件如何以及市场的发展前景如何。

(3) 资源市场中各个供应商的情况。通过调查，了解各个供应商的基本情况，就可以把众多供应商的调查资料进行综合分析，得出资源市场自身的基本情况，如资源市场的生产能力、技术水平、管理水平、质量水平、价格水平、需求情况及竞争性质等。

2. 资源市场分析的内容

资源市场调查的目的，就是要进行资源市场分析。资源市场分析对于企业制定采购策略以及产品策略、生产策略都有很重要的指导意义。

采购人员应从宏观经济、行业、供应市场结构、供应商四个层面对资源市场进行分析。

(1) 宏观经济分析。宏观经济分析指的是分析一般经济环境及影响未来供需平衡的因素，它决定了供应市场的走向。分析的内容可包括产业范围、经济增长率、产业政策及发展方向、行业设施利用率、货币汇率及利率、税收政策与税率、政府体制结构与政治环境、关税政策与进出口限制、人工成本、通货膨胀、消费价格指数、订购状况等因素。

(2) 行业分析。采购人员必须对自己企业所处的行业有明确的定位，了解在本行业中影响企业成功或失败的因素，因此，要对所处行业进行分析。这个层次分析主要包括供求分析、行业效率、行业增长状态、行业生产与库存量、市场供应结构、供应商的数量与分布等。

(3) 供应市场结构分析。市场结构是指一个行业中竞争者的数量、产品的相似程度以及行业的进出壁垒等情况。根据市场中企业的数量、规模及竞争程度，可以把市场分为完全垄断市场、寡头垄断市场、垄断竞争市场和完全竞争市场四种典型的结构。

(4) 供应商分析。经过初步供应商调查获得供应商的基本资料后，接下来就要利用初步调查的资料进行供应商分析，比较各个供应商的优势和劣势，选择适合于企业需要的供应商。确定企业的可能供应商后，对可能供应商有必要进行如下的分析。①企业的实力、规模，产品的生产能力，技术水平，管理水平，企业的信用度。②产品是竞争性商品还是垄断性商品；如果是竞争性商品，则调查供应商的竞争态势，产品的销售情况，市场份额，产品的价格水平。③供应商相对于企业的地理交通情况如何；进行运输方式分析、运输时间分析、运输费用分析，看运输成本是否合适。

（三）供应商深入调查

供应商深入调查，是指对经过初步调查后，准备发展为供应商的企业进行的更加深入、仔细的考察活动。这种考察，往往深入供应商企业的生产线、各个生产工艺、质量检验环节甚至管理部门，对现有的设备工艺、生产技术、管理技术等进行考察，看看所采购的产品能不能满足本企业所应具备的生产工艺条件、质量保证体系和管理规范要求。只有通过这样深入的供应商调查，才能发现可靠的供应商，建立起比较稳定的物资采购供需关系。

值得注意的是，进行深入供应商调查，需要花费较多的时间和精力，调查的成本较高。因此，并不是所有的供应商都必须进行深入调查。哪些供应商需要进行深入调查呢？只有在寻找关键零部件产品的供应商或准备发展紧密关系供应商时，才有必要做供应商深入调查。比如企业所需要的关键零部件，特别是精密度高、加工难度大、质量要求高，在企业产品中起核心功能作用的零部件产品，企业在选择供应商时就需要特别小心，要进行反复、深入的考察和审核。只有经过深入调查证明该供应商确实能够达到要求时，才确定发展它成为企业的供应商；又如，如果企业采用准时化生产方式，这就要求供应商要把企业所需要的物料准时、免检、直接送到企业的生产线上，这时的供应商就如企业的一个生产车间。因此，在选择这样关系紧密的供应商时，应要求进行供应商深入调查。

除此之外，对于一般关系的供应商，或者是非关键产品的供应商，一般可以不必进行深入的调查，只要进行简单和初步的调查就可以了。

## 二、供应商调查的内容

供应商调查应包括如下内容。

1. 材料供应状况

主要包括：①商品所用原材料的供应来源；②原材料的品质是否稳定；③材料的供应渠道是否畅通；④供应商原料来源发生困难时，其应变能力的高低等。

2. 专业技术能力

主要包括：①技术人员素质的高低及受教育情况；②技术人员的研发能力；③技术人员的工作经验；④各种专业技术能力的高低。

3. 生产能力

主要包括：①加工能力大小；②产能利用率；③生产工艺的改进情况；④生产设备利用率，等等。

4. 质量控制能力

主要包括：①质量管理组织是否健全；②质量管理人员素质的高低；③质量管理制度

是否完善；④质量控制方法是否有效；⑤质量管理操作方法是否规范；⑥原材料的选择及进料检验的严格程度；⑦检验仪器是否精密及维护是否良好；⑧成品规格及成品检验标准是否规范；⑨质量异常的追溯是否程序化；⑩统计技术是否科学以及统计资料是否翔实等。

5. 管理人员水平

主要包括：①管理人员工作经验是否丰富；②管理人员素质的高低；③管理人员工作能力高低。

6. 机器设备情况

主要包括：①机器设备的名称、规格、品牌、使用年限等；②机器设备的新旧、性能及维护状况，等等。

7. 财务及信用状况

主要包括：①每月的产值、销售额；②来往的客户；③经营的业绩及发展前景，等等。

8. 管理规范制度

主要包括：①管理制度是否系统化、科学化；②工作指导规范是否完备；③执行的状况是否严格，等等。

## 三、供应商调查的方法

对供应商调查的方法很多，如可以采用调查问卷、网上调查、与供应商面谈、对供应商工厂进行实地考察等。其中，问卷调查是实际操作中使用最普遍的一种方式，可以使用调查表(见表 5-1)来对供应商基本情况进行调查。另外，还可以通过访问有关人员获得相应的供应商信息，或建立供应商卡片或把供应商信息输入企业的信息管理系统来进行管理。

表 5-1 供应商基本资料调查表

档案编号： 填表日期： 年 月 日

| | | | | | | |
|---|---|---|---|---|---|---|
| 公司基本情况 | 公司名称(中文) | | | 公司名称(英文) | | |
| | 公司注册地址 | | | 公司简称 | | |
| | 公司地址 | | | 工厂面积 | | |
| | 创立日期 | | 法人代表 | | 营业执照号码 | |
| | 供应商集团名称 | | 所属国家 | | 所属地区 | |
| | 公司网址 | | 注册资金 | | 产品应用领域 | |
| | 企业类型 | □国有/集体公司 □外商独资 □中外合资 □上市公司 □国外注册公司 □股份有限公司 □有限责任公司 □私营企业 □其他类型公司 | | | | |
| | 经营性质 | □生产厂商 □代理厂商，原厂______ □委托加工厂商 □贸易商 | | | | |
| | 业务分布 | □国内____% □欧美____% □亚洲____% □其他____% | | | | |
| | 交付方式 | □汽运 □海运 □铁运 □空运 □其他 | | | | |

续表

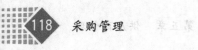

<table>
<tr><td rowspan="4">公司基本情况</td><td>可交易币种</td><td colspan="5">□人民币 RMB □美元 USD □港元 HKD □日元 JAP<br>□其他(Others)</td></tr>
<tr><td>开票方式</td><td colspan="2">□增值税____% □普通国税____%<br>□其他____%</td><td colspan="2">去年营业额(万元)</td><td></td></tr>
<tr><td>员工状况</td><td>研发人员数量</td><td></td><td>生产员工数量</td><td></td><td>质量人员数量</td></tr>
<tr><td>正常工作时间</td><td colspan="2">AM TO PM</td><td>正常工作日</td><td colspan="2">至</td></tr>
<tr><td rowspan="5">主要联系人</td><td>职责部门</td><td>姓名</td><td>职务</td><td>联系电话</td><td>手机</td><td>邮箱</td></tr>
<tr><td>财务</td><td></td><td></td><td></td><td></td><td></td></tr>
<tr><td>品质</td><td></td><td></td><td></td><td></td><td></td></tr>
<tr><td>技术</td><td></td><td></td><td></td><td></td><td></td></tr>
<tr><td>销售</td><td></td><td></td><td></td><td></td><td></td></tr>
<tr><td>整体实力</td><td colspan="6">★行业排名是否在前五位:□是 □否,如是,请填写以下:<br>排名在□国际 □国内 第__位<br>同行业前五位:1. ____ 2. ____ 3. ____ 4. ____ 5. ____(□国际 □国内)<br>★是否为国外知名企业在中国的分公司或设立的独资合资企业:□是 □否<br>★所购产品年产量:____,年产值:____万元,能接受的最大产能:____K/月<br>★交付能力:样品最小周期:____天,批样最小周期:____天,正常交付周期:____天<br>★质量执行标准:□国际标准 □国家标准 □行业或地方标准 □企业标准<br>★产品是否通过安全或质量认证:□否 □是 □国际 □国内</td></tr>
<tr><td rowspan="5">生产能力</td><td>主要产品</td><td colspan="2">生产能力(年)</td><td>质量水平(PPM)</td><td colspan="2">占销售收入(%)</td></tr>
<tr><td></td><td colspan="2"></td><td></td><td colspan="2"></td></tr>
<tr><td></td><td colspan="2"></td><td></td><td colspan="2"></td></tr>
<tr><td></td><td colspan="2"></td><td></td><td colspan="2"></td></tr>
<tr><td>可购产品</td><td colspan="5"></td></tr>
<tr><td rowspan="4">主要客户</td><td>主要客户名称</td><td colspan="2">采购产品名称</td><td>年供货量</td><td colspan="2">占销售收入(%)</td></tr>
<tr><td></td><td colspan="2"></td><td></td><td colspan="2"></td></tr>
<tr><td></td><td colspan="2"></td><td></td><td colspan="2"></td></tr>
<tr><td></td><td colspan="2"></td><td></td><td colspan="2"></td></tr>
<tr><td rowspan="5">主要供应商</td><td>供应商名称</td><td colspan="2">所供材料名称</td><td colspan="3">供货年限</td></tr>
<tr><td></td><td colspan="2"></td><td colspan="3"></td></tr>
<tr><td></td><td colspan="2"></td><td colspan="3"></td></tr>
<tr><td></td><td colspan="2"></td><td colspan="3"></td></tr>
<tr><td>预计年采购额占其上年年营业额比重</td><td colspan="5"></td></tr>
<tr><td rowspan="4">主要生产设备</td><td>主要生产设备名称</td><td>规格</td><td>数量</td><td>产地</td><td colspan="2">购买时间</td></tr>
<tr><td></td><td></td><td></td><td></td><td colspan="2"></td></tr>
<tr><td></td><td></td><td></td><td></td><td colspan="2"></td></tr>
<tr><td></td><td></td><td></td><td></td><td colspan="2"></td></tr>
</table>

续表

| 主要检测设备 | 设备(仪器)名称 | 检测项目 | 数量 | 产地 | 购买时间 |
|---|---|---|---|---|---|
| | | | | | |
| | | | | | |
| | | | | | |
| | | | | | |

| 管理体系认证 | 体系证书 | 认证机构 | 证书编号 | 计划认证时间 | 通过认证时间 |
|---|---|---|---|---|---|
| | ISO9001 | | | | |
| | ISO/TS16949 | | | | |
| | ISO14001 | | | | |
| | QC080000 | | | | |
| | 其他 | | | | |

填写人：＿＿＿＿＿　　　　核实：＿＿＿＿＿　　　　审批：＿＿＿＿＿

# 第三节　供应商选择

现今社会中，企业之间的竞争异常激烈。企业要想在竞争中立足，不仅依靠自身产品的创新，而且必须依靠"上游"的供应商。可以说，供应商对企业的影响直接关系到企业的生存和发展，影响到企业在市场中竞争优势的建立。在供应链环境下，供应商的业绩对企业的影响越来越大，其在交货期、产品质量、价格、提前期、库存水平、产品设计及服务等方面都对企业经营有着重要的影响。可靠而优秀的供应商可以为企业竞争优势的建立提供有力支持，而绩效较差的供应商会对企业在市场中建立竞争优势制造障碍。也可以说，供应商已经成了企业的一种战略筹码。因此，对企业来说，如何选择一个优秀的供应商则至关重要。

## 一、供应商选择的标准

选择合适的供应商是成功管理供应商的第一步。在选择供应商过程中，企业要确定相应的标准，并且利用选择标准对供应商进行评价，最终寻找到理想的供应商。企业选择供应商的标准包括以下内容。

1. 质量

质量可以说是生产企业的命脉。因此，采购物品的质量是否合乎采购单位的要求是企业生产经营活动正常进行的必要条件，也是采购单位进行商品采购时首要考虑的因素。对供应商质量管理要求上，主要考虑因素为：供应商质量管理的方针、政策；质量管理制度的执行与落实情况如何；供应商是否达到某种质量认证标准；有无质量管理制度手册；在质量方面采用什么样的统计管理和控制方法；供应商是否有质量保证的作业方案和年度质量检验目标；供应商企业内部的质量检测系统是否完善；供应商是否能够保证采购方可以放心地免除进货时的检验，等等。

2. 成本

在采购过程中，企业一般追求的是低成本，所以应对供应商的报价单进行成本分析。这里所说的成本不仅仅包括采购价格，而且包括原料或零部件使用过程中或生命周期结束后所发生的一切支出。企业选择供应商除了要考虑价格高低外，还应考虑产品质量、交货时间、运输费用等条件，因为产品质量次、交货不及时、运输距离远而导致运输费用增加等都会增加产品总成本。因此，在选择供应商时应考虑总成本，总成本高低才是选择供应商时考虑的主要因素。

3. 生产能力

生产能力是供应商在指定时间内完成一个生产单位量的有限能力。考察供应商的生产能力主要是看供应商生产能力是否能满足源源不断的订单的订货需求；生产能力是否被合理利用；如何增加现有的生产能力以满足不断增长的需求，等等。

4. 交货能力

考察供应商的交货能力主要体现在供应商是否能准时交货。供应商能否按约定的交货期限和交货条件及时组织供货，直接影响企业生产和供应活动的连续性。准时交货可以为企业带来以下好处：一是可降低生产所用的原材料或零部件的库存数量，进而降低库存占压资金，以及与库存相关的其他各项费用；二是可降低断料停工的风险，保证生产的连续性。

5. 柔性

柔性是指供应商面临产品数量、交付时间改变时有多大的灵活性。市场的多变性，要求企业生产要有较大的弹性，这就需要考察供应商是否愿意及能够回应需求的改变，接受设计改变等，这也是企业应该考虑的重点。在考察供应商柔性时，要注意了解供应商生产线上的柔性能力，即生产品种转变能力，其中包括最低生产批量、生产效率、存货量与生产周期的匹配等。

6. 地理位置

供应商所处的地理位置对送货时间、运输成本、紧急订货与加急服务的回应时间等都有影响。在分工日益精细化的今天，供应商地理位置的远近直接决定了产品生产过程中的物流成本和管理成本。采购方总是期望供应商离自己近一些，这是因为：第一，近距离的供应商能够方便沟通，提供更可靠的服务，交货及时，有更低的运输成本，出现问题或紧急需要某种产品时，双方更容易取得联系；第二，当地购买有助于发展地区经济，供应商和生产商同处于一个区域也有利于形成产业积聚效应，增强整个产业链的竞争力。

7. 整体服务水平

供应商的整体服务水平是指供应商内部各作业环节在如何配合采购方这个问题上表现出来的能力与态度。供应商提供的服务包括培训、安装、维修、技术支持、更换残次物品等。在考察服务水平时，要注意：一是当产品或服务改变时，供应商是否给出预先通知；二是如果服务变化，买方需要投入到什么程度。

8. 技术水平

衡量一个企业素质高低，关键因素是企业的创新能力，而影响企业创新能力的一个重要因素是技术水平。供应商技术水平的高低，决定了供应商能否不断改进产品，是否能长远发展。考察供应商技术水平主要是考察供应商技术队伍和能力是否能满足制造或供应所需产品的要求；供应商是否有产品开发和改进项目的能力；供应商能否帮助采购方改进产品等。

9. 财务状况

供应商的财务状况直接影响到其交货和履约的绩效，如果供应商的财务出现问题，周转不灵，导致倒闭破产，也就无法给采购方提供相应的产品支持。因此，供应商的财务状况是考察供应商长期供货能力的一个重要指标。采购可以利用资产负债表来考核供应商一段时期内营运的成果，观察其所拥有的资产和负债情况；通过损益表，考察供应商一段时期内的销售业绩与成本费用情况。如果供应商是上市公司，还可以利用公司的年度报表中的信息来计算各种财务比率，以观察其现金流动情况，应收、应付账款的状况，库存周转率，获利能力等。

10. 管理能力

供应商的管理能力对采购方来说也是选择供应商所需考察的一项重要指标，因为供应商内部管理的好坏决定了其经营活动，同时影响着供应商的未来竞争力。考察供应商管理能力的主要内容包括：供应商管理层是否具有职业经验；管理人员的变动率是否过高；管理层能否保证全面质量管理及持续完善；管理层是否有长期规划；企业未来的前景如何；管理人员/工人的关系如何；管理人员是否为员工提供培训和发展机会；管理人员是否了解战略资源的重要性，等等。

11. 员工的状况

供应商员工的状况也是反映企业管理中是否存在问题的一个重要指标，如果企业有高素质、稳重的和有上进心的员工就可以给企业带来巨大的利益。考察供应商员工状况的主要内容包括：员工的平均年龄；员工的全面技术和能力（特别是教育与培训）；员工支持和保证及持续完善质量的程度；员工道德；员工的人事变动率；员工为提高供应商的业绩做贡献的机会和意愿等。

12. 信息技术

电子采购是采购发展的一个趋势，已越来越多地被企业所采用。运用电子商务技术，企业可以在互联网上寻找供应来源、搜寻有关产品信息等，因此，供应商信息技术水平也是选择供应商应该考察的重点。考察供应商信息技术水平主要看供应商是否拥有或借助 EDI、条形码、ERP、CAD/CAM 等技术。

13. 企业责任

企业责任在欧美企业使用最多，也就是劳动和环境保护。从 20 世纪 90 年代开始人们关注工业对环境的影响。供应商应当根据国家颁布的环境保护法律、法规以及 ISO 14001 提供的环境保护政策的指导，结合自身实际制定相应配套的环境保护政策和方法步骤。考察环境保护时，主要考察：供应商企业有没有专人负责环境管理；供应商是否安置了将废弃物降至最低设备；是否具备废弃物处理和再循环的设备；供应商提供的产品是否有节能的效果等。

**实用案例 5-1**

美国有个组织叫 BSR（美国商务社会责任协会），它是非政府组织（NGO），实行会员制。很多跨国公司可以加入这个组织申请为会员，该组织的作用是：为会员提供服务——判断会员企业的供应商是否尽到社会责任。麦当劳就是 BSR 的组织成员之一。以前，麦当劳在东莞有一个玩具供应商，每年有 2～3 亿元的生意，麦当劳的玩具是由这个厂提供的。每年 BSR 对麦当劳的供应商进行评价，考评的内容主要包括有没有雇用童工、是否超时工作、工作条件是否特别恶劣、对环境是否造成污染等要求。第一年，BSR 组织发现该工厂存在问题，对该工厂提出了整改要求，该厂只改了一部分；第二年 BSR 组织再查，还有很多问题。

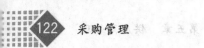

BSR组织就给麦当劳发了一份报告，说明当前这家企业没有尽到社会责任，最终麦当劳取消了与这家企业的合作。

## 二、供应商选择的原则

要想选择到合适的供应商，需要坚持以下原则。

1. 门当户对原则

门当户对这个原则体现的是一种对等管理思想，要求选择人员应当对供应商进行深度考察，依据所采购商品的采购数量和品质去选择供应商。选择的供应商的规模和层次应与采购商相当。在选择时要注意，行业老大不一定是首选的供应商。这是因为，如果买卖双方规模差异过大，采购比例在供应商总产值中所占的比例过小，采购方将得不到供应商的重视，往往在生产排期、售后服务、弹性和谈判力量对比等方面不尽如人意。

2. 择优录用原则

在选择供应商时，通常先考虑报价、质量以及相应的交货条件，但是在相同的报价及相同的交货承诺下，就应选择那些企业形象好、信誉高的厂家作为供应商。采购方应在对供应商进行深入调查、平衡利弊后择优录入。

3. 半数比例原则

从供应商风险评估的角度，这个原则要求采购的数量不超过供应商产能的50%，反对全额供货的供应商。因为如果仅用一家供应商负责100%的供货，采购方所面临的风险较大，一旦该供应商出现问题，按照“蝴蝶效应”的发展，势必影响整个供应链的正常运作。最好使同类产品的供应商的数量为2～3家，并有主次供应商之分。

4. 优势互补原则

每个企业都有自己的优势和劣势，优势互补原则是指选择的供应商应当在经营方向和技术能力方面符合企业预期的水平要求，供应商在某些领域应具有比采购方更强的优势，在日后的配合中才能形成优势互补。

5. 共同发展原则

如今市场竞争越来越激烈，如果供应商不全力配合采购方的发展规划，会使采购企业在实际运作中受到影响。相反，如果供应商能够全力支持采购企业的发展，把双方的利益捆绑在一起，这样就能对市场的风云变幻做出快速、有效的反应，增强采购企业的竞争力，使采购企业获得更大的市场份额。因此，选择供应商时，应注意双方的共同发展，最好是发展成为供应链战略合作伙伴。

## 三、供应商选择的方法

选择符合要求的供应商需采用一些科学的方法，并要根据具体的情况采用合适的办法。常用的方法主要有定量分析法和定性分析法及二者的结合。其中，定性分析法包括直观判断法、招标选择法和协商选择法；定量分析法主要有线性权重法、采购成本比较法、ABC成本法；定量分析和定性分析相结合的分析选择方法主要有层次分析法和人工神经网络算法。

### （一）定性分析的选择方法

定性分析方法主要是根据以往的经验，凭借以前的关系和已有的信息来选择供应商，其对问题的分析比较周全。常用的方法有以下几种。

1．直观判断法

直观判断法是根据征询和调查所得资料并结合专家的分析判断，对供应商进行分析、评价的一种方法。这是一种主观性较强的判断方法，主要是倾听和采纳有经验的采购人员的意见，或者直接由采购人员凭经验做出判断。这种方法的质量取决于对供应商资料的掌握情况，以及决策者的分析判断能力与经验。这种方法简单易行，但是主观性较强，缺乏科学性，受掌握信息详尽程度的限制及采购人员人为因素的影响，可靠性差，常用于选择企业非主要原材料的供应商。

2．招标选择法

招标选择法就是采购方采用招标的方式，吸引多个有实力的供应商来投标竞争，然后经过评标小组分析评比而选择最优供应商的方法。即由采购单位提出招标条件，各投标单位进行竞标，然后采购单位决标，与提出最有利条件的供应商签订协议。招标采购可采用公开招标和选择性招标方式。招标选择法竞争性强，采购方可以在更广阔的范围选择供应商，通过供应商的激励竞争来获得供应条件最有利的、便宜而耐用的物资。但招标选择法手续繁杂、耗费时间长，订购机动性差，不能适应紧急订购的需要；有时采购方了解信息不够，采购方与投标商沟通不够，容易造成货不对路或不能按时到货。当采购物资数量大、供应商较多，供应市场竞争激烈时，可以采用招标选择法来选择供应商。

3．协商选择法

协商选择法是由采购单位选出几个供应条件较为有利的供应商，分别与他们进行协商，通过协商确定合适的供应商。协商选择法与招标选择法相比，由于采购方与供应商之间能够进行充分沟通，可以在商品质量、交货期和售后服务等方面更有保证。但应用协商选择法时，由于采购方仅选择几家供应商，使得选择范围受限，因此不一定能得到价格最便宜、供应条件最有利的供应商进行供货。当采购时间紧迫，投标单位少，供应商竞争不激烈，订购物资规格和技术条件复杂时，协商选择法比招标选择法更为合适。

### （二）定量分析的选择方法

1．线性权重法

线性权重法是供应商定量选择最常使用的方法，它的基本原理是给每个选择标准分配一个权重，该供应商的各项准则得分和相应准则权重的乘积之和即为供应商的得分，最后选择得分最高的供应商。

2．采购成本比较法

采购成本比较法是指对于采购商品质量和交付期都能满足要求的供应商，可以通过计算和分析各个不同的供应商的采购成本，选择成本最低的供应商的一种方法。主要是针对信誉比较好的供应商，且所购商品采购成本容易核算，采购数量和采购金额较小的情况使用。采购成本一般包括售价、采购费用、运输费用等项支出的总和。

**例 5-1**　某制造企业计划期需要采购某种物料 300 吨，甲、乙两个供应商供应的物料质量均符合企业的要求，信誉也比较好。距离企业比较近的甲供应商的报价为每吨 380 元，运费每吨 5 元，订购费用（采购中固定费用）支出为 300 元。距离企业比较远的乙供应商的报价为每吨 320 元，运费为每吨 25 元，订购费用支出为 600 元，请从中选择一个供应商进行供货。

**解** 根据以上资料，可以计算得出从甲、乙两个供应商处采购所需支付的成本如下。

甲供应商： 300 吨×380 元/吨＋300 吨×5 元/吨＋300 元＝115 800(元)

乙供应商： 300 吨×320 元/吨＋300 吨×25 元/吨＋600 元＝104 100(元)

经比较，在交货时间与交货质量都能够满足企业要求的情况下，由于从乙供应商处采购所需成本较低，因此选择乙供应商较为合适。

3. ABC 成本法

ABC 成本法又叫作业成本法、作业成本计算法或作业量基准成本计算方法，是以作业(Activity)为核心，确认和计量耗用企业资源的所有作业，将耗用的资源成本准确地计入作业，然后选择成本动因，将所有作业成本分配给成本计算对象(产品或服务)的一种成本计算方法。作业成本法把直接成本和间接成本(包括期间费用)作为产品(服务)消耗作业的成本同等地对待，拓宽了成本的计算范围，使计算出来的产品(服务)成本更准确、真实。

运用 ABC 成本法对供应商进行选择，实质上是把企业的成本和价值链分析深入到供应商，考虑供应商的行为对企业的影响，它是通过计算供应商的总成本来选择合作伙伴，其成本模型为：

$$S_i = (P_i - P_{\min}) \times Q + CJ \times D_{ij}$$

式中：$S_i$ 为第 $i$ 个供应商的成本值；$P_i$ 为第 $i$ 个供应商的单位销售价格；$P_{\min}$ 为所有供应商中单位销售价格的最小值；$Q$ 为采购量；$CJ$ 为因企业采购相关活动导致的成本因子 $j$ 的单位成本；$D_{ij}$ 为因供应商 $i$ 导致的在采购企业内部的成本因子 $j$ 的单位成本。

这个成本模型用于分析企业因采购活动而产生的直接和间接的成本大小，企业将选择 $S_i$ 值最小的供应商。

### (三) 定性分析与定量分析相结合的选择方法

定性分析与定量分析相结合的选择适当供应商的方法具体有以下几种。

1. *层次分析法*

层次分析法(The Analytic Hierarchy Process，AHP)，在 20 世纪 70 年代中期由美国运筹学家托马斯·塞蒂(T. L. Saaty)正式提出。它是一种定性和定量相结合的，系统化、层次化的分析方法。它的基本原理是根据具有递阶结构的目标、子目标(准则)、约束条件等来评价方案，采用两两比较的方法确定判断矩阵，然后把判断矩阵的最大特征向量的分量作为相应的系数，最后综合给出各方案的权重(优先程度)和供应商各自的权重(优先程度)，通过对优先程度比较来实现对供应商的选择。

由于层次分析法在处理复杂的决策问题上的实用性和有效性，使它很快在世界范围得到重视。它的应用已遍及经济计划和管理、能源政策和分配、行为科学、军事指挥、运输、农业、教育、人才、医疗和环境等领域。

2. *人工神经网络算法*

人工神经网络(Artificial Neural Networks，ANNs)也简称为神经网络(NNs)或称作连接模型(Connectionist Model)，是对人脑或自然神经网络(Natural Neural Network)若干基本特性的抽象和模拟。人工神经网络是以对大脑的生理研究成果为基础的，其目的在于模拟大脑的某些机理与机制，实现某个方面的功能。它可以模拟人脑的某些智能行为，如知觉、灵感和形象等，具有自学习、自适应性和非线性动态处理等特征。运用人工神经网络算法选择供应商时，通过对给定样本的模式的学习，获取评价专家的知识、经验、主观判断以及对目标重要性的倾向，当对供应商进行综合评价时，可再现评价专家的经验、知识和直觉思维，从而实现了定性分析和定量分析的有效结合，也可以较好地保证供应商选择评价的客观性。但人工神经网络算法复杂，不易掌握，复杂问题的神经网络的训练是必须要有大量数据作为支撑的，否则训练出的神经网络可能只能处理非常有局限性的问题。

**实用案例 5-2**

### ABC 成本法在物流系统中的应用

在当今状况下，在物流系统中实施 ABC 成本法比以往任何时候都更加重要。首先，物流已经形成了一个巨大的产业。在中国，专业化物流服务需求已初露端倪，专业化物流企业开始涌现，多样化物流服务有一定程度的发展，物流基础设施和装备发展初具规模，物流产业发展正在引起各级政府的高度重视。其次，在作业成本管理这个领域已经进行了大量的研究，取得了相当大的发展，并在国外的大公司里逐渐地成为普遍的实践。这使得在物流系统中实施 ABC 方法具有扎实的理论基础和一定的实践基础。再次，目前在物流系统的成本核算中存在明显的缺陷。例如，在运输费用上面，传统会计仍然保留了在零售会计上的标准实践的方法，即将运费作为货物成本的一部分从总销售额中扫除而取得一个总的利润。在许多情况下，运费不作为一项特殊成本而做出报告。许多产品是以发送价格为基础进行计价的，它包括了运输成本。然而越来越多的不断改进的采购程序要求将所有的服务费用，包括运输费用，从总购买成本中分离出去以便于评估。

在物流系统的传统会计实践中还有一个重要缺陷：未能特别指明和分配库存成本。第一，并未确认和分配有关库存维持的全部成本，诸如保险以及税收，因此导致了库存成本的低估或模糊。第二，对于投入到原料、在产品、产成品库存上的资金的财务成本，并未从企业发生的其他形式的财务费用中被确认、测量和分离。

对物流系统而言，两项重要的成本因素是：库存和运输。

就库存而言，总的库存成本包括所有有关库存运行的成本和客户订货的所有费用。库存运行费用包括税费、存储、资本成本、保险和过时淘汰。订货成本包括全部的库存控制费用、订货准备、交易等费用。

典型的物流成本分成三大类：直接成本、间接成本和日常费用。直接成本容易确认，运输、仓储、原料管理以及订货处理这些直接费用可以从传统的成本会计中提取出来。

在费用分摊的时候，或多或少的是在固定费用的基础上分摊。

仓储设备的折旧费用应该如何分摊到客户的订货成本当中？因为这样的成本信息是用来做决策的，所以，其中包含一些与有效的决策没有太大的关联的间接费用，例如某些沉没成本。

日常费用的分配是复杂的，也是值得关注的。任何企业都承受着相当大的一笔日常费用，例如水、电、暖气等。传统会计将总的日常费用按照直接人工为基础进行分摊的方法日益引起争论。应该从有效的以活动为基础的物流成本的角度，合理地分配日常费用。应该遵循的总的规则是：某一项费用，只有置于物流组织管理控制下的才能分配到物流成本。

例如，国际某知名饮料公司在中国的业务广泛地采用了 ABC 成本法。特别是在其分销体系中采用 ABC 成本法，可以得到与传统会计不同的结论，具有良好的经济效益。此案例中心问题就是要不要在焦作设立分销中心的问题。对该公司进行ABC分析时，首先将分销流程描述如下。

我们定义分销过程从产品下线，存入仓库的时刻开始，到交货至客户仓库处结束。按照ABC分析法的标准程序，首先考察从郑州至新乡分销中心，再分销到焦作客户的整个过程，将该过程分解为单项具体的发生费用的活动。其中的各项活动的成本如下。

**活动1　成品仓储**

仓库内的货品都是整托盘存放的，仓库的租金由容积决定，而仓库的容积是用托盘数来衡量的。所以我们认为，在此过程中托盘数可以作为成本驱动因素。

货物的破损额是由存放的时间和产品的金额所决定的，对于不同包装的产品而言，每托的金额是不同的。把托盘数作为库存破损的成本驱动因素有些勉强，这里只能得出一个近似值。

人员的工资是由其工作量决定的。在完全托盘化作业的仓库中，不论每托存放何种产品，仓库人员进行收发货、盘点、计账等日常工作的工作量都是和托盘数成正比的，所以也可以认为托盘数是成本驱动因素。

仓库的最大容积6 000托，平均库存3 000托，平均一托盘产品储存一天的总成本是0.8元(每月按24个工作日计算)。另外，由于平均库存周转是13.5天，所以每托产品的平均库存成本是10.8元(0.8×13.5=10.8)。具体成本费用如表5-2所示。

**表5-2　活动1涉及的成本费用**

| 成　本 | 项　目 | 费用(元/月) |
|---|---|---|
| 固定成本 | 计算机、托盘等设备折旧 | 5 300 |
| 可变成本 | 人员工资 | 3 800 |
| | 仓库租金 | 20 000 |
| | 货物破损 | 28 500 |

**活动2　开单据从厂房到分销中心**

在此环节中，单据的数量决定了所需的人工和耗材，所以把单据数作为成本驱动因素。每月单据量12 700单，平均每单成本2.4元，每张单据对应一车14托盘的货物。具体成本费用如表5-3所示。

**表5-3　活动2涉及的成本费用**

| 成　本 | 项　目 | 费　用 |
|---|---|---|
| 固定成本 | 开单据所需的计算机、打印机、办公设备折旧 | 4 000元/月 |
| 可变成本 | 单据和发票成本 | 0.9元/单 |
| | 人员工资 | 15 000元/月 |

**活动3　装车**

由于叉车是整托盘搬运的，所以也把托盘数作为成本驱动因素。每月销量6 700托，每托搬运成本4.3元。具体成本费用如表5-4所示。

**表 5-4 活动 3 涉及的成本费用**

| 成 本 | 项 目 | 费 用 |
|---|---|---|
| 固定成本 | 无 | |
| 可变成本 | 叉车油耗 | 1 848 元/月 |
| | 搬运工工资 | 4 元/托 |

### 活动 4 卡车运输,郑州至新乡,在新乡卸车

郑州、新乡、焦作地理图示如图 5-2 所示。为了便于计算,此处只考虑了外租 8 吨卡车的运费报价,根据经验可知自有 8 吨卡车的总成本会比外租车稍高一些。每托运输成本 29.29 元,每车 14 托盘。具体成本费用如表 5-5 所示。

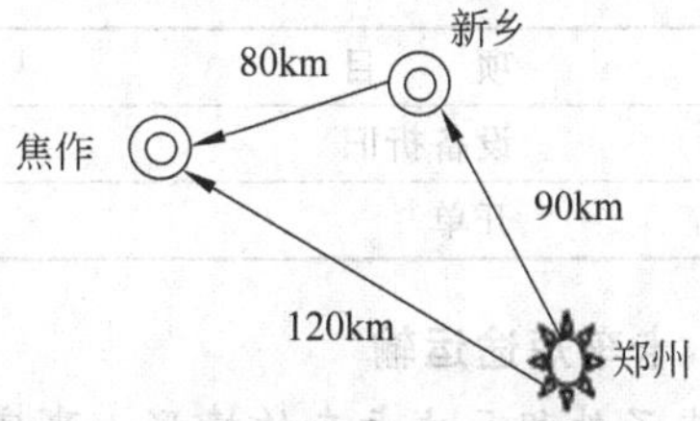


图 5-2 郑州、新乡、焦作地理图示

**表 5-5 活动 4 涉及的成本费用**

| 成 本 | 项 目 | 费 用 |
|---|---|---|
| 固定成本 | 无 | |
| 可变成本 | 运输费用 | 410 元/车 |
| | 人工装卸费 | 3.2 元/托 |

### 活动 5 分销中心仓储

在分销中心储存,平均出货量为 1 243 托/月,平均库存成本 6.03 元/托。具体成本费用如表 5-6 所示。

**表 5-6 活动 5 涉及的成本费用**

| 成 本 | 项 目 | 费用(元/月) |
|---|---|---|
| 固定成本 | 无 | |
| 可变成本 | 仓库租金 | 7 500 |

### 活动 6 销售拜访客户

销售人员的工作量和出差次数是与销售订单数紧密相关的,所以此项成本可以用订单数作为驱动因素。每月订单数 30 张,平均每张订单成本 250 元。具体成本费用如表 5-7 所示。

**表 5-7 活动 6 涉及的成本费用**

| 成 本 | 项 目 | 费用(元/月) |
| --- | --- | --- |
| 固定成本 | 无 | |
| 可变成本 | 销售人员工资 | 5 500 |
| | 差旅费 | 1 600 |
| | 房租 | 400 |

**活动 7 开具出货单和发票**

新乡分销中心的每月订单数平均为 500 份，平均每张订单成本 2.1 元。具体成本费用如表 5-8 所示。

**表 5-8 活动 7 涉及的成本费用**

| 成 本 | 项 目 | 费 用 |
| --- | --- | --- |
| 固定成本 | 设备折旧 | 600 元/月 |
| 可变成本 | 开单 | 0.9 元/单 |

**活动 8 新乡至焦作装车，卡车短途运输**

为简单起见，此处也只考虑了外租 5 吨卡车的情形。事实上向焦作送货时有时由于单个客户订单太少，也会采用 2 吨小卡车送货，其单位成本会是 5 吨卡车的 2 倍左右。平均每托成本为 28.57 元，每车 7 托。具体成本费用如表 5-9 所示。

**表 5-9 活动 8 涉及的成本费用**

| 成 本 | 项 目 | 费 用 |
| --- | --- | --- |
| 固定成本 | 无 | |
| 可变成本 | 运输费用 | 200 元/车 |
| | 人工装卸费 | 3.2 元/托 |

**活动 9 收款结算(已计入开单成本之内)**

其他成本：信息系统使用费 0.07 元/箱。

焦作月销量 9 286 箱，合计 143 托。

平均每托为 65 箱，每张订单销量为 310 箱。

综合以上数据，我们就可以把分销焦作的总平均成本计算出来。公司习惯上用箱为单位来衡量所有部门的业绩，所以我们最后把单位成本用每箱的成本来表示。请见表 5-10。

**表 5-10 未设分销中心前每箱的分销成本**

| 活 动 | 单位成本(元) | 单位 | 每箱成本(元) |
| --- | --- | --- | --- |
| 成品仓储 | 10.74 | 托 | 0.17 |
| 开单据 | 2.40 | 单 | 0.00 |
| 装车 | 4.30 | 托 | 0.07 |
| 卡车运输，郑州至新乡 | 29.29 | 托 | 0.45 |
| 卸车 | 3.20 | 托 | 0.05 |
| 分销中心仓储 | 6.03 | 托 | 0.09 |

续表

| 活　　动 | 单位成本(元) | 单位 | 每箱成本(元) |
|---|---|---|---|
| 销售拜访客户 | 250.00 | 订单 | 0.81 |
| 开单 | 0.90 | 订单 | 0.00 |
| 装车 | 3.20 | 托 | 0.05 |
| 卡车短途运输(新乡至焦作) | 28.57 | 托 | 0.44 |
| 其他成本=信息系统使用费 | 0.07 | 箱 | 0.07 |
| 总　　计 | | | 2.19 |

焦作作为分销中心的可能性分析

从图5-3可以看出,郑州、新乡、焦作基本上呈一个三角形,由于该公司的饮料主要在城市中销售,我们在构造模型时可以认为销售就集中于三个城市,中间的乡村区域销量几乎为零。

在焦作设立分销中心后,依上述方法,可以得出每箱的分销成本,见表5-11。

**表5-11　设立分销中心后每箱的分销成本**

| 活　　动 | 单位成本(元) | 单位 | 每箱成本(元) |
|---|---|---|---|
| 成品仓储 | 10.74 | 托 | 0.17 |
| 开单据 | 2.40 | 单 | 0.00 |
| 装车 | 4.30 | 托 | 0.07 |
| 卡车运输,郑州至新乡 | 39.05 | 托 | 0.60 |
| 焦作卸车 | 3.20 | 托 | 0.05 |
| 焦作分销中心仓储 | 7.40 | 托 | 0.11 |
| 销售拜访客户 | 250.00 | 订单 | 0.81 |
| 开单 | 70.00 | 订单 | 0.23 |
| 装车 | 3.20 | 托 | 0.05 |
| 其他成本=信息系统使用费 | 0.07 | 箱 | 0.07 |
| 总　　计 | | | 2.15 |

总体看来,在焦作新增分销中心会带来平均成本的下降,所以该项目从成本上考虑是可行的。

(资料来源:孟大伟,裴建伟,等.作业成本法(ABC)在物流系统中的应用[J].物流技术,2003(3):88-90.)

## 第四节　供应商审核与认证

除了传统的选择供应商的方式以外,供应商认证已经成为目前很多大企业进行供应商管理的一项重要内容。在供应商认证过程中,供应商审核也是关键步骤。一般情况下,供应商审核是采购商在完成供应市场调研分析、对潜在的供应商已做初步筛选的基础上对可能发展的供应商进行的。供应商审核主要是针对价格、服务和质量来进行的,其中又以供应商质量体系审核最为重要。因此,本节内容主要介绍供应商审核、供应商认证及供应商质量体系审核等。

## 一、供应商审核

在对供应商进行认证之前开展供应商评审，或者是对已有的供应商进行绩效考评和年度质量体系审核，都是供应商管理过程中的重要内容。从广义上讲，对供应商进行的绩效考评也属于供应商审核的范畴，但是由于它的实施方法、考评目的、考评频率等都与供应商审核的其他方面有着明显的不同，因而在本书中将它单独列出（见本章第五节），以区别于供应商审核。

### （一）供应商审核的层次

就采购供应的控制层次来说，供应商审核可局限在产品层次、工艺过程层次，也可深入到质量保证体系层次，甚至深入供应商的公司整体经营管理体系层次（公司层次），具体内容如表 5-12 所示。

表 5-12 供应商审核层次内容表

| 审核层次 | 审核关注点 | 实施方法 |
| --- | --- | --- |
| 产品层 | 希望进一步对产品质量进行确认或改进 | 样品的试制检验、产品来料检验 |
| 工艺过程层次 | 质量水平对生产工艺有很强的依赖性 | 到供应商现场了解其工艺过程及水平、质量控制体系等 |
| 质量保证体系层次 | 供应方整个的质量体系和过程 | ISO 9000 或更适合企业自身质量体系的参考标准 |
| 公司层次 | 质量体系、经营管理水平、财务与成本控制、信息系统等方面 | 派专家团队驻入供应商企业进行调研 |

在实际情况中，对于那些普通商业型供应商，采购商一般只局限于产品层次和工艺过程层次的审核。但是，如果采购商要挑选合作伙伴，情况就不一样了，特别是那些管理严格、技术先进的国际大公司，它们通常会大量采用质量保证体系和公司层次的审核来控制供应链管理体系。

### （二）供应商审核的方法

供应商审核的方法主要可以分为主观判断法和客观判断法。

1. 主观判断法

所谓主观判断法是指依据个人的印象和经验对供应商进行的判断。这种评判缺乏科学标准，评判的依据十分笼统、模糊，往往适合采购人员在收集市场信息时使用。

2. 客观判断法

客观判断法是指依据事先制定的标准或准则对供应商进行量化的考核和审定，包括以下几种方法。

（1）调查法。调查法是指将事先准备好的标准格式的调查问卷发给不同的供应商填写，而后收回进行比较，常用于对供应商的初步了解，如表 5-11 所示。

（2）现场打分评比法。现场打分评比法是预先准备一些问题并格式化，然后组织不同部门的专业人员到供应商的现场进行核查确认的方法。

（3）供应商绩效考评。供应商绩效考评是指对已经供货的现有供应商的供货、质量、价格等进行跟踪、考核和评比。

(4) 供应商综合审核。供应商综合审核是针对供应商公司层次而组织的包括质量、工程、企划、采购等各方面的专业人员参与的全面审核，它通常将问卷调查和现场审核结合起来。

(5) 总体成本法。总体成本法是一种耗资较大但效果显著的供应商审核的方法，其目的是通过降低供应商的总成本从而达到降低采购的价格。它需要供应商通力合作，由采购商组织强有力的综合专家团队对供应商的财务及成本进行全面、细致的分析，找出可以降低成本的方法，并要求供应商付诸实施与改进，改进后的受益则由双方共享，达到双方共赢。

### （三）供应商审核的程序

1. 市场调研，搜集供应商信息

供应商审核是在对供应市场进行调研分析的基础上进行的。对供应市场调研，搜集供应商的信息、资料是审核的前提，只有掌握了供应商翔实的资料，才能对供应商做出客观、公正的审核。在市场调研阶段，主要应该从供应商的市场分布、采购物品的质量和价格、供应商的生产规模等方面搜集供应商的信息。

2. 制定供应商审核评价指标体系

供应商审核评价指标体系是采购企业对供应商进行综合评价的依据和标准，同时针对不同的供应商建立相适应的评估管理办法。不同的供应商，其审核的指标也不同。因此，应该针对供应商的实际情况和本单位所采购物品的特性，对所要审核的供应商制定具体的审核指标。

3. 成立供应商审核小组

对供应商的审核应视不同的采购物品成立相应的审核小组。对于一些标准品及金额比较低的物品，可以用采购人员自行决定的方式，由采购人员组成审核小组。这种方式最简单，也最为快速、方便；对于非标准品、价值金额较大的物品，则可以成立由采购部门、质量部门、物料管理部门、工程及研发部门、主管或财务部门的人员共同组成的跨功能小组或商品小组来执行审核的任务。

4. 做好供应商审核的准备

供应商审核是质量体系的一个主要因素，因此，它必须依靠标准程序进行。首先，审核小组应制作规范的程序表；其次，审核小组成员应预先了解被审核产品的特性、生产流程等相关知识。

5. 供应商审核的实施

实际的审核应从了解供应商的管理情况开始。首先，审核小组要向供应商介绍审核原则、审核范围、审核依据和一些需配合的其他事项；然后现场查阅文件控制程序等。审核小组应仔细核实所有相关证据，对不符合采购企业要求的现象予以记录。同时，在审核期间，供应商应陪同审核小组，确保审核过程顺利完成。

6. 综合评分，编写审核报告

供应商审核的最后一个环节是对供应商进行综合评分。针对每个审核项目，权衡彼此的重要性，分别给予不同的分数。审核小组决定了供应的审核内容及权重后，可根据供应商反馈的调查表及实地调查的资料，编制出供应商的资格评分表，并对审核情况进行总结分析，做出审核结论并提出纠正措施。

### (四) 供应商审核的内容

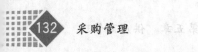

由于供应商自身条件各有优劣,必须有客观的评分项目作为选拔合格供应商的依据。因此,供应商审核应该制定详细的审核内容,具体包括以下方面。

1. 供应商的经营状况

主要审核供应商的经营历史、负责人的资历、注册资本金额、员工人数、完工记录及绩效、主要的客户、财务状况等。

2. 供应商的生产能力

主要审核供应商的生产设备是否先进、生产能力状况是否已充分利用、厂房的空间距离、生产作业的人力是否充足等。

3. 供应商的技术能力

主要审核供应商的技术是自行开发还是从外引进、有没有与国际知名技术开发机构的合作、现有产品或试制品的技术评估、产品的开发周期、技术人员的数量及受教育程度等。

4. 供应商的管理制度

主要审核供应商的生产流程是否顺畅合理、产出效率如何、物料控制是否计算机化、生产计划是否经常改变、采购作业是否对成本计算提供良好的基础等。

5. 供应商的质量管理

主要审核供应商的质量管理方针和政策、质量管理制度的执行及落实情况,有无质量管理制度手册、有无质量保证的作业方案、有无年度质量检验的目标、有无政府机构的评鉴等级、是否通过 ISO 9000 认证等。

## 二、供应商资质认证

供应商认证主要是为了进一步细致地考察供应商的能力,认证过程可以证实供应商是否达到或超过了采购商的要求,是供应商管理的一项重要内容。一旦企业建立了完整的供应商认证体系,就可以掌握供应商的生产情况和产品价格信息,获取合理的采购价格和最优的服务,确保采购物资的质量和按时交货;通过供应商资质认证,采购商可以与那些已经过认证的供应商进行合作,甚至把供应商结合到产品的生产流程中去,与供应商建立长期的交易伙伴关系,以达到效益最优化。

在对一个供应商进行认证审核之前,供应商至少应满足三方面的条件:①供应商提交的样件已经通过认证,这里的样件认证包括样品测试通过及小批量供货合格;②价格及其他商务条款符合要求,即供应商的报价及相关条件能为采购方所接受;③供应商审核必须合格。

### (一) 供应商认证的主要内容

在对供应商进行认证时,主要从以下几个方面考察供应商。

1. 供应商的基本情况

(1) 供应商的经营环境。

(2) 供应商近几年的财务状况。

(3) 供应商在同行业中的信誉及地位。

(4) 供应商近几年的销售情况。

(5) 供应商现有的紧密的、伙伴型的合作关系。

(6) 供应商的地理位置。

(7) 供应商的员工情况。

2. 供应商的企业管理

(1) 主要包括企业管理的组织框架、各组织之间的功能分配以及组织之间的协调。

(2) 主要包括企业的经营战略及目标、企业的产品质量改进措施、技术革新情况、生产率及降低成本的主要举措、员工的培训及发展、质量体系是否通过 ISO 9000 认证以及企业管理战略等。

3. 供应商的质量体系及保证

(1) 质量管理机构的设置及功能。

(2) 供应商的质量体系是否完整。

(3) 企业产品的质量水平。

(4) 质量改进。

4. 供应商的设计、工程与工艺

(1) 相关机构的设立与相应职责。

(2) 工程技术人员的能力。

(3) 开发与设计。

5. 供应商的生产情况

(1) 生产机构的设置及职能。

(2) 生产工艺过程。

(3) 生产人员的情况。

6. 供应商的企划与物流管理

(1) 相关机构的设立情况。

(2) 物流管理系统的情况。

(3) 发货交单情况。

(4) 供应商管理。

7. 供应商的环境管理

(1) 环境管理机构的设置及其管理职能。

(2) 环境管理体系。

(3) 环境控制的情况。

8. 供应商对市场及顾客服务支持

(1) 相关机构的设置。

(2) 交货周期及条件。

(3) 价格与沟通。

(4) 顾客投诉与服务。

**(二) 供应商认证流程**

企业供应商的认证流程主要包含以下几个环节，如图 5-3 所示。

1. 供应商自我认证

对供应商进行认证之前应要求供应商先进行自我评价，一般情况是先给供应商发信，让供应商做出自我评价，然后再组织有关人员进行认证。

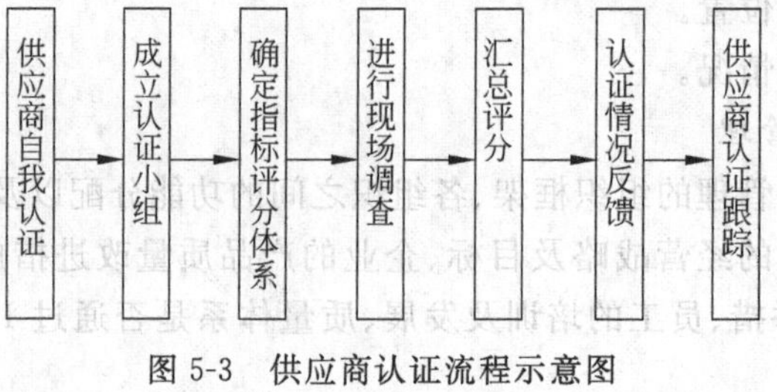


图 5-3 供应商认证流程示意图

2. 成立供应商认证小组

收到供应商自我认证资料后，采购商组织不同部门成员组成供应商认证小组。供应商认证小组成员可包括采购、质量管理、工程、生产等部门人员。认证小组成立后应确认对供应商认证采取的形式和认证的指标体系。

3. 确定指标评分体系

对于供应商的认证要针对不同的供应商采取不同的评分体系。一般来说，供应商认证的评分体系主要包括领导班子和风格、信息系统及分析、战略计划、人力资源、过程控制、商务运作、客户满意程度、供应管理、销售管理、时间管理、环境管理等。

4. 进行现场调查

供应商认证小组应该组织相关人员到供应商现场对供应商进行调查，其目的主要是了解供应商的管理机构设置情况，了解各个部门之间的分工及汇报流程，考察供应商质量控制与管理体系、生产工艺、顾客服务、环境体系等内容。在现场考察的同时，应根据预先设置的评分体系进行子系统的评价，并给出相应的分值。

5. 汇总评分

进行现场考察后，认证小组应根据现场观察的情况，结合供应商的相关文件、先前的市场调查情况、供应商的客户情况和供应商的会谈情况等，进行综合评分，得出供应商最终认证的总成绩。汇总评分后，认证小组应写出考察报告，呈报上级领导，并将考察资料备案、存档。

6. 认证情况反馈

对供应商进行认证的最终结果应反馈给供应商，让供应商明确自己的不足，以便进行改进与提高。

7. 供应商认证跟踪

对供应商进行认证后，要进行跟踪。供应商的认证不仅仅是一个审查和评价的过程，也是一个反馈与跟踪的过程。要随时监测供应商的执行情况，不断督促供应商进行改进。

总之，对供应商的认证是一个长期的、动态的过程，是通过持续的评估和认证来确认和不断培养供应商的过程。

## 三、供应商质量体系审核

由于供应商产品质量直接和间接地影响到采购商产品质量和企业声誉，因此多年以来采购商一直很注重供应商质量审核。自从引入质量体系这一名词和观点后，供应商质量体系审核就成为供应商管理过程中十分重要的环节。由于质量管理在企业管理中占据着特殊的重要地位，因而一般的企业往往将供应商质量管理体系审核单独列出，当然也可视情况将它当成是供应商审核的一部分与供应商审核一起进行。

供应商质量体系审核也可用于供应商年审，一般由采购部门会同品质部门根据实际情况每年制订一份供应商质量体系审核计划，并通知相应的供应商后付诸实施。审核作为供应商整体改进计划的一部分，应针对那些需要提高改进质量体系的供应商，每年不宜超过10家。

质量体系审核原则上必须在供应生产现场进行，审核范围应集中在供应商工厂与本公司产品相关的行政及生产区域，审核结果按不同目的可作为供应商认证的评审依据或提交反馈给供应商，要求供应商限期改进。

质量体系审核主要包括以下内容。

① 管理职责：主要包括总则、顾客需求、法规要求、质量方针、质量目标与计划、质量管理体系、管理评审等。

② 资源管理：主要包括总则、人力资源、其他资源、信息、基础设施、工作环境等。

③ 过程管理：主要包括总则、与顾客相关的过程、设计与开发、采购、生产与服务运作、不合格品(项)的控制、售后服务等。

④ 监测、分析与改进：包括总则、监测、数据分析、改进。

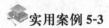

**实用案例 5-3**

## 某企业供应商质量体系评审管理办法

### 第一章 概 述

一、目的

1. 质量体系审核是对供应商的从规划到实施阶段的产品形成过程、批量生产、交货与使用等过程进行检查并发现问题，并对其企业管理、组织现状、结构、生产技术以及工艺过程进行评价和指导，以使供应商满足××汽车有限公司的产品特性，并满足我公司相关协议的全部要求。

2. 对供应商进行系统的缺陷分析及对其措施的落实情况进行评审，以改进质量，降低成本。

3. 为选定新推荐供应商及现有供应商评级提供依据。

二、适用范围

1. 新推荐的物资供应商。

2. 已经正式批量供货，有必要进行评审的物资供应商。

3. 新开发的零部件及外协件，或物资供应商配套件在工艺、工装、模具有较大变化的物资供应商。

4. 生产过程或生产方法发生了一些变化后进行的生产；把工装或设备转到其他生产场地或在另一生产场地进行生产的物资供应商。

5. 分包零件、材料或服务(如热处理、电镀)的来源发生了变化的物资供应商。

6. 工装在停止批量生产达12个月或更长时间后重新投入生产的物资供应商。

7. 由于对供应商质量的担心，我方要求暂停供货的物资供应商。

8. 停止供货时间超过6个月的物资供应商。

三、引用标准

1. ISO 9001：2000

2. QS 9000

3. VDA 6.1

4. TS 16949(2002)

四、定义

1. 严重不合格是指出现下列情况之一的。

——质量体系缺陷或不符合 ISO 9001/QS 9000/VDA 6.1/TS 16949(2002) 要求；某项要求出现多个一般不合格，而使整个体系无法运行。

——任何有可能使不合格产品装运出厂的不合格；任何可能导致产品或服务失败或预期的使用性能严重降低的不合格。

——审核员根据经验和判断表明很可能导致质量体系失效或严重降低对产品和过程控制能力的不合格。

一般不合格是指不符合 ISO 9001/QS 9000/VDA 6.1/TS 16949(2002)标准要求，但根据经验和判断不应出现下列结果的不合格：

——质量体系失效；

——降低对过程的控制能力；

——不合格产品可能被装运出厂。

2. 一般不合格可能是下列情况之一：

——供方文件化的质量体系的某一部分不符合 ISO 9001/QS 9000/VDA 6.1/TS 16949(2002)的要求；

——某公司质量体系中发现的一个或多个轻微错误。

3. 改进的机会——尽管没有发现严重不合格或一般不合格，审核员可以按其判断和经验，在最终的审核报告中将需改进的内容记录下来。

4. 合格——审核中没有发现严重不合格或一般不合格。

## 第二章 质量体系审核

一、为保证审核效果，审核所需材料最迟应在现场审核时提交给我方。供方需准备以下资料：

1. 质量手册、程序文件及管理办法等质量体系文件；

2. 第三方质量体系证书及最近的评审报告(如果有)；

3. 第二方质量体系评审报告(如果有)；

4. 有关产品 PPAP、APOP 文件、图纸，过程流程图、控制计划、操作指导书、检验指导书；

5. 内审资料；

6. 管理评审资料；

7. 质量体系认证计划(如果有)*；

8. 合格分供方清单*；

9. 与提供产品相关的生产设备和试验设备清单*；

10. 本公司的介绍性材料*；

11. 营业执照＊。

**注**：以上资料中带＊号的为需提供复印件由评审员带回公司存档的文件，其他资料由评审员在评审现场有选择性地使用，如有不足由评审员在评审现场提出要求，供方必须积极配合。

二、现场审核

1. 要求供应商按 ISO 9001/QS 9000/VDA 6.1/TS 16949(2002) 以上的标准要求建立质量体系。

2. 现场审核依据 ISO 9001/QS 9000/VDA 6.1/TS 16949(2002) 标准进行，填写《质量保证能力检查表》。

3. 如果生产厂有多个基本相同的工序（生产线、冲压线等），我方可抽取其中的一个作为样本进行审核，发现重大问题应立即通知供方。有些生产厂我方可通过审核相关问题对潜在供方进行评价。

4. 所有检查中发现的问题必须在供方现场与供方交代清楚。为了促进持续改进，审核员可指出其质量保证体系的优点和不足，并应将需改进的内容记录下来。

5. 末次会议不合格项，填写《质量保证能力审核总评定》。

三、评审总结

1. 所有不合格项必须在《评审报告》和《供应商不符合项通知单》中列出。

2. 供方纠正不合格（并通知顾客）。在审核过程中发现的不合格项，我方以不符合项通知单的形式通知供应商。对不合格项，供应商应确定纠正措施和完成日期。供应商在纠正措施完成后应通知评审小组。

3. 评审小组验证。根据不合格项的性质，由评审小组视情况进行跟踪验证工作，通过现场和/或文件评审来验证纠正及预防措施的有效性。

4. 我方根据采购计分法对审核做出结论（见表 5-13）。

**表 5-13　采购计分法评分标准**

| 分数 | 对符合要求程度的评定 |
|---|---|
| 10 | 文件有明确和完整的规定，实施 100% 有效 |
| 8 | 文件规定不明确或不完整，但 3/4 以上实施有效，没有关键项，只存在微小的偏差 |
| 6 | 文件有规定，1/2 以上符合规定的要求，在一般问题上有较大的偏差，但没有关键项 |
| 4 | 文件规定不全，只有一小部分符合要求，存在关键项偏差 |
| 0 | 不管文件有否规定，过程无效，完全不符合 |

5. 不适用于特殊供方的要素。

某些要素并不适用于每个供方，此时计分表填入“N/A”（不适用）。

每个要素的得分最少是 6 分才能通过我方评定。

6. 评定结果报告。

不合格项的评审记录应包括对纠正措施的建议。应在我方总结报告表的严重不合格或一般不合格栏目中标注纠正措施的完成期限。

对于被证实符合我方要求，但有持续改进机会的项目应加以标记。

供应部门应根据评定结果并结合各自具体情况做出决策。

四、评分说明

1. 评分计算方法

最终得分=(参加评审的各要素得分之和/参加评审的要素数)×10

2. 评分说明(见表 5-14)

表 5-14 评分说明

| 评 分 | 说 明 | 规定/措施 | 首次评定的供应商 | 级别 |
|---|---|---|---|---|
| 100～90 | 具备质量能力 | 持续改进 | 推荐 | A |
| 89～70 | 有条件的质量能力 | 限期整改计划 | 有条件推荐 | B |
| 69～0 | 不具备质量能力 | 不签发新零件委托书/暂停供货 | 不推荐 | C |

五、评审结论

1. 新推荐供应商

如果审核中未发现任何不合格项,即打分在 90 分以上,总体评价结论将是"推荐"。

如果审核中发现多于一个严重不合格项,即打分在 70 分以下,总体评价结论将是"不推荐"。

在下列情况下,即打分在 70～90 分的评价处于"有条件推荐"状态:

- 审核中发现一个严重不合格;
- 审核中发现一个或多个一般不合格。

如果在 90 天或规定期限内能够得到满意的合格证据,"有条件推荐"可转为"推荐"。由审核员决定是否进行现场审核验证。如果在规定时间内没有完成不合格状况的处理,将被规定为"不推荐"。

对评价的新推荐供应商使用推荐、有条件推荐、不推荐三个级别进行评价。

2. 现有供应商

如果审核中未发现任何不合格,即打分在 90 分以上,总体评价结论将是"A"。应在与××汽车有限公司供应中优先考虑,可优先考虑新零件的供应。

如果审核中发现多于一个严重不合格,即打分在 70 分以下,总体评价结论为"C"。如果两家以上供货,停止该厂家供货,对于独家供货的供应商,应要求供应商限期整改,同时相关部门推荐新供应商,开展第二供应商的开发。

审核中发现一个严重不合格,或审核中发现一个或多个一般不合格,总体评价结论将是"B",应对其提出书面整改措施进行整改。

六、信息传递

对新推荐的供应商,依据评审结论及过程记录,填写《质保系统能力》,并及时将《质保系统能力》表发送至评审组织处。

七、说明

供应商质量体系评审,A 级达到 10%以上,依年递增;C 级达到 20%以下,依年递减。当 A 级达到 40%以上时或 C 级达到 5%以下时,修订评分标准。

(资料来源:http://www.docin.com/p-506315092.html.)

# 第五节　供应商绩效考评

供应商管理是企业物流采购质量的关键，而对供应商进行考核评估是供应商管理中很重要的一步。一般情况下，企业为了保证供应商对自己日常物资的供应工作顺利进行，会采取一系列的措施对供应商进行考核评估。因此，供应商考核评估是做好供应商管理、使供应链合作关系正常运行的基础和前提条件。

## 一、供应商绩效考评的含义

供应商绩效考评是对已经通过认证的、正在为企业提供服务的供应商的日常表现进行定期的绩效监控和考核，它主要是以事实数据为依据，利用适当的统计方法和计算方式，得出供应商正处于何种供应等级，根据等级水平采取相关动作。对现有合作供应商进行绩效考评，可以及时了解与掌握供应商在合作中的情况及状态，增进与供应商之间的交流，控制供应过程，保证持续供应。

传统上，虽然企业一直也在进行供应商的考评工作，但是一般都只是对重要供应商的来货质量进行定期检查，没有一整套的规范和程式。随着采购管理在企业中的地位越来越重要，供应商管理水平也在不断上升。目前，成熟一些的企业除考核质量外，也跟踪供应商的交货表现，较先进的企业则进一步把考核扩展到供应商的支持与服务、供应商参与本公司产品开发等表现，也就是由考评订单、交单实现过程延伸到产品开发过程。

## 二、供应商绩效考评的目的

### 1. 确保供应商供货质量及供货及时性

定期进行供应商考核评估是一种持续监督供应商的生产（或服务）能力、产品质量、交货及时性，以及满足采购商对供应商其他方面要求的有效措施。如果评估结果有问题，采购商就可以在发生严重问题之前把它们提出来，把考评结果通知供应商本人，督促他们加以改进。这样就能确保供应商提供最优质的产品、服务，满足及时供货的要求。

### 2. 淘汰不合格的供应商，开发有潜质的供应商，优化供应商结构

通过对供应商进行定期评估可以使采购商及时了解供应商的情况，利用有效的评估体系发现供应商日常供货表现的优劣。这样，对于评估中表现好的供应商，采购商可以采取持续发展的合作材料，并可针对采购中出现的技术问题与供应商一起协商，寻求解决问题的最佳方案；而将在评估中表现糟糕的供应商予以淘汰。这样可以优化供应商结构，提高企业的竞争优势。

### 3. 帮助供应商改善绩效

在对供应商进行定期绩效考评的过程中，采购商可以了解供应商存在的不足之处，并将之反馈给供应商，可以促进供应商改善其业绩，提升供应水平，为日后更好地完成供应活动打下良好的基础。

### 4. 维护和发展良好的、长期的、稳定的供应商合作关系

越来越多的企业意识到，同供应商发展战略伙伴关系更有利于自身的长远发展，这是经过市场检验了的基本规律。采购方谋求的应该是同供应商的长期伙伴关系。如果企业建立了完整的供应商绩效考评体系，就可以掌握供应商的生产情况和产品价格信息，了解合理的

采购价格、最优的服务，确保采购物资的质量和按时交货，并且可以对供应商进行综合、动态的评估，甚至把供应商结合到产品的生产物流中去，与供应商建立长期的合作伙伴关系以达到效益最优化。

## 三、供应商绩效考评的原则

对供应商进行绩效考评应把握以下原则。

1. 持续性原则

供应商绩效考评必须长期坚持下去，采购商要定期检查目标达成的程度。当供应商知道会定期地被评估时，自然就会致力于改善自身的绩效，从而提高供应质量。

2. 整体性

采购商要从企业自身以及供应商各自的整体运作方面进行评估，确定整体的目标。只有双方目标一致，采购商与供应商才能进行更有效的沟通，保证供应的稳定性。

3. 综合考虑外部因素

供应商的绩效总会受到各种外来因素的影响，因此，对供应商的绩效进行评估时，要考虑到外来因素带来的影响，不能仅仅衡量绩效。

## 四、供应商绩效考评指标

不同企业的经营范围不同，供应商供应的商品也就不同。因此，对供应商的绩效考评的标准也各不相同，相应的考评指标设置也不一样。国际上通用的考评指标有质量指标，供应指标，经济指标，支持、配合与服务指标四大类。

1. 质量指标

质量指标是供应商考评的最基本指标。产品质量是最重要的因素，产品的质量可以通过最终产品的合格率以及返修退货率两个定量指标衡量。

产品合格率可以用一定时期内供应商提供合格产品占其提供产品总量的比例来表示：

合格率＝(一定时期内供应商提供的合格产品/供应商提供的产品总量)×100％

如果企业来料数量较多，采用抽样方式进行检验，则产品的合格率也可表示为：

抽验合格率＝(抽样产品中的合格件数/抽样总件数)×100％

显然，质量合格率越高越好。除此之外，供应商质量指标还可以用来料批次合格率、供应商来料免检率来表示：

来料批次合格率＝(合格来料批次/来料总批次)×100％

供应商来料免检率＝(来料免检的种类数/该供应商供应的产品总种类数)×100％

返修退货率是指供应商产品交付企业使用后，在承诺保质期出现质量问题而返修退货的产品总数占供应商提供物料产品总量的比例，表示为：

返修退货率＝(返修退货的产品件数/供应商提供物料产品总件数)×100％

退货率越高，表明其产品质量越差。退货率指标也可以包括来料抽检缺陷率、来料在线报废率，具体表示为：

来料抽检缺陷率＝(抽检缺陷总数/抽检样品总数)×100％

来料在线报废率＝[来料总报废数(含在线生产时发现的)/来料总数]×100％

此外，也有一些企业将供应商质量体系、供应商是否应用 SPC(统计过程控制)及如何将 SPC 应用于质量控制等也纳入考核范畴。还有一些企业要求供应商在提供产品的同时也要提供相应的质量文件，如过程质量检验报告、出货质量检验报告、产品成分性能测试报告等，并按照供应商提供信息完整、及时与否给予考评。

2. 供应指标

供应商的供应指标又称企业指标，是同供应商的交货表现及供应商企业管理水平相关的考核因素，包括准时交货表现以及供应商企划管理水平相关的考核因素。其中，最主要的是交货量、准时交货率、订单变化接受率、订货满足率等。

(1) 交货量。考察交货量主要是考核按时交货情况。按时交货情况可以用按时交货量率来评价。按时交货量率指给定交货期内的实际交货量与期内应当完成交货量的比例，可表示为：

按时交货量率＝(期内实际交货量/期内应当完成交货量)×100％

也可以用未按时交货量率来描述：

未按时交货量率＝(期内实际未完成交货量/期内应当完成交货量)×100％

如果每期的交货量率不同，则可以求出 $n$ 个交货期的平均按时交货量率：

平均按时交货量率＝(各期按时交货量率之和/$n$)×100％

(2) 准时交货率。准时交货率是指下层供应商在一定时间内准时交货的次数占其总交货次数的比率，可表示为：

准时交货率＝(按时按量交货的实际批次/订单确认的交货总批次)×100％

(3) 订单变化接受率。订单变化接受率是衡量供应商对订单变化反应灵敏度的一个指标，是指在双方确认的交货周期中供应商可接受的订单增加或减少的比率，可表示为：

订单变化接受率＝(订单增加或减少的交货数量/订单原定的交货数量)×100％

(4) 供货满足率。供货满足率是指供应商交货的总量与制造企业对其需求产品总数量的比率，反映供应商的生产能力满足制造企业物料产品需求的能力，可表示为：

总的供货满足率＝(期内实际完成供货量/期内应当完成供货量)×100％

总缺货率＝(期内实际未完成供货量/期内应当完成供货量)×100％

此外，有些企业还将供应商供应的原材料或零部件的最低库存量、供应商的企划体系水平、供应商所采用的信息系统，如 MRP(物料需求计划)、MRPⅡ(制造资源计划)或 ERP(企业资源计划)及供应商是否同意实施“即时供应”等也纳入考核范畴。

3. 经济指标

供应商考核的经济指标主要是考虑采购价格与成本。经济指标同质量、供应指标不同：第一，质量、供应考核按月进行，而经济指标则常常按季度考核；第二，经济指标往往都是定性的，难以量化，而质量、供应商指标是可量化指标。经济指标的具体考核点主要包括以下几方面。

(1) 价格。价格是指供货的价格水平。考核供应商的价格水平，企业可以将自己的采购价格同本企业所掌握的市场行情相比较，即和市场同档次产品的平均价和最低价进行比较，分别用市场平均价格比率和市场最低价格比率来表示：

市场平均价格比率＝[(供应商的供货价格－市场平均价)/市场平均价]×100％

市场最低价格比率＝[(供应商的供货价格－市场最低价)/市场最低价水平]×100％

此外，企业也可以根据供应商的实际成本结构及利润率等进行主观判断。

(2) 报价行为。其主要包括报价是否及时，报价单是否客观、具体、透明。报价可分解为原材料费用、人工费用、包装费用、运输费用、税金、利润，以及相对应的交货与付款条件。

(3) 降低成本的态度与行动。这是指供应商是否自觉自愿地配合采购方或主动地开展降低成本活动，是否制订成本改进计划，是否实施改进，是否定期与采购方协商采购价格等。

(4) 分享降价成果。这是指供应商是否将降低成本的好处让利给采购商。

(5) 付款。主要包括供应商是否积极配合和响应采购商提出的付款条件、付款要求以及付款办法，供应商开出付款发票是否准确、及时，是否符合有关财税要求。

此外，有些企业还将供应商的财务管理水平与手段、财务状况以及对整体成本的认识也纳入考核范围。

4. 支持、配合与服务指标

支持、配合与服务指标主要是用来考核供应商的协调精神。在和供应商合作的过程中，常常因为环境的变化或企业内部预料不到的情况发生，需要工作任务进行调整变更。这种变更可能会导致供应商工作计划的调整，甚至迫使供应商做出一些牺牲。根据此时供应商的表现，企业可以有效考察供应商积极支持与配合的程度。另外，如果企业工作出现了困难或者发生了问题，有时也需要供应商支持与配合才能解决，这都可以看出供应商的配合程度。同经济类指标一样，考核供应商在支持、配合与服务方面的表现通常也都是定性的考核，一般来说可以每个季度一次。考核的内容主要有以下几个方面。

(1) 投诉灵敏度。投诉灵敏度是指供应商对订单、交货、质量投诉等反应是否及时、迅速，答复是否完整，对退货、挑选等要求是否及时处理。

(2) 沟通。沟通是指供应商是否派出合适的人员与采购商定期进行沟通，可以用沟通程度和信息化程度来描述。沟通程度是指在合作过程中企业与供应商进行沟通和交流的频繁程度和所采取的沟通方式；信息化程度是指企业管理和运作中的信息化程度。

(3) 合作态度。合作态度是指供应商是否将采购商看成重要客户，供应商高层领导或关键人物是否重视采购商的要求，是否经常走访采购商，供应商内部(如市场、生产、计划、工程、质量等部门)沟通协作是否能整体理解并满足采购商的要求。

(4) 共同改进。共同改进是指供应商是否积极参与或主动提出与采购商相关的质量、供应、成本等改进项目或活动，是否经常采用新的管理做法，是否积极组织参与与采购商共同召开的供应商改进会议，是否配合采购商开展质量体系的审核等。

(5) 服务水平。服务水平是供应商经营管理能力的重要体现，是指供应商是否主动征询顾客意见，是否主动走访采购商，是否主动解决或预防问题的发生，是否及时安排技术人员对发生的问题进行处理。

(6) 参与开发。参与开发是指供应商是否主动参与采购商的各种相关开发项目，是否参与采购商的产品或业务开发，在其过程中表现如何。

(7) 其他支持。其他支持是指供应商是否积极接纳采购商提出的有关参观、访问、实地调查等事宜，是否积极提供采购商要求的新产品报价与送样，是否妥善保存与采购商相关的机密文件等以免泄露，是否保证不与影响到采购商切身利益的相关企业或单位进行合作等。

**实用案例 5-4**

## 供应商综合评价指标体系

1. 评价指标体系的设计原则

在设计供应商综合评价指标体系时应当遵循下列原则。

(1) 系统全面性原则：指标体系要全面反映供应商企业目前综合水平，并能预期供应商的发展前景。

(2) 简明科学性原则：指标体系的设置应有一定科学性，体系大小要适宜，避免因指标层次过于复杂而降低实践中的可操作性。

(3) 稳定可比性原则：指标体系的设置还应考虑到与国内其他指标体系相比较的方便性。

(4) 灵活可操作性原则：指标体系应具备足够的灵活性，以使下游企业能根据自身的特点以及实际情况，对指标加以灵活运用。

2. 供应商综合评价指标体系的结构

根据企业调查研究，影响供应商选择与评价的主要因素包括企业业务、业务结构与生产能力、质量体系及企业环境四个方面。为了有效地选择与评价供应商，在系统全面性、简明科学性、稳定可比性和灵活操作性原则指导下，图 5-4 结构分明地构建了三个层次的综合评价指标体系。第一层次是目标层，包含以上四类因素；影响供应商选择的具体因素建立在指标体系的第二层；与其相关的细分因素建立在第三层。

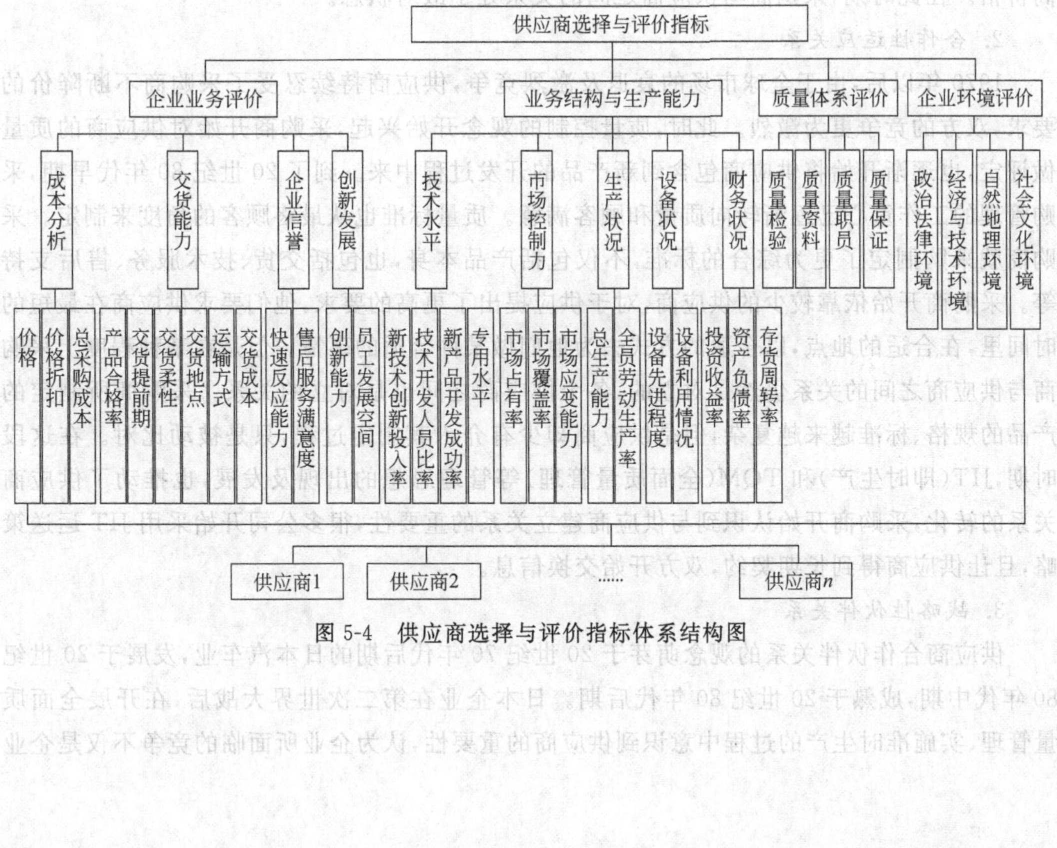


图 5-4　供应商选择与评价指标体系结构图

# 第六节　供应商关系管理

供应链管理环境下，企业与供应商的关系是一种战略性合作关系，提倡一种双赢机制。企业在采购过程中要想有效地实施采购策略，充分发挥供应商的作用就显得至关重要。采购策略的一个重要方面就是要搞好供应商的关系管理，逐步建立起与供应商的合作伙伴关系。

## 一、供应商关系的演变

采购商与供应商之间的关系历史悠久，从企业建立之初便已存在了。最初，采购商与供应商之间是一种"零和"的竞争关系。最近几十年，"双赢"观念开始在企业中处于上风。近十几年来供应商关系已逐渐在转变，随着 JIT(即时生产)、TQM(全面质量管理)与 SCM(供应链管理)等观念普及，采购商与供应商关系已逐渐由互相竞争的关系转变为互相合作的关系，这种关系的演变大致经历了三个历史发展阶段。

1. 交易性竞争关系

1970 年前，采购商与供应商的关系为交易性竞争关系，这是一种纯粹的买卖关系，是短期的、松散的、互相竞争的关系。在这种基本关系中，采购商与供应商的交易如同"0—1"对策，一方所赢则是另一方所失，与长期互惠相比，短期内的优势更受重视。双方竞争的核心就是价格，较少涉及质量、设计和运输能力。采购商试图用最低的价格买到一定的数量和质量达标的物资，而供应商则会以特殊的质量要求、特殊服务和订货量的变化等为理由尽量提高价格。在此时期，采购商与供应商之间的关系处于敌对状态。

2. 合作性适应关系

1970 年以后，由于全球市场的衰退及激烈竞争，供应商持续忍受了采购商不断降价的要求，双方的竞争更为激烈。此时，质量控制的观念开始兴起，采购商开始对供应商的质量做评定，也逐渐开始将供应商包含到新产品的开发过程中来。到了 20 世纪 80 年代早期，采购管理的工作重心已逐渐转向质量和顾客满意。质量标准也从最终顾客的角度来制定。采购商就采购制定了更为综合的标准，不仅包括产品本身，也包括交货、技术服务、售后支持等。采购商开始依靠较少的供应商，对于供应提出了更高的要求，他们要求供应商在最短的时间里，在合适的地点，以合适的方式去为他们做某件合适的事情。但是在某种程度上采购商与供应商之间的关系仍然是对立的，各个供应商之间也是对立的关系。采购商所制定的产品的规格、标准越来越复杂，但是供应商却少有介入其制定过程，只是被动比对。在这段时期，JIT(即时生产)和 TQM(全面质量管理)等管理思想的出现及发展，也推动了供应商关系的转化，采购商开始认识到与供应商建立关系的重要性，很多公司开始采用 JIT 运送策略，且让供应商得到长期契约，双方开始交换信息。

3. 战略性伙伴关系

供应商合作伙伴关系的观念萌芽于 20 世纪 70 年代后期的日本汽车业，发展于 20 世纪 80 年代中期，成熟于 20 世纪 80 年代后期。日本企业在第二次世界大战后，在开展全面质量管理、实施准时生产的过程中意识到供应商的重要性，认为企业所面临的竞争不仅是企业与同行业之间的竞争，而且是整个供应链同另一条供应链的竞争。在此过程中，企业作为供应链上的采购商不断地认真审视自己与供应商之间的关系，大多数企业认识到，单纯的买卖关系已经不能适应现代市场发展的要求，必须与供应商发展长期、稳定、互利互惠的合作关系。供应商合作关系最初的表现形式是采购商的注意力由关心成本转移到不仅关心成本，更注重供应商的产品质量与交货的及时性；后来的表现则是采购商为了控制企业上游资源，将采购活动由单纯的“做生意”转向了与供应商建立长期关系。供应商管理进入战略合作伙伴关系阶段的标志是，采购商主动帮助、督促供应商改进产品设计，促使供应商主动为采购商的产品开发提供设计支持。供应商战略性伙伴关系是一种长期的、相对稳定的依存关系，这种关系通常以合作协议的形式确定下来，且每个层次都有相应的沟通协调。

随着时代的发展，采购商与供应商关系正逐渐地转向以价值为基础，供应链中各个成员得到的补偿将与其所附加的价值更加紧密地结合起来，由此，供应商关系将变得越来越复杂。表 5-15 描绘了供应商关系的演变阶段。

**表 5-15 供应商关系的演变**

| 时　期 | 20 世纪 60～70 年代 | 20 世纪 80 年代 | 20 世纪 90 年代 |
|---|---|---|---|
| 特征 | 竞争对手 | 合作伙伴 | 探索/全球平衡 |
| 市场特点 | 许多货源，大量存货，买卖双方是竞争对手 | 合作的货源，少量存货，买卖双方互为伙伴，实现“双赢” | 市场国际化，不断调整双方合作伙伴关系，在全球经济中寻求平衡与发展 |
| 采购运作 | 以最低价买到所需商品 | 采购总成本降低<br>供应商关系管理<br>采购专业化<br>整体供应链管理<br>供应商参与产品开发 | 供应商策略管理<br>“上游”控制管理<br>共同开发与发展<br>供应商优化信息、网络化管理<br>全球“共同采购” |

## 二、供应商关系管理的含义及意义

供应商关系管理(Supplier Relationship Management，SRM)是用来改善与供应链上游供应商的关系的理论、方法和工具，也是一种致力于实现与供应商建立和维持长久、紧密伙伴关系的管理思想和软件技术的解决方案。它摒弃了传统的以价格为驱动的竞争性采供关系，是以“共同分享信息、扩展协作互助的伙伴关系、共同开拓和扩大市场份额、实现双赢”为导向，实现采供双方以合作为基础的共同发展。供应商关系管理实施于围绕企业采购业务相关的领域，旨在建立恰当、密切的新型采供关系的管理机制，目标是通过与供应商建立长期、紧密的业务关系，并通过对双方资源和竞争优势的整合来共同开拓市场，扩大市场需求和份额，降低产品前期的高额成本，实现双赢；同时供应商关系管理又是以多种信息技术为支持和手段的一套先进的管理软件和技术，它将先进的电子商务、数据挖掘、协同技术、MRP、ERP 等信息技术紧密集成在一起，为企业产品的策略性设计、资源的策略性获取、合同的有效洽谈、产品内容的统一管理等过程提供科学的管理策略。

企业采用供应商关系管理的意义如下。

1. 有效的供应商关系管理可以使企业降本增效

企业实施有效的供应商关系管理，与供应商建立合作伙伴关系，就可以通过与供应商良好的沟通降低产品开发成本、质量成本、交易成本、售后服务成本等，同时，企业引入供应商，使用供应商推荐的材料，也可以使企业降低很多成本。有关资料表明，运行供应商关系管理的解决方案可使企业采购成本削减20%，给企业带来较大的经济效益。

2. 有效的供应商关系管理可以降低供应风险

企业及时、安全地获得关键性原材料，可以降低企业及供应链中的潜在供应风险和不确定性。通过开展供应商关系管理，企业可通过供应商开发新的产品、技术，从而降低其未知技术领域的风险；同时供应商的资产投资专用于双方合作领域，企业的投资风险也将得以降低。

3. 有效的供应商关系管理可以为企业带来规模经济

在某些领域，采购企业研究开发的庞大费用使其望而却步，企业无法单独承担起开发和生产的全过程，采购商可以通过把没有能力投资的部分技术转包给专业供应商，这样可以在加强供应商力量的同时，通过合理分配技术投资任务，专注于开发核心技术，在其核心领域追求卓越从而达到规模经济的效果。

4. 有效的供应商关系管理可使采供双方在技术和专利方面互补

与供应商共同研究开发，企业间技术人员的相互协作，使双方的技术和发明专利互补应用于生产。这种思路使得采购企业和供应商联手进行技术创新成为可能，可以协助企业比竞争对手更快、更早地向市场推出新产品。

5. 有效的供应商关系管理可以提高客户满意度

企业实施供应商关系管理，使企业产品质量、交货时间、供货准时率等方面得到了很大程度的改善，从而大大提高了顾客的满意度和忠诚度。

## 三、供应商关系分类

供应商细分是指在供应市场上，采购方依据采购物品的金额、采购商品的重要性及供应商对采购方的重视程度和信赖程度等因素，将供应商划分成若干个群体。供应商细分是供应商关系管理的先行环节，在此基础上，采购方才有可能根据细分供应商的不同情况实行不同的供应商关系策略。

根据不同方法可以将供应商细分为以下几种类型。

### （一）按供应商的选择方式分类

根据供应商的选择方式，可以将供应商细分为公开竞价型供应商、网络型供应商与供应链管理型供应商三种。

1. 公开竞价型供应商

公开竞价型是指采购商将所采购的物品公开地向若干供应商提出采购计划，各个供应商根据自身的情况进行竞价，采购商依据供应商竞价的情况，选择其中价格低、质量好的供应商作为该项采购计划的供应商，这类供应商就称为公开竞价型供应商。在供大于求的市场中，采购商处于有利地位，采用公开竞价方式选择供应商，对产品质量和价格有较大的选择余地，是企业降低成本的途径之一。

2. 网络型供应商

采购商在与供应商长期的选择与交易中，将在价格、质量、售后服务、综合实力等方面比较优秀的供应商组成供应商网络，采购企业的某些物品只限于在供应商网络中采购，这类供应商就称为网络型供应商。供应商网络的实质就是采购商的资源市场，采购商可以针对不同的物资组建不同的供应商网络。供应商网络的特点是，采购商与供应商之间的交易是一种长期性的合作关系。在这个网络中应采取优胜劣汰的机制，以便长期共存，定期评估、筛选，适当淘汰，同时吸收更优秀的供应商进入。

3. 供应链管理型供应商

供应链管理型是以供应链管理为指导思想的供应商关系管理。在供应链管理中，采购商与供应商之间的关系更为密切，他们之间通过信息共享，适时传递自己的需求信息，而供应商根据实时的信息，将采购商所需的物资按时、按质、按量地送交采购商，这类供应商就称为供应链管理型供应商。

**（二）按采购的80/20规则分类**

根据采购的80/20规则，可以将供应商细分为重点型供应商和普通型供应商。

采购的80/20规则是指80%数量的采购物品占采购物品20%的价值，而其余数量20%的物品则占有采购物品80%的价值。因而可以将采购物品按采购的80/20规则分为重点采购品（占采购价值80%的20%的采购物品）和普通采购品（占采购价值20%的80%的采购物品）。与之相对应，可以将供应商依据80/20规则进行分类，划分为重点型供应商和普通型供应商，即占采购金额80%的20%的供应商为重点型供应商，而其余只占20%采购金额的80%的供应商为普通型供应商。对于重点型供应商应投入80%的时间和精力进行管理与改进。这些供应商提供的物品为企业的战略物品或需要集中采购的物品，如汽车厂需要采购的发动机和变速器，电视机厂需要采购的彩色显像管及一些价值高但供应保障不力的物品。而对于普通型供应商则只需要投入20%的时间和精力跟进其交货。因为这类供应商所提供物品的运作对企业的成本质量和生产的影响较小，如办公用品、维修备件、标准件等物品。

按80/20规则进行供应商细分，其基本思想是针对不同的采购物品采取不同的采购策略，同时在采购的工作精力分配上也应各有侧重，对于不同物品的供应商也应采取不同的管理策略。

**（三）按与供应商的合作关系分类**

根据与供应商的合作关系，可以将供应商细分为短期目标型供应商、长期目标型供应商、渗透型供应商、联盟型供应商与纵向集成型供应商五种。

1. 短期目标型供应商

短期目标型供应商是指采购商与供应商之间是交易关系，即一般买卖关系的供应商。双方的交易仅停留在短期的交易合同上，各自所关注的是如何谈判，即如何提高谈判技巧使自己不吃亏，而不是在双赢的基础上使得双方的关系获得进一步的发展。供应商根据交易的要求提供标准化的产品或服务，以保证每一笔交易的信誉。当交易完成后，双方的关系也就终止了，双方只有供销人员有联系，而其他部门的人员一般不参加双方之间的业务活动，也很少有什么业务活动。

2. 长期目标型供应商

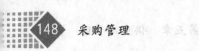

长期目标型供应商是指采购商与供应商保持长期的关系，双方为了共同利益会改进各自的工作，并在此基础上建立起超越买卖关系的合作的供应商。长期目标型供应商的特征是建立一种合作伙伴关系，双方的工作重点是从长远利益出发，相互配合，不断改进产品质量与服务质量，共同降低成本，提高供应链的竞争力。双方合作的范围遍及各公司内部的多个部门。

3. 渗透型供应商

渗透型供应商是在长期目标型供应商基础上发展起来的供应商。其指导思想是把对方公司看成自己公司的一部分，因此，对对方公司的关心程度大大提高。为了能够参与对方活动，有时会在产权关系上采取适当措施，如互相投资、参股等，以保证双方利益的共享与一致性。同时，在组织上也采取相应的措施，双方各派人员加入对方的有关业务活动。这样做的优点是可以更好地了解对方的情况，供应商可以了解自己的产品是如何起作用的，容易发现改进方向；采购商可以知道供应商是如何制造的，也可以提出改进的要求。

4. 联盟型供应商

联盟型供应商是从供应链角度提出的。其特点是注重纵向链条上管理成员之间的关系，双方维持关系的难度提高了，要求也更高。由于成员增加，往往需要一个处于供应链上核心地位的企业出面协调成员之间的关系，它常被称为供应链核心企业。

5. 纵向集成型供应商

纵向集成型供应商是最复杂的供应商类型，即把供应链上的成员整合起来，像一个企业一样，但各成员是完全独立的企业，决策权在自己手中。这种供应商关系要求每个企业在充分了解供应链的目标、要求，以及在充分掌握信息的条件下，能自觉做出有利于供应链整体利益的决策。有关这方面的知识，更多的是停留在学术上的讨论，而实践中的案例很少。

**（四）按供应商的重要程度分类**

按供应商的重要程度可以将供应商分为普通关系供应商、优先关系供应商、合作关系供应商、战略关系供应商四种。

1. 普通关系供应商

普通关系供应商提供的产品或服务的数量往往占到企业采购整体数量的80%左右，而采购支出合起来一般只占总支出的20%左右。这类产品或服务可供选择的供应商很多，供应商的转换成本也很低。但对于这类供应商不能因为他们提供的产品价值低，对公司战略方向的贡献不大就可以忽略。企业与这类供应商建立一般的交易关系，目的是降低采购成本和简化采购流程。

2. 优先关系供应商

优先关系供应商提供的产品或服务是属于低风险、高成本的产品或服务。这类产品或服务具有一定的价值，单个产品的采购成本降低对于企业利润的贡献较大，但供应风险不高。企业与这类供应商签订短期合同，以便企业能不断地寻求、更换、转向成本更低的资源。企业不仅要通过集中采购来降低采购成本，提高市场安全性，而且要努力地全面把握市场信息，了解潜在供应商范围，在全国甚至全球范围内寻求供应商，努力扩大全球供应渠道。

3. 合作关系供应商

合作关系供应商提供的产品或服务对采购商来说虽然成本不高，但短缺的风险却很高，对企业有效经营非常重要，是采购管理中最需关注的物品或服务。对这类供应商，采购商应尽量与其达成合作关系。采购商不仅要与供应商保持密切合作关系，而且要积极改善目前所处的高风险状态，如尽量拓展供应商范围，采用全球采购来增加采购渠道；在产品或服务的设计阶段，与工程师密切沟通，通过有效地利用价值分析和价值工程技术来消除或减少对该类产品或服务的需求；也可以让客户参与进来，通过改变客户在其定制的产品中包含或使用的关键性材料或零部件而采购替代品，来摆脱关键型供应商的控制。

4. 战略关系供应商

战略关系供应商是指那些对公司有战略意义的供应商，他们提供的可能是市场中最有竞争力的产品或服务，也是采购商最希望得到的产品或服务。这类供应商数量非常有限，寻求替代产品的难度非常大。对这类供应商应该着眼长远，培养长期关系，建立战略联盟。在相互信任的基础上，供应商帮助采购商实现其战略计划。供应商不仅会参与到采购商的产品或服务的设计中，而且会替采购商考虑，帮助他们获得新技术和新机会以尽可能地降低成本、增加收益，最后双方可以分享收益。战略联盟的供应商关系是复杂的，同时也是动态变化的，因此双方都会对未来需面对的风险和潜在收益进行认真的分析后再做出决定。一旦形成联盟关系，即是将两家企业的风险和收益捆绑在一起，轻易分开需要付出代价；相反，如果实施成功，双方都能从中获得巨大的收益。

在这四种供应商关系中，采购商与供应商的合作程度逐渐提高，关系密切程度也逐渐加强，形成供应商关系的金字塔型结构，如图 5-5 所示。

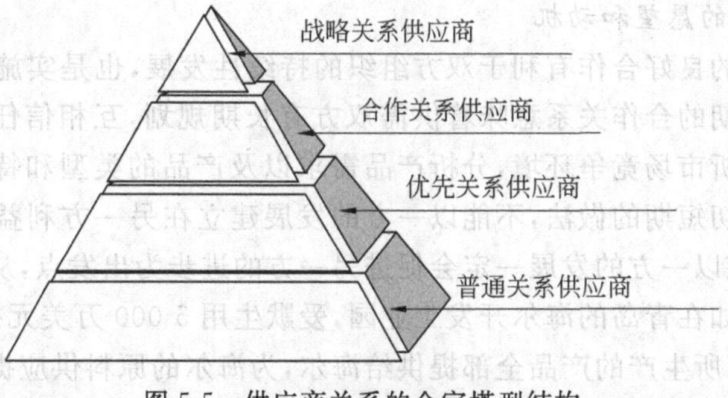


图 5-5　供应商关系的金字塔型结构

### （五）按供应商的规模和经营品种分类

按供应商的规模和经营品种进行分类，可以分为“行业领袖”供应商、“专家级”供应商、“量小品种多”供应商、“低量小规模”供应商，如图 5-6 所示。

1. “行业领袖”供应商

“行业领袖”供应商是指那些生产规模大、经营品种多的供应商，其财务状况较好，立足于本地市场，积极拓展国际市场，有较强的竞争实力。

2. “专家级”供应商

“专家级”供应商是指那些生产规模大、经验丰富、技术成熟，但经营品种相对较少的供应商，这类供应商的目标是通过竞争来占领市场，增值性较强。

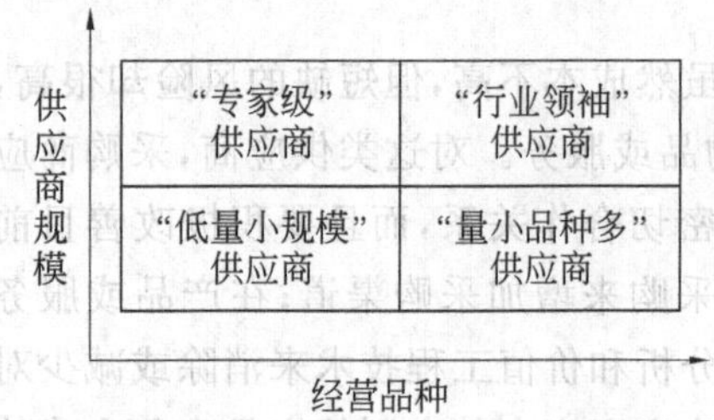


图 5-6 按供应商规模和经营品种分类

3. “量小品种多”供应商

“量小品种多”供应商是指那些生产规模较小、品种丰富的供应商，这类供应商财务状况一般不是很好，但是有潜力、可培养。

4. “低量小规模”供应商

“低量小规模”供应商是指那些经营规模小、经营品种少的供应商，这类供应商生产经营比较灵活，但增长潜力有限，缺乏发展的后劲，其目标仅是定位于本地市场。

## 四、供应商关系管理的实施

### （一）实施供应商关系管理的前提条件

1. 选定供应商的范围

企业在运营过程中，与企业合作和交易的供应商众多，企业要维持与众多供应商的关系比较困难，这也会增加企业经营的复杂性和经营成本。这里的成本不仅包括一般的采购成本，还包括零部件的设计成本、质量管理成本、运营测试成本、市场协调成本等。由于不同物资对企业生产的重要程度不同，所产生的影响也不同，这就决定了企业不可能与每一个供应商都保持亲密的合作关系。因此，企业应当对自己的供应商进行分类，对不同类型的供应商给予不同程度的重视。而对采购企业来说，选择对自身有战略意义的供应商并加强与其合作是至关重要的。因此，企业实施供应商关系管理的前提条件之一就是确定企业的供应商范围。

2. 有长期合作的愿望和动机

企业和供应商的良好合作有利于双方组织的持续性发展，也是实施供应商关系管理的主要条件之一。长期的合作关系意味着供需双方有长期规划，互相信任，忠诚度高。同时，供需双方应共同分析市场竞争环境，分析产品需求以及产品的类型和特征等。实施供应商关系管理要抛弃一切短期的做法，不能以一方的发展建立在另一方利益的损失或者企业倒退的基础上，而应该以一方的发展一定会促进另一方的进步为出发点，从而达到相互的协调和供应链的优化。如在青岛的海尔开发工业园，爱默生用 5 000 万美元投资建厂，作为海尔的供应商，这家工厂所生产的产品全部提供给海尔，为海尔的原料供应提供有力支持。如果没有长远的共同发展规划，双方是不可能走到这一步的。

3. 有相同的企业文化背景

企业文化在企业的发展中能起到导向、约束、凝聚和激励的作用，为企业的生存和发展确定了基本方向，提供了行动指南。在供应商关系管理中要实现供需双方的合作，就要做到双方认知的一致，建立共同的价值观。只有价值观、质量文化、历史文化能相互认同，双方才能达到和谐同步，构建双赢的合作关系。

4. 相互信任

相互信任，是指一方愿意且期待对方将会完成某一特定的行为，而且在此过程中没有监视和控制对方等行为发生。信任是供应商关系管理中一个非常重要的因素，因为彼此间的猜疑与不信任，将产生供需不协调，导致上下游供需的“晕轮效应”。而透过供应体系可以去掉彼此间因不信任而重复存在的工作程序，让彼此价值链紧密结合，彼此的合作更具弹性效率，而有效的供应商关系管理更需以互信和沟通为基础。

（二）加强供应商关系管理策略

供应商关系管理是供应商管理的重要内容，采购商和供应商要想进行良好的合作，建立信任和长期的合作关系是十分重要的，而这就需要加强对供应商关系的管理。以下是几种较为常见的管理策略。

1. 加强与供应商的信息沟通

加强与供应商的信息沟通，应与供应商建立完善的信息交流与共享机制，主要包括如下措施。

(1) 加强与供应商就成本、作业计划、质量控制信息的交流与沟通，保证信息的一致性和准确性。

(2) 让供应商参与有关产品开发设计以及经营业务等活动。在传统的供应条件下，供应商对新产品创意、公司政策等方面的建议很少被采购商所采纳，而实施了供应商关系管理后，供应商在新产品开发阶段将担任重要的角色。采购商愿意更多地与供应商沟通，以获得供应商在开发产品创意方面的建议，开发出让消费者满意的产品。从总体来看，从提出创意到规划、再到实施，双方都应平等地参与。采购企业可以在产品设计阶段让供应商参与进来，这样供应商更容易把握产品原材料的质量及零部件的性能，为实现质量功能配置的产品开发创造条件，把客户的价值需求及时转化为对供应商的原材料和零部件的质量与功能的要求。例如，居世界主导地位的公司大多把优秀的供应商参与新产品的开发视为提高持续性竞争优势的一种原动力，如海尔目前已有32.5%的供应商参与到高科技和新技术产品的开发中来。有关机构对《财富》综合排名前1 000家公司的研究表明，在新产品推出的过程中，越早让供应商参与其中，整个项目所节省的资金也就越多。所以，供应商的及早进入会给采购企业带来莫大的好处。

(3) 建立联合跨组织的团队。联合跨组织的团队的主要特点是这个团队由采购商与供应商双方管理人员组成，因此双方更容易完成价格的确定、质量的改善、交货时间的缩短和客户服务的改进等具体目标。这些目标通常由供应商和采购商不同专业的专家组成团队，通过团队内的活动交换意见，并相互交换敏感的技术信息和成本信息，双方逐渐纳入经营活动的过程之中。这样，来自供应商的专家实际上与采购商的企业共同工作，采购商的工程师也会在供应商试生产阶段出现在其企业中，帮助解决问题，使双方对自己的现状、期望、优势与劣势更加了解，如一方发生了变化或出现了问题时，能够及时解决这种变化对双方可能造成的影响。

当然，建立跨组织的团队的最大障碍就是保密性，特别是涉及新产品设计，这就需要道德和信任的有力支持，甚至要求双方签署机密协议以减小这种障碍对团队效率的潜在影响。

(4) 采购商与供应商双方经常进行互访。采购商与供应商有关部门要经常性地互访，及时发现和解决各自在合作过程中出现的问题和困难，建立良好的合作氛围。

(5) 利用电子数据交换和因特网技术，进行快速的数据传输，增加双方业务的透明度和信息交换的有效性。

2. 建立供应商会见制

在与供应商建立合作关系以后，为了规范采购形式和提高采购质量，企业应在同供应商融洽中建立严格的供应商接待机制。一般企业召开年度供应商会议,使企业关键供应商聚在一起共同学习与交流。年度供应商会议为供应商关系管理建立了一个高度可见的学习与交流的平台,是很多企业实施供应商关系管理的方式。这种会议可以按年召开,也可以按季度和月度召开,不限时间,主要还是为了让供应商与采购商能够多加沟通,在促进了解与增强信任的同时,学习到新的知识。

3. 对供应商实施有效的激励机制

要与供应商保持合作伙伴关系,对供应商的激励是非常重要的。激励供应商也可以作为改善供应商关系的一种方式,但这种方式主要通过奖励来实现。在激励机制的设计上,要体现公平、一致的原则。对供应商进行激励可采用以下方式。

(1) 价格激励。对供应商实施价格激励是十分有效的。给供应商较高的价格能使供应商的积极性提高,而压低价格会使供应商的积极性受挫。供应链利润的合理分配有利于供应链企业间的稳定和顺畅运行。

(2) 订单激励。采购商的多个订单会带来供应商间的竞争,这对供应商来说也是一种激励。

(3) 淘汰激励。淘汰激励是一种负激励。对一个优秀的供应商来讲,淘汰弱者能使其获得更优秀的业绩;而对于业绩较差的供应商来说,为避免被淘汰的危险,他更需要改善自身的绩效,获取更大进步。

(4) 组织激励。一个有良好组织的供应链对于供应链内的企业都是一种激励,这是因为在良好的供应链环境下,企业之间合作愉快,供应链运作也会比较畅通。减少供应商的数量,并与主要供应商保持长期稳定的合作关系是企业使用组织激励的主要措施。

(5) 信息激励。对今天处于信息时代的企业来说,谁获得的信息量大,谁的生存概率也越大,企业获得越多的信息也就意味着企业拥有更多的机会、更多的资源,从而获得激励。供应商如果能够快捷地获得采购商的需求信息,就能主动采取有效措施提供优质服务,必然使双方合作的满意度大大提高,这对于双方建立诚实互信的关系至为重要。信息激励机制的提出,也在某种程度上克服了由于信息不对称而使供需双方企业互相猜忌的弊端,消除由此带来的风险。

(6) 新产品或新技术的共同开发。这也是一种激励机制,它可以让供应商全面掌握新产品的开发信息,有利于新技术在供应链企业中的推广和开拓供应商的市场。在供应链环境下,供应商成为采购企业产品开发的一分子,其成败不仅影响采购商,而且也影响供应商和经销商。因此,每个人都会关心产品的开发工作,这就形成了一种激励机制,对供应链上的企业起到激励作用。

(7) 商誉激励。商誉是一个企业的无形资产,主要来自于供应链内其他企业的评价和在公众中的声誉,反映了企业的社会地位,对企业来说也是十分重要的。在激烈的竞争环境下,供应商收到的订单量及其收入的多少主要取决于其过去的运营质量及合作水平。一个企业的商誉越高,其获得订单的可能性也就越大。因此,采购商可以在供应商的订单完成率和准时交货率等方面对供应商进行商誉的激励。

(8) 长期合作。采购商与供应商长期合作也是一种激励方式。通过建立长期的合作伙伴关系,供应商可以节省许多由于更换伙伴所发生的费用,以及减少由于对另一个伙伴的重新了解所产生的风险,供应商一般总能从长期的合作中得到持续稳定的利润。因此,让战略性供应商确信可以成为长期的合作伙伴,能够促进这种关系的形成及维系。

4. 使用合理的供应商评价方法和手段

没有合理的评价方法,就不可能对供应商的合作效果进行评价,这将大大挫伤供应商的合作积极性和合作稳定性。因此,采购商应建立高效的供应商评价体系,采用有效的手段和评价方法,对供应商进行合理评价,并在评价过程中发现问题,与供应商一起探讨问题产生的根源,并采取有效的措施予以改进。

**（三）防止供应商控制**

随着供应商伙伴关系的发展和供应商体系的优化,许多企业对某些重要原材料过于依赖同一家供应商,导致独家供应局面的出现。独家供应可能会导致供应商左右价格,对采购商施加极大的压力,使采购商落入供应商垄断供货的控制之中。当这种情况出现后,采购商完全可以根据自己所处的环境选择恰当的方法防止被供应商控制。

1. 另找一家供应商

独家供应有两种情况：一种为供货商不止一家,但仅向其中一家采购;另一种为仅此一家,别无分号。通常前一种情况多半是采购商造成的,将原来许多家供货商削减到只剩下最佳的一家。后一种情况则是供应商造成的,如独占性产品的供应商或独家代理商等。在前一种情况下,只要化整为零,变成多家供应商,造成卖方的竞争,对方自然不会任意抬高价格。如西门子公司的一项重要采购政策就是：除非技术上不可能,每个产品会由两个或更多供应商供应,规避供应风险,保持供应商之间的良性竞争。在后一种情况下,破解之道在于开发新来源,包括新的供货商或替代品。当然这不能一蹴而就,必须假以时日。

2. 提高供应商的依赖性

采购商可以增加对一家供应商的采购量,增加其在供应商供应量中所占的比重,提高供应商对采购商的依赖性。这样,该供应商为了维护自己的长期利益,就不会随意哄抬价格。

3. 充分利用信息

采购商要清楚地了解供应商对自己的依赖程度,并对这些信息加以利用。例如,某家公司所需的元件只有一家货源,但它发现自己在供应商仅有的三家客户中是采购量最大的一家,供应商离不开自己这家公司,结果在要求降价时供应商做出了相当大的让步。

4. 注意业务经营的总成本

当供应商知道只有其一家供应商时,供应商可能会利用采购商对它的依赖而制定较高的价格,但采购商可以说服供应商在其他非价格条件上做出一些让步,如送货、延长保修期、付款条件等。

5. 让最终客户参与

如果采购商能与最终客户合作并给予相关信息,摆脱垄断供应商的机会也会伴随而来。例如,最终客户对于现有产品可能只认一种零部件,这种零部件在采购的过程中正被供应商垄断控制,在这种情况下,采购商向最终客户解释只有一家货源的难处,并向最终客户解释他们所不了解的其他选择，最终客户往往可以让采购商采购其他可替代的零部件，从而就有可能产生摆脱供应商垄断的机会。

6. 协商长期合同

如果采购商长期需要某种产品时，采购商可以考虑与供应商订立长期合同，保证供应商持续供应和实现对其价格的控制，但注意一定要把保证持续供应和价格写入合同中。

7. 与其他企业联合采购

与其他具有同样产品需求的企业联合采购，由一方代表所有用户采购会惠及各方。垄断供应商被多家企业联合采购攻克的例子很多。

8. 全球采购

采购商进行全球采购，得到更多供应商竞价时，可以打破供应商的垄断行为。

## 五、友好结束供应商关系

采购商与供应商之间的关系不是永恒的。当采购企业决定停止或暂时停止某种产品的生产、转换生产产品的品种、供应商提供的物资或服务不尽如人意或当采购商寻找到了更优秀的供应商时，原来的采供协议和合作关系都不得不考虑终止。无论是出于什么原因终止采供关系，采购企业与供应企业之间都不该在敌对的气氛下结束双方的关系，应采用恰当的、友好的以及专家应有的态度终止合作。采购企业转换供应商这一过程也应尽量做到完美，在不损害企业采购绩效、运营绩效和名誉的基础上，尽量采取协商、调解以及规劝为主的温和方式，最大限度地保护供应企业的名誉和感情。

### （一）终止合作关系的原因

导致采购商和供应商结束关系的原因主要有以下几个方面。

1. 对供应商的供货表现不满

不满可能来源于供应商未能按照合同规定的标准来提供供货或服务。例如，供应商所交付的货物质量达不到要求，而在采购企业连续多次向对方派出工程和品质管理人员组成的质量小组以帮助对方解决重复性问题之后，对方却没有做出相应的改变，或者没有积极配合的态度，退货继续不断地发生，最终采购企业不得不放弃合作转而去寻找一家能做出积极响应或能提供符合质量标准物资的供应商。交货时间的频频延迟或缺乏积极的售后服务等原因都会迫使采购企业自愿终止合作关系。采购商不满还可能是对现在供应商与供应商所在行业的其他企业相比缺乏优势这一原因造成的。如果同类产品的生产商愿意以更低的价格提供质量相当的产品，采购企业出于降低成本的目的自然会向现有供应商提出降价要求，或者帮助他们寻找成本控制过程中存在的问题，以期将采购价格降到理想水平。如果这一要求遭到供应商拒绝，那么采供商提出终止采供关系就不足为奇了。

2. 供应商破产或遭遇无法预测的风险

这种情况的发生也可能是供应商被别的企业收购导致企业所依靠的工厂或生产设备行将关闭或转让而不得不做出的反应。这也是采购企业在选择供应商时必须考虑到的，它可能会导致断货，给企业正常运营带来风险。采购企业生产计划突然调整也会导致采供关系断裂。

3. 采供双方失去了对彼此的基本信任

采购商与供应商沟通不足，尽管双方都不是故意损害合作关系，但却直接影响了双方互相信任的程度。

为了企业的利益，为了使彼此的伤害最小，在任何情况下（即使在采购企业的供应人员极度气愤的时刻）都应尽可能地减少对供应商的敌意和讽刺，这样才能在转换供应商的过程中得到他们的协作，才不会伤害其他正在合作的供应商的积极性。

**（二）终止合作关系的途径**

在与供应商合作过程中，采购企业要及时监控供应商的表现，对供应商绩效考核的结果也要及时地通报给供应商。尤其是供应商的表现不尽如人意的时候，采购人员更要密切关注供应商的生产供货过程，提出改进要求、建议甚至终止合约的口头警告。除非事发突然，否则企业不应该在事先没有通知对方的前提下突然以某种理由提出终止合作；或者虽然有理由但是更像是借口，比如“你做得不够好”“配合得不积极”，甚至用不光彩的手段来结束采供关系。所有这些做法都会使供应商充满敌意，同时也会打击现在的供应商和新的供应商的积极性。他们会觉得以后自己也可能会遭遇相似的对待，采购企业在供应商管理上的声誉会因此受到损害。如何才能平静而友好地结束与供应商的合作关系呢？简要地说，在供应合约签订的初期，采购企业就应该和供应商沟通好终止合约的各种情况。在供货合约的执行过程中，企业有监控并告知供应商表现的义务，在供应商的表现、管理、成本或者态度接近临界范围时，采购人员要坦率并真诚地给出警告信号，先是口头警告再是书面警告，如果一直隐瞒不满而在某时单方面提出终止合约，供应商就会感到不合理。下面的3P原则就可以帮助企业在与供应商结束关系时减少对方的敌对情绪。

(1) Positive Attitude（积极的态度）。与其面对无休止的挫折，不如先结束合作，等双方情况改善后再寻找合作的机会。

(2) Pleasant Tone（平和的语调）。即使对方的行为让人很失望，也不要从专业或者个人的角度去讽刺或侮辱对方。如果丧失了对彼此的信任，终止合作就已经足够了，没有必要再对对方施以惩罚性或单纯出气性的言语打击。这对企业的采购绩效提高没有任何帮助，也不是一个有素养的专业人士应该做的。

(3) Professional Justification（专业的理由）。结束合作不是个人的问题，采购企业的采购人员要耐心且明确地告诉供应商终止合同或合约的理由是什么，其职责是为公司节约采购成本、提高采购绩效并为公司创造价值，帮助企业吸引并留住现在的客户。

**（三）终止合作关系的过程**

应先向供应商解释这次合作关系的结束对双方可能都有好处，然后再寻求迅速公平的转换方法以使“痛苦”降到最小。接着采购商应清楚地列出供应商该做哪些，如对方需按指示停止相关工作，同意终止合同，马上结束他的分包合约，送回属于采购商的资产，对方应知道采购商有关的法律事项，以及如何以双方最低的成本处理现有库存。同样要认可供应商对企业的要求，如围绕结束事实的合理解释、对已发生的费用如何结算、协助处理现有库存等。请记住，采购商和供应商要共同确立转换过程的合理时间表。最后拟定一份“出清存货合同清单”，正规地对所有细节加以回顾，写明双方的职责和结束日期。友好地结束合作关系过程期望达到的效果应该是：

(1) 在友好的气氛中有秩序地转换；

(2) 不损害采购企业客户的利益；

(3) 最低的浪费和成本开支；

(4) 双方都认可的、清晰的结算记录。

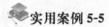

**实用案例 5-5**

## 西门子供应商的分类管理

西门子在全世界范围内大约有 2 500 名采购人员，而且在 256 个采购部门中拥有 1 500 名一线采购人员。同时，西门子拥有 12 万家供应商，其中的 2 万家供应商被指定为第一选择，他们的数据被存储到西门子内部的电子信息系统中。为了确定采购活动的中心，西门子对这些供应商进行了科学的分类管理。

1. 分类依据

西门子依据以下两个方面对供应商进行了分类。

(1) 供应风险。

这是按照供应商提供部件的复杂性和实用性来衡量西门子对该供应商依赖程度的标准。它要求询问："如果这家供应商不能够达到性能标准，那对西门子意味着什么？"衡量一个特定供应商的供应风险标准的因素包括：

① 供应商有多大程度的非标准性；

② 如果更换供应商，需要花费哪些成本；

③ 如果自行生产该部件，困难程度有多大；

④ 该部件的供应源的缺乏程度有多大。

(2) 获利能力影响

影响西门子与供应商关系底线的衡量标准是与该项目相关的采购支出。

| | |
|---|---|
| 保证供应 | 合作 |
| 有效经营 | 优化市场潜力 |

图 5-7 西门子的供应商分类

根据供应风险和获利能力影响的标准，可以建立一个有四种可能的供应商分类，如图 5-7 所示。

2. 分类的采购策略

西门子将供应商的产品分为高科技含量的高价值产品、用量大的标准化产品、高技术含量的低价值产品和低价值的标准化产品，与相应供应商关系的性质和密切程度由这四种分类来决定。

(1) 高科技含量的高价值产品。这类产品包括电力供应、中央处理器(CPU)的冷却器、定制的用户门阵列。采购策略是技术合作型，其特点如下：

① 与供应商保持密切联系，包括技术支持和共同负担研发经费；

② 长期合同；

③ 共同努力以实现标准化和技术诀窍的转让；

④ 集中于制造过程和质量保证程序，如内部检验等；

⑤ 通过电子数据交换(EDI)与电子邮件实现通信和最优化的信息交流；

⑥ 在处理获得基础材料的瓶颈方面给予可能的支持。

(2) 用量大的标准化产品。这类产品包括印制电路板、集成电路(IC)储存器、稀有金属、镀锌的锡片。采购策略是储蓄潜能的最优化，其特点如下：

① 全球寻找供应源；

② 开发一套采购的国际信息系统；

③ 在全世界需求相应的合格供应商；

④ 列入第二位的资源政策；

⑤ 安排接受过国际化培训的最有经验且最称职的采购人员。

(3) 高技术含量的低价值产品。这类产品包括需要加工的零件、继电器、变压器。采购策略是保证有效率，其特点如下：

① 质量审查和专用的仓储设施；

② 保守存货和编制建有预价系统的安全库存计划；

③ 战略性存货(保险存货)；

④ 在供应商处寄售存货；

⑤ 特别强调与供应商保持良好的关系。

(4) 低价值的标准化产品。这类产品包括金属、化学制品、塑料制品、电容器。采购策略是有效地加工处理，其特点如下：

① 通过电子系统减少采购加工成本；

② 向那些接管部分日常物流工作(如仓储、编制必备需量的计划、报告等工作)的经销商或供应商外购产品；

③ 增加对数据处理和自动订单设置系统的运用；

④ 即时生产、运送到仓库、运送到生产线的手续；

⑤ 努力减少供应商和条款的数目。

在这四种分类中，西门子把首选供应商的地位授予了从总共80家经销商中选出的3家。这一安排规定了经销商将负责提供仓库、预测和保管存货，以及向西门子报告存货和用货量。

(资料来源：王为人．采购案例精选[M]．北京：电子工业出版社，2007.)

## 本章小结

供应商管理是供应链管理中的重要环节，它关系到供应链的整合和优化，同时也是采购供应管理的核心。供应商管理的主要内容包括供应商调查与开发、供应商选择、供应商审核与认证、供应商评价、供应商的使用及供应商的激励与控制等。

供应商管理的首要工作是做好供应商调查，主要包括供应商初步调查、资源市场调查和供应商深入调查。

选择合适的供应商是成功管理供应商的第一步，在选择供应商过程中，企业要确定相应的原则和标准，并且利用选择标准对供应商进行评价，通过采用合适的方法最终寻找到企业理想的供应商。

供应商审核是采购商在完成供应市场调研分析、对潜在的供应商已做初步筛选的基础上对可能发展的供应商进行的，主要是针对价格、服务和质量来进行的，其中又以供应商质量体系审核最为重要。

供应商认证主要是为了进一步细致地考察供应商的能力，是供应商管理的一项重要内容，主要是对供应商的基本情况、企业管理、质量体系及保证、设计、工程与工艺、生产情况、企划与物流管理、环境管理及供应商对市场及顾客服务支持等方面进行认证。

供应商绩效考评是对已经通过认证的、正在为企业提供服务的供应商的日常表现进行定期的绩效监控和考核，主要可以通过设立质量、供应、经济及支持、配合与服务等指标完成供应商的绩效评估。

供应商关系管理是用来改善与供应链上游供应商的关系的理论、方法和工具，是以"共同分享信息、扩展协作互助的伙伴关系、共同开拓和扩大市场份额、实现双赢"为导向，实现采供双方以合作为基础的共同发展。供应商关系管理的先行环节是供应商细分。

## 实训项目

1. 请调研你熟悉的企业，了解该企业的供应商有哪些，企业是如何选择供应商的。
2. 请在网上搜索供应商选择案例，结合所学知识将这些案例进行总结，并形成报告。

## 练习题

**（一）名词解释**

供应商　供应商管理　供应商关系管理

**（二）选择题**

1. 当订购的产品数量大、竞争激烈时，选择供应商可采用（　）。
   A. 直观判断法　B. 招标选择法　C. 协商选择法　D. 考核选择法
2. （　）是指把供应链上的成员整合起来，像一个企业一样，但各成员是完全独立的企业，决策权属于自己。
   A. 纵向集成型　B. 渗透型　C. 联盟型　D. 目标型
3. 根据采购 80/20 规则，可以将供应商细分为（　）。
   A. 短期目标型供应商与长期目标型供应商
   B. 网络型供应商与供应链管理型供应商
   C. 重点型供应商与普通型供应商
   D. 优先型供应商与伙伴型供应商
4. （　）供应商是指那些生产规模大、经验丰富、技术成熟，但经营品种相对较少的供应商，这类供应商的目标是通过竞争来占领市场，增值性较强。
   A. 行业领袖　B. 专家级　C. 量小品种多　D. 低量小规模
5. 供应链管理下的供需关系是一种（　）。
   A. 合作性关系　B. 竞争性关系　C. 合同性关系　D. 战略性合作关系

（三）填空题

1. 供应商调查主要包括________调查、________调查及________调查。

2. 供应商审核的层次包括________层次、________层次、质量保证体系层次及公司整体经营管理体系层次。

3. 供应商绩效考评是对已经通过________的、正在为企业提供服务的供应商的日常表现进行定期的绩效监控和考核。

（四）简答题

1. 供应商管理的内容有哪些？

2. 供应商选择的标准有哪些？

3. 简述供应商绩效考评的指标体系。

4. 加强供应商关系管理的策略有哪些？

5. 简述防止供应商控制的方法。

# 第六章 CHAPTER

# 采购谈判

## 引导案例

### 发挥优势　寸土必争

——国美电器与西门子公司的谈判全程

众所周知，西门子家电集团产品的销售额一直名列世界前茅，在欧洲排名第一，世界排名第三，其“白色家电”在全世界享有悠久的历史和盛誉。国美电器作为中国家电连锁业领头羊，拥有独特的全国连锁家电经营模式，其庞大的销售网络，销售额在全国家电连锁业中名列第一。作为同样优秀的企业，只有强强联手，共同努力，才能共同发展。

2002 年圣诞节前夕，国美采购中心一行远赴西门子公司中国总部所在地——江苏南京，此行意在洽谈 2003 年度双方合作事宜及确定双方全国协议框架内容。

第一轮谈判——中国·南京

西门子公司极为重视此次谈判，派出了全国销售总经理吴建科及西北、华南、东北、华北区域经理组成谈判小组迎接国美代表团，在经过一些礼节性仪式后，双方展开了第一轮激烈的谈判。西门子公司提出不切合实际的政策要求，国美方对此提出异议，并要求调整销售规模，提高综合利润，为此双方据理力争，经过了历时两天的艰苦谈判，终于初步达成共识。

第二轮谈判——中国·北京

一个月后，在双方基本达成共识的基础上，西门子公司谈判小组马不停蹄地来到国美总部所在地——北京，与其进行进一步的洽谈。国美采购中心总经理带领冰洗部部长等人热情接待，就上次谈判分歧点再度进行洽谈。国美方陈明利害，寸土必争，最终达成了符合公司整体合作要求的优惠政策，并迫使西门子一方打破常规，签订了国美标准文本的合同，这为双方未来的长期合作奠定了良好的基础。

**案例解析**

这是国美采购中心与西门子公司 2003 年采购谈判案例。国美采购中心之所以在这次谈判中能取得胜利，归功于以下几个方面。

1. 充分的准备是采购谈判取得胜利的关键

国美采购中心之所以在这次谈判中能取得胜利，归功于在谈判前所做的缜密准备，知彼知己方能百战百胜。具体包括以下环节：

(1) 充分了解国美电器各分公司 2002 年整体销量及存在的问题,确定国美 2003 年与西门子合作的整体思路。

(2) 对历年来西门子在华的销售情况及在国美系统内的销售情况进行了汇总、分析、对比。

(3) 通过市场调研及多方渠道了解西门子产品的发展趋势,根据以上数据来确定 2003 年国美与西门子的合同规模。

(4) 多方面调查西门子给予其他经销商的返利政策,结合 2003 年的合同规模,确定 2003 年西门子应给予国美公司的利润点。

(5) 根据西门子公司市场占有率及顾客的口碑,明确提出双方在 2003 年的共同营销方案。

由于谈判前,国美公司进行了以上充足的准备,使西门子公司对国美公司的合作诚意和采购人员的业务水平给予高度评价,而对其经营中存在的问题和双方共同营销方案的提出,也使对方产生了极大的诱惑,这些都为谈判的顺利进行打下了基础。

2. 发挥优势,掌握先机,乘胜追击

在谈判中,必须充分了解自身的优势所在,充分利用优势,向谈判方争取更多利益。

(1) 规模优势。国美电器在全国的 15 个地区拥有 100 多家商城,全年的销售规模在 100 多亿元,采购规模动辄上亿元,这样的规模是任何其他一个商家所不具备的,同时也为厂家提供了巨大的销售平台。

(2) 成本优势。国美电器为集团采购,以北京分公司为例,现有门店 12 家,而只有 1 名业务人员就可以完成全部调配工作。而如果是 12 家商场,无论是运输还是仓储人员调配成本都会相应增加,这必然会为厂家节约一笔不菲的费用。

(3) 营销优势。无论从新闻造势、广告宣传还是门店促销,国美电器都在同行业内处于领先地位,同时国美与各个家电品牌不定期举办的共同营销活动,不仅能提升销售,而且能提高这些品牌在当地市场的品牌形象和美誉度。

采购中心紧紧把握住了市场脉搏,努力从厂家为企业争取更多的资源,取得最优厚的销售政策,为企业长期稳定、快速发展做出了自己的贡献,保证国美在全国家电连锁业的龙头地位,并付出不懈努力。

(资料来源:http://www.docin.com,网络资料整理)

**案例涉及的主要知识点**

- 采购谈判
- 采购谈判策略
- 采购谈判技巧
- 价值式谈判

## 学习导航

- 掌握采购谈判的含义、分类及程序
- 掌握采购谈判的原则
- 了解采购谈判的内容
- 掌握采购谈判的策略与技巧

**教学建议**

- 备课要点：采购谈判的内涵和分类、采购谈判的内容及原则
- 教授方法：案例引导、课堂讨论、PPT讲授
- 扩展知识：结合知识拓展内容把握世界各国商人的采购谈判风格与谈判禁忌

# 第一节 采购谈判概述

## 一、采购谈判的含义

采购谈判是指企业为采购商品，作为买方与卖方厂商对购销业务有关事项，如商品的品种、规格、技术标准、质量保证、订购数量、包装要求、售后服务、价格、交货日期与地点、运输方式、付款条件等进行反复磋商，谋求达成协议，建立双方都满意的购销关系。

## 二、采购谈判的分类

### （一）从形式角度划分

从形式角度划分，采购谈判可分为横向式采购谈判和纵向式采购谈判。

1. 横向式采购谈判

横向式采购谈判是指在确定谈判所涉及的主要问题后，开始逐个讨论预先确定的问题，在某一问题上出现矛盾或分歧时，就把这一问题放在后面，讨论其他问题，如此周而复始地讨论下去，直到所有内容都谈妥为止。一般来说，大型谈判、涉及两方以上人员参加的谈判大都采用横向式采购谈判的形式。

(1) 横向式采购谈判的优点：

① 议程灵活，方法多样，不过分拘泥于议程所确定的谈判内容，只要有利于双方的沟通与交流，可以采取任何形式；

② 多项议题同时讨论，有利于寻找变通的解决办法；

③ 有利于更好地发挥谈判人员的创造力、想象力，更好地运用谈判策略和谈判技巧。

(2) 横向式采购谈判的缺点：

① 加剧双方的讨价还价局势，容易作对等让步；

② 容易使谈判人员纠缠在枝节问题上，而忽略了主要问题。

2. 纵向式采购谈判

纵向式采购谈判是指在确定谈判的主要问题后，逐个讨论每一问题和条款，讨论一个问题。解决一个问题，一直到谈判结束。例如，一项产品交易谈判，双方确定出价格、质量、运输、保险、索赔等几项主要内容后，开始就价格进行磋商。如果价格确定不下来，就不谈其他条款。只有价格谈妥之后，才依次讨论其他问题。规模较小、业务简单，特别是双方已有过合作历史的谈判，则可采用纵向式采购谈判的方式。

(1) 纵向式采购谈判的优点：

① 程序明确，把复杂问题简单化；

② 每次只谈一个问题，讨论详尽，解决彻底；

③ 避免多头牵制、议而不决的弊病；

④ 适用于原则性谈判。

(2) 纵向式采购谈判的缺点：

① 议程确定过于死板，不利于双方沟通交流；

② 讨论问题时不能相互通融，当某一问题陷入僵局后，不利于其他问题的解决；

③ 不能充分发挥谈判人员的想象力、创造力，不能灵活、变通地处理谈判中的问题。

**(二) 从立场角度划分**

从立场角度划分，采购谈判可分为硬式谈判、软式谈判和价值式谈判。

1. 硬式谈判

硬式谈判也称立场型谈判，是谈判者以意志力的较量为手段，很少顾及或根本不顾及对方的利益，以取得己方胜利为目的的立场坚定、主张强硬的谈判方法。这种谈判，视对方为劲敌，强调谈判立场的坚定性，强调针锋相对；认为谈判是一场意志力的竞赛，只有按照己方的立场达成的协议才是谈判的胜利。硬式谈判适用于一次性交往，这种谈判必然是"一锤子买卖"或者谈判双方实力相差悬殊的情况。

硬式谈判特点如下：

(1) 把谈判对手视为敌人；

(2) 对人对事均采取强硬态度；

(3) 其目标是单纯满足自身需要，以取得对方让步，自身受益，作为达成协议建立关系的条件；

(4) 不惜手段对对方施加高压和威胁。

2. 软式谈判

软式谈判也称关系型谈判，是一种为了保持同对方的某种关系所采取的退让与妥协的谈判类型。这种谈判，不把对方当成对头，而是当作朋友；强调的不是要占上风，而是要建立和维持良好的关系。

软式谈判的特点如下：

(1) 把对方当朋友；

(2) 目标追求某种虚假的名誉地位或维持某种单相思的良好关系；

(3) 只提出自己的最低要求，生怕刺痛对方和伤害与对方的感情；

(4) 不敢固守自己的正当利益，常以自己的单方面损失使谈判告终；

(5) 屈服于对方的压力；

(6) 达成协议的手段是向对方让利让步，对方得寸进尺也不阻挡，无原则地满足对方的贪婪欲望。

3. 价值式谈判

价值式谈判最早由美国哈佛大学谈判研究中心提出，故又称哈佛谈判术。价值式谈判的参加者把对方看作与自己并肩合作的同事，既非朋友更非敌人；他们不像让步型谈判那样只强调双方的关系而忽视己方利益的获取，也不像立场型谈判那样只坚持本方的立场，不兼顾双方的利益，而是竭力寻求双方利益上的共同点，在此基础上设想各种使双方各有所获的方案。首先，价值式谈判要求谈判双方能够仔细地在冲突性立场的背后努力寻求共同的利益；其次，谈判双方处于平等的地位，没有咄咄逼人的优势，也没有软弱无力的退让。

价值式谈判的特点如下。

(1) 谈判中对人温和、对事强硬,把人与事分开。

(2) 主张按照共同接受的具有客观公正性的原则和公平价值来取得协议,而不简单地依靠具体问题的讨价还价。

(3) 谈判中开诚布公而不施诡计,追求利益而不失风度。

(4) 努力寻找共同点、消除分歧,争取共同满意的谈判结果。价值式谈判是一种既理性又富有人情味的谈判态度与方法。

### (三) 从目的角度划分

从目的角度划分,采购谈判可分为协议导向型谈判、单方有利型谈判以及双输谈判。

#### 1. 协议导向型谈判

协议导向型谈判是指在双方实力和谈判能力相当、彼此各有所求又希望坦诚合作的前提下为找到满足双方需要的方案所进行的谈判。协议导向型谈判强调的是:通过谈判,不仅要找到最好的方法去满足双方的需要,而且要解决责任和任务的分配,如成本、风险和利润的分配。协议导向型谈判的结果是:你赢了,但我也没有输。

协议导向型谈判的特点如下:

(1) 双方的谈判实力达到基本的平衡;

(2) 谈判双方之间容易形成轻松愉快的气氛,直接提出交易条件,从心理情绪因素上减低谈判的难度;

(3) 谈判双方不计小处得失,均以终极目标的实现为宗旨。

**知识拓展**

由于在中国入世谈判中的出色表现,龙永图被新闻界奉为“铁嘴”。对于这一称号,龙永图以他的“双赢”理论加以解释。龙永图认为,成为“铁嘴”,除了自身修养、学识、表达能力这些因素以外,最重要的一条是有没有真正站在一种“双赢”的立场上去考虑问题,谈判中最核心的一条就是能不能让对手接受对于己方来说实现己方利益最大化的观点和条件。龙永图说,中国加入世贸组织的基本理念之一,就是积极应对经济全球化大趋势,在更大范围、更广领域、更高层次上参与国际经济贸易的合作与竞争,从而与世界各国实现“双赢”“共赢”的目的。

#### 2. 单方有利型谈判

单方有利型谈判是指谈判双方实力悬殊或各有所强,一方企图使另一方做出重大让步,而后达成协议的谈判。

单方有利型谈判的特点是,谈判中一方的实力明显强于对方的实力,在谈判中,实力强的一方相当多地考虑使谈判的每一步对己有利,不断争取利益的同时,也尽量使对方感到满意。

**知识拓展**

美国大富豪霍华·休斯是一位成功的企业家,但他也是个脾气暴躁、性格执拗的人。一次,他要购买一批飞机,由于款额巨大,对飞机制造商来说是一笔好买卖。但休斯提出要在协议上写明他的具体要求。项目多达 34 项。而其中 11 项要求非得满足不可。由于他态度跋扈，立场强硬，方式简单，拒不考虑对方的面子，激起了飞机制造商的愤怒，对方也拒不相让，谈判始终冲突激烈。最后，飞机制造商宣布不与他谈判。休斯不得不派他的私人代表出面洽商，条件是只要能获得他们要求的11项基本条件，就可以达成协议。该代表与飞机制造商洽商后，竟然让对方接受了休斯希望载入协议的34项中的30项。当然那11项目标也全部达到了。当休斯问他的私人代表如何取得这样的辉煌战果时，他的代表说："那很简单，在每次谈不拢时，我就问对方，你到底希望与我一起解决这个问题，还是留待与霍华·休斯来解决？"结果对方自然愿意与他协商，条款就这样逐项地被谈妥了。

3. 双输谈判

双输谈判是指谈判人在谈判过程中对交易结果立足于破裂的谈判目标定位，即谈判人以谈判可能破裂，交易可能无结果作为谈判组织定位。

双输谈判具有如下特点。

(1) 苛刻性。在谈判过程中表现为高度刁钻，立场强硬，要价高。谈判者不怕谈判破裂、交易丧失，在谈判中贯穿"极端利己主义"，造成一种极为苛刻的、让对方难以忍受的形势。这种形势趋向多为谈判破裂，从而完成输输定位。

(2) 僵硬性。一时的苛刻，还会给谈判双方带来谈判的一线希望，如果苛刻的条件伴之僵硬性，谈判也就无意义了。双输定位的谈判人，苛刻性和僵硬性是同时存在的，坚持苛刻的条件而不改变，甚至在苛刻之上再加强硬。

(3) 偶然性。谈判组织中持双输定位也有合作的偶然性。通常，输输定位，无论是双方还是单方持该定位，其谈判结果多为破裂。但也有偶然的例外，当谈判人以镇定定位为策略，置之死地而后生时，或在谈判出现一定程度的基础时，交易条件出现显著变化，有一方因故做出重大让步，该定位会发生变化，谈判结果会由"破"变"合"。

## 三、采购谈判的原则

采购谈判应坚持如下原则。

### (一) 合作性原则

供应方和采购方是两个对立的经济独立体，双方发生交易，必须本着合作的原则进行谈判。双方平等互利，协商所需，但非利益均衡。

### (二) 诚信原则

精诚所至，金石为开。采购谈判可以通过给予对方心灵上的满足来增加谈判吸引力。如通过树立诚实可信、富于合作精神的个人形象，以促使谈判成功。

### (三) 信息原则

知彼知己，百战不殆。只有充分了解谈判对手的商业信息，才能有针对性地制定谈判策略。在谈判前，缜密的谈判信息收集与分析工作实为决定谈判成功与否的关键。在谈判中，切忌透漏自己的商业信息和企业面临的困难，而是想办法多获得有关对手的信息。

### (四) 求同存异原则

在采购谈判的过程中，如果发现双方谈判目标分歧巨大时，应发出反应信号，及时把信号传递给对手，以避免谈判成本加大。

### （五）谈判心理活动原则

谈判中要沉着冷静，多听多问，切忌急于求成，急于向对手亮出底牌，让自己陷入被动。鹬蚌相争，渔翁得利。多制造对手间彼此的竞争氛围，同样有利于自己在谈判中的主导地位的巩固。

### （六）谈判地位原则

谈判让步要步步为营，小步实施。在谈判中，谈判双方站在各自的立场，处于对立的状态，为使谈判能够顺利进行，达到各自的谈判目标，双方应各让一步，以显示各自的谈判诚意，实为谈判中的正常现象，但要注意让步分寸与步骤的把握，以避免发生意外损失。

## 四、采购谈判的内容

采购谈判主要包括以下内容。

### （一）货物的数量条件

商品的数量条件是买卖合同中的一项重要条件。商品数量的多少，是制定单价和计算总金额的重要依据，不仅关系到交易规模的大小，而且是影响价格和其他交易条件的重要依据。因此，谈判中首先要正确掌握成交数量；其次数量条款应当明确、具体。在规定成交商品数量时，应一并规定该商品的计量单位。对按重量计算的商品，该应规定计算重量的具体方法，有些商品还需规定数量机动幅度等。这些都应在条款中具体订明。

### （二）货物的质量条件

商品质量是一个综合性的概念，它涉及商品本身及商品流通过程中诸因素的影响。从现代市场观念来看，商品质量是内在质量、外观质量、社会质量和经济质量等方面内容的综合体现。

### （三）货物价格条件

在现代市场经济学中，价格是供给与需求间的互相影响和平衡产生的。价格是商品同货币交换比例的指数，是价值的货币表现。价格是商品的交换价值在流通过程中所取得的转化形式。在经济学中，价格是一项以货币为表现形式，为商品、服务及资产所定立的价值数字。在微观经济学中，资源在需求和供应者之间重新分配的过程中，价格是重要的变数之一。

### （四）货物的交货条件

通常在买卖契约中，对于交货方面约定的事项如下：①交货地点；②交货时期；③交货方法；④交货通知。

卖方在何处交货在法律上很重要，因为很多法律关系及法律效果都有赖于此。诸如危险负担、费用负担、诉讼管辖、国际私法上法律行为都与交货地点有密切的关系。因此，买卖双方对于交货地点应有所约定；交货时期一经约定，卖方即有在约定时期交货的义务。在约定交货时期时，买方应考虑该商品的需要季节、运交用户的时期、市场的供需、办理输入手续的时间及其有效期限等；卖方则须考虑商品的存量、生产情况、市价的动向以及运输情况等。依据上述考虑订完双方皆适合的交货时期，才不致发生交货迟延或早交货的问题。

一般约定的交货时期，可分以下几类。

1. 即期交货

即期交货的约定有下列六种：

① 随即装运(Immediate shipment)；

② 尽速装运(Prompt shipment)；

③ 已备装运(Ready shipment)；

④ 尽速装船(Shipment as soon as possible)；

⑤ 有船即装(Shipment by first available shipment)；

⑥ 优先装运(Shipment by first opportunity)。

2. 定期交货

约定于某日以内、某月以前或连续于某几月以内装出，是进出口贸易较普遍的交货时期条件，有下列四种。

(1) 特定某月内装运：限定某月交货，规定较前面即期交货明确，买卖双方不致误解。但这种条件也非绝对精确。根据一般的解释，所谓某月交货，是指在该月中将货物装上船舶，并从运送人处取得证明此项装船日期在该月底前的提单。不过，有些港口习惯上是由运送人出具收据(船方收据或备运提单)表明货物在某月中交船方，而与实际装船无关。在这种场合，险非契约上明文规定要求装船提单，否则卖方在契约装船月份已装货物交送运送人，即应视为已履行其义务。

(2) 限定某月中的一段期间内装运：约定在某一月中的某一段期间，或跨越两月中的某一段期间装运，这些用语含义不甚明确，解释往往有出入，最好明确约定某日至某日较为妥当。

(3) 限定于连续数月内装运：在这种条件下，卖方可于约定月份的任何一日装运，如未禁止分批交货，并可跨越月份分批装运。

(4) 限定于某情某事后的一段时间内装运。

### (五) 货款的支付

货款的支付方式分为现金支付还是网银支付，货到付款还是先付款后发货等。

### (六) 检验、索赔、不可抗力和仲裁条件

商品检验是对卖方交付给买方货物的质量、数量和包装等进行检验，以确定其是否符合买卖合同的规定；有时还对装运技术条件或货物在装卸运输过程中发生的残损、短缺进行检验或鉴定，以明确事故的起因和责任的归属；货物的检验还包括根据国家的法律或行政法规对某些进出口货物或有关的事项进行质量、数量、包装、卫生和安全的强制性检验或检疫。检验标准包括对买卖方具有法律约束力的标准，与贸易有关国家所制定的强制执行的法规标准，以及国际权威性标准。

索赔条款包括异议与索赔条款、索赔的依据、索赔的期限以及索赔办法。

在合同中订立不可抗力条款事件乃偶然和异常发生事件，是发生当事人无法预料和预防，又无法避免和控制的事故，以致不能履行合同或不能如期履行合同。发生不可抗力事件导致无法履行合同的一方，必须及时通知另一方，否则需要承担违约责任。

不可抗力条款处理办法包括解除合同和变更合同。不可抗力争议的解决办法包括协商、调解、仲裁和诉讼。

## 五、采购谈判的适用条件

在采购过程中,出现下列情况时,可适用采购谈判。

(1) 采购结构复杂、技术要求严格的成套机器设备,在设计制造、安装试验、成本价格等方面需要通过谈判,进行详细的商讨和比较。

(2) 多家供货厂商互相竞争时,通过采购谈判,使渴求成交的个别供货商在价格方面做出较大的让步。

(3) 采购商品的供货厂商不多,但企业可以自制或向国外采购,或可用其他商品代用时,通过谈判做出有利的选择。

(4) 需用商品经公开招标,但开标结果,在规格、价格、交货日期、付款条件等方面,没有一家供货商能满足要求,要通过谈判再做决定。

(5) 需用商品的原采购合同期满,市场行情有变化,并且采购金额较大时,通过谈判进行有利采购。

# 第二节 采购谈判的程序

采购谈判的程序可分为准备阶段、开局阶段、磋商阶段和成交与签约收尾阶段。

## 一、采购谈判的准备阶段

### (一) 采购谈判资料的收集

要分析自己和对手的优势和劣势,需要收集信息。如果买方和卖方原先有过采购合同的谈判,这个过程就不那么困难。在这种情况下,买方可能已经对许多重要问题有了答案,比如双方发生什么、和我们谈判的是原先那些人还是其他人、对供应商来说重要的问题是什么、意见不同的领域有哪些、谈判规则里有没有我们想要改进的地方。

1. 采购谈判需求分析

采购谈判需求分析就是要在采购谈判之前弄清楚企业需要什么、需要多少、到货时间等,最好能够列出企业物料需求分析清单。

2. 了解企业在市场竞争中的地位和发展规划

企业在市场竞争中的地位和发展规划是采购谈判中不可缺少的谈判筹码。

3. 正确理解上级的谈判授权

正确理解上级领导授权,利用授权同供应商展开谈判,必要时利用权力限制方式取得谈判主动。

### (二) 采购资源的市场调查

在分析了采购需求之后,就要对资源市场进行一番调查分析,获得市场上有关物资的供给、需求等信息资料,为采购谈判的下一步决策提供依据。目标市场调查通常包括以下内容。

(1) 企业通过对所需原材料在市场上的总体供应状况的调查分析,可以了解该原材料目前在市场上的供应情况。买方应根据市场供求关系变化,制定不同的采购谈判方案和方式。例如,当该原材料在市场供大于求时,买方采购谈判筹码就多,议价能力就强。

(2) 作为采购方,在调查原材料市场供求情况时要了解的信息,包括该类原材料各种型号在过去几年的供求及价格波动情况;该类原材料的需求程度及潜在的供应渠道;其他购买者对此类新、老原材料的评价及对价格走势的预期等,使自己保持清醒的头脑,在谈判桌上灵活掌握价格谈判的主动权。

### (三)采购谈判对手的情报收集

1. 采购谈判对手的资信情况收集

调查供应商的资信情况,包括以下两个方面。

(1) 要调查对方是否具有签订合同的合法资格,在对对方的合法资格进行调查时,可以要求对方提供有关的证明文件,如成立地注册证明、法人资格等,也可以通过其他的途径进行了解和验证。

(2) 要调查对方的资本、信用和履约能力。对对方的资产、信用和履约能力的调查,资料的来源可以是公共会计组织对该企业的年度审计报告,也可以是银行、资信征询机构出具的证明文件或其他渠道提供的资料。

2. 采购谈判对手的谈判作风和特点

采购谈判作风实质是采购谈判者在多次谈判中表现出来的一贯风格。了解采购谈判对手的谈判作风,可对预测谈判的发展趋势和谈判对手可能采取的方式以及制定己方的谈判方式提供重要的依据。

3. 信息资料的整理与分析

在通过各种渠道收集到以上有关信息资料以后,还必须对它们进行整理和分析。这里主要做两个方面的工作。

(1) 鉴别资料的真实性和可靠性,即去伪存真。在实际工作中,由于各种各样的原因和限制因素,在收集到的资料中往往存在着某些资料比较片面、不完全,有的甚至是虚假的、伪造的,因而必须对这些初步收集到的资料作进一步的整理和筛选。

(2) 鉴别资料的相关性和有用性,即去粗取精。在资料具备真实性和可靠性的基础上,结合谈判项目的具体内容与实际情况,分析各种因素与该谈判项目的关系,并根据它们对谈判的相关性、重要性和影响程度进行比较分析,并依此制定出具体的切实可行的谈判策略。

### (四)采购谈判议程的安排

1. 采购谈判地点的选择

采购谈判地点选择在己方所在地的优点有:以逸待劳,无须熟悉环境这一过程,可以根据谈判形式的发展随时调整谈判计划、人员、目标等;创造氛围,通过真诚关心对方促使谈判成功。

采购谈判地点选择在己方所在地的缺点有:要承担烦琐的接待工作,谈判可能常受己方领导的制约,不能使谈判小组独立工作。

采购谈判地点选择在对方所在地的优点有:不必承担接待工作,全心投入谈判;可以顺便考察对方的生产经营状况,获得第一手资料;遇到敏感性问题,可以推说资料不全委婉拒绝答复。

采购谈判地点选择在对方所在地的缺点有:要有一个适应对方环境的过程,谈判中遇到困难容易产生不稳定情绪,影响谈判结果。

采购谈判地点选择在双方之外的第三地的优点有:对双方来说都感到较为公平合理,

有利于缓和双方的关系。

采购谈判地点选择在双方之外的第三地的缺点有：因为都远离自己的所在地，在谈判准备上会有所欠缺，难免产生争论，影响效率。

2. 采购谈判现场的布置与安排

最好准备三个房间，一个作为主谈判室，另两间为双方的休息室。座位的安排应认真考虑。

3. 采购谈判的时间安排

采购谈判的准备要充分，要注意给谈判人员留有准备时间，以防仓促上阵。

不要把谈判安排到对方明显不利的时间进行。要考虑谈判人员身体和情绪状况，要避免在身体不适、情绪不佳时进行谈判。

### （五）采购谈判队伍的组选

采购谈判队伍的组选要根据谈判内容、重要性和难易程度来组织，根据对方的具体情况来组队。采购谈判队伍的组选人员的配备要满足多学科、多专业的知识结构互补与综合，可以群策群力，集思广益，形成集体的进取与抵抗力量。

### （六）采购谈判目标的选择

采购谈判目标要以获得需要的原材料、零部件和产品为必须达到的目标；价格水平、经济效益为中等目标；售后服务为最高目标。

### （七）谈判策略的制定

制定谈判策略，就是制订谈判的整体计划，从而在宏观上把握谈判的整体进程。

## 二、采购谈判的开局阶段

在采购谈判准备阶段之后，采购谈判双方进入面对面谈判的开始阶段，即谈判的开局阶段。在这一阶段中，谈判双方对谈判尚无实质性的感知认识，各项工作千头万绪，免不了会遇到新情况，碰到新问题。因此，在这个阶段一般不进行实质性谈判，而只是进行见面、介绍、寒暄以及谈判一些不是很关键的问题。这一阶段虽然只占整个谈判程序中很小的部分，但是很重要。

在采购谈判开局阶段，需要做好以下几项工作。

1. 创造和谐的采购谈判气氛

(1) 谈判者要在采购谈判气氛形成过程中起主导作用。

(2) 心平气和，坦诚相见。

(3) 不要在一开始就设计有分歧的议题。

(4) 不要刚一见面就提出要求。

2. 正确处理采购谈判开局阶段的"破冰"期

这一阶段，要注意以下几个问题：

(1) 行为、举止和言语不要太生硬，使感情自然流露；

(2) 不要紧张；

(3) 说话不要唠叨；

(4) 不要急于进入正题；

(5) 不要与采购谈判对手较劲；

(6) 不要举止轻狂。

3. 探测采购谈判对手情况

这一阶段，要注意如下几个问题：

(1) 最好要采购谈判对手先谈看法；

(2) 当采购谈判对手在谈判开局发言时，应对对方进行察言观色；

(3) 绝不要一开始便透露谈判底线；

(4) 绝不能接受采购谈判对手的起始要求；

(5) 绝不在获得同等报酬之前做出让步；

(6) 绝不暴露自己的弱点，但要设法发现采购谈判对手的弱点；

(7) 绝不泄露过多信息，而应让他们不断猜测；

(8) 尽早在采购谈判中抢占先机，并且维持这个地位。

最初提出的要求要高一些，给自己留出回旋的余地。在经过让步之后，你所处的地位一定比低起点要好得多。

## 三、采购谈判的磋商阶段

采购谈判双方都渴望通过谈判实现自己的既定目标，采购谈判策略是在谈判中扬长避短和争取主动的有力手段。这就需要认真分析和研究谈判双方各自所具有的优势和弱点，即对比双方的谈判"筹码"。在掌握双方的基本情况之后，若要最大限度地发挥自身优势，争取最佳结局，就要靠机动灵活地运用谈判策略。要善于利用矛盾，寻找对自己最有利的谈判条件。

采购谈判磋商阶段一般分为询盘、发盘、还盘、接受四个阶段。

1. 询盘阶段

此阶段为谈判的初级阶段，谈判双方彼此应充分沟通各自的利益需要，申明能够满足对方需要的方法与优势所在。此阶段的关键步骤是弄清对方的真正需求，因此其主要的技巧就是多向对方提出问题，探询对方的实际需要。

2. 发盘阶段

要根据情况申明我方的利益所在，提出我方的条件，按照提出的条件继续磋商。

3. 还盘阶段

此阶段为谈判的中级阶段，双方彼此沟通，往往申明了各自的利益所在，了解了对方的实际需要。谈判中双方需要想方设法去寻求更佳的方案，为谈判各方找到最大的利益，这一步骤就是创造价值。

4. 接受阶段

此阶段往往是谈判的攻坚阶段。谈判的障碍一般来自于两个方面：一个是谈判双方彼此利益存在冲突；另一个是谈判者自身在决策程序上存在障碍。前一种障碍是需要双方按照公平合理的客观原则来协调利益的；后者就需要谈判无障碍的一方主动去帮助另一方顺利决策。

知识拓展

### 谈判磋商策略

1. 应当在谈判桌上保持风度

(1) 讲究礼貌：在谈判过程中切不可意气用事、举止粗鲁、表情冷漠、语言放肆、不懂得尊重谈判对手。在任何情况下，谈判者都应该待人谦和，彬彬有礼，对谈判对手友善相待。

(2) 争取双赢：谈判往往是一种利益之争，因此谈判各方无不希望在谈判中最大限度地维护或者争取自身的利益。然而从本质上来讲，真正成功的谈判，应当以妥协即有关各方的相互让步为结局，使有关各方互利互惠，互有所得，实现双赢。

2. 谈判的时间技巧

为了有效掌控谈判时间，谈判者可以提前拟定一个时间表，以此来规范对方，避免为你带来时间压力。你可以用制定的时间表随时提醒自己"我们该做什么"，同时要保证谈判的进度能比时间底线稍微提前一点。

掌控谈判时间还要做好时间成本的管理，要考虑以下问题：最后期限是否不能逾越？如果逾期，后果如何？需付出何种代价？我方可以承担的风险成本底线是什么？

3. 谈判说服三部曲

在谈判过程中，要想说服对方，就要设法找到对方的弱点。如心态、同乡关系、时间紧迫等因素都可能是对方的弱点，只要有的放矢，胜利就在眼前。

(1) 拥有特质。即通过个人形象和专业素质营造一种良好的谈判氛围，产生一种感官上的说服力。

(2) 发掘打动人的理由。打动人的理由包括正面诱因和反面诱因，能够提供给对方的利益叫正面诱因，如果不合作可能带给对方的不利影响叫反面诱因，将这二者结合起来可以从两个方向引导对方合作。

(3) 拿出证据。这里的证据包括统计数字、实验报告等，通过这些证据向对方说明利害关系，使其与你合作。

## 四、采购谈判成交与签约收尾阶段

经过上述阶段的谈判，双方的交易条件达成一致，然后以书面的方式将双方达成一致的交易条件、双方的权利和义务明文规定下来，以便执行；派代表在协议书上签字，这就是签约，这也是谈判活动的结束。谈判后期的处理技巧对谈判双方来说都很重要，这些技巧的良好应用可以帮助己方获得一个完满的谈判结果，赢得一种长期的合作关系。

谈判后期的处理技巧是：首先，要感谢与肯定对方的努力，充分肯定对方为谈判做出的贡献；接着，要恭喜对方获得极大的利益，同时抱怨我方所得利益很小。用这样的方法让对方充分感觉到自己的成功，同时也能深刻体会我方为此次谈判所做的牺牲，深刻体会我方的合作诚意；在让对方感觉良好的情况下，要提出让对方下次弥补的要求，为下次合作埋下伏笔。

# 第三节 采购谈判的技巧与策略

## 一、采购谈判技巧

采购谈判技巧是采购人员的利器。谈判高手通常都愿意花时间去研究这些技巧，以求事半功倍。一般来讲，采购谈判技巧有以下几个方面。

1. 谈判前要有充分的准备

"知彼知己，百战不殆"，成功的谈判最重要的步骤就是要先有充分的准备。采购人员的商品知识，对市场及价格的了解，对供需状况的了解，对本公司的了解，对供货商的了解，本公司的价格底线、目标、上限，以及其他谈判的目标都必须事先有所准备，并列出优先级，将重点简短地列在纸上，在谈判时随时参考，以提醒自己。

2. 要避免谈判破裂

有经验的采购人员，不会让谈判完全破裂，否则根本不必谈判，他总会让对方留一点退路，以待下次谈判达成协议。没有达成协议总比勉强达成协议好。

3. 只与有决定权的人谈判

本公司的采购人员接触的对象可能有业务代表、各级业务主管、经理、协理、副总经理、总经理或董事长，应视供货商的规模大小而定。这些人的权限都不一样。采购人员应避免与没有决定权的人谈判，以免浪费自己的时间，同时可避免事先将本公司的立场透露给对方。谈判之前，最好问清楚对方的权限。

4. 尽量在本公司办公室内谈判

在自己的公司内谈判除了有心理上的优势外，还可随时得到其他同事、部门或主管的必要支持，同时还可节省时间与旅费开支。

5. 放长线钓大鱼

有经验的采购人员因知道对手的需要，故尽量在小处着手以满足对方，然后渐渐引导对方满足采购人员自己的需要。避免先让对手知道自己的需要，否则对手会利用此一弱点要求采购人员先做出让步。

6. 采取主动，但避免让对方了解本公司的立场

攻击是最佳的防御，采购人员应尽量将自己预先准备的问题，以开放式的问话方式，让对方尽量暴露出自己的立场，然后再采取主动乘胜追击，给对方以足够的压力，对方若难以招架，自然会做出让步。

7. 必要时转移话题

若买卖双方对某一细节争论不休，无法谈拢，有经验的采购人员会转移话题，或喝个茶暂停，以缓和紧张气氛。

8. 尽量以肯定的语气与对方谈话

否定的语气容易激怒对方，让对方感到没有面子，以致谈判难以进行。故采购人员应尽量肯定对方、称赞对方，给对方面子，因而对方也会愿意给本方面子。

9. 尽量成为一个好的倾听者

一般而言，业务人员总是认为自己能言善道，比较喜欢讲话。采购人员应知道这一点，尽量让他们讲，从他们的言谈及肢体语言中听出他们的优势与缺点，了解他们的谈判立场。

10. 尽量为对手着想

只有极少数的人认为,谈判时应赶尽杀绝,丝毫不能让步。事实证明,大部分成功的采购谈判都是要在彼此和谐的气氛下进行才可能达成。人都是爱面子的,任何人都不愿意在充满威胁的气氛下谈判,何况本公司与良好的供货商应有细水长流的合作关系,而不是对抗的关系。

11. 以退为进

有些事情可能超出采购人员的权限或知识范围,采购人员不应操之过急,装出自己有权或了解某事,从而做出不应做的决定,此时不妨以退为进,与主管或同事研究或弄清实际情况后,再答复或决定也不迟。草率、仓促的决定大部分都不是好的决定,智者总是先深思熟虑,再做决定。

12. 不要误认为 50/50 最好

有些采购人员认为谈判的结果 50/50 最好,彼此不伤和气,这是错误的想法。事实上,有经验的采购人员总会设法为自己的公司争取最好的条件,然后让对方也得到一点好处,能对他们的公司有所交代。因此,站在采购的立场,若谈判的结果是 60/40、70/30,甚至是 80/20,也就不会"于心不忍"了。

## 二、采购谈判策略

采购谈判策略分为谈判开局策略、谈判中期策略和谈判后期策略。

### (一) 谈判开局策略

在买家同卖家接触的初级阶段使用一定的策略,可为成功的结局打下良好的基础。

1. 开价低于实价

(1) 在谈判开局阶段的价格要低于实际价格。这样,可以给自己留下一定的谈判空间,有时也会侥幸得到这个价格,或可压低卖方产品或服务的外在价值,避免由于谈判双方的自尊引起僵局,也可创造一种对方取胜的气氛。

(2) 对策。当卖方提供的价格高出实际很多时,应该识破这种计策,唤起公平意识,用请示上级或者黑脸/白脸的策略。

(3) 卖方在实施开价高于实价策略时,应切记以下方面:

① 要的要比想得到的多;

② 卖方的目标是提高自己的最大可信价;

③ 对对方了解得越少,要得越多。

2. 分割策略

分割策略是以能让对方首先表明自己的意见为前提的。

(1) 对策:可以先让卖方出价来防止卖家对你隐瞒真实的价格。

(2) 切记要点:

① 只有让卖家先开价,你才能进行分割;

② 即使接近你的目标,也要继续分割(具体的数字能增加信任度,你更可能让他们接受这个报价,而不是让他们以更高的价格否定)。

3. 千万不要接受第一次出价

买方在谈判时,大多数情况下不会接受第一次出价,否则自然会让卖家心里产生两种想法：我本可以做得更好；一定是出了什么问题。

对策：不匆忙地接受第一次出价的最好策略是用上级领导作掩护。

4. 故作惊讶

对卖方的出价要故作惊讶，他们也许没指望得到他们所要求的，如果你不表示惊讶，那就等于在说“那有可能”。

5. 不情愿的买主

经常扮演不情愿的买主，甚至在谈判前就挤压卖主的谈判幅度。

6. 集中精力想问题

卖方在谈判中可能会用到感情策略，让你感觉他在生气，你在侮辱他的人格等。这样你往往就会同意了卖方的条件。防止感情用事的策略是，把任何感情流露都看作卖主的谈判策略。

7. 老虎钳策略

运用这个策略，高明的谈判对手对对方的意见或反应只回答：对不起，你还是出个更合适的价格。

**（二）谈判中期策略**

在采购谈判中期阶段，情况会复杂起来，双方紧张周旋，各有所图。因而，需要学会如何应付这些压力，控制局势。

1. 搬出上级领导

谈判时，卖家会用黑脸/白脸的策略说：“就我本人而言，我愿意和你做生意，但是委员会的一些领导不能接受这样的价格。”

(1) 对策。

① 先下手为强。让对方在谈判开始之前就打消使用请示上级的方法，让他们承认，如果价钱是可以接受的，他们就可以自己做出决定。

② 咬住不放。当无法阻止对方请示上级的时候，可以采取以下三个步骤：

第一，抬举他们的自尊；

第二，让卖主接受你积极的建议，回去同委员会商量；

第三，有保留地成交。

③ 反过来又如何。

④ 当心权力升级。当对方对你使用升级策略时，对策如下：

第一，使用同一策略，抬出逐步升级的领导；

第二，每升一级，就应该回到谈判开始的立场；

第三，在你获得最后批准而且签订合同之前不要认为交易已经成功。

(2) 切记要点：

① 不要让对方知道你要让领导做最后决定；

② 你的领导应该是一个模糊的实体，而不是一个具体的个人；

③ 即使公司是你自己开的，你也可以使用这个策略，抬出你的组织；

④ 谈判的时候不要太顾及面子，不要让卖方诱使你承认自己有权力；

⑤ 如果在你没有准备好的时候他们强迫你做决定，你就给他们一个决定，但要让他们知道这个决定的不确定性；

⑥ 如果他们对你使用权力升级策略,在每升一级的时候你都回到原来的立场,而且抬出你的一级级领导。

2. 避免敌对情绪

卖方在谈判时可能会用“感觉/同样感觉/发现”的公式转变敌意。先同意对方的观点,然后扭转局势。

(1) 对策:识破这种策略,然后用老虎钳策略。

(2) 切记要点:尽量避免产生敌对情绪,养成一种先表示同意然后扭转形势的习惯。

3. 服务贬值

(1) 对策:如果在谈判中做出让步,要立刻要求回报,不要等。

(2) 切记要点:

① 实物的价值可能上升,但是服务似乎总是贬值;

② 不要做出让步,并相信对方以后会偿还你;

③ 干活之前谈好价钱。

4. 切勿提出折中

(1) 对策:当对方试图让你折中的时候,使用请示上级领导或黑脸/白脸策略。

(2) 切记要点:

① 折中不意味着从正中间分开,你可以分几次进行;

② 记住:谈判的本质就是让对方感觉他们赢了。

5. 烫手山芋

(1) 对策:当别人把烫手的山芋抛给你的时候,要马上验证它的真实性。

(2) 切记要点:

① 不要让别人把原本属于他们的问题抛给你;

② 当他们这么做的时候,当即验证它的真实性,必须弄明白他们是真的不想做买卖,还是只想试探一下你的反应;

③ 不要在意他们的程序问题;

④ 不要遇到什么问题都考虑让步。

6. 礼尚往来

礼尚往来策略告诉你无论什么时候买方要卖方做出让步,卖方自然会要求一些回报。

(1) 对策:

① 问他要什么,如果合理,同意;

② 告诉他你给他的已经是世界上最合理的价格了,或把责任推给上级领导;

③ 拒绝他的要求,但做出一些象征性的让步,让对方容易接受一些,这样他就会觉得自己赢了。

(2) 切记要点:

① 当对方要求小的让步的时候,你应该索要一些回报;

② 这样表达你的意思:“如果我能为你们做这些,那你能为我们做什么?”你可能马上得到回报;

③ 可以抬升让步的价值,以便以后你把它作为礼尚往来的策略使用;

④ 不要改变措辞而要求什么具体的东西,因为那会产生对立情绪。

**（三）谈判后期策略**

最后的时刻可能会颠倒乾坤。好像赛马一样，即将到达终点，双方不相上下。谈判的高手知道如何有条不紊地控制进程直到终点。

1. 黑脸/白脸

黑脸/白脸是最著名的谈判策略之一。

当别人用黑脸/白脸策略对付你的时候，试试下面的策略。

① 揭穿它。如果你看出对方运用此计，你应该微笑着说："喂，接下来你是不是要用黑脸/白脸的策略？来来来，坐下来，咱们解决解决这个问题。"通常他们会感到不好意思而偃旗息鼓。

② 你可以创造一个自己的黑脸来回击。你总是可以虚构一个比谈判桌前在场的黑脸更加强硬的黑脸来。

③ 你可以向他们的上级核对此事。

④ 有时候就黑脸表达他的意见。

2. 蚕食策略

这是谈判后期的一个重要策略，因为它完成了两件事情：①使已经达成的交易锦上添花；②可以用它使对方同意他先前不愿意同意的事情。

对策：

① 要明确写出任何外加的让步需要他们付出的代价；

② 不要给自己做出让步的权力；

③ 当买主试图蚕食你的时候，你要体贴地让他感觉——简单！

3. 让步的类型

在谈判中，常用以下四种让步的方式：

① 平均幅度；

② 最后做个大让步；

③ 一下子都让出去；

④ 首先做出小小的让步试试深浅。

对策：谈判的时候，应该小心谨慎。细心观察对方对你做出的让步，并把它们写下来。然而，不要因为他让步的幅度越来越小就认为他已经让到底了，那可能只是一种诡计。

4. 反悔

策略：坚持要求对方首先解决好他自己的内部问题。

5. 小恩小惠的安慰

这主要有以下几种方式：

① 关于如何操纵机器的培训课程；

② 如果是卖办公设备，会给你开列存货清单，并列入自动重新订购系统；

③ 保持 90 天内价格不变，以使他们重新使用这份订单；

④ 30 天期限延长到 45 天；

⑤ 以该价格成交则三年中有两年可以提供附加服务担保。

策略：如果卖方做出象征性的让步来宽慰你，你就诱使对方摊牌。

6. 草拟合同

拟写合同的一方对没有拟写合同的另一方享有很大的优势。

策略：要求将对自己有利的内容写进去，并争取由我方拟写合同。

## 本章小结

本章首先阐述了采购谈判的含义、采购谈判的分类、采购谈判的原则、采购谈判的内容以及采购谈判的适用条件；其次阐述了采购谈判的程序；最后介绍了采购谈判的技巧与策略。

采购谈判作为企业经营活动的关键环节，对企业的生存和发展起着至关重要的作用。它是指企业为采购商品，作为买方与卖方厂商对购销业务有关事项，如商品的品种、规格、技术标准、质量保证、订购数量、包装要求、售后服务、价格、交货日期与地点、运输方式、付款条件等进行反复磋商，谋求达成协议，建立双方都满意的购销关系。

采购谈判的程序可分为准备阶段、开局阶段、磋商阶段和成交与签约收尾阶段。采购谈判策略分为谈判开局策略、谈判中期策略、谈判后期策略。

## 实训项目

1. 请调研某一大型企业，了解该企业采购谈判的程序。
2. 请分组模拟采购谈判，熟悉采购谈判的各阶段，演练各种采购谈判技巧与策略。

## 练习题

**（一）名词解释**

采购谈判　价值式谈判

**（二）选择题**

1. 采购谈判的原则包括（　　）。

A. 合作性原则　B. 诚信原则　C. 信息原则　D. 求同存异原则

2. 采购谈判对手的情报收集包括（　　）。

A. 采购谈判对手的资信情况收集　B. 采购谈判对手的谈判作风和特点

C. 信息资料的整理与分析　D. 市场信息的收集与分析

3.（　　）采购谈判是指在确定谈判所涉及的主要问题后，开始逐个讨论预先确定的问题，在某一问题上出现矛盾或分歧时，就把这一问题放在后面，讨论其他问题，如此周而复始地讨论下去，直到所有内容都谈妥为止。一般来讲，大型谈判、涉及两方以上人员参加的谈判大都采用此种谈判形式。

A. 横向　B. 纵向　C. 双赢　D. 定向

4. 采购谈判按目的角度划分为（　　）。

A. 协议导向型谈判　B. 单方有利型谈判

C. 双输谈判　　　　　　　　　　　　D. 单向谈判

**（三）填空题**

1. 采购谈判从形式角度可划分为________和纵向式谈判。
2. 采购谈判磋商阶段分为________、发盘、________、接受四个阶段。
3. 采购谈判策略分为________、谈判中期策略、________。

**（四）简答题**

1. 简述采购谈判的内容。
2. 简述采购谈判的程序。
3. 采购谈判包括哪些策略？

# 第七章 CHAPTER

# 采购合同管理

## 引导案例

### 合同标的约定不清怎么办

甲公司与乙公司订立一份合同，约定由乙公司在十天内，向甲公司提供新鲜蔬菜6 000千克，每千克蔬菜的单价为1元。乙公司在规定的期间内，向甲公司提供了小白菜6 000千克，甲公司拒绝接受这批小白菜，认为自己是职工食堂所消费的蔬菜，炊事员有限，不可能有那么多人力用于洗小白菜，小白菜不是合同所要的蔬菜。双方为此发生争议，争议的焦点不在价格，也不涉及合同的其他条款，只是对合同的标的双方各执一词，甲公司认为自己的食堂从来没有买过小白菜，与乙公司是长期合作关系，经常向其购买蔬菜，每次买的不是大白菜就是萝卜等容易清洗的蔬菜，乙公司应该知道这种情况，但是其仍然送来了甲公司不需要的小白菜，这是曲解了合同标的。乙公司称合同的标的是蔬菜，小白菜也是蔬菜，甲公司并没有说清楚要什么样的蔬菜，合同的标的规定是新鲜蔬菜，而小白菜最新鲜，所以乙公司就送了小白菜，这没有违反合同的规定，甲公司称蔬菜就是大白菜或萝卜的说法太过牵强附会，既没有合同依据也没有法律依据，不足为凭。

试分析：

(1) 什么是合同的标的？

(2) 你如何解释该合同的标的？

**案例解析**

(1) 根据案例：①合同约定的权利义务所指向的目标即为合同的标的。具体到本案，合同的标的就是蔬菜。②根据《中华人民共和国合同法》(以下简称《合同法》)第一百二十五条的规定，当事人对合同条款的理解有争议的，应当按照合同所使用的词句、合同的有关条款、合同的目的、交易习惯以及诚实信用原则，确定该条款的真实意思。从上述材料来看，甲乙之间的合同对合同标的——蔬菜的具体种类约定不清，彼此的争端在于对蔬菜种类的理解不同。因此，需要依照《合同法》第一百二十五条对蔬菜种类进行解释。甲公司与乙公司存在长期的合作关系，彼此间有交易习惯——甲“每次买的不是大白菜就是萝卜等容易清洗的蔬菜”，因此，乙公司应当向甲公司交付的蔬菜种类为大白菜、萝卜等容易清洗的蔬菜。③对于双方的纠纷，各方最好通过协商和解或请第三方调解解决，毕竟有长期的合作关系，各自退让一步，尽快处理小白菜。协商不成或起诉或申请仲裁。

（2）由案例可知：①根据我国《合同法》第六十一条的规定，当事人对合同条款发生争议的，可协商解决，订立补充协议，不能达成补充协议的，按照合同条款的意思或者订立合同的目的解释。本合同双方当事人的争议在于合同的标的不能达成一致意见。应当根据《合同法》的规定对此做出解释。②乙公司是在按照自己的意思解释合同，但是严格按照合同的条款看，其并无太大过错。但是，乙公司的行为与《合同法》中规定的诚实信用原则不太符合。按照诚实信用原则的精神，当事人对合同条款不清楚之处应当本着协商的精神履行合同，而不应该自己单方面解释合同，给对方造成被动。③甲公司的主张也缺少法律依据和合同依据，只是强调自己的炊事员少，这并不能成为自己单方面指定合同标的的理由。但是根据甲公司与乙公司长期合作的事实，乙公司应当考虑到甲公司的具体情况，在提供蔬菜前征求甲公司的意见，如果不能达成一致意见，就按照合同法规定的解释原则解决双方的争议。在此不能适用合同文字含义解释，不能适用合同的条款原则解释，也不能适用合同上下文的意思解释，只能适用交易习惯原则解释。按照交易习惯原则，甲公司与乙公司经常有提供蔬菜的合作关系，平时如何供应蔬菜的，在本合同争议中也应当参照平时的交易习惯确定合同的标的。

（资料来源：百度文库，http://wenku.baidu.com/link?url＝u_ihy4kVkii8JWlUsLmD4mayepb9FwJO_sHpLX8suNb4Gm3TxDWCbWMp3ovmMPQUULW2V9a348-ssjunHrVzWlucE6YkULQPdFMWU345fpa.）

**案例涉及的主要知识点**

- 采购合同
- 合同标的
- 合同争议
- 交易习惯

## 学习导航

- 掌握采购合同的内容及形式
- 了解采购合同的签订及执行跟踪
- 理解采购合同的变更、终止和解除
- 了解采购合同的争议及解决

## 教学建议

- 备课要点：采购合同的内容、订立、执行、变更、终止、解除、争议等内容
- 教授方法：案例引导、课堂讨论、板书及PPT讲授
- 扩展知识：结合采购合同的内容了解合同法基础知识

# 第一节　采购合同概述

## 一、采购合同的含义及特征

### （一）采购合同的含义

采购商和供应商经过谈判达成采购意愿后，就要签订采购合同。在整个采购过程中，采

购合同也是最重要的采购文件之一。商品采购合同就是采购企业和供应商在采购谈判达成一致的基础上，双方就交易条件、权利义务关系等内容签订的具有法律效力的契约文件。采购合同属于经济合同的一种，是买卖双方执行采购业务程序的基本依据，买卖双方受《经济合同法》的保护，并依法承担相应的责任。随着商品流通的发展，采购合同正成为维护商品流通秩序和促进商品市场完善的手段。

### （二）采购合同的特征

1. 采购合同是转移标的物所有权或经营权的合同

采购合同的基本内容是出卖人向买受人转移合同标的物的所有权或经营权，买受人向出卖人支付相应货款，因此它必然导致标的物所有权或经营权的转移。

2. 采购合同是一种典型的双务有偿合同

所谓双务合同是指合同的当事人双方相互享有权利，互相负有义务的合同。在采购合同中，买卖双方的权利和义务在法律上是对等的，一方的权利，正是另一方的义务，反之亦然。

所谓有偿合同，是指双方当事人要按照等价有偿的原则，一方须给予对方相应的利益方可取得自己的利益。如果一方不给予对方相应的利益就无法取得对方的相应利益。在采购合同中，买方需向卖方支付一定价款，这是取得标的物所有权的代价。买卖双方之间关于不以支付价款为代价取得另一方标的物所有权的协议，不属于采购合同。例如，以赠予方式取得标的物所有权，或以易货贸易方式取得标的物所有权的协议，都不是严格意义上的采购合同。

3. 采购合同是诺成合同

所谓诺成合同是指双方当事人意思表示一致即告成立的合同。也就是说，双方当事人就采购合同的主要条款，通过协商取得一致意见，合同即告成立。此外，根据法律法规或当事人约定，须经鉴证、公证或主管机关核准登记，才能产生法律效力的合同，通常认为也是诺成合同。

4. 采购合同是当事人之间的合法行为

只有在符合国家的法律、法令和有关政策的前提下，采购合同才有法律效力，受到国家法律的保护。同时采购合同的签订也必须建立在合同双方平等、自愿的基础上，合同一旦签订，合同的履行受到法律的保护，任何一方擅自变更或解除合同，都要承担违约责任。

5. 采购合同的主体比较广泛

从国家对物品流通市场的管理和物品采购的实践来看，除生产企业外，流通企业也是物品采购合同的重要主体，其他社会组织和具有法律资格的自然人也是物品采购合同的主体。

6. 采购合同与流通过程密切相关

流通是社会再生产的重要环节之一，对国民经济和社会发展有着重大影响，重要的工业品生产资料的采购关系始终是国家调控的重要方面。采购合同是采购关系的一种法律形式，它以采购这一客观经济关系作为设立的基础，直接反映采购的具体内容，与流通过程密切相关。

## 二、采购合同的内容

采购买卖条件一经协议，即由双方将协议细节、权利与义务在书面协议书上详细记载，以取得法律的保障。但是采购合同书并无一定的标准格式，其内容通常视采购本身的性质与类别而定。不过，无论是哪类物资的采购合同，一般都是由首部、正文与尾部三部分内容组成。

### （一）首部

采购合同的首部主要包括合同名称、合同编号、合同签订的日期、合同签订的地点、买卖双方的名称及合同序言等内容。

### （二）正文

采购合同正文是买卖双方议定的主要内容，是采购合同的必备条款，是买卖双方履行合同的基本依据。采购合同正文主要包括以下内容。

#### 1. 商品名称

商品名称是指所要采购物品的名称。

#### 2. 品质规格

品质是指商品所具有的内在质量与外观形态的结合，包括各种性能指标和外观造型。该条款的主要内容有技术规范、质量标准、规格和品牌。

在采购作业中，商品的规格应具体规定颜色、式样、尺码和牌号等；对于质量，也应以最明确的方式去界定商品可接受的质量标准，一般包括：用图纸或技术文件界定的质量标准；用国际标准、国家标准和行业标准来界定商品的质量标准；用样品来界定的质量标准。

#### 3. 数量

数量是指用一定的度量制度来确定买卖商品的重量、个数、长度、面积、容积等。该条款的主要内容有交货数量、计量单位、计量方法以及允许范围内的正负尾差、合理磅差、超欠幅度、自然损耗等。

#### 4. 价格

采购合同中应该确定价格，包括单价和总价两项基本内容。单价是指交易物品每一计量单位的货币数值。商品的单价由计量单位、单位价格金额、计价货币和贸易术语四个部分组成。总价指总全部商品价值的总和，即单价与成交商品数量的乘积。在确定价格条款时，原则上遵守国家的有关价格政策，但在国家和地方没有规定统一价格的情况下，买卖双方可以协商确定合理的价格。而价格条款中还要注意货币单位，如果涉及国际采购支付外汇时，则要注意汇率是变化的，同时考虑汇率变化对合同的影响。

#### 5. 包装

包装是为了有效地保护商品在运输存放过程中的质量和数量，并有利于分拣和环保而把货物装进适当容器的操作。该条款的主要内容有包装标志、包装方法、包装材料要求、包装种类、包装尺寸与重量、包装容量、环保要求等规定。

#### 6. 装运

装运是指把货物装上运输工具，并运到交货地点。该条款的主要内容有运输方式、运输时间、装运地点与目的地、装运方式和装运通知等。

#### 7. 到货期限

到货期限是指约定的最晚到货时间，以不延误企业生产经营为标准，但也不可提前太多，否则将增加购方的库存费用。

#### 8. 到货地点

到货地点是指货物到达的目的地，即供应商将用户采购的物品最终交付给用户的地点。

到货地点的确定并不一定总是以企业的生产所在地为标准，有时为了节约运输费用，在不影响企业生产的前提下，也可以选择交通便利的港口等。

9. 检验

在一般的商品交易过程中，商品的检验是按照合同条件对交货进行检查和验收，涉及质量、数量、包装等条款，主要包括检验项目、检验时间、检验机构、检验标准及方法、检验工具、检验费用、检验不合格品处理等。

10. 支付

支付是指采用一定的手段，在指定的时间、地点，使用确定的方式支付货款。付款条款的主要内容有支付手段、付款方式、支付时间、支付地点。

11. 保险

保险是指企业向保险公司投保并缴纳保险费，货物在运输过程中受到损失时，保险公司向企业提供经济上的补偿。该条款的主要内容是确定保险类别及其保险金额，指明投保人并支付保险费。

12. 仲裁

仲裁是指发生争议的双方当事人，根据其在争议发生时或争议发生后所达成的协议，自愿将该争议提交中立的第三者进行裁判的争议解决制度和方式。仲裁条款的主要内容包括仲裁机构、适用的仲裁程序、仲裁地点、裁决效力、仲裁费用等。

13. 不可抗力

不可抗力是指合同执行过程中发生的不可预见的，人力难以控制的意外事故，如台风、洪水、地震、战争等，致使合同执行被迫中断。遭遇不可抗力的一方可因此免除合同责任。不可抗力条款包括的主要内容有不可抗力的含义、适用范围、法律后果，双方的权利、义务等。

### （三）尾部

采购合同的尾部包括合同的份数、使用语言及效力、附件、合同的生效日期、双方的签字盖章。

## 实用案例

### 原材料采购合同样本

甲方：

乙方：

合同签订地：

合同签订时间：　　年　　月　　日

合同编号：

甲方（购货单位）：

地址：

乙方（供货单位）：

地址：

经甲乙双方充分协商，就甲方向乙方采购事项，特订立本合同，以便共同遵守：

第一条　标的、型号规格、数量等

| 材料名称 | 型号 | 规格 | 单位 | 采购数量 | 单价 | 总价 | 备注 |
|---|---|---|---|---|---|---|---|
| | | | | | | | |
| | | | | | | | |
| 合计 | | | | | | | |

双方约定，表中的采购数量只是约数，实际供货数量按需方每月的订货单为准，最终可能会大于或者小于采购数量，供方承诺保证按需方实际需求供货；货款结算按实际供货数量进行结算。

第二条　技术标准、质量检验标准等按双方商定的要求执行：________。

第三条　包装标准和包装物的供应与回收：________。

1. 由________负责产品包装，包装材料选用________，包装费用由________承担。

2. 包装应达到________标准，同时应满足本合同约定的运输方式的运输要求。

第四条　交货时间、交货方法、运输方式、到货地点

1. 交货时间：________。

2. 交货方法，按下列第(　　)项执行：

(1) 乙方送货

(2) 乙方代运

(3) 甲方自提自运

3. 运输方式：________。运输费用由________承担。

4. 到货地点：________。

第五条　货款的结算

1. 货款的支付方式：________。

2. 预付款________%，计________元，支付时间：________。

3. 材料到达甲方收货地点(入库验收合格或称预验收)后支付价款的________%，计________元。

4. 货款支付的其他约定：________。

5. 质保期内没有发生质量问题，质保期届满后________天内，支付余款________%，计________元。

6. 货款支付到________%时，乙方需开具发票给甲方。

第六条　验收标准及方法________。

第七条　提出异议的时间和办法

1. 甲方在验收中，如果发现材料的品种、型号、规格、质量、外观等不合规定或约定，可以拒收或要求更换；如是材料的潜在性瑕疵及甲方不能依通常检查发现的瑕疵，自收到货物之日起两年内以书面形式向乙方提出异议。甲方自标的物收到之日起两年内未通知乙方的，视为材料合乎规定。

2. 乙方在接到甲方书面异议后，应在________天内负责处理，否则，即视为默认甲方提出的异议和处理意见。

3. 本条款中的书面形式是指书信、传真、电子邮件形式。

第八条　风险承担

材料在送达甲方指定场地并办理预验收(或入库)手续后风险由甲方承担。

第九条　违约责任

1. 乙方不能交货的,应向甲方偿付不能交货部分货款的________%的违约金。

2. 乙方所交材料品种、型号、规格、质量等不符合规定或约定的,如果甲方同意利用,应当按质论价;如果甲方不能利用的,应根据材料的具体情况,由乙方负责包换或包退,并承担调换或退货而支付的实际费用,并赔偿给甲方造成的损失。

3. 乙方因包装不符合合同规定或约定,必须返修或重新包装的,乙方应负责返修或重新包装,并承担费用。

4. 乙方逾期交货的,每逾期一天,应向甲方支付合同总价的千分之________的违约金,逾期超过________天时,甲方有权选择:解除本合同,并追究乙方的违约责任;继续履行本合同,并追究乙方的违约责任。

第十条　产权瑕疵及知识产权责任约定

1. 乙方保证所交付材料的所有权完全属于乙方且无任何担保抵押、查封等产权纠纷,如乙方所交材料有产权纠纷,视为乙方违约;乙方保证,乙方向甲方出售的材料(包括技术资料等)不侵犯任何第三人的权益,如有侵犯,并造成甲方损失的,乙方承担全部赔偿责任。

2. 甲、乙双方均应保护对方的商业秘密(含技术信息、经营信息等),未经对方书面同意,任何一方不得向外泄露因本合同签订和履行中所获悉的对方的商业秘密。

第十一条　不可抗力

1. 甲乙双方的任何一方由于不可抗力的原因不能履行合同时,应及时向对方通报不能履行或不能完全履行的理由,以减轻可能给对方造成的损失,在取得有关机构证明以后,允许延期履行、部分履行或者不履行合同,并根据情况可部分或全部免予承担违约责任。

2. 不可抗力是指本合同履行中,因人力不可抗拒之事故,包括但不限于战争及严重的水灾、台风、地震、火灾和爆炸、动乱、瘟疫等。

第十二条　争议的处理

1. 本合同如发生纠纷,当事人双方应当及时协商解决,协商不成时,任何一方均可以直接向人民法院起诉。

2. 经双方确认,以甲方所在地的人民法院为本合同争议的管辖法院。

第十三条　其他

1. 本合同及附件经双方代表签字并加盖合同章后生效。本合同的附件为本合同的一部分,与本合同具有同等的法律效力,本合同附件________份。具体名称为________________。

2. 合同如有未尽事宜,须经双方共同协商,做出补充规定,补充规定经双方代表签字并加盖合同章后与本合同具有同等效力。

3. 本合同一式________份,甲、乙双方各执________份。

4. 双方其他约定:________________________________。

| | |
|---|---|
| 甲方(章)：<br>地址：<br>法定代表人：<br>委托代理人：<br>日期：<br>电话或传真：<br>开户行：<br>账号：<br>税号：<br>邮编： | 乙方(章)：<br>地址：<br>法定代表人：<br>委托代理人：<br>日期：<br>电话或传真：<br>开户行：<br>账号：<br>税号：<br>邮编： |

(资料来源：http://wenku.baidu.com.)

## 三、采购合同的形式

### (一) 口头合同形式

口头合同形式即指合同双方当事人只是通过语言进行意思表示，而不是用文字等书面表达合同内容而订立合同的形式。也就是买卖双方当事人通过面对面的谈话或者以电话设备交谈达成协议，比如商场买衣服、电话订购等。采用口头形式订立采购合同的优点是当事人建立合同关系简便、迅速，缔约成本低；缺点是如果这类合同发生纠纷时，当事人举证困难，不易分清责任。

### (二) 书面合同形式

我国《合同法》第十一条明确规定："书面形式是指合同书、信件和数据电文(包括电报、电传、传真、电子数据交换和电子邮件)等可以有形地表现所载内容的形式。"简单地说，书面形式是以文字为表现形式的合同形式。所谓"有形地表现所载内容"是相对于口头形式而言的，口头合同只有当事人内心知道合同内容，如果不告知，外界无法知道合同内容；而书面合同不同，人们只要看到书面载体，就会了解合同的内容。

书面合同的优点是有据可查、权利义务记载清楚，便于履行，发生纠纷时容易举证和分清责任。在我国目前市场经济制度尚未完善之际，当事人订立物品采购合同，适宜采用书面合同形式。

### (三) 其他合同形式

其他合同形式是指除口头合同与书面合同以外的其他形式的合同，主要包括默示形式和推定形式。

1. 默示形式

默示形式是指当事人用沉默不语的方式进行意思表示(即有时候沉默也是一种意思表示)。如在试用买卖合同中，试用人可以在试用期限内购买标的物，也可以拒绝购买，但是在试用期满时，不表示是否购买的，视为购买。还有，收到标的物，不在约定的期间提出数量或者质量异议，视为数量或质量符合合同约定。

2. 推定形式

推定形式是指当事人不直接用书面方式或者口头方式进行意思表示，而是通过某种行为来进行意思表示。例如，在房屋租赁合同中，期满后，双方都未提出终止合同，而且承租人继续支付租金，出租人继续收取租金。这就是双方以行为延长了房屋租赁期(但租赁期限成为不定期的)。再如,乘客乘上公共汽车并到达目的地时,尽管乘车人与承运人之间没有明示协议,但可以依当事人的行为推定运输合同成立。

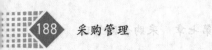

# 第二节 采购合同的订立

采购合同的订立不是一般的经济活动,而是产生一定社会后果的法律行为,它是买卖双方当事人在平等、自愿的基础上,就合同的主要条款经过协商取得一致意见,最终建立起物品采购合同关系的法律行为。因此,依法订立采购合同之后,买卖双方必须严格执行。这就要求采购人员在签订采购合同之前,做好相应的准备工作。

## 一、采购合同订立前的准备工作

采购人员在签订采购合同前,必须审查卖方当事人的合同资格、资信及履约能力,按经济合同法的要求,逐条审查订立采购合同的各项必备条款。

### (一) 审查供应商的合同资格

为了避免和减少采购合同执行过程中的纠纷,在正式签订合同之前,采购人员首先应审查供应商作为合同主体的资格。

所谓合同资格,是指订立合同的当事人及其经办人,必须具有法定的订立经济合同的权利。审查供应商的合同资格,目的在于确定对方是否具有合法的签约能力,它直接关系到所签订的合同是否具有法律效力。对供应商的合同资格审查主要包括两个方面。

1. 法人资格审查

法人资格审查主要是指审查供应商是否属于经国家规定的审批程序成立的法人组织。判断供应商是否具有法人资格,主要看其是否持有工商行政管理局颁发的营业执照。经工商登记的国有企业、集体企业、私营企业、各种经济联合体、实行独立核算的国家机关、事业单位和社会团体,都具有法人资格,都可以成为合法的签约对象。

2. 法人能力审查

法人能力的审查主要是审查供应商的经营活动是否超出营业执照批准的范围。超越业务范围以外的经济合同,属无效合同。

法人能力审查还包括对签约的具体经办人的审查。采购合同必须由法人的代表人或法定代表人授权证明的承办人签订。法人的代表人在签订采购合同时,应出示身份证明、营业执照或副本;法人代表也可授权业务人员如推销员、采购员作为承办人,以法人的名义订立采购合同。承办人必须有正式授权证明书,方可对外签订采购合同。法人委托的经办人在签订采购合同时,应出示本人的身份证明、法人的委托书、营业执照或副本。

### (二) 审查供应商的资信和履约能力

审查供应商的资信情况,了解供应商对采购合同的履行能力,对于在采购合同中确定权利义务条款具有非常重要的作用。

1. 资信审查

资信,即资金和信用。应确认供应商具有固定的生产经营场所、生产设备和与生产经营规模相适应的资金,特别是拥有一定比例的自有资金。同时,还要注意审查供应商在历史上的资信情况,在历史上是否信守承诺,是否有过对采购商或工商税务等不诚信的行为。在准备签订采购合同时，采购人员在向供应商提供自己的资信情况说明的同时，要认真审查供应商的资信情况，从而建立起相互依赖的关系。

2. 履约能力审查

履约能力是指供应商除资信以外的技术和生产能力、原材料与能源供应、工艺流程、加工能力、产品质量、信誉高低等方面的综合情况。审查供应商履约能力就是要了解其有没有履行采购合同所必需的人力、物力、财力和信誉保证。

如果经审查发现供应商资金短缺、技术落后、加工能力不足，无履约供货能力或信誉不佳，都不能与其签订采购合同。只有在对供应商的履约能力充分了解的基础上签订采购合同，才能有可靠的供货保障。

3. 审查供应商的资信和履约能力的主要方法

(1) 通过卖方的开户银行，了解其债权债务情况和资金情况。

(2) 通过卖方的主管部门，了解其生产经营情况、资产情况、技术装备情况、产品质量情况。

(3) 通过卖方的其他用户，可以直接了解其产品质量、供货情况、维修情况。

(4) 通过卖方所在地的工商行政管理部门，了解其是否具有法人资格和注册资本、经营范围、核算形式。

(5) 通过有关的消费者协会和法院、仲裁机构，了解卖方的产品是否经常遭到消费者投诉，是否曾经牵涉到诉讼。

(6) 对于大批量的性能复杂、质量要求高的产品或巨额的机器设备的采购，还可以由采购人员、技术人员、财务人员组成考察小组，到卖方的经营加工场所实地考察，以确知卖方的资信和履约能力。

总之，采购人员在日常工作中，应当注意搜集有关企业的履约情况和有关商情，作为以后签订合同的参考依据。

## 二、采购合同订立的原则

1. 法人原则

合同的当事人必须具备法人资格。这里的法人，是指有一定的组织机构和独立支配的财产，能够独立从事商品流通活动或其他经济活动，享有权利和承担义务，依照法定程序成立的企业。当事人应当以自己的名义签订经济合同。委托别人代签，必须要有委托证明。

2. 合法原则

当事人必须遵照国家的法律、法令、方针和政策签订合同，其内容和手续应符合有关合同管理的具体条例和实施细则的规定。

3. 平等原则

签订合同的当事人的法律地位是平等的，双方必须坚持平等互利，充分协商的原则签订合同，一方不得将自己的意志强加给另一方。

4. 书面原则

买卖双方当事人签订采购合同时，应当采用书面形式。采用书面形式的优点在于一旦出现问题，有据可查，权利义务记载清楚，便于履行，发生纠纷时容易举证和分清责任。

## 三、采购合同签订的程序

采购合同签订的程序是指采购商和供应商对合同的内容进行协商，达成共识，并签署书面协议的过程。一般包括五个步骤，如图 7-1 所示。

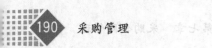

订约提议 → 接受提议 → 填写合同文本 → 履行签约手续 → 司法公证

图 7-1 签订采购合同的步骤

1. 订约提议

订约提议是指当事人一方向对方提出的订立合同的要求或建议，也称要约。提出建议的一方叫要约人，另一方为受约人或相对人。在发出要约时，提出要约的一方应明确提出订立合同所必须具备的主要条款和希望对方答复的期限等，以供对方考虑是否订立合同。要约人在答复期限内不得拒绝承诺，即要约人在答复期限内受自己要约的约束。要约是订立采购合同的第一步，具有如下特征。

(1) 要约是要约人单方的意思表示。

(2) 要约内容必须具体、确定。所谓具体，是指要约的内容必须是合同成立所必须的条款。所谓确定，是指要约的内容必须明确、真实，不能含糊其辞、模棱两可，使对方难明其意。

(3) 要约是要约人向对方做出的允诺，因此要约人要对要约承担责任，并且要受要约的约束。如果对方在要约一方规定的期限内做出承诺，要约人就有接受承诺并与对方订立采购合同的义务。

(4) 要约人可以在得到对方接受要约表示前撤回自己的要约，但撤回要约的通知必须不迟于要约到达。对已撤回的要约或超过承诺期限的要约，要约人不再承担法律责任。

2. 接受提议

接受提议是指一方发出的要约被对方接受，双方对合同的主要内容表示同意，经过双方签署书面契约，合同即可成立。也叫承诺。承诺即表示当事人另一方完全接受要约人的订约建议，同意订立采购合同的意思表示。接受要约的一方叫承诺人。那么要约人的要约一经承诺人的承诺，合同即告成立。承诺是订立合同的第二步，它具有如下特征。

(1) 承诺由接受要约的一方向要约人做出。

(2) 承诺必须是完全接受要约人的要约条款，不能附带任何其他条件。即承诺内容与要约内容必须完全一致，这时协议即成立。如果对要约提出代表性意见或附加条款，则是拒绝原要约，提出新要约，这时要约人与承诺人之间的地位发生了交换，即原要约人变成接受新的要约的人，而原承诺人成了新的要约人。

(3) 承诺必须在要约的有效期限内做出。如前面所述，要约对于要约人是有约束力的，但这种约束力不是毫无限制的，通常把对要约人有约束力的期限称为要约的有效期限。因此，受约人只有在要约的有效期限内做出同意要约的意思表示，才是承诺。

(4) 在法律上，承诺也是允许撤回的，但它必须在要约人收到承诺之前撤回。撤回的通知，必须在承诺到达之前送达，最晚应与承诺同时到达。如果承诺人撤回承诺的通知迟于承诺到达，则通知无效，承诺仍发生效力。

签订合同的谈判过程实质上就是当事人双方进行要约和承诺的过程。在实践中，很少有对要约人提出的条款一次性完全接受的，往往要经过反复的业务洽谈，经过协商，取得一致的意见后，最后达成协议。即要约—新要约—再新要约，直至承诺。

3. 填写合同文本

采购商与供应商在经过反复磋商，经过要约与承诺的反复后，就形成具有文字的草拟合约。这时，采购商就要认真、仔细地填写合同文本。采购人员在填写合同文本时要注意以下几点。①对于货物品种名称，一定要写全称，不要写简称。②在填写数量方面，不同规格的货物品种要分开写。③填写价格时，注意不同规格的货物品种要分开写，必要时标注大写。④交货方式方面，注明是自提还是送货，送货地点和时间要写清，对于是付费送货还是免费送货也要标注清楚。⑤付款方式。可以先付一定定金，余款在到货验收合格后再付现金、支票或限定期限内付清均可。

4. 履行签约手续

采购商和供应商要按照合同文本的规定事项，谨慎、严格地履行相关的签约手续。具体的手续，也可由双方协商而定。

5. 司法公证

有的经济合同，法律规定还应获得主管部门的批准或工商行政管理部门的签证。必要时，报请鉴证机关鉴证，或报请公证机关公证。对没有法律规定必须签证的合同，双方可以协商决定是否鉴证或公证。

**知识链接**

### 确保合同有效性的条件

采购人员在签订合同时，要确保其合同的有效性，应把握的条件为：

(1) 合同的当事人必须具备法人资格；

(2) 合同必须合法，也就是必须遵照国家的法律、法令、方针和政策签订合同，其内容和手续应该符合有关合同管理的具体条例和实施细则的规定；

(3) 必须坚持平等互利、充分协商的原则签订合同；

(4) 当事人应当以自己的名义签订采购合同，委托别人代签的，必须要有委托证明；

(5) 采购合同应当采用书面形式。

## 四、采购合同签订的形式

买卖双方签订采购合同的同时可以采取以下方式。

1. 面对面签约

采购商与供应商确定某一地点，面对面签订合同，现场签字盖章。

2. 使用传真签约

采购商使用传真将打印好的合同传至供应商处，供应商签好后，以同样的方式传回合同。

3. 使用电子邮件签约

使用电子邮件签订合同时，采购商向供应商发出合同的电子邮件，表明采购商已经签字同意签约；供应商返回合同的电子邮件，则表示其已接受合同并完成签字。

4. 使用合同信息管理系统签约

如果采购商和供应商都拥有信息管理系统，则在签约时可以使用专用的合同信息管理系统，完成合同信息在买卖双方之间的传递。

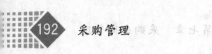

# 第三节 采购合同的执行与跟踪

## 一、采购合同的执行

在采购合同签订之后，就是对采购合同的执行了。在采购合同执行过程中会发生许多与合同条款冲突的情况，这就需要对采购合同的执行与跟踪。保证采购合同正常执行的条件主要包括：按照合同规定条款执行，注重与供应商的沟通，无论是提前执行合同或延缓执行合同都要经过供应商同意；尽量满足企业对物料的需求，不仅要严格执行物料正常到货的时间，而且要有柔性，对要求紧急到货的物料能按时完成，对于延迟到货时间的物料要妥善处理；尽量把库存水平控制在合理的范围内。

同时，为了保证采购合同正常履行，采购合同管理人员还需要进行下列工作。

1. 计划审查

主要是审查采购计划是否能在规定的时间内转化为订单合同。

2. 合同审批

审批合同时注意要严格审查合同号、数量、单位、单价、币种、发运的目的地、供应商、到货日期等项目的正确性。

3. 合同跟踪

主要是检查采购合同的执行情况，对未按期到货的合同研究对策，加强监控。

4. 缺料预测

采购人员与计划人员一起操作，根据生产需求情况，推测可能产生缺料的供应合同，研究对策并加以实施。

## 二、采购合同的跟踪

采购合同的跟踪就是签订合同的人员对合同执行的全过程进行的跟踪检查，以确保合同正常履行。合同跟踪是采购人员工作中的重要职责之一，合同跟踪的目的在于促使合同正常执行，协调企业与供应商的合作，在满足企业物料需求的同时保持合理的库存。对采购合同的跟踪主要体现在以下三个方面。

### （一）采购合同执行前跟踪

采购商与供应商经过谈判制定了采购合同，但是合同制定完毕并不意味着供应商一定能接受订单。所以，当一个采购合同制定完之后，采购人员要及时了解供应商是否接受订单，是否及时签订合同等。在采购环境中同一物料有几家供应商可供选择，而每个供应商都有分配的比例，但有时供应过程还是会出现问题。例如，因时间变化，供应商可能提出改变“合同条款”，对价格、质量、期限等提出改变。作为采购人员，要及时了解情况，进行沟通，确认可选择的供应商。如供应商难以接受的订单，不可勉强，应另择供应商，对供应商正式签订的合同要及时存档，以备查阅。

### （二）采购合同执行过程跟踪

在采购合同执行过程中，常常会出现许多不确定因素，导致供应商或采购商不得不变更采购合同。所以，即便是与供应商签订了合同，采购人员也应该全力跟踪其执行情况。合同跟踪要把握以下几点。

1. 紧密跟踪

对于采购合同的进行情况采购商要进行紧密跟踪，详细了解供应商准备物料的过程，保证订单按时、按量完成。如果发现问题要及时反馈，需要中途变更的要立即解决。

2. 及时响应生产需求

采购合同要与生产需求相一致，如果因生产需求紧急，要求本批物料立即到货，采购人员就应该马上与供应商进行协商，必要时还应该帮助供应商解决疑难问题，保证需求物料准时供应。如果市场需求出现滞销，企业经过研究决定延缓或取消本次订单货物供应，采购人员也应该立即与供应商沟通，确认供应商可以承受的延缓时间，或者终止本次采购合同，同时给供应商相应的赔款。

3. 跟踪进货过程

供应商物料准备完毕后，就要进行包装、运输。无论是供应商负责送货，还是采购商自己提货，都要对进货过程进行跟踪，这是因为运输过程是很容易发生风险的过程。在对进货进行跟踪时，一定要注意运输工具的选择是否得当、货物是否有特殊要求，避免在运输过程中发生货损。尤其对于远洋或长途运输，跟踪进货的过程显得更为重要。

4. 控制好验收环节

物料到达订单规定的交货地点，采购人员必须按照原先所下的订单对到货的物品、批量、单价及总额等进行确认并录入归档，开始办理付款手续。控制好验收环节，可以帮助采购商及时发现缺货、货损、不合格品等问题，采购人员就能及时与供应商协商解决，进行补货、退还等。

5. 控制好库存水平

物料检验完毕之后就要入库，库存是采购物流中的重要环节，它是企业正常运转的调节器。库存量太少则不能满足生产、销售要求，而库存太多又会占用企业大量的资金，造成浪费。因此，控制一个合理的库存水平是十分重要的，也体现了采购人员确定订单的水平。采购人员应以订单为导向，兼顾生产水平和供应商对订单的反应速度，来确定最优的订货周期和订单量，从而维持最低的库存水平，节约资金，防止浪费。

### （三）采购合同执行后跟踪

采购合同执行后跟踪主要是指对采购供应商进行付款后的合同跟踪，采购商按合同约定付款后还要对该合同进行执行后的跟踪。如果供应商未收到货款，采购人员有责任督促财务人员按照流程规定加快操作，否则会影响企业的信誉；另一方面，物料在运输或者检验过程中，可能会出现一些问题，偶发性的小问题可由采购人员或者现场检验人员与供应商进行联系解决。

# 第四节　采购合同的变更、终止和解除

## 一、采购合同的变更

### （一）采购合同变更的概念

采购合同的变更有广义、狭义之分。广义的采购合同变更指采购合同主体和内容的变更，是采购合同债权或债务的转让，即由新的债权人或债务人代替原债权人或债务人，而合同内容并无变化。狭义的采购合同变更指采购合同当事人权利和义务的变化,指采购合同内容的变更。从我国《合同法》第五章的有关规定看,采购合同主体的变更称为合同的转让,采购合同内容的变更才是采购合同的变更。因此,本书认为,采购合同的变更是指在保持合同主体同一性的前提下,对合同内容所做的改变,即对已经发生法律效力,但没有履行或没有完全履行的采购合同,由当事人依照法律规定的条件和程序,对原采购合同的条款进行修改、补充,使之更精确。采购合同变更后,原合同确定的当事人的权利和义务就发生了变化。

**(二) 采购合同变更的原因及范围**

采购合同的变更可由合同双方的任一方提出。在货物采购中,一般合同的变更多由采购商提出。产生合同变更的原因及范围如下。

(1) 增加或减少合同物项和数量。

(2) 合同货物的规格型号、质量或其他性能要求变动。

(3) 供货周期长的合同,在合同有效期内因经济形势变化导致原材料价格发生的不同于原合同价的不可预期变化。

(4) 在合同履行过程中,因采购商的行为导致变更,如设计变更、规格书升版、原合同技术要求不确定等。

(5) 供应商承担的质量责任。合同履行过程中,供应商提供不合格材料,不能在限定时间内进行修复或重供货,采购商可以由其他人进行修复和供货,费用将由供应商承担。

(6) 交货进度或交货地点的改变。

(7) 合同条款(如支付、运输、包装等)发生改变。

(8) 其他情况。

如果合同变更使供应商履行合同义务的费用或时间发生变化,合同价与交货时间应公平调整,同时相应修改合同。供应商进行调整的要求,必须在收到采购商变更指令后 30 天内提出。

**(三) 采购合同变更的条件**

1. 原已存在有效的采购合同关系

采购合同的变更,是改变原采购合同关系,无原采购合同关系便无变更的对象。所以,采购合同变更以原已存在采购合同关系为前提。同时,原采购合同关系若非合法有效,如采购合同无效、采购合同被撤销、追认权人拒绝追认效力未定的采购合同,也无采购合同变更的余地。

2. 采购合同内容发生变化

采购合同内容的变化包括标的物数量的增减、标的物品质的改变、价款或者酬金的增减、履行期限的变更、履行地点的改变、履行方式的改变、结算方式的改变、所附条件的增添或去除、单纯债权变为选择债权、担保的设定或取消、违约金的变更、利息的变化等。

3. 经当事人协商一致或依法律规定

《合同法》第七十七条第一款规定,“当事人协商一致,可以变更合同”。采购合同变更通常是当事人合议的结果。此外,采购合同也可以基于法律规定或法院裁决而变更,如《合同法》第五十四条规定,一方当事人可以请求人民法院或者仲裁机关对重大误解或有失公平的合同予以变更。

4. 法律、行政法规规定

法律、行政法规规定变更采购合同应当办理批准、登记等手续，应遵守其规定。

**（四）采购合同变更的效力**

采购合同变更的实质在于使变更后的采购合同代替原采购合同。因此，合同变更后，当事人应按变更后的合同内容履行合同。

采购合同变更原则上对将来发生效力，未变更的权利义务继续有效，已经履行的债务不因采购合同的变更而失去合法性。采购合同的变更，影响当事人要求赔偿的权利。原则上，提出变更的一方当事人对对方当事人因合同变更所受的损失应负赔偿责任。

## 二、采购合同的终止

**（一）采购合同终止的概念**

采购合同终止是指由于某种法律事实的出现而使得采购合同当事人之间已经存在的权利、义务关系不复存在。

为维护买卖双方的权益，可在采购合同内订有终止合同的条款，以便在必要时终止合同的全部或其中的一部分。

**（二）采购合同终止的情形**

应当先履行债务的当事人，有确切证据证明对方有下列情形之一的，可以终止履行：

(1) 经营状况严重恶化；

(2) 转移财产、抽逃资金，以逃避债务；

(3) 丧失商业信誉；

(4) 有丧失或者可能丧失履行债务能力的其他情形。

当事人没有确切证据终止履行的，应当承担违约责任。当事人依据上述理由终止履行的，应当及时通知对方。对方提供适当担保时，应当恢复履行。终止履行后对方在合同期限内未恢复履行能力并且未提供担保的，终止履行的一方可以解除合同。

**（三）采购合同终止的赔偿责任**

采购合同终止时的具体赔偿责任如下。

(1) 因需要变更而由采购商要求终止合同者，供应商因此遭受到的损失，由采购商负责赔偿。

(2) 因供应商不能履约，如果属于不可抗力因素所引起的，采购商和供应商都不负赔偿责任。但如果是由于供应商人为原因不能履约，采购商的损失应由供应商负责赔偿。

(3) 因特殊原因而导致合同终止的，采购商和供应商应负何种程度的赔偿责任，除合同中另有规定而依其规定外，应同有关单位及签约双方共同协议解决。如无法达成协议时，可采取法律途径解决。

(4) 信用证有效日期已过，而供应商未能在有效期内装运并办理押汇时，采购商得以不同意延展信用证日期而终止合同，此时采购商不负任何赔偿责任。

(5) 如果在交货期中终止合同，除合同另有规定以外，合同的终止需经买卖双方协议同意后才可，否则可视实际责任要求对方负责赔偿。

## 三、采购合同的解除

### （一）采购合同解除的概念

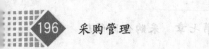

采购合同解除，是指采购合同生效后，在一定条件下通过当事人的单方行为或者双方同意终止合同效力或者解除合同关系的行为。采购合同解除后，原合同确定的当事人的权利义务关系就不再存在。

### （二）采购合同解除的法律特征

采购合同解除有以下法律特征。

1. 合同解除是对有效合同的解除

采购合同解除以有效成立的合同为标的，其目的在于解决有效成立的合同提前解除的问题。这是合同解除与合同无效、合同撤销及要约或承诺的撤回等制度的不同之处。

2. 采购合同的解除必须具有解除事由

采购合同一经有效成立，即具有法律约束力，双方当事人必须信守约定，不得擅自变更或解除，这是合同法的重要原则。只是在主客观情况发生变化，采购合同履行成为不必要或不可能的情况下，才允许解除采购合同。这不仅是合同解除制度的存在依据，也表明采购合同解除必须具备一定的条件，否则便构成违约。

3. 采购合同解除必须通过解除行为实现

具备采购合同解除的条件，采购合同并不必然解除。要使采购合同解除，一般还需要解除行为。解除行为有两种类型：一是当事人双方协商同意；二是享有解除权一方的单方意思表示。

### （三）采购合同解除的分类

1. 单方解除与协议解除

单方解除是指依法享有解除权的一方当事人依单方意思表示解除合同关系。

协议解除是指当事人双方通过协商同意将合同解除的行为。

2. 法定解除与约定解除

法定解除是指采购合同解除的条件是由法律直接加以规定的。

约定解除是当事人以合同形式约定为一方或双方设定解除权的解除，解除权可以赋予当事人一方，也可以赋予当事人双方。设定解除权，可以在订立采购合同时约定，也可以在合同成立后另订立设定解除权的合同。

### （四）采购合同解除的形式

采购合同的解除有以下三种情形。

1. 因违约行为而解除合同

这种情况包括采购商和供应商存在违约行为。例如，供应商不按照合同规定履行义务，如所交货物不符合规格、不能按合同规定日期至指定地点交货等。在这种情况下，一般在做出解除合同决定前，采购商应尽可能根据合同的具体规定，给予供应商以补救的机会，如通过罚款、赔偿相关损失、修补等补救措施，争取继续执行合同；采购商违约，如采购商不依约定开出信用证而解除合同，在这种条件下供应商可以要求采购商赔偿其损失。

2. 因需求变更而由采购商要求解除合同

因市场不景气，采购商临时决定取消部分物料的采购而解除合同，这时采购商应负责赔偿供应商所遭受的损失。但若以信用证方式付款并证明供应商收到信用证若干日起为交货时间，则在信用证开出前，合同并未具体生效。而采购商因需求变更且在开出信用证之前要求终止合同，采购商不需负任何赔偿责任。

3. 双方同意解除合同

由于各种特殊或紧急情况（如天灾人祸或其他不可抗力因素等）在合同履行中可能会要求解除合同。出现这种情况时，最好的办法是采购商和供应商共同协商，在有关合同解除条件上达成一致。

合同解除后，尚未履行的，终止履行；已经履行的，根据履行情况和合同性质，当事人可以要求恢复原状，采取其他补救措施，并有权要求赔偿损失。合同权利义务的终止，不影响合同中结算和清理条款的效力。

# 第五节　采购合同的争议及解决

## 一、争议

### （一）争议的含义

合同争议是指合同的当事人双方在签订、履行和终止合同的过程中，对所订立的合同是否成立、生效、合同成立的时间、合同内容的解释、合同的履行、合同责任的承担，以及合同的变更、解除、转让等有关事项产生的纠纷。

在采购过程中，有时买卖的一方会认为另一方未能全部或部分履行合同规定的责任与义务而引起争议，并由此引发索赔、理赔、仲裁及诉讼等。为了防止争议的产生，并在争议发生后能获得妥善的处理和解决，买卖双方通常都在签订合同时，在合同的违约责任条款内，对违约后的索赔、免责事项等内容事先做出明确规定。

### （二）争议产生的原因

在采购活动中，会出现买卖双方违约等情况，产生争议。争议的产生主要有以下三种原因。

1. 供应商违约

在供应商供货过程中，会因未按合同规定的时间、品质、数量、包装交货，或拒不交货，或货物与单证不符等造成违约。

2. 采购商违约

在采购过程中，采购商可能会出现未按合同规定的时间付清货款，或未按合同规定的时间、地点组织提货、验收等情况造成违约。

3. 双方对采购合同条款理解不一致

在采购商与供应商所签订的采购合同中，部分条款内容不具体、不明确，致使双方在履行合同时对合同条款理解或解释不一致产生纠纷。

## 二、索赔与理赔

争议产生后，无论是采购商还是供应商的原因违反了合同条款，在法律上均构成违约行为，都必须赔偿受害方因其违约而受到的损失，做好索赔和理赔工作。索赔和理赔是一项维护当事人权益和信誉的重要工作，也是涉及面广、业务技术性强的细致工作。

## （一）索赔和理赔的概念

索赔是指受害的一方在争议发生后，向违约的一方提出赔偿的要求；理赔是指违约的一方受理遭受损害的一方提出的索赔要求。索赔和理赔其实就是一个问题的两个方面。

## （二）索赔的情况

索赔一般有三种情况：买卖双方间的贸易索赔，向承运人的运输索赔，向保险人的保险索赔。

### 1. 买卖双方间的贸易索赔

在交易过程中，采购商与供应商可能由于一方的责任未能履行而给另一方造成损失，因此而受损失的一方可向未尽责的一方提出索赔请求。买卖双方之间的责任和索赔内容如表 7-1 所示。

**表 7-1 供需双方违反采购合同的责任及赔偿内容**

| 责任方 | 承担的责任及索赔内容 |
|---|---|
| 供方 | (1) 商品的品种、规格、数量、质量和包装等不符合合同的规定，或未按合同规定日期交货，应偿付违约金、赔偿金<br>(2) 商品错发到货地点或接货单位（人），除按合同规定负责运到规定的到货地点或接货单位（人）外，并承担因此而多支付的运杂费；如果造成逾期交货，偿付逾期交货违约金 |
| 需方 | (1) 中途退货应偿付违约金、赔偿金。<br>(2) 未按合同规定日期付款或提货，应偿付违约金。<br>(3) 错填或临时变更到货地点，应承担因此多支出的费用 |

### 2. 向承运人的运输索赔

当商品需要从供应商所在地托运到采购商收货地点时，如果未能按采购合同要求到货，应分清是货物承运方责任还是托运方责任。如确定属于承运方的责任，采购商或托运方可以向承运方提出索赔；若属于托运方违反运输合同的规定，承运方也可向托运方提出索赔要求。违反货物运输合同的责任划分及索赔内容如表 7-2 所示。

**表 7-2 违反货物运输合同的责任及索赔内容**

| 责任方 | 承担责任及索赔内容 |
|---|---|
| 承运方 | (1) 不按运输合同规定的时间和要求发运的，偿付托运方违约金。<br>(2) 商品错运到货地点或接货人，应无偿运至合同规定的到货地点或接货人；如果货物运到时已逾期，偿付逾期交货的违约金。<br>(3) 运输过程中商品的灭失、短少、变质、污染、损坏，按其实际损失（包括包装费、运杂费）赔偿。<br>(4) 联运的商品发生灭失、短少、变质、污染、损坏，应由承运方承担赔偿责任的，由终点阶段的承运方按照规定赔偿，再由终点阶段的承运方向负有责任的其他承运方追偿。<br>(5) 在符合法律和合同规定条件下的运输，由于下列原因造成商品灭失、短少、变质、污染、损坏的，承运方不承担违约责任：不可抗力的地震、洪水、风暴等自然灾害；商品本身的自然性质；商品的合理损耗；托运方或收货方本身的过错 |
| 托运方 | (1) 未按运输合同规定的时间和要求提供运输，偿付承运方违约金。<br>(2) 由于在普通商品中夹带、匿报危险商品，错报笨重货物重量等而招致商品摔损、爆炸、腐蚀等事故，承担赔偿责任。<br>(3) 罐车发运的商品，因未随车附带规格质量证明或化验报告，造成收货方无法卸货时，托运方需偿付承运方卸车等费用及违约金 |

3. 向保险人的保险索赔

已投财产保险的，保险方对保险事故造成的损失和费用在保险金额的范围内承担赔偿责任。被保险方为了避免或减少保险责任范围内的损失而进行的施救、保护、整理、诉讼等所支出的合理费用，依据保险合同的规定偿付。

### （三）索赔程序

如果合同当事人一方发生违约，另一方要想索赔成功，就必须遵守索赔程序。一般索赔包括如下步骤。

1. 提出索赔要求

提出索赔的当事人应该在索赔事项发生后 28 天内，用书面信件正式向另一方发出索赔通知书。索赔通知书主要说明索赔事项的名称、引证索赔依据的合同条款及索赔要求。索赔事项发生后，提出索赔的当事人要保存好当时有关记录，以便作为证实材料。

2. 提供索赔证明

在索赔通知发出后的 28 天内，提出索赔的当事人要提交一份说明索赔依据和索赔款项的详细报告；如果该索赔事件有连续性的影响，事态还在发展时，按照对方合理要求，则每隔一定时间，提交一次列有累计索赔款额和进一步说明索赔依据、理由的补充材料，说明事态发展情况，直至导致索赔事件终止后 28 天内送出一份最终详细报告，附上最终账目和全部证据资料，提出具体的索赔额或工期延长天数。

3. 索赔支付

当提出索赔的当事人提供的详细报告使另一方确认应偿付索赔款额时，另一方应在合同的支付期限内向对方支付索赔款额。如果提出索赔的当事人所提供的详细报告不足以证实全部索赔，另一方应按照已证实并令人信服的那部分索赔的详细资料，给予提出索赔当事人部分索赔款额。

### （四）索赔和理赔应注意的问题

在提出索赔和处理理赔时，应注意以下问题。

1. 索赔期限

索赔的期限是指争取索赔的当事人向违约一方提出索赔要求的违约期限。关于索赔期限，我国《合同法》有规定的必须依法执行；没有规定的，应根据不同商品的具体情况做出不同的规定。一般情况下，农产品、食品等索赔期限短一些，对于一般商品索赔期限长一些，机器设备的索赔期限则定得更长一些。如果逾期提出索赔，对方可以不予理赔。

2. 索赔的依据

提出索赔时，必须出具因对方违约而造成需方损失的证据（保险索赔另外规定），当争议条款为商品的质量条款或数量条款时，该证明要与合同中检验条款相一致，同时出示检验的出证机构。

如果索赔时证据不全、不足或不清，以及出证机构不符合规定，都可能遭到对方拒赔。

3. 索赔及赔偿方法

关于处理索赔的办法和索赔的金额，除了个别情况外，通常在合同中只做一般笼统的规定，而不做具体规定。这是因为违约的情况较为复杂，当事人在订立合同时往往难以预计。有关当事人双方应根据合同规定和违约事实，本着平等互利和实事求是的精神，合理确定损害赔偿的金额或其他处理的办法,如退货、换货、补货、整修、延期付款、延期交货等。

当商品因质量出现与合同规定不符造成采购方蒙受经济损失时,如果违约金能够补偿损失,则不再另行支付赔偿金;如违约金不足以抵补损失,还应根据所蒙受经济损失的情况,支付赔偿金以补偿其差额部分。

## 三、仲裁

### (一) 仲裁的含义

因合同发生纠纷时,当事人应当及时协商解决。如果双方协商不成,应根据合同中订立的仲裁条款或纠纷发生后达成的仲裁协议向仲裁委员会申请调解和仲裁。

经济仲裁是指签订经济合同的当事人双方发生争议时,如通过协商不能解决,当事人一方或双方自愿将有关争议提交给双方同意的第三者依照专门的裁决规则进行裁决,裁决的结果对双方都有约束力,双方必须依照执行。

### (二) 仲裁的受理机构

根据我国实际情况和有关的法律规定,凡是我国法人之间的经济合同纠纷案件,一般由合同履行地或者合同签订地的仲裁机关管辖,执行中有困难的也可以由被诉方所在地的仲裁机关管辖;凡是有涉外因素的经济纠纷或海事纠纷案件,即争议的一方或双方是外国法人或自然人的案件,以及中国商号、公司或其他经济组织间有关外贸合同和交易中所发生的争议案件,由民间性(非政府的)社会团体—中国国际经济贸易仲裁委员会和海事仲裁委员会管辖。

### (三) 仲裁的程序

当采购商与供应商发生纠纷需要仲裁时,可按照一般的仲裁程序到相应的受理机构提出仲裁申请。仲裁机构受理后,经调查取证,先行调解,如调解不成,进行庭审,开庭裁决。

#### 1. 提出仲裁申请

向仲裁机关申请仲裁,应按仲裁规则的规定递交仲裁协议、仲裁申请书,并按照被诉人数提交副本。当事人向仲裁机关申请仲裁,应从其知道或者应当知道权利被侵害之日起1年内提出,超过期限,一般不予受理。但侵权人愿意承担债务的不受该时效限制。

仲裁申请人必须是与本案有直接利害关系的当事人。所写申请书应当写明以下事项:一是申诉人名称、地址,法人代表姓名、职务;二是被诉人名称、地址,法人代表姓名、职务;三是申请的理由和要求;四是证据、证人姓名和住址。

仲裁申请书的上述内容要明确具体,如有欠缺者,应责令补齐,否则将直接影响仲裁机关下一步的工作。

#### 2. 立案受理

仲裁机关收到仲裁申请书起7日内,经过审查符合仲裁条例规定的可受理的,应当立案受理;不符合规定的,应在7日内书面通知申诉人不予受理,并说明理由。

案件受理后,应当在5日内将申请书副本发送被诉人。被诉人收到申请书副本后,应当在15日内提交答辩书和有关证据。被诉人没有按时提交或者不提交答辩书的,不影响案件的受理。

#### 3. 调查取证

仲裁员必须认真审阅申请书、答辩书,进行分析研究,确定调查方案及收集证据的具体方法、步骤和手段。

为了调查取证，仲裁机关可向有关单位查阅与案件有关的档案、资料和原始凭证。有关单位应当如实地提供材料，协助进行调查，必要时应出具证明。仲裁机关在必要时可组织现场勘察或者对物证进行技术鉴定。

4. 先行调解

仲裁庭经过调查取证，在查明事实、分清责任的基础上，应当先行调解，促使当事人双方互谅互让、自愿达成和解协议。

调解达成协议，必须双方自愿，不得强迫。协议内容不得违背法律、行政法规和政策，不得损害公共利益和他人利益。达成协议的，仲裁庭应当制作调解书。调解书应当写明当事人的名称、地址，代表人或者代理人姓名、职务，纠纷的主要事实、责任、协议内容和费用的承担。调解书由当事人签字，仲裁员、书记员署名，并加盖仲裁机关的印章。

调解书送达后即发生法律效力，双方当事人必须自动履行。调解未达成协议或者在调解书送达前一方或双方反悔的，仲裁庭应当进行仲裁。

5. 开庭裁决

仲裁庭决定仲裁后，应当在开庭之前，将开庭审理的时间、地点，以书面形式通知当事人。

在庭审过程中，当事人可以充分行使自己的诉讼权利，包括申诉、答辩、反诉和变更诉讼请求的权利；委托律师代办诉讼的权利；申请保金的权利；申请回避的权利，等等。仲裁庭认真听取当事人陈述和辩论，出示有关证据，然后按申诉人、被诉人的顺序征询双方最后意见，可再行调解，调解无效由仲裁庭评议后裁决，并宣布裁决结果。闭庭后10日内将裁决书送达当事人。

《中华人民共和国仲裁法》(以下简称《仲裁法》)规定，仲裁裁决书自做出之日起发生法律效力，当事人应当履行仲裁裁决；仲裁调解书与仲裁裁决书具有同等的法律效力，调解书经双方当事人签收，即应自觉予以履行。通常情况下，当事人协商一致将纠纷提交仲裁，都会自觉履行仲裁裁决。但实际上，由于种种原因，当事人不自动履行仲裁裁决的情况并不少见。在这种情况下，另一方当事人即可请求法院强制执行仲裁裁决。

### (四) 仲裁裁决的执行

1. 仲裁裁决执行的概念

所谓仲裁裁决的执行，即仲裁裁决的强制执行，是指人民法院经当事人申请，采取强制措施将仲裁裁决书中的内容付诸实现的行为和程序。

执行仲裁裁决是法院对仲裁制度予以支持的最终和最重要的表现，它构成仲裁制度的重要组成部分，执行仲裁裁决在仲裁制度上具有重要意义。

(1) 执行仲裁裁决是使当事人的权利得以实现的有效保证。仲裁裁决的做出只是为权利人提供实现其权利的可能性，因为仲裁裁决被赋予了法律上的强制力，可以迫使义务人履行自己的义务。但是，仲裁裁决只有在真正得到执行后，权利人才能由此实现自己的权利。

(2) 执行仲裁裁决是仲裁制度得以存在和发展的最终保证。在义务人不主动履行仲裁裁决时，如果法律不赋予仲裁裁决强制执行的效力，仲裁裁决书无疑只是一纸空文。只有规定执行程序，才能体现仲裁裁决的权威性，才能在保证实现当事人权利的同时，也保证仲裁制度顺利发展。

2. 执行仲裁裁决的条件

仲裁裁决的执行,必须符合下列条件。

(1) 必须有当事人的申请。一方当事人不履行仲裁裁决时,另一方当事人(权利人)须向人民法院提出执行申请,人民法院才可能启动执行程序。是否向人民法院申请执行,是当事人的权利,人民法院没有主动采取执行措施,对仲裁裁决予以执行的职权。

(2) 当事人必须在法定期限内提出申请。仲裁当事人在提出执行申请时,应遵守法定期限,及时行使自己的权利,超过法定期限再提出申请执行时人民法院不予受理。关于申请执行的期限,我国《仲裁法》规定,当事人可以依照《中华人民共和国民事诉讼法》的有关规定办理,即申请执行的期限,双方或一方当事人是公民的为1年,双方是法人或者其他组织的为6个月。此期限从法律文书规定履行期间的最后一日起计算;法律文书规定分期履行的,从规定的每次履行期间的最后一日起计算。

(3) 当事人必须向有管辖权的人民法院提出申请。当事人申请执行仲裁裁决,必须向有管辖权的人民法院提出。如何确定人民法院的管辖权,根据《仲裁法》的规定,应适用《中华人民共和国民事诉讼法》的有关规定。

《中华人民共和国民事诉讼法》规定由人民法院执行的其他法律文书,由被执行人住所地或者被执行人财产所在地人民法院执行。也就是说,当事人应向被执行人住所地或者被执行人财产所在地的人民法院申请执行仲裁裁决。

3. 执行仲裁裁决的程序

(1) 申请执行。义务方当事人在规定的期限内不履行仲裁裁决时,权利方当事人在符合前述条件的情况下,有权请求人民法院强制执行。当事人申请执行时应当向人民法院递交申请书,在申请书中应说明对方当事人的基本情况以及申请执行的事项和理由,并向法院提交作为执行依据的生效的仲裁裁决书或仲裁调解书。

(2) 执行。当事人向有管辖权的人民法院提出执行申请后,受申请的人民法院应当根据《中华人民共和国民事诉讼法》规定的执行程序予以执行。人民法院的执行工作由执行员进行。

① 执行员接到申请执行书后,应当向被执行人发出执行通知,责令其在指定的期间履行仲裁裁决所确定的义务。如果被执行人逾期不履行义务的,则采取强制措施予以执行。

② 被执行人未按执行通知履行仲裁裁决确定的义务,人民法院有权冻结、划拨被执行人的存款;有权扣留、提取被执行人应当履行义务部分的财产;有权强制被执行人迁出房屋或者退出土地;有权强制被执行人交付指定的财物或票证;有权强制被执行人履行指定的行为。

③ 被执行人未按仲裁裁决书或调解书指定的期间履行给付金钱义务的,应当加倍支付延迟履行期间的债务利息;未按规定期间履行其他义务的,应当支付延迟履行金。人民法院采取有关强制措施后,被执行人仍不能偿还债务,应当继续履行义务。即申请人发现被执行人有其他财产的,可以随时请求人民法院予以执行。当被申请人因严重亏损,无力清偿到期债务时,申请人可以要求人民法院宣告被执行人破产还债。

④ 在执行程序中,双方当事人可以自行和解。如果达成和解协议,被执行人不履行和解协议的,人民法院可以根据申请执行人的申请,恢复执行程序。被执行人向人民法院提供担保,并经申请执行人同意的,人民法院可以决定暂缓执行的期限。被执行人逾期仍不履行的,人民法院有权执行被执行人的担保财产或担保人的财产。

## 本章小结

本章首先阐述采购合同的含义、特征及内容;接着介绍了采购合同的订立、执行与跟踪、变更、终止和解除等内容;最后阐述了采购合同的争议与解决办法。

商品采购合同就是采购企业和供应商在采购谈判达成一致的基础上,双方就交易条件、权利义务关系等内容签订的具有法律效力的契约文件。一份采购合同主要由首部、正文与尾部三部分组成。

采购合同的订立是买卖双方当事人在平等自愿的基础上,就合同的主要条款经过协商取得一致意见,最终建立起物品采购合同关系的法律行为。一份采购合同最少要经过要约与承诺两个环节才能成立。

采购合同签订之后,就要对采购合同进行执行与跟踪,以确保合同正常履行。对采购合同要进行合同执行前、执行过程及执行后的跟踪。

采购合同在执行过程中一旦发现问题,可以进行合同的变更、终止,甚至解除。

采购合同执行过程中出现争议,要根据实际情况进行索赔及理赔,必要时可进行经济仲裁。

## 实训项目

1. 请结合所学拟一份采购合同,并注意拟定合同时的关键点。
2. 请调研某公司的采购合同是如何执行与跟踪的。

## 练习题

**(一) 名词解释**

采购合同　争议　仲裁

**(二) 选择题**

1. 依据《合同法》的规定,合同形式中不属于书面合同形式的是(　　)。

A. 传真　　B. 电子邮件　　C. 登记　　D. 信件

2. 未按运输合同规定的时间和要求提供货物运输,其责任属于(　　)。

A. 承运方　　B. 保险方　　C. 接货方　　D. 托运方

3. 接受要约的承诺人要使发出的承诺不产生法律效力,则撤回承诺的通知应当在(　　)到达要约人。

A. 要约到达受要约人之前　　B. 承诺通知到达要约人之前

C. 承诺通知发出之前　　D. 承诺通知达到要约人之后

4. (　　)就是指受害的一方在争议发生后,向违约的一方提出赔偿的要求。

A. 违约　　B. 索赔　　C. 理赔　　D. 仲裁

（三）填空题

1. 索赔一般有买卖双方间的________索赔、向承运人的运输索赔、向保险人的保险索赔三种情况。

2. 采购合同的________是指由于某种法律事实的出现而使得采购合同当事人之间已经存在的权利、义务关系不复存在。

（四）简答题

1. 采购合同的特征有哪些？

2. 简述采购合同签订的形式。

3. 采购合同变更的条件有哪些？

4. 采购合同解除的法律特征是什么？

5. 简述仲裁的程序。

CHAPTER

# 第八章

# 采购绩效评估

## 引导案例

### A公司的采购绩效评估之惑

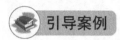

在A公司总部会议室里，王总经理正在听取本年度公司绩效考评执行情况的汇报。其中有两项决策让他左右为难，一是年度考评结果排在最后的几名员工却是平时干活最多的人，这些人是否按照原有的考评方案降职或降薪？另一个是下一阶段考评方案如何调整才能更加有效？A公司成立仅4年，为了更好地评价和激励各级员工，在引入市场化用人机制的同时，建立了一套新的绩效管理制度，它不但明确了考评的程序和方法，还细化了“德、能、勤、绩”等项指标，并分别做了定性的描述，考评时只需对照被考评人的实际行为，即可得出考评的最终结果。但考评中却出现了以下问题：工作比较出色和积极的员工，考评成绩却被排在后面；一些工作业绩平平或者很少出错的员工却被排在前面；特别是一些管理人员对考评结果大排队的方式不理解，存在抵触心理。为了弄清这套新制度存在的问题，王总经理深入调查，亲自了解到以下情况。

车辆设备部李经理快人快语：“我认为本考评方案需要尽快调整，考评指标虽然十几个，却不能真实反映我们工作的实际。我部总共有20个人，却负责公司60台大型设备的维护工作，为了确保它们安全无故障地运行，检修工需要按计划分散到基层各个站点上进行设备检查和维护。在工作中，不能有一点违规和失误，任何一次失误，都会带来不可估量的生命和财产损失。”

财务部韩经理更是急不可待：“财务部门的工作基本上都是按照会计准则和业务规范来完成的，凭证、单据、统计、核算、记账、报表等项工作要求万无一失，但这些工作无法与‘创新能力’这一指标及其评定标准对应，如果我们的工作没有某项指标规定的内容，在考评时，是按照最高成绩还是按照最低成绩打分？此外，在考评中沿用了传统的民主评议方式，我对部门内部人员参加考评没有意见，但让部门外的其他人员打分是否恰当？财务工作经常得罪人，让被得罪过的人考评我们，能保证公平公正吗？”听了大家的各种意见反馈，王总经理陷入了深深的思考之中。

**案例解析**

绩效考核的关键是指标问题，做的事情的多少跟绩效考核没有太大关联，需要确定考核对象是否在关键绩效考核指标上完成了工作，以及完成得是否出色。

A 公司的绩效考核 KPI 指标设置有问题，它没有找出关键驱动因素。

绩效考核不是考核所有的工作内容，在绩效考核下面应该还需要一些制度辅助实施，如车辆设备部的李经理所反映的情况。

工作内容比较复杂的，我们一般可以采取出错率和将失误比较多的环节设置 KPI 的方式来处理，要抓住关键驱动因素。财务的创新考核是比较难的，且创新考核只适用于季度或年度。考核前应当思考，是否引进新的核算工具，是否要进行流程优化甚至是再造，考核是否能够提高员工工作效率。不能找一个对企业不了解的人去做考评，360 度考核一般由直线领导进行考核，如主管、经理等直线上级。

（资料来源：http://wenda.haosou.com/q/1372450075061423,2013-06）

**案例涉及的主要知识点**

- 绩效评估指标体系
- 绩效评估方法
- 绩效评估改进

## 学习导航

- 理解采购绩效评估的含义
- 熟悉采购绩效评估指标体系
- 掌握采购绩效评估方法
- 熟悉采购绩效改进途径

## 教学建议

- 备课要点：采购绩效评估的各类指标、采购绩效评估方法、采购绩效改进措施
- 教授方法：讲授法、案例分析法、项目法
- 扩展知识：绩效评估

# 第一节　采购绩效评估概述

采购管理是传统管理学长期以来所忽视的一项重要内容。企业巨大的潜力也集中在采购部门，正所谓“此处无声胜有声”。企业内部的采购人员支配着占总成本 60%～80%的采购费用（对于制造类企业来说），他们的绩效提高 10%（成本降低 10%），往往意味着企业的绩效提高 6%～8%。利润增加这样多，可见通过管理提高企业经济效益的空间是很大的。因此，对于企业来说，采购绩效评估是不容忽视的。

## 一、采购绩效评估的概念

绩效（Performance）即功绩、功效，也指完成某件事的效益和业绩。采购绩效就是指采购效益和采购业绩。采购绩效是通过采购流程各个环节的工作能够实现预定目标的程度，也是指采购产出与相应的投入之间的对比关系，是对采购效率进行的全面整体的评价。

评估即评价估量，就其本义而言，是评论估量货物的价格，现在泛指衡量人物、事物的作用和价值。

采购绩效评估是指通过建立科学、合理的评估指标体系，全面反映和评估采购政策功能目标和经济有效性目标实现程度的过程。

## 二、采购绩效评估的意义

任何企业组织的最终目的都是需要根据它们的企业目标，高效力、高效率地管理它们的业务需求，来创造企业利润，这就需要企业组织各个部门如财务、人力资源、设计、生产、市场、采购、行政、工程等部门紧密配合，这就需要采取绩效管理，才能使各部门发挥积极作用，使组织获得成功。企业的绩效管理一般用关键绩效指标(KPI)来进行测量。

许多企业与机构，到现在仍然把采购部门看作“行政部门”，把采购人员看作“行政人员”，对他们的工作绩效还是以“工作品质”“工作能力”“工作知识”“工作量”“合作”“勤勉”等一般性的项目来考核，使采购人员的专业功能与绩效未受到应有的尊重与公正的评量。实际上，若能对采购工作做好绩效评估，对于企业来说具有重要的意义。

1. 确保企业实现采购目标

各企业的采购目标各有不同。例如，政府采购的采购单位偏重“防弊”，采购作业以“如期”“如质”“如量”为目标；而民营企业的采购单位则注重“兴利”。采购工作除了维持正常的产销活动外，非常注重产销成本的降低。因此，各企业可以针对采购单位所应追求的主要目标加以评估，并督促它实现。

2. 改进企业目前的采购绩效

采购绩效评估制度，可以提供客观的标准，来衡量企业和部门的采购目标是否达成，也可以确定采购部门目前的工作表现如何。正确的采购绩效评估，有助于指出采购作业的不足，并进一步拟定改进措施，而收到“反省过去、激励未来”的效果。

3. 改善部门之间的合作关系

采购部门的绩效，与其他部门的配合程度密切相关。因此，采购部门的职责是否明确，表单、流程是否简单、合理，付款条件及交货方式是否符合企业的管理制度，各部门之目标是否一致等，均可通过采购绩效评估来判定，并可改善部门间的合作关系，增进企业整体的运作效率。

4. 奖惩分明

良好的采购绩效评估方法，能反映出采购部门和人员的表现，作为各种部门考核和人事考核的参考资料。根据客观的绩效评估，给出公正的奖惩，能够激励采购人员更好地参与工作，发挥团队合作精神，使整个采购部门发挥合作效能。

5. 提升采购人员能力

根据绩效评估结果，可针对现有采购人员的工作能力缺陷，拟定下一阶段改进的计划，如安排参加专业性的职业培训等。

6. 提高采购人员的士气

有效且公平的采购绩效评估制度，能够使采购人员的努力成果获得相应的回馈与认定。采购人员通过采购绩效评估，与业务人员或财务人员同样，对公司的利润贡献有客观的衡量尺度，成为受到肯定的企业员工，有利于提升其开展下一阶段工作的士气。

## 三、采购绩效评估的流程

1. 确定需要评估的绩效类型

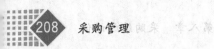

在采购绩效评估中，首先需要确定企业所需评估的绩效类型。一个企业要根据自身的实际情况选择合适的绩效类型进行组合，所选择的绩效类型必须与企业及采购部门的目标和任务相匹配。选择绩效类型是实施采购绩效评估工作的关键一步。

采购绩效通常分为采购职能部门绩效测量、采购人员绩效测量和供应商绩效测量三个方面进行测量。这三个方面的绩效又包括了多种绩效类型。例如，采购职能部门的绩效类型包括财务节约、客户服务和采购系统能力，每个绩效类型可以设定不同的指标进行测量。

2. 设定具体绩效评估指标

科学的采购绩效评估指标必须清晰、可衡量。这里的清晰是指采购人员必须能够正确理解该指标的含义，并认同该指标，这样才能引导采购部门和人员的绩效向期望的目标发展。而可衡量是指设定的评估指标必须是能够准确测量、估计和计算的。

3. 建立绩效评估标准

为每一项指标建立合适的绩效标准是十分重要的，制定不可能完成的标准会打消采购部门和人员的积极性，太容易达到的标准又不能起到激励的效果，因此，设立绩效评估标准一定要把握好尺度。绩效评估标准必须是现实的，能够反映出企业内外部的真实情况。同时，标准还应该是具有挑战性的，并且经过刻苦努力是可以实现的。

4. 选定绩效评估人员

参与绩效评估的人员需要对采购部门和人员的表现有所了解，有发言权，同时又对绩效评估有一定的经验。选定的参与绩效评估的人员可以来自企业、部门内部，也可以是其他部门、供应商，甚至是没有任何利益关系的外部专家。他们能够站在客观的角度上给出公平的评估结果。

5. 确定绩效测量时间和测量频率

采购绩效评估一般来说以月度、季度或年度为周期来进行，这里需要结合企业经营运行的目标和实际需要确定绩效测量的时间和频率。也可以结合具体的采购项目，进行阶段性、收尾性的评估。

6. 实施测量并反馈结果

观察绩效表现，搜集绩效数据，依据选定的指标体系、标准和评估方法对采购部门和人员的绩效水平进行测量、评估，并给予部门和个人以反馈，为下一步改进部门和个人绩效提出合理的建议。

# 第二节　采购绩效评估的指标体系与标准

## 一、采购绩效评估的指标体系

采购绩效考核以适时、适质、适量、适价、适地的方式进行，并用量化指标作为考核的尺度。主要利用采购品质、采购数量、采购时间、采购价格、采购效率五个方面的指标对采购部门、采购人员和供应商进行绩效考核。

### (一) 质量绩效

采购的质量绩效一般可由一些比率指标来衡量，包括批次质量合格率、来料抽检缺陷率、来料在线报废率、来料免检率、来料返工率、退货率等。多数企业常用入库验收记录及在线生产记录来判断。入库验收记录指供应商交货时，为公司所接受(或拒收)的采购项目数量或百分比；在线生产记录是指交货后，在生产过程发现质量不合格的项目数量或百分比。

$$进料验收指标 = 合格(或拒收)数量 / 检验数量 \tag{8-1}$$

$$在制品验收指标 = 可用(或拒收)数量 / 使用数量 \tag{8-2}$$

若以进料质量控制抽样检验的方式，则在制质量控制发现品质不良的比率，将比进料质量控制采用全数检验的方式高。拒收或拒用比率愈高，显示采购的质量绩效愈差，供应商供货质量越差。

对质量绩效的考核有时也可以用质量成本来衡量，即由于质量问题而产生的相应成本。

$$质量成本 = \sum 有缺陷需处理的物料数量 \times 平均处理成本 + \sum 退货成本 \tag{8-3}$$

### (二) 数量绩效

在采购人员为争取数量折扣，以达到降低采购价格的目的的同时，却可能造成存货积压，进而产生呆料、废料的情况，由此而产生相应的费用及损失。

1. 储存费用指标

$$储存费用 = 现有存货利息及保管费用 - 正常存货水平利息及保管费用 \tag{8-4}$$

2. 呆料、废料处理损失指标

$$呆料、废料处理损失 = 处理呆料、废料获得的收入 - 获取呆料、废料产生的成本 \tag{8-5}$$

积压存货产生的利息及保管的费用越大，呆料、废料处理产生的损失则越高，说明采购人员的数量绩效越差。不过这种数量绩效，有时与公司营业状况、物料管理绩效、生产技术变更或投机采购等因素相关，并不一定完全由采购人员表现所致。

### (三) 时间绩效

这项指标用来衡量采购人员处理订单的效率，及对供应商交货时间的控制水平。延迟交货，虽然可能引发缺货，但提早交货也可能造成买方不必要的存货成本或提前付款的利息费用。

1. 紧急采购费用指标

$$紧急采购费用 = 紧急运输方式(如空运)的费用 - 正常运输方式的费用 \tag{8-6}$$

2. 停工断料损失指标

停工断料损失等于停工其间作业人员的薪资损失。

除了上述两项指标所显示的直接费用或损失外，还有很多由于停工断料而产生的间接损失。例如，如果经常停工断料，就会造成顾客订单流失，采购部门员工离职，以及为了恢复正常作业的机器而必须做的各种调整(包括温度、压力等)；紧急采购会使物料采购价格过高，而质量不达标，连带也会产生因赶工而必须支付的额外加班的费用。这些费用与损失，通常都没有加以估算在该项指标内。

### 实用案例 8-1

一汽大众应用 SAP 公司的 ERP 系统后，在采购管理上根据主计划和物料清单对库存量进行核对，由计算机算出可能会造成短缺的物料的品种、数量和应进货的时间，将采购进货指令下达到各分厂。然后由采购人员从系统中查询各供应商的历史供货信息，根据供应商的报价、供货质量、服务等指标来选择下达订单的供应商。这样既能准确、高质量地采购物料，又可以大大地缩短采购周期。

由于采购准确、及时，使库存量可以保持在较低的、合理的水平。以前，一汽大众的库存资金占用严重，仅国产化件资金占用量就高达1.2亿元人民币。在使用ERP系统之后，库存资金降至原有水平的1/3。同时，系统对库存量的上下限进行严格的控制，一旦库存量达到了上限，系统就会给出报警信号，则物料不会再进入仓库；而达到下限时，系统也会提醒采购人员应该立即补充库存，起到了自动提示和监督的作用。

**（四）价格绩效**

价格绩效是企业最重视也是最常见的绩效衡量标准。通过价格指标，可以衡量采购人员议价能力以及供需双方势力的消长情形。采购价格绩效的指标，通常使用差额标准来衡量，一般有下列几种。

1. 实际价格与标准成本之间的差额

其主要是指企业采购商品的实际价格与企业事先确定的商品采购标准成本的差额，它反映企业在采购商品过程中实际采购成本与采购标准成本的超出或节约额。

2. 实际价格与过去一段时期移动平均价格之间的差额

实际价格与过去移动平均价格的差额是指企业采购商品的实际价格与已经发生的商品采购移动平均价格的差额，它反映企业在采购过程中实际采购成本与过去采购成本的超出或节约额。

3. 比较使用时的价格与采购时的价格之间的差额

它是指企业在使用材料时的价格与采购时的价格的差额。

4. 当期采购价格与基期采购价格的比率与当期物价指数与基期物价指数的比率

该指标是动态指标，主要反映企业材料物资价格的变化趋势。

**实用案例8-2**

俗话说："买的不如卖的精。"实行物资采购比价管理，一般可以取得明显的经济效益。江苏镇纺集团有限责任公司是一家拥有2亿元资产的国有棉纺企业，每年采购原材料的费用达到1亿3 000多万元，1998年亏损298.68万元。是江苏省的脱困重点户。为加快脱困进程，他们首先从采购环节入手。年初，他们仅花2 000元在当地报纸《京江晚报》上发布的招标采购信息，一下子引来了80多个优秀的供货厂商，经过竞价，这个企业今年的原材料质量普遍提高了，而价格却下降了5%～15%，基中编织袋价格更是下降了26%。江苏镇纺织集团董事长说："一年下来，我们的原材料成本由原来的占总成本的70%下降到60%，一年降低成本600万元。"到目前为止，镇纺集团已盈利300万元，企业管理也步上了良性循环的发展轨道。在江苏省，像镇纺集团这样严格执行比价采购管理的企业已达到国有工业企业的91.9%以上，其中大型国有企业占95.8%。

**（五）采购效率（活动）指标**

质量、数量、时间及价格绩效都是就采购人员的工作效果来衡量的。采购工作效率的衡量也可以采用采购效率（活动）指标，如下列指标。

1. 采购金额

采购金额，即采购各项物资支出的总和，包括生产性原材料与零部件采购总额、非生产采购总额（包括设备、备件、生产辅料、软件、服务等）、原材料采购总额占总成本的比例等。采购金额的高低反映出采购人员和部门对采购活动经济水平的控制能力。

2. 采购金额占销售收入的百分比

采购物资一般用于企业的研发、生产、运营、维修、服务等活动，其中，生产所用的物资将转移至最终产品，在市场上进行销售，以销售收入来补偿。企业在一定时期里商品或物资采购总额占销售收入的比例，它反映企业采购资金的合理性。

3. 订购单的件数

订购单的件数是指企业在一定时期内采购商品的数量，订购单的件数反映出采购部门一段时期内所接收到的采购任务，以及向供应商发出的采购请求。主要是按 ABC 管理法，对 A 类商品的数量进行反映。

4. 采购完成率

采购完成率可以用已执行并完成的采购订单数目与采购订单总数之比来衡量。其中已完成数目有两种计算标准，一种是以采购人员所签发的请购单来计算；另一种是以供应商交货验收完成的采购订单来计算。采购完成率可用来衡量采购人员工作的努力程度。

5. 采购人员的人数

采购人员的人数配置关乎采购部门任务完成和目标达成的结果，同时也影响到企业的人力资源配置和成本。它是反映企业劳动效率指标的重要因素。完成一定时期、一定项目的采购工作所配备的采购人员数越多，则表明采购活动工作效率越差，反之越好。

6. 采购部门的费用

采购部门进行采购活动除了采购物资所花费的金额之外，还有为保证部门运营活动正常、稳定进行所产生的必要开支。一定时期完成一定工作的费用越高，则采购部门活动的经济效率越差，反之越好。

7. 新供应商开发个数

为保证企业有持续稳定的供应源，通常要求采购人员在一定期限内必须提出新增的供应商数量。这个指标也可以通过唯一供应源的材料占所有同类材料的比例来衡量。

8. 错误采购次数

错误采购次数是指一定时期内企业采购部门因工作失职等原因造成错误采购的数量，如请购单位错误、超预算支出、没有经过部门主管审核批准的请购等，主要反映企业采购部门工作质量的好坏。企业应尽可能少地出现错误的采购。

9. 订单处理的时间

订单处理的时间是指企业在处理采购订单的过程中所需要的平均时间，主要反映企业采购部门的工作效率，是衡量采购人员业务操作能力的基本指标。在保证订单完成质量的前提下，采购人员用于订单处理的时间越少，则采购人员业务操作效率越高，反之越低。

由采购活动水准上升或下降，我们不难了解采购人员工作的压力和能力，这对于改善或调整采购部门的组织和人员有很大的参考价值。

对采购人员的考核指标可以分成定量考核指标和定性考核指标两类，以上五类可以具体量化计算的指标均为定量考核指标。在对采购人员进行考核时，可以以加权打分的方法应用定量考核指标来进行考核，同时结合定性考核指标进行综合考核。如表 8-1 和表 8-2 所示。

**表 8-1 定量考核表**

| 序号 | 项目 | 子 项 目 | 目标值 | 权重设置 | 计 算 公 式 | 支持数据 |
|---|---|---|---|---|---|---|
| 1 | 价格成本指标 | 1.1 平均单价达成率 | 100% | 15 分 | 当月采购单价平均值/市场定位价格的平均值 | 价格信息表 |
| | | 1.2 平均付款周期达成率 | 100% | 15 分 | 上月付款周期平均值与本月付款周期平均值差异额 | 应付货款明细 |
| 2 | 质量交付指标 | 2.1 来料检验合格率 | 98% | 15 分 | 当月来料检验合格批数/来料总批数 | 来料检验汇总表 |
| | | 2.2 交货数量准确率 | 100% | 15 分 | 当月 PO 总量/来料总量 | PO 订单统计表/仓库来料明细表 |
| | | 2.3 物料准时交货率 | 95% | 15 分 | 当月准时交货批次/总批次 | 物料跟踪表 |
| 3 | 效率指标 | 3.1 工作量完成率 | 100% | 20 分 | 已出订单/已接申购数量 | 物料追踪表 |
| | | 3.2 供应商开发达成率 | 100% | 15 分 | 供应商信息一览表 | 已开发数量/目标值 |

**表 8-2 定性考核表**

| 序号 | 评定要素 | 定 义 |
|---|---|---|
| 1 | 工作速度 | 是否处理事务快捷，没有等待窝工现象，完成标准和工作量 |
| 2 | 工作效率 | 工作是否麻利，没有浪费 |
| 3 | 工作正确度 | 工作是否正确无误，无事故、无损害，值得信赖 |
| 4 | 工做出色度 | 工作内在质量是否出色 |
| 5 | 服从性 | 是否遵守公司纪律，是否服从上级工作安排 |
| 6 | 协作性 | 是否能帮助上级、同事完成工作，是否与同事和睦共事 |
| 7 | 积极性 | 是否有增加工作量、提高工作质量的愿望 |
| | | 是否有改进和改善工作的热情 |
| 8 | 责任心 | 是否能善始善终地完成本职工作 |
| | | 遇到工作失误时，是否推卸责任 |
| 9 | 知识水平 | 是否具备完成本职工作的知识和技能 |
| 10 | 承受力 | 是否具备完成本职工作的承受力 |

## 二、采购绩效评估的标准

有了绩效评估的指标之后，必须考虑依据什么标准，作为与目前实际绩效比较的基础。一般常见的标准如下。

1. *历史绩效*

选择公司以往的绩效，作为评估目前绩效的基础，是相当正确、有效的做法。但只有在公司采购部门，无论组织、职责或人员等都没有重大变动的情况下，才适合使用这种标准。

2. 预算绩效

若过去的绩效难以取得或采购业务变化很大，则可以预算或标准绩效作为衡量基础。标准绩效的设定，有下列三种原则。

(1) 固定的标准。评估的标准一旦建立，则不再作任何改动。

(2) 理想的标准。指在完美的工作条件下，应达到的绩效。

(3) 可达成的标准。在现有条件下，应该可以达到的水平，一般依据当前的绩效加以考量设定。

3. 同业平均绩效

若企业与其他同业公司在采购组织、职责及人员等条件上相似，则可与其进行采购绩效比较，以对比彼此在采购工作成效上的优势。如果个别公司的绩效资料不易取得，则可以整个行业绩效的平均水平来比较。

4. 目标绩效

预算或标准绩效代表在现况下，“应该”可以达成的工作绩效；而目标绩效则是在现况下，非经过一番特别的努力无法完成的较高境界。目标绩效代表公司管理层对采购部门工作人员追求最佳绩效的“期望值”。

# 第三节　采购绩效评估的人员与方法

## 一、采购绩效评估人员

采购部门或人员的绩效评估与管理人员的选定有着重要的关联，通常要选择那些最了解采购工作情况的人员或与评估目标实现关联紧密的其他部门参与评估。一般情况下，会选择以下几类部门的人员参与评估。

1. 采购部门主管

由采购主管负责评估，注意采购人员的个别表现，并兼收监督与训练的效果。

2. 会计部门和财务部门

采购金额占公司总支出的比例甚高，采购成本对公司的利润影响很大，会计和财务部门不但掌握公司产销成本数据，对资金的取得与付出亦做全盘控制，故可以对采购部门的工作绩效参与评估。

3. 工程部门或生产控制部门

如果采购项目的质量与数量对企业的最终产出影响很大，有时可以由工程或生产控制人员评估采购部门的绩效。

4. 供应商

企业通过正式或非正式渠道，向供应商探询其对于采购部门或人员的意见，以间接了解采购作业的绩效和采购人员的素质。

5. 外界的专家或管理顾问

为避免公司各部门之间的本位主义或门户之见，企业也可以特别聘请外界的采购专家，针对全盘的采购制度、组织、人员及工作绩效，作客观的分析与考评。

## 二、采购绩效评估的方式

越来越多的企业管理者认识到采购部门在整个企业中发挥着巨大的作用，尤其是一个配备了有能力的员工和恰当组织的采购部门。定期合理地评价采购部门的绩效可以节省费用，直接增加企业利润。采购绩效可以分为定期评估和不定期评估两种评估方式。

1. 定期评估

定期评估是配合企业年度人事考核制度进行的。一般来说，如果能以目标管理的方式，也就是从各种工作绩效指标中选择年度比较重要的项目中的几个定位绩效目标，年终按实际达到的程度进行考核，那么一定可以提升个人或部门的采购绩效。并且，这种方法因为排除了“人”的抽象因素，以“事”的具体结果为考核重点，也就比较客观、公正。

2. 不定期评估

不定期绩效评估，是以专案的方式进行的。比如，企业要求某种特定物资的采购成本降低 10%，当设定期限一到，实际评估成果是高于或低于 10%，企业依据此成果给予采购人员适当的奖励或处罚。这种不定期的绩效评估方式对提升采购人员的士气有巨大的作用，特别适合于新产品开发计划、资本支出预算、成本降低等专案的情况。

## 三、采购绩效评估的方法

### （一）常用的采购绩效评估方法

采购绩效评估方法直接影响评估计划的成效和评估结果的正确与否。常用的评估方法有如下几种。

1. 直接排序法

在直接排序法中，采购部门主管按照采购人员绩效表现从好到坏依次排序。这种绩效表现既可以是整体工作的绩效，也可以是某项特定工作的绩效。

2. 两两比较法

两两比较法指在某一绩效标准的基础上把一个员工与其他每一个员工相比较来判断谁“更好”，记录每一个员工和所有其他员工比较时认为“更好”的次数，根据次数的多少给员工排序。

3. 等级分配法

等级分配法能够克服上述两种方法的不足。这种方法由评估小组或采购部门主管预先拟定相关的评估项目，按评估项目对员工绩效做出粗略的安排。

### （二）360 度考核法

360 度考核法又称为全方位考核法，最早被英特尔公司提出并运用。该方法是指通过员工自己、上司、同事、下属、顾客等不同主体来了解其工作绩效，通过评估和反馈各方面的意见，被评估者得以清楚自己的优点和不足，进而提高未来工作绩效。

采购人员如果想知道别人对自己是怎么评价的，自己的感觉跟别人的评价是否一致，就可以主动提出来做一次 360 度考核。当然，这种考核并不是每个采购人员都必须要做的，一般是针对工作时间较长的采购人员和骨干人员。

360 度考核法可以把跟被考核的采购人员有联系的上级、同级、下级、服务的客户各划分为一组，共 4 组，每组至少选择 6 个人，然后公司用外部的顾问公司来作分析、出报告交给被考核人。

考核的内容主要是跟企业的价值观有关的各项内容。4 组人员根据对被考核人的了解来看他是否符合价值观的相关内容，除了划圈外，再反馈出被考核人 3 个最优秀的方面。其分析表是很细致的，同级、上级、下级针对每一项都会有不同的评价，通过这些由专门顾问公司分析得到对被考核人的评价结果。如果被考核人发现在某一点上有的组比同级给的评价低，他都可以与这个组的成员进行沟通，提出帮助自己的请求，大家敞开交换意见，这样就能起到帮助采购人员提高的效果。

1. 360 度考核法的优点

(1) 360 度考核法改变了传统的由上级考核下属的考核方式，可以避免考核者极容易产生的"光环效应""个人偏见""偏紧或偏松""考核盲点"和"居中趋势"等现象。

(2) 一个员工很难对多人造成影响，因此，管理层可以获得更准确的信息。

(3) 可以从不同考核者的角度反映出他们对于同一被考核者不同的看法。

(4) 防止被考核者出现急功近利的行为(如仅仅关注与薪金密切相关的业绩指标等)。

(5) 较为全面的反馈信息有助于被考核者多方面能力的提升。

360 度考核法实质上是员工参与管理的一种方式，在一定程度上增强他们参与的自主性和对工作的控制能力，员工的积极性会得以提高，对组织会更加忠诚，增加了员工的工作满意度。

2. 360 度考核法的不足

(1) 考核成本高。当一个员工要对多个同事进行考核时，会耗费较多的时间，由多人来共同考核所导致的成本上升可能会超过考核本身所带来的价值。

(2) 成为某些员工发泄私愤的方式。某些员工曲解上司及同事的批评与建议，将工作上的问题转化为个人情绪，利用考核机会"公报私仇"。

(3) 考核培训工作难度大。企业要对所有的员工进行 360 度考核制度的培训，因为所有的员工既是考核者又是被考核者。

**(三) 企业关键绩效指标(KPI)评估法**

企业关键绩效指标(Key Performance Indicator，KPI)是通过对组织内部流程的输入端、输出端的关键参数进行设置、取样、计算、分析，衡量流程绩效的一种目标式量化管理指标，是把企业的战略目标分解为可操作的工作目标的工具，是企业绩效管理的基础。应用 KPI 进行采购绩效评估可以使采购部门主管明确部门的主要责任，并以此为基础，明确采购人员的业绩衡量指标。建立明确的切实可行的 KPI 体系，是做好采购绩效管理的关键。关键绩效指标是用于衡量工作人员工作绩效表现的量化指标，是绩效计划的重要组成部分。

KPI 评估法符合一个重要的管理原理——"80/20"原理，即在一个企业的价值创造过程中，20%的骨干人员创造企业 80%的价值；而且在每一位员工身上"80/20"原理同样适用，即 80%的工作任务是由 20%的关键行为完成的。因此，必须抓住 20%的关键行为，对之进行分析和衡量，这样就能抓住业绩评价的重心。

1. KPI 评估法的优点

(1) 目标明确，有利于企业和采购部门战略目标的实现。KPI 是企业战略目标的层层分解，通过 KPI 指标的整合和控制，员工绩效行为与企业目标和采购部门目标要求的行为得以吻合，不至出现偏差，有力地保证了企业和采购部门战略目标的实现。

(2) 提出了客户价值理念。KPI 提倡的是为企业内外部客户价值实现的思想，对于企业形成以市场为导向的经营思想是有一定的提升的。

(3) 有利于组织利益与个人利益达成一致。策略性地层层分解指标，使企业战略目标转化成员工的个人绩效目标，员工在实现个人绩效目标的同时，也是在实现企业的总体战略目标，使两者匹配一致，实现企业与员工的共赢。

2. KPI 评估法的不足

(1) KPI 指标比较难界定。KPI 更多地倾向于可以定量衡量的指标，这些定量化的指标是否真正能够对企业绩效产生关键性的影响，如果没有运用专业化的工具和手段，还是很难界定的。

(2) KPI 会使考核者误入机械的考核方式。过分地依赖考核指标，而没有考虑人为因素和弹性因素的影响会产生一些考核上的争端和异议。

# 第四节 采购绩效的改进措施

## 一、改进采购绩效的途径

对采购绩效评估的最终目的是要给出下一步改进采购绩效的合理建议。一般来说，改进采购绩效可以有以下几种途径。

1. 营造良好的组织氛围

良好的组织氛围是做好各项工作的基础。如果采购组织内部氛围不和谐，甚至存在激烈冲突和矛盾，采购人员相互之间、上下级之间相互不信任，缺乏合作积极性，采购人员将会感觉如芒在背、如履薄冰，严重分散工作的精力，进而降低工作绩效。因此，营造良好的组织氛围对提升采购绩效来说非常直接、有效。具体来说，需要做好采购管理规划和采购人员管理，建立良好的采购工作程序，控制采购价格与成本，加强供应商管理，掌控采购计划和购货合同执行，按质量合格率分级，制定改善供应商方案，督促和帮助供应商推行 ISO 9000 等。

2. 强化内部管理

科学的管理有利于合理配置资源，提升绩效。采购部门可以通过建立合格的采购团队、提供必需的资源、选聘合格人员担任采购人员并培训、设立挑战可行的工作指标、激励采购人员，鼓励采购人员掌握更多的采购知识、提升技术能力、提高风险管理能力、具有协作精神、具有供应链全局观和国际视野、具有良好的道德素养等方式强化采购部门内部管理。

3. 应用科学技术

(1) 建立企业内网。内网获取信息，免去了频繁召集会议的麻烦；外部电邮传送图纸或技术文件，供应商可以快速获得清晰原件，又快又准。

(2) 使用国际互联网。这有利于企业节约采购成本，缩短采购周期，增加采购流程的透明度，增加优秀供应商，促进企业实现管理的现代化。

(3) 推行物料需求计划(Material Requirement Planning, MRP)系统。MRP 系统中的数据不仅全面，而且实时性好，许多采购人员所需的数据，如采购量、历史价格、供应商信息、一种物资有几个合格供应商、供应商的基本情况(地址、联系方式)、采购前置时间、采购申请单、收货状态、库存量、供应商的货款支付状况等均可查询。

(4) 使用条形码。产品包装上使用条形码，包含了物料名称、物料编号、价格、制造商信息等，可用读码器扫描直接输入计算机中，迅速准确，避免了手工输入工作量大、容易出错的问题。

(5) 与供应商进行电子数据交换(Electronic Data Exchange, EDI)。首先定好位，要把供应商作为企业的资源供应部门来管理。EDI可以实现更多的信息传递、更快的采供信息交换。

4. 与供应商建立合作伙伴关系

供应商是改进采购绩效的关键参与者。改进与供应商之间的关系，与其建立合作伙伴关系，对于改进采购绩效非常有效。与供应商建立合作伙伴关系的主要途径有：

(1) 与供应商共同制订可行的成本降低计划；

(2) 与供应商签订长期的采购协议；

(3) 供应商参与到产品设计中去。

5. 通过开发优秀新供应商来降低采购总成本

企业可以成立供应商开发小组，聘请具有好的业务素质和好的职业道德、熟悉相应法律法规、掌握业务理论知识、胜任采购评审工作的专家来帮助企业开发优秀的、新的供应商。采购物料要坚持就近和本地化原则。

6. 正确选择采购方式

采购方式有招标采购、竞争性谈判采购、询价采购、定点采购、集中采购、分散采购、现货采购、远期合同采购、直接采购、间接采购等。企业应根据企业经营目标、物料特点、供应商分布和能力等多种因素选择正确、合适的采购方式。

## 二、改进采购绩效的措施

要想有效地改进采购绩效，就应把采购的所有环节有效地管理起来，向管理要绩效。

1. 获得采购规模优势

买方的采购批量是买方采购谈判中的重要砝码，但具体如何合理地运用这个砝码，还取决于不同的采购战略。对于某些生产资料的采购，其采购批量上的优势是相当明显的。为了维持价格的竞争性，同时也为了分散风险，企业常常要保有两到三个供应商。另外一方面，某些物料的采购，尤其是种类繁多的低值物品，单项商品的采购规模并不一定很大。这种情况下可以将同类商品，甚至不同类的商品进行合并采购，从而获得采购规模优势，以提升谈判的力量。

2. 选择综合性供应商

对于合并采购项目的情况来说，有时一个具有综合能力的中小型公司可能更能满足采购商的需要。对单一物料的制造商而言，单一客户的采购量未必很大。虽然他们具有成本优势，但其提供给采购商的未必就是最好的价格，并且他们很少为某一客户单独储备大量的库存。相比之下，通过向提供灵活服务的综合性供应商进行采购，买方庞大的采购批量往往能够获得特别的折扣。

3. 实施近地域采购

运输的时间和成本在物料采购成本管理中的作用不可低估。物料的交货期中大约有四分之一的时间是被用在了运输上。特别是一些低价值产品，长途运输无疑将增加采购的成本，有时甚至可能超过物料本身的价值。因此，选择向本地或周边区域的供应商进行近地域采购有利于节省运输时间和成本。

4. 运用采购管理系统

采购管理系统的应用无疑可以提高企业使用各种用于采购活动的资源的效率，采购管理系统的应用可以实现采购信息电子化管理，采购部门内部通过局域网的信息和资源互通互享,可以提高运作的速度,减少出错率,增强计划的准确性,从而使采购成本相应地下降。

5. 形成诚信的工作态度

"动荡经济"的到来使竞争法则从企业之间的竞争转为供应链联盟之间的竞争。与供应商建立良好的合作关系是构建供应链联盟的基础,供应商关系管理因而成为决定企业竞争力的重要因素。良好的供应商关系是建立在诚信、互利与合作的基础上的。良好的信用记录可以极大地提升采购方在谈判中的地位,采购人员在向供应商要求更合理的采购条件时也能够显得合情合理。

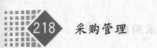

## 本章小结

采购绩效是通过采购流程各个环节的工作能够实现预定目标的程度。采购绩效评估是指通过建立科学、合理的评估指标体系,全面反映和评估采购政策功能目标和经济有效性目标实现程度的过程。为确保采购目标实现,企业应对采购部门、采购人员和供应商进行必要的绩效评估。

采购绩效评估需建立科学的指标体系。指标体系应以可以量化考核的定量性指标为主,辅以定性考核的指标。对指标体系的衡量应设定合适的标准,可以以企业历史的绩效为参考,也可以将同行业其他企业或行业平均水平作为参考标准,还可以设定固定的标准、理想的标准,或可达成的标准。

采购绩效评估应由具有经验的人员组成考核小组来进行,应用合适的考核方法,尽量避免单项考核,应选择全面、综合的考核方法,如 360 度绩效考核方法,也可以应用"80/20"原理对关键的绩效指标进行考核。

采购绩效的改进应从内部和外部两个方向同时抓起,既要优化采购部门的工作氛围、提升采购人员自身的素质、优化采购队伍,又要引进新的优秀的供应商,与供应商建立合作伙伴关系,同时还有从管理的角度入手,应用现代化的采购技术和手段,以此来全面提升采购绩效。

## 实训项目

**面对不公平的绩效考核,A 应该如何申诉**

某公司今年开始实行绩效考核制度,每月按照绩效得分发放奖金。由于人员流失,这个月开始公司采购部仅剩下 A 和 B 两名员工。他们的绩效得分是由到货量提成乘以每月按时到货率制定而成,B 负责五家大型供应商,A 负责余下的十三家中小型供应商。

由于公司采购资金的限制和供应商性质不同,B 负责供应商的采购量必须保证,仅总量就是 A 的一倍以上,而 A 的采购量就很受限制。

但这个月部门经理居然将 A 和 B 的到货率都定在 90%,这种情况就相当于两个人都跑 100 米,B 在 50 米处起跑,A 从 0 米处起跑,这是一场从开始就注定不公平的比赛。

面对这样不公平的绩效考核标准,A 决定向部门经理和老总反映,但又不知如何反映才能得到他们的重视和认同,请你给出合理的建议。

## 练习题

**（一）资料分析题**

从下个月开始，某公司将制订一个采购目标计划。为了让采购部在制定目标的工作上更轻松，将提供若干项目作为参考（见资料后半部分）。在下个月结束后，将提出采购部未来12个月的采购目标；如果有计划去进行检查，公司将安排与采购部的每一位员工见面来讨论计划执行的情况。在第二季、第三季及第四季之初，采购部经理希望部门员工给出一页摘要，说明到目前为止目标的进度；而今年结束时，将和他们一起检查一年来的成果。采购人员的成果将是用来评估他们一年来工作绩效的标准。

（1）降低采购商品的成本________%或________元。

（2）在合格供应商名单上，要增加________家新的供应商。

（3）删除________种单一供应的情况。

（4）每年存货周转率提高至________倍。

（5）改善供应商的品质绩效________%。

（6）改善供应商的交货绩效________%。

（7）降低供应商的成本达________元。

（8）降低平均请购作业时间到________天。

（9）增加品质认证供应商到________家。

（10）降低前置时间不足的请购案件________%。

（11）降低每一位供应商访问的平均时间到________分钟。

（12）对________种商品做深入的市场调查研究。

（13）访问________家供应商的工厂。

（14）降低不正当采购的数目到________%。

（15）出席________场科技方面的商品展览。

问题：

1. 企业制定采购目标的绩效考核标准，一般应包含哪几个方面？为什么？

2. 企业制定采购目标的绩效考核标准体系，对采购绩效评估有什么意义？

**（二）简答题**

1. 影响采购绩效评估的因素有哪些？

2. 采购绩效评估指标有哪些？

3. 采购绩效评估的标准有哪些？各适用于何种情况？

# 第九章 CHAPTER

# 采购价格与成本管理

## 引导案例

### 450亿美元是这样节省的

对于IBM而言，20世纪90年代初无疑是其百年历史长河中最为艰难的时期，不断下滑的市场份额，持续加剧的亏损规模，企业内部充斥着的臃肿，而又低效的各种机构……当时，包括甲骨文CEO埃里森、微软创始人比尔·盖茨在内的许多人都认为，这个蓝色巨人已经走到了穷途末路、时日无多。当时有媒体用一句话来描述IBM，那就是“一只脚已经跨入了坟墓”。几乎没有哪个千亿美元规模的企业能够从濒死边缘重获新生，然而IBM却创造了这个奇迹。临危受命的前IBM公司董事长郭士纳通过启动一系列战略性调整举措让大象起死回生并重新翩翩起舞。十多年之后回望这段经历，其中重要的行动就是IBM曾经向全球整合企业(Global Integrated Enterprise，GIE)模式转型，IBM全球共享服务中心的成立在其中起到了关键作用。IBM大中华区全球流程服务部总经理廖伦平认为：“在当时的调整中，IBM急需降低成本，于是我们开始建立共享服务中心，将采购、财务、人事这些原本分散在各个国家的事务，在全球范围内集中到三四个点来进行整合、统一。在2005—2011年的6年时间里，IBM每年仅在采购方面节省的成本就在75亿美元，6年共节省的采购成本最高可达450亿美元，这对于IBM摆脱困境，实现之后的转型，有着巨大的帮助作用。”

450亿美元的节省！这是一个惊人的数字。共享服务中心为何能起到如此大的作用？这450亿美元都是如何省下来的？对于这些疑问，IBM大中华区财务及运营副总裁刘莉莉以及IBM大中华区全球业务流程服务部总经理廖伦平分别从各自的角度，为我们做了分享。

**共享就可以降成本**

“仅在欧洲，我们就拥有142个不同的财务体系。有关客户的资料无法在全公司范围内进行沟通。”在自传《谁说大象不能跳舞》中，郭士纳这样描述着1993年他刚刚接手时的IBM。事实上，他描述的只是当时IBM内部流程繁杂低效的冰山一角。20世纪90年代初的IBM，在其业务所至的每个国家，几乎都有一套独立的人事、采购、财务等系统，按照各自非常不同的流程、步骤、标准进行着运作……90年代初，IBM的财务像个迷宫，处于完全分散的状态，在全球，当时IBM有14 000名员工，这个数字比竞争对手多了两倍以上，然而IBM财务主要负责的工作却都是记账式的会计，对业务管理的附加值是非常低的。当时IBM

没有整个企业范围的数据策略，对数据的定义、数据的指标也都是不统一的，每个月、每个季度、每年结算周期会花费非常长的时间，根本无法实现数据的一致性与透明性。

如果没有20世纪90年代初的那次危局，也许这样的情形还会持续一段时间，但在危机面前，IBM不得不做出调整。为此，他们开始从跨国企业向GIE模式转型，将全球支付中心设立在中国上海，全球采购中心设立于中国深圳，财务中心设立于马来西亚吉隆坡，人力资源中心设立于菲律宾马尼拉，援助中心和客户服务中心设在澳大利亚布里斯班。建立这些共享服务中心，将原本处于分散状态的采购、人力资源、财务等业务进行流程整合，集中运作。以财务为例，当时的改革从流程改进、数据整合、信息技术运用这三个方面展开工作。"我们主要采取了以下行动，一是建立一个统一的总账；二是建立企业级的数据仓库；三是建立参考指标，给每一个职能部门建立生产效率的参考指标来进行评估；四是减少数据中心的数量，减少关键应用的数量。利用我们的信息技术，建立一个统一财务管理架构。"刘莉莉介绍道。在这个过程中，原来财务部门所负责的工作内容被分为非关键业务与关键业务，前者包括原本分布在各个国家的应收应付账款、固定资产管理、员工工资发放、差旅报销等大量行政性的工作，以及可以利用技术自动化的工作，这些都被统一外包给IBM内部负责提供共享服务的全球业务流程(GPS)服务部集中处理。而那些关键性的、高附加值的工作则继续由财务团队来负责。由于减少了很多事务性的工作，财务团队可以把精力集中于对于业务的跟踪管理，从而回归了财务管理的真正意义。经过了这样的整合，IBM全球财务运营成本从21亿美元减少到12亿美元，降幅达43%。通过将大量原本分布在全球各地的行政性工作进行集中，数据中心从67个减少到6个，关键应用从145个减少到44个。显然，这些减少带来的不仅是设备成本的降低，还伴随着大量人力成本的下降。与此同时，业务工作效率却大幅提升，比如结算周期就从之前的18天缩短到了7天。

不过，降成本的大头还不是财务，而是采购。根据廖伦平的说法，"那么大的公司，在当时采购分散在不同国家、不同地区去独自运作，水分是非常多的。而一旦集中、标准化，就能一下挤出很多水来"。公开资料证实，在进行全球共享整合之后，IBM全球采购中心从过去300个缩减到3个，通过规模化的统一寻源、统一采购，每年为IBM节省了75亿美元成本。毫无疑问，这是一个令人振奋的数字。采购是IBM最先建立共享服务中心的业务。廖伦平介绍，开始做采购共享业务时，不需要建立一个真正的中心系统，只需要标准化采购数据和业务流程就可以了。因此，他们选择了这个在技术上相对容易开始的业务。当然，像在其他企业一样，在IBM做采购集中管理来自人的阻力也非常大。借当时危机所形成的机会，IBM居然首先在人脉关系网最密实的美国和欧洲捅下了第一刀。集中采购的效益在几个月后开始体现出来，因此，这项工作随后在IBM全球其他地方陆续展开。采购一旦集中共享，财务的问题就会马上暴露，因此，财务共享服务中心以及人力资源共享服务中心陆续与之匹配地开建起来。

**降成本还伴随着开源**

IBM在企业内部建立的共享服务中心，不仅创造了节省成本的佳绩，还在帮助IBM不断开源，创造更多的价值。"20世纪90年代初的危机让IBM意识到自己需要调整，但是调整业务战略的前提是你要对现在的业务有非常深的认识，这时就需要数据的支持。"刘莉莉说道，"但在当时我们的财务数据分散在各个国家或者地区，你不可能很快提取到那些具体数据，而且，即使拿到手的数据报告，是否经过了粉饰，你也不知道。"据说当时IBM面临的市场问题已经很明显了，但汇聚到郭士纳和全球CFO手里的，仍然是一份份漂亮的市场业绩报告。共享服务中心的建立大大改变了这一窘境。第一，随着财务数据被集中到几个共享服务中心，过去那些不同格式、不同体系的数据，基本实现了标准化处理。第二，经过共享服务中心对流程进行了良好的整合与简化，调取财务数据的速度可以大大提升。第三，原先的财务数据来自各个业务部门，出于美化自身的考虑，数据存在着被粉饰的可能性。但如今数据出自共享服务中心，他们则不存在粉饰的动机，数据的真实性因此也得到了保证。简言之，共享服务中心的建立，保证了IBM对于高质量财务数据的及时获取。

如前文所言，随着共享服务中心的建立，财务部门大量非关键性、低附加值的行政性事务都已经外包给了GPS。在这样的情况下，对核心数据进行分析，促进具体业务的发展，已经成为财务团队的最主要职责，而高质量财务数据的提供，则为这一目标的实现奠定了坚实的基础。"在IBM，如今财务部门进行的数据分析已经不再是传统的财务分析，传统财务分析只关注财务数据，做出报表。而我们现在财务部门所做的数据分析，是直接为业务发展服务的。"说到这时，刘莉莉举例道，"比如销售部门可能会把大量的注意力放在跟进眼前的潜在客户，对未来两个季度的情况，他也许并不清楚。但财务部门却能从历史财务数据分析中看出一些变化的端倪，会提前至少两个季度提醒销售，他们的工作量是否会有问题，他们的哪些工作可能会出问题，需要在哪些环节做更多的工作等。"显然，这样的管理已经远远超出了传统意义上财务部门的职责范畴。同样的价值也体现在人力资源领域，廖伦平说道："对于HR而言，人员流动的趋势是一个很重要的问题，借助数据分析结果，IBM人力资源管理者就会了解到，一年当中，哪个月的离职率是最高的，主要离职的原因又有哪些。当了解这些情况之后，就能制定出一些针对性的措施。"

对业务的这些引领服务，是在共享中心运营时积累大量有效数据后产生的。不过，共享服务中心给IBM带来的开源并不仅于此，GPS部门本身也从提供共享服务中获得开源——"在IBM这块足够大的试验田上磨炼成熟后，我们也把多年转型实践中总结出的智力资产和经验提供给其他企业。"廖伦平透露说，这也是他和他的部门在IBM内部积极推动共享中心服务的动力之一，"我们在内部实践得越多，积累的经验也就越多，我们就能更好地服务我们的客户。"而这种对外的开源，又反过来可以继续让IBM受惠，"随着我们不断承接外面企业的订单，我们单位人员成本也在不断降低。举例说，三年前我的1 000人全部是为IBM服务，而如今我依然是1 000人，但我在为IBM内部提供服务的同时，还能为其他企业服务。尽管总的人力成本没有变化，但单位人力成本大大降低了。因此IBM其他业务部门每年需要付给我的费用实际上就被摊薄了。从这个角度来说，我们在不断为IBM降低成本。"

**案例解析**

采购成本的降低对于企业降低运营成本、提高采购效率至关重要。案例以IBM为例，叙说了6年间降低450亿美元的奇迹。而降低这么多的成本并不是一件容易的事情，本案例给了我们诸多经验。首先，建立共享服务中心，这实际上是对企业资源的一次整合，削减了不必要的设备与人员，大幅降低企业运营成本，对于采购来说，由原来的分散采购变为统一采购，大大减少了其中的暗箱操作，增加了采购的透明度，也使得采购成本大幅下降。其次，IBM 更愿意将自己总结的实践经验分享给其他企业，企业实现了对外开源，与此同时降低了成本。在这样的一个信息时代，企业应乐于资源共享，服务他人时也受惠于自己。

（资料来源：百度文库，http://wenku.baidu.com/link?url=HzkhZe4fUGxaEksBuilt38TS4VH2gPuhkLvDhcUG5LROsY-CUFCrWVvnRwW67R6bdg6TFL63L87HgwfGXcWIOEdhAtLSlLx2MQT_mCmeLeS.）

**案例涉及的主要知识点**

- 采购成本
- 集中采购
- 业务流程
- 共享服务中心

## 学习导航

- 掌握供应商定价方法
- 了解采购价格的影响因素
- 理解采购价格的确定方式
- 了解采购成本的含义及构成
- 掌握采购成本控制方法

## 教学建议

- 备课要点：采购价格相关概念、采购的含义及采购成本控制方法等相关内容
- 教授方法：案例引导、课堂讨论、板书及 PPT 讲授
- 扩展知识：结合本章内容了解采购成本控制与其他成本控制有何异同

# 第一节　采购价格

在国际竞争日益激烈、产品生命周期逐渐缩短、消费者产品需求多样化以及产品技术层次不断提升的情况下，如果企业无法有效地开源，节流就成为应对变局的有效方法之一。因此，企业越来越重视对采购成本的控制及缩减。在物料采购成本中，最需要考虑的是物料的价格。可以说，采购控制的核心就是采购价格的控制，降低采购成本的关键也是控制采购价格。采购价格控制直接影响到采购为企业带来的增值效应，也是企业缩减成本的一大重要来源。因此，在确保其他条件的情况下力争最低的采购价格是采购人员最重要的工作。

## 一、采购价格的概念及影响因素

采购价格是指企业在进行采购作业时，通过某种方式与供应商之间确定的所需采购物品或服务的价格。确定最优的采购价格是采购管理的一项重要工作，采购价格的高低直接关系到企业最终产品或服务价格的高低。但采购价格的高低受各种因素的影响，主要体现在宏观与微观两个方面。

## (一) 宏观影响因素

### 1. 国家法规政策

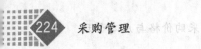

在市场经济条件下,虽然政府对价格的管理逐渐放松,逐步形成了以市场定价为主、政府指导价和政府定价并存的价格体系。但政府在确定价格过程中的作用也是影响采购价格的一种因素,主要体现在三个方面。第一,政府部门以法令法规的方式对土地、劳动力等资本要素做出严格规定,势必增加企业的成本,导致产品价格提高。第二,国家对于采购和招标都有明确的法律要求,各级地方政府也制定出台了一些相关办法。这些法律、法规虽然对规范采购市场、防止经济犯罪有着重要意义,但同时也增加了采购中的交易费用,从而使价格有一定的增加。第三,在一些关系到国民生活和国家命脉的行业,如煤炭、石油、钢材、有色金属等,政府对价格的影响就更加巨大。

### 2. 经济环境

宏观经济会影响采购的价格,如银行贷款利率、国家各种税率的变化,都将会对采购价格造成影响。劳动力市场的供给紧张,也会使成本增加,导致采购价格上升。另外,在国际采购市场中,一国的货币对其他货币的汇率变化也会影响到价格,甚至有些出口国可能通过改变诸如配额、关税和出口证等措施对价格进行控制等。

### 3. 供求关系和市场结构

供应关系的变化和市场结构也是影响价格的重要因素之一。在第五章中我们学习了四种市场结构,即完全垄断市场、寡头垄断市场、垄断竞争市场和完全竞争市场。这四种不同的市场结构,对价格的影响是不一样的。如在完全竞争和完全垄断市场中,买方对价格的影响最小。完全市场竞争的价格是在竞争中由整个行业供求关系自发决定的,每个参与者都是既定价格的接受者,而不是价格的制定者,因此无所谓定价问题;完全垄断市场是由于垄断企业控制了进入这个市场的种种要素,所以它能完全控制市场价格;垄断竞争市场价格是在激烈竞争的环境中形成的,每一个经营者都是其产品价格的制定者,都有一定程度的定价自由;寡头垄断企业不能随意改变价格,只能相互依存,这是因为任何一个企业的活动都会导致其他几家企业迅速反应,从而难以奏效。所以在寡头垄断的情况下,彼此价格接近,企业成本意识较强。

除非是完全垄断市场,几乎其他所有类型市场的定价都会受到供求关系的影响,如当生产率很高(生产紧张)且产品需求旺盛的时候,供给因素与需求因素共同创造了有利于卖方的价格条件,买方很难获得较低的价格。而当一个行业处于下降时期,买方可借此机会通过谈判获得有利的价格。

## (二) 微观影响因素

### 1. 供应商的成本

任何企业的存在都是因为利润,任何产品的生产都是受利润驱动的,供应商也毫不例外。供应商生产的目的也是为了获得一定的利润。因此,采购商所获得的采购价格一般是在供应商的成本之上的。可以说,供应商的成本是采购价格的底线,它也是影响采购价格的最根本、最直接的因素。

### 2. 采购品的品质和规格

一般来说,采购商对采购品的品质要求越复杂,对质量要求越高,其采购价格就越高。

这是因为，对于那些设计工具与技术有特殊要求的产品，供应商通常会要求更多的价值增值，导致成本（甚至价格）升高。因此，采购商在采购零部件时，应尽可能多地选用行业认可的标准零部件。但当定制产品能够提供产品竞争优势或有利于在市场上形成产品差异时，则选用定制产品。另外，如果采购品的质量一般或较低，供应商会主动要求降低价格，以求尽快脱手。因此，采购人员应该在确保产品满足本企业需要，并且质量满足产品设计要求的情况下，追求价格最低。

3. 采购品的数量

采购数量的多少是影响采购价格的重要因素。如果采购数量大，采购商在价格谈判中会处于有利地位，供应商会把采购商作为其重要客户，价格自然不会高。供应商为了谋求大批量销售的利益，一般会采用价格折扣的促销策略。采购商的采购数量较大，就会享受到供应商所给予的数量折扣，从而降低了采购的价格。所以，集中、大批量采购是降低采购价格的有效途径。

4. 交货条件

交货条件也是影响采购价格的非常重要的因素。交货条件主要包括承运方的选择、运输方式、交货期的缓急等。交货条件越是苛刻，交货期越短，一般采购价格就会相应提高。如果商品由采购商负责运输，则供应商就会降低价格；反之，价格将提高。当然，第三方物流也是一个不错的选择。

5. 付款条件

一般情况下，供应商往往希望采购商能提前或尽快支付货款。因此，采购商是一次性付款或分期付款，供应商给出的优惠条件也是不同的。通常供应商会采取一些办法（如现金折扣、期限折扣等）以刺激采购商尽快付款。

6. 采购时机

如果采购商在自己生产的旺季采购原材料和零部件，其在交货期上的要求就会比较高，一般会承受较高的价格；同样，如果采购商在供应商的产品需求旺季采购，可能会出现“供不应求”情况，也会承担较高的价格。为避免这种情况出现，采购商应提前做好生产计划及采购计划，尽可能地将采购时间安排在供应商的淡季，则会获得较优惠的价格。

7. 采购商的谈判能力和责任心

采购价格还会受到采购双方的谈判能力高低、采购员的责任心等因素的影响。如果采购员有较强的责任心，并对市场行情、价格趋势和供应商成本的构成有清楚地把握，同时又有一定的谈判技巧，往往能获得比较满意的价格。

## 二、供应商定价方法

一般情况下，供应商会根据企业定价目标要求，掌握消费需求、成本函数和竞争对手的价格，通过综合各方面因素的影响及其产生的效应，来制定自己产品的销售价格。采购商在采购时应充分了解供应商给产品定价的方法，从而做到“知彼知己，百战不殆”。

在供应商制定产品价格时，一般会考虑成本、需求和竞争等基本因素，因此，与之相对应，就形成了以成本、需求、竞争为导向的三大类基本定价方法。

### （一）成本导向定价法

成本导向定价法，是指供应商以产品的成本为基础，综合考虑其他因素制定价格的方法。成本导向定价法简便易行，是现阶段最基本、最普遍的定价方法。实际工作中，作为定价基础的成本，其分类繁多。因此，以成本为基础的定价方法也多种多样，主要包括以下几种。

1. 成本加成定价法

成本加成定价法是在产品的单位成本的基础上加上一定比例的利润的定价方法。其计算公式为

单位产品价格＝单位产品总成本＋单位产品的预期利润

＝(单位产品固定成本＋单位产品变动成本)×(1＋预期利润率)

成本加成定价法的优点为：①计算简单。这种方法把成本直接与价格挂钩，简化了定价手续。②可以让供应商预先了解利润的数量，有利于核算、补偿劳动消耗，在正常的情况下，能够获得预期收益。③若某个行业的所有企业都使用这种定价方法，它们的价格就会趋于相似，因而价格竞争就会减到最少。④以这种方法定出的价格对买卖双方来说都比较公平，卖方"将本求利"可保持合理收益，买方也不致因需求强烈而付出高价。但这种定价方法以个别成本为基础，忽视产品市场供求状况，缺乏灵活性，通常不大适应复杂多变的市场供求。当利润不变时，如果供应商个别成本高于社会平均成本，产品价格就会高于市场平均价格，势必影响其销售；如果供应商的个别成本低于社会平均成本，则产品价格低于市场平均价格，又无形中抛弃了部分可以实现的利润。此种方法多用于零售业。

2. 边际成本定价法

边际成本定价法，也叫边际贡献定价法，是抛开固定成本，仅计算变动成本，并以预期的边际贡献补偿固定成本以获得收益的定价方式。基本公式为：

单位产品价格＝单位变动成本＋单位成本边际贡献

边际成本定价法的优点是改变了售价低于总成本便拒绝交易的传统做法，在竞争激烈的市场条件下具有极大的定价灵活性，对于有效地应对市场竞争、开拓新市场、调节需求的季节性差异、形成最优产品组合等方面可以发挥巨大的作用。同时，这种定价方法也可解决暂时由于平均成本较高而引起的商品滞销问题，可鞭策企业提高效率，迅速降低成本。

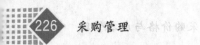

采用边际成本定价法时是以单位变动成本作为定价依据，确定可以接受价格的最低界限的，因此它比较适用于价格较低的商品，同时适用于竞争十分激烈、市场形势严重恶化等情况，目的是减少供应商损失。因在供过于求时，若坚持以完全成本价格出售，就难以为采购方所接受，会出现滞销、积压，甚至导致停产、减产，不仅固定成本无法补偿，就连变动成本也难以收回；若舍去固定成本，尽力维持生产，以高于变动成本的价格出售产品，则可用边际贡献来补偿固定成本。

3. 目标成本定价法

目标成本是指供应商依据自身条件，在考察市场营销环境、分析并测算有关因素对成本的影响程度的基础上，为实现目标利润而规划的未来某一时间的成本。而目标成本定价法就是以企业期望达到的成本目标作为制定价格的基础的定价方法。其基本公式为：

单位产品价格＝单位目标成本＋单位目标利润＋单位税金

由于目标成本是供应商在一定时期内需经过努力才能实现的成本。因此，以此为导向的定价方法有助于供应商以积极的综合措施控制并降低成本，比较符合供应商的长远利益。但目标成本是预测的，在具体实施过程中，若对影响成本的目标因素预测不准，极易导致定

价工作失败。

4. 盈亏平衡定价法

盈亏平衡定价法考虑到销售额变化后，成本也在发生变化，这种方法是运用损益平衡原理实行的一种保本定价法。这种方法放弃了对利润的追求，只要求保本。我们知道，在销量既定的情况下，企业产品的价格必须达到一定的水平才能做到盈亏平衡、收支相抵。因此，这个既定的销量就称为盈亏平衡点，这种制定价格的方法就称为盈亏平衡定价法，如图 9-1 所示。

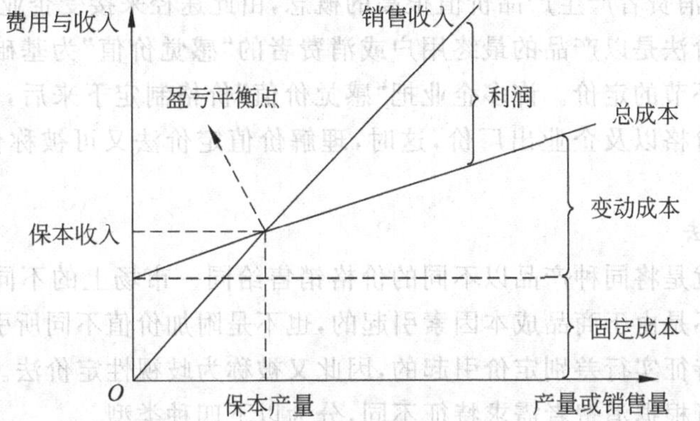


图 9-1 产品的成本与盈亏平衡

盈亏平衡定价法的计算公式为：

单位产品价格＝单位固定成本＋单位变动成本

这种方法适合于市场销售状况欠佳、谋求市场份额和保证一定销售量的目标占主要地位的场合。例如，在向市场推出新产品时，为使大多数消费者愿意购买，在消费中了解新产品，价格不能太高，但企业又不愿意在亏损状态下经营时，可采用盈亏平衡定价法。在市场普遍不景气，企业的产品以高价销售存在明显困难时，为保证企业安全度过不景气时期，也可以考虑采用盈亏平衡定价法。

**（二）需求导向定价法**

需求导向定价法是指供应商根据市场需求状况和消费者对产品的感觉差异来确定价格的定价方法。它主要是以消费者需求为依据来制定价格，即企业定价时要注意到市场需求的强弱和消费者的价值观，根据目标市场消费者所能接受的价格进行定价。其特点是：平均成本相同的同一产品价格随需求变化而变化。

需求导向定价法主要有三种形式，即习惯定价法、理解价值定价法和差别定价法。

1. 习惯定价法

习惯定价法是按照市场长期以来形成的习惯价格定价，即企业在定价时考虑并依照长期被消费者接受和承认的价格来定价的一种方法。

2. 理解价值定价法

理解价值定价法是根据消费者对企业提供的产品价值的理解，即产品在消费者心目中的价值观念所决定的一种定价方法，常用于消费品尤其是名牌产品，有时也适用于工业产品，如设备的备件等。

这种定价方法不是以卖方的成本为基础，而是以买方对商品的需求和价值的认识为出发点的。现在，越来越多的企业把价格的制定转向建立在购买者对产品的"感觉价值"基础上。企业在定价时发现，定价的关键是购买者的接受性，而不是企业的成本。购买者的接受性表现为消费者对产品价值的主观判断，即当消费者觉得产品价值与价格一致或价格较低时，会认为购买是合算的，因而购买动机强烈；否则，当消费者觉得产品价值低于价格，会有一种"上当""吃亏"的逆反心理产生，因而购买动机会大大削弱。根据这个道理，企业经理们会设法借助各种非价格的营销因素来影响消费者，或通过市场定位在消费者心中建立较高大的产品形象，让消费者产生产品价值很高的概念，由此途径来接受企业制定的产品价格。

理解价值定价法是以产品的最终用户或消费者的"感觉价值"为基础来定价的，不适用于流通领域中间环节的定价。许多企业把"感觉价值"价格制定下来后，会反过来推算流通领域中间环节的价格以及企业出厂价，这时，理解价值定价法又可被称作"逆向定价法"或"倒剥皮定价法"。

3. *差别定价法*

差别定价法就是将同种产品以不同的价格销售给同一市场上的不同顾客。一般来说，这里的价格差异不是由于商品成本因素引起的，也不是附加价值不同所引起的，而是销售者根据顾客的需求特征实行差别定价引起的，因此又被称为歧视性定价法。

差别定价法可根据消费者需求特征不同，分为以下四种类型。

(1) 以顾客本身特征为基础的差别定价。

(2) 以产品用途为基础的差别定价。

(3) 以消费或购买地点为基础的差别定价。

(4) 以消费或购买时间为基础的差别定价。

**(三) 竞争导向定价法**

竞争导向定价法是以市场上竞争者的同类产品的价格作为本企业产品定价的参照系的一种定价方法，即企业通过研究竞争对手的生产条件、服务状况、价格水平等因素，依据自身的竞争实力，参考成本和供求状况来确定自己产品的价格。竞争导向定价法的具体做法是：供应商在制定价格时，主要以竞争对手的价格为基础，与竞争品价格保持一定的比例。即竞争品价格未变，即使产品成本或市场需求变动了，也应维持原价；竞争品价格变动，即使产品成本和市场需求未变，也要相应地调整价格。

竞争导向定价法主要包括随行就市定价法和密封投标定价法两种类型。

1. *随行就市定价法*

随行就市定价法是根据本行业的现行价格水平为企业定价标准的一种方法。简单地说，就是别人定多高的价格，本企业也定多高的价格。企业采用这种方法定价时，要分析当前同一市场上主要竞争对手的价格，可以使本企业的价格等于、略高于或低于主要竞争对手的价格，但处于最接近或等于市场平均价格水平的位置。这种方法特别适用于竞争较激烈、产品差异性不大的行业，如完全竞争行业。

2. *密封投标定价法*

密封投票定价法是买方引导卖方通过竞标成交的一种方法。该法通常采用公开招标的办法。即采购方在报刊上登广告或发出函件，说明拟采购产品的品种、规格、数量等具体要求，邀请供应商在规定的期限内投标。供应商在规定的期限内填写标单，上面填明可供应产品的名称、品种、规格、价格、数量、交货日期等，密封送给招标人(采购商)。这种价格是供货供应商根据对竞争者的报价的估计制定的，而不是按照供货供应商自己的成本费用或市场需求来制定的。供应商的目的在于赢得合同，所以它的报价应低于竞争对手(其他投标人)的报价。这种定价方法叫作密封投标定价法。

然而，供应商不能将其报价定得低于某种水平。确切地讲，它不会将报价定得低于边际成本，以免使其经营状况恶化。如果供应商报价远远高出边际成本，虽然潜在利润增加了，但却减少了取得合同的机会。

这种方法常用于大宗商品、原材料、成套设备和建筑工程项目的买卖和承包以及政府采购等。

## 三、价格折扣

折扣价格主要是指供应商为回报或鼓励采购商的某些行为，如批量购买、提前付款、淡季购买等，将其产品基本价格调低，给采购商一定比例的价格优惠。供应商定价时可能还会根据采购商是否提出特殊要求、具体采购数量、支付及时情况、采购商的地位，以及其他一些特殊情况提供折扣。因此，了解折扣有助于采购商在谈判过程中降低采购价格。总体来说，折扣主要包括以下四种类型。

1. 现金折扣

现金折扣是指根据购买者在规定付款时间内所付清的款项的一种减价。一般是供应商为了鼓励采购商尽快支付货款，给予采购商的一种优惠。例如，采购商与供应商签订合同规定的付款期限是30天，如果采购商能够在10天内付足货款，则供应商给予2%的折扣，即向供应商支付所有货款的98%；如果在20天内付款，采购商可享受到1%的折扣；30天内全额支付。采购商可以较好地利用现金折扣，尤其在采购金额比较大的情况下，采购商更不应放弃现金折扣的机会。因为放弃现金折扣的机会成本一般会高于利用现金折扣的机会成本，这是由于采购商很难在10天内赚到与现金折扣等值的收入。

2. 数量折扣

数量折扣是指供应商会根据采购商购买数量或金额的多少，订货量超过一定数量后供应商给予采购商的价格优惠。这是供应商为了吸引更多的客户购买其更多的产品所使用的一种激励手段。例如，采购商购买供应商的某种产品500件以下，供应商给出的价格是每件15元；如购买500件以上，可享受9折优惠，这就是数量折扣。数量折扣对采购商来说是很有吸引力的。如采购商采用集中采购或联合采购，其目的是获得供应商提供的数量折扣。但大批量采购是有风险的，容易产生浪费、提高库存成本以及融资成本。因此，采购商使用此法前一定要加以权衡，尤其是在大多数企业正在减少甚至取消存货的情况下，必须对照数量折扣的好处，评价由于增加存货而增加的库存持有成本。

3. 地位折扣

地位折扣是供应商根据采购商的状况给予的不同折扣。例如，供应商对零售商、代理商或其他中介组织提供的价格与对最终用户提供的价格不同，这是因为供应商会认为零售商、代理商或其他中介组织是在帮助他销售产品；如果采购商购买的材料是用于自己的产品生产，则它可能会得到比不用于自己产品的其他购买者更多的折扣。如一个机床制造商购买轴承用于其机床生产，它所享受的折扣可能是另一家购买轴承用于维修的购买者所享受不到的。

4. 季节折扣

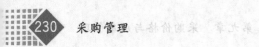

季节折扣是指企业给那些购买过季商品或服务的顾客的一种减价，使企业的生产和销售在一年四季保持相对稳定。如采购商在消费淡季时将订单下给供应商往往能拿到较低的价格。

## 四、采购价格的确定

采购价格是采购成本的主要组成部分，采购价格的高低直接关系到企业最终产品或服务价格的高低。因此，采购人员应该对采购价格予以重视。但值得注意的是，虽然应该重视价格，但也不能只考虑价格而忽略其他的采购因素。影响采购总成本的因素远不止价格一个，如对供应市场的了解、对供应商的考察，以及对采购价格调查本身所耗费的人力、物力和财力等，也是采购成本的重要组成部分。因此，采购人员在进行采购价格确认的过程中要把握好尺度。

### （一）采购价格调查

采购部门在解读供应商的报价前，必须对所采购的商品的市场竞争情况、供应商成本构成、供应商定价方法等有一个基本的了解。一个企业所需使用的原材料，少的有八九十种，多的达万种以上，而且同种原材料的规格也存在差异，这就导致价格可能相差悬殊。因此，对所需采购的材料做好价格调查是十分重要的。

1. 调查的主要范围

在大型企业里，原材料种类不下万种，但限于人手，要做好采购价格调查，却又很不容易。因此，企业可以采用 ABC 分类法对产品进行分类（见表 9-1），在价格调查过程中区别对待。

**表 9-1　库存物料的 ABC 分类比重(一)**

| 类　别 | 累计品目百分比 | 年采购金额百分比 |
|---|---|---|
| A | 10%～20% | 60%～80% |
| B | 20%～30% | 15%～40% |
| C | 50%～70% | 5%～15% |

对 A 类和 B 类采购品，在调查过程中需要特别关注，投入主要精力；对 C 类采购品基本上不需要在采购价格的确定上花费精力。

根据一些企业的实际操作经验，可以把下列 6 大项目列为主要的采购调查范围：

① 选定主要原材料 2 030 种，其价值占全部总值的 70%～80%；

② 常用材料、器材属于大量采购项目的；

③ 性能比较特殊的材料、器材（包括主要零配件），一旦供应脱节，可能导致生产中断的；

④ 突发事件紧急采购；

⑤ 波动性物资、器材采购；

⑥ 计划外资本支出、设备器材的采购，数量巨大，影响经济效益深远的。

上面所列 6 大项目，虽然种类不多，但所占数值的比例很大，或影响经济效益甚广。其中①、②、⑤3 项，应将其每日行情的变动，记入记录卡（见表 9-2），并于每周或每月做一次

“周期性”的行情变动趋势分析。由于项目不多，而其金额又占全部采购成本的一半以上，因此必须做详细细目调查记录。至于③、④、⑥ 3 项，则属于特殊性或例外性采购范围，价格差距极大，也应列为专业调查的重点。

表 9-2　调查记录卡

| 原材料名称 | 近日价格 | 昨日价格 | 增减幅度(%) | 上周价格 | 上月价格 |
|---|---|---|---|---|---|
| | | | | | |
| | | | | | |

制表人：　　　　　　　　　　　　　　　　　　　　　　日期：

2. 信息搜集方式

根据统计，采购人员约有 27%的时间从事资料搜集工作，足见采购信息的重要性。信息的收集可分为三类。

(1) 上游法。即了解拟采购的产品是由哪些零部件或材料组成的，查询制造成本及产量资料。

(2) 下游法。即了解采购的产品用在哪些地方，查询需求量及售价资料。

(3) 水平法。即了解采购的产品有哪些类似产品，查询替代品或新供货商的资料。

3. 信息的搜集渠道

至于信息的搜集，常用的渠道有：

① 杂志、报纸等媒体；

② 信息网络或产业调查服务业；

③ 供货商、顾客及同业；

④ 参观展览会或参加研讨会；

⑤ 加入协会或公会。

不过，由于商情范围广阔，来源复杂，加之市场环境变化迅速，因此必须筛选正确、有用的信息以供决策。

4. 调查所得资料的处理方式

企业可将采购市场调查所得到的资料，加以整理、分析与讨论。在此基础上提出报告及建议，即根据调查结果，编制材料调查报告及商业环境分析，向本企业提出有关改进建议，供采购时参考，以求降低成本，增加利润，根据科学调查结果，研究更好的采购方法。

**(二) 采购价格确定方式**

1. 询价采购方式

所谓询价采购，即采购商根据需采购物品向供应商发出询价或征购函，请其正式报价的一种采购方法。通常供应商寄发的报价单的主要内容包括交易条件及报价有效期等，有时自动提出信用调查对象，必要时另寄“样品”及“说明书”。报价经采购商完全同意接受后，买卖契约才算成立。

2. 招标确定价格

招标的方式是采购商确定价格的重要方式，其优点在于公开、公正及公平合理。因此，大批量的采购一般采用招标的方式。但采用招标的方式需受几个条件的限制：所采购的商品的规格要求必须能表述清楚、明确，易于理解。

3. 谈判确定价格

谈判是确定价格的常用方式，也是最复杂、成本最高的方式。谈判方式适合于各种类型的采购。

# 第二节 采购成本管理

当今，企业与企业之间的竞争日趋激烈，为了能降低经营成本，让利于顾客，企业必须下大力气控制其经营成本。而企业经营成本中与采购活动有关的成本占很大比重，如对一般企业来说，外部采购费用占据公司平均费用的 40%～60%，因此采购成本管理成为企业管理中的重要工作。

## 一、采购成本的含义及构成

采购成本是指企业在生产经营过程中，因采购活动而发生的相关费用，即在采购过程中的购买、包装、运输、装卸、存储等环节所支出的人力、物力、财力等货币形态的总和。采购成本主要包括以下方面和内容。

### （一）材料成本

材料成本是指由于购买材料而发生的货币支出成本。材料成本总额取决于采购数量、单价和物流费用等，它的计算公式为：

材料成本＝单价×采购数量＋物流费（运输费、流通加工等）＋相关手续费、税金等

在材料的成本中，最重要、所占比重最大的是材料的买价，如表 9-3 所示。

**表 9-3 某单位计算机液晶显示器的采购成本分析**

| 项目 | 单价或单位费用（元） | 该项目占总采购成本的比例（%） |
|---|---|---|
| 显示器采购价（发票价格） | 780 | 87.9 |
| 运输费 | 48 | 5.4 |
| 保险费 | 16 | 1.8 |
| 运输代理费 | 2.4 | 0.27 |
| 进口关税 | 17 | 1.9 |
| 流通过程费用 | 3.3 | 0.37 |
| 库存利息 | 7.8 | 0.88 |
| 仓储费用 | 7.5 | 0.85 |
| 不合格品内部处理费用 | 0.72 | 0.08 |
| 不合格品退货费用 | 3.5 | 0.39 |
| 付款利息损失 | 1.1 | 0.12 |
| 合计 | 887.32 | 100 |

（资料来源：蹇令香，李东兵. 采购与库存管理[M]. 大连：东北财经大学出版社，2012.）

由表 9-3 中的数据可知，采购单价为 780 元，实际采购单位成本为 887.32 元，采购价格单项占到总采购成本的 87.9%。

### （二）采购管理成本

组织采购过程中发生的费用称为采购管理成本，主要由人力成本、办公费用、差旅费用和信息传递费用构成，即：

采购管理成本＝人力成本＋办公费用＋差旅费用＋信息传递费用

1. *人力成本*

给予部门人员的工作薪酬、辅助性工资、奖金、补贴等计入采购中的人力成本。广义上讲，对于采购人员的招聘、培训、轮调等方式的费用均计入人力成本，只是这方面的支出以固定成本的形式分摊计入采购成本。

2. *办公费用*

办公费用包括采购部门固定资产摊销、日常办公费用、某次具体采购活动的办公费用等。

3. *差旅费用*

对于新供应商的建立或采购某些复杂的技术设备前都要求采购人员能进行实地考察，这就需要采购人员出差，形成差旅费。它是采购管理成本中的一个重要组成部分。

4. *信息传递费用*

采购人员在采购活动中需要同外界和内部进行广泛联系，这就会产生信息传递费用。信息传递费用也是采购管理成本中必不可少的一部分，如电话、网络发生的费用。

### （三）存储成本

存储成本是物资在库存过程中发生的费用，一般与库存数量成正比关系。存储成本的构成为

存储成本＝仓库保管费用＋存货损坏费用＋贷款利息＋其他费用

仓库保管费用是指仓库的人员工资、租金、固定资产折旧、保险费、税金等；存货损坏费用是指存货的陈旧贬值及过时的削价损失等；其他费用包括劳动保护费、材料损失费、罚金、搬运费、运输费等。这里的搬运费和运输费主要指企业内部行为，如移库等作业发生的费用。根据有关资料估计，存储成本一般占每年库存物资价值的25％左右，如表9-4所示。

**表9-4 存储成本占库存货物价值的比重**

| | | | |
|---|---|---|---|
| 保险费 | 0.25 | 陈旧贬值 | 5.00 |
| 仓库设施 | 0.25 | 利息 | 6.00 |
| 税金 | 0.5 | 过时的削价损失 | 10.00 |
| 运输 | 0.5 | 搬运费 | 2.50 |
| 总 计 | 25.00 | | |

（资料来源：梁军，王刚. 采购管理(第2版)[M]. 北京：电子工业出版社，2010.）

### （四）质量成本

质量成本是指因为价格因素、采购认证不足、过程控制不严等原因，使得采购商品质量不符合要求时所额外滋生的成本，是采购人员在审核供应商成本结构、降低采购成本时应该看到的另一个重要方面，主要包括以下方面及内容。

1. *退货成本*

在整体供应链(包括采购、生产、仓储、运输各销售过程)中任何环节出现的不合格退货

所发生的成本。

2. 返工成本

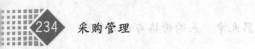

在采购、生产仓储、运输和销售过程中由于产品或工作不符合要求而需要进行返工维修或检验所带来的成本增加,包括人工、材料、运输等费用。

3. 停机成本

因返工、退货、原料供应不及时等原因而导致的设备停机、生产停线所造成的损失,包括机器折旧的损失、工人工资的损失等。此外,还包括因此而造成不能按期交货的损失,以及由此引发的市场丢失的损失等。

4. 维修服务成本

当使用了不符合质量要求的原材料和零部件生产的产品卖出以后,由于产品质量、服务质量等问题导致的在维修期内所发生的所有费用,如处理顾客投诉、维修产品、更换零部件等成本。

## 二、采购成本控制

采购成本控制是采购管理的重中之重,控制采购成本对企业经济效益的影响越来越大。采购成本下降不仅体现在企业现金流出的减少,而且直接体现在产品成本的下降、利润的增加,以及企业竞争力的增强。所以,控制好采购成本并使之不断下降,是一个企业不断降低经营成本、增加利润的重要和直接手段之一。进行采购成本控制具体包括如下方法。

### (一) ABC 分类控制法

1. ABC 分类控制法原理

ABC 分类控制法的原理是按帕累托曲线所示意的主次关系进行分类管理。1879 年,意大利经济学家帕累托(Pareto)提出了著名的"二八"定律:社会财富的 80%掌握在 20%的人手中,而余下的 80%的人只占有 20%的财富。这种"关键的少数和次要的多数"的理论,被广泛应用于工业、商业、物资、社会学等领域,以及物资管理、质量管理、价值分析、成本管理、资金管理、生产管理等许多方面。它的特点是既能集中精力抓住重点问题进行管理,也能兼顾一般问题,从而做到用最少的人力、物力、财力实现最好的经济效益。

2. ABC 分类法的标准

ABC 分类法主要被用来保存合理库存量,从而实现合理的采购。其基本方法是将库存货物根据其消耗的品种数和金额按一定的标准进行分类,对不同类别的货物采用不同的管理方法。

ABC 分类法的标准是每种物料每年采购的金额。将年采购金额最高的划归 A 类,次高的划归 B 类,低的划归 C 类。具体划分标准及各种物料在总采购金额中应占的比重并没有统一的规定,要根据各企业、各车间物料的具体情况和企业经营者的意图来确定。但是,根据众多企业多年运用 ABC 分类法的经验,一般可按各类物料在总采购金额中所占的比重来划分,如表 9-5 所示。

由表 9-5 可以看出,占用大部分采购金额的 A 类物料,其数量所占的百分比却很小。因此,经过 ABC 分类,可以使采购人员清楚地了解物料采购的基本情况,可以分清物料哪些属 A 类,哪些属 B 类,哪些属 C 类,从而采取不同的策略进行成本控制。

**表 9-5 库存物料的 ABC 分类比重(二)**

| 类 别 | 累计品目百分比数 | 年采购金额百分比 | 备 注 |
|---|---|---|---|
| A | 10%～20% | 60%～80% | |
| B | 20%～30% | 15%～40% | |
| C | 50%～70% | 5%～15% | |

3. ABC 分类控制的准则

(1) A 类物料。A 类物料是关键采购物料,它对采购成本管理的影响最大,一旦缺货或者采购成本失去控制,对于企业的库存成本、生产成本等控制都将带来巨大的影响。因此,对 A 类物料应尽可能严加控制,包括要有最完整、准确与明细的记录;要频繁地甚至实时地更新记录;做到最高层监督下的经常评审;现场控制应更严格,实施动态盘点;预测 A 类物料应比预测其他类物料更为仔细精心;对 A 类物料实施 JIT 采购,并与物料的供应商建立战略合作伙伴关系,等等。

(2) B 类物料。B 类物料的状况介于 A 类与 C 类之间,因此,其控制方法也处于 A 类和 C 类物料的控制方法之间,对 B 类物料应综合考虑成本和时间、数量等因素进行有效的次要管理,即对它做正常控制,包括良好的记录与常规的关注等。

(3) C 类物料。C 类物料与 A 类物料相反,它们品种数目众多,而所占金额则相对较少。所以,我们不用像对 A 类物料那样对其实施严格控制,不用投入更多的控制力量。又因其所占资金较少,所以可多储备一些。在 C 类物料的控制上,应尽可能地使用最简便的控制,诸如定期目视检查库存实物,简化记录或只用最简单的标志法表明补充存货已经订货了,采用大量库存与订货量以避免缺货。另外,在安排车间日程计划时可给以低优先级。

## (二) 价值分析

1. 价值分析的含义

价值分析(Value Analysis,VA)又称价值工程(Value Engineering,VE),是指运用集体智慧开展有组织的活动,着重于产品或服务的功能分析,以最低的寿命周期成本实现产品或服务的必要功能,借以提高产品或服务价值的技术经济方法。价值分析特别适用于新产品开发,针对产品或服务的功能加以研究,通过剔除、简化、变更、替代等方法,来达到降低成本的目的;还可以对现有产品的功能、成本做系统的研究与分析。

价值分析已不是过去那种简单降低成本的方法,而是在加强成本意识,减少那些不必要的成本,以提高其使用价值的方法。换句话说,价值分析以最必要的成本来实现产品所必须保持的功能、品质及价值,并设法扩大产品现有的价值。这里的价值,是指企业产品的价值,是反映费用支出与获得之间的比例,可表示为:

价值=品质/价格或价值=功能/成本

2. 价值分析的特征

(1) 以顾客为中心,即以市场或买方的需要为依据;

(2) 运用功能中心的研讨方式,以成本分析达到降低成本的目的,但它是从产品设计的构想出发,并以确保功能为前提的;

(3) 以团队合作的方式,凝聚了设计、生产、品质管理、采购人员的智慧。

3. 价值分析的思想

(1) 提高功能,降低成本,大幅度提高价值;

(2) 功能不变,降低成本,提高价值;

(3) 功能有所提高,成本不变,提高价值;

(4) 功能略有下降,成本大幅度降低,提高价值;

(5) 适当提高成本,大幅度提高功能,提高价值。

4. 价值分析实施的步骤

(1) 选定对象,设定目标。在进行价值分析前,需要选定价值工程的对象。一般情况下,价值工程的对象是要考虑社会生产经营的需要以及对象价值本身有被提高的潜力。例如,选择占成本比例大的原材料部分,如果能够通过价值分析降低费用、提高价值,那么这次价值分析对降低产品总成本的影响也会很大。

(2) 成立价值分析改善小组。价值分析法的实施,离不开小组的执行,因此要成立价值分析改善小组。小组的组建应以采购部门为核心,召集设计、生产、质量管理等部门人员及提供零组件或模具的人员共同组成。

(3) 收集、分析对象的情报。选定分析对象后需要收集对象的相关情报,包括用户需求、销售市场、科技进步状况、经济分析以及本企业的实际能力等。价值分析中能够确定的方案的多少以及实施成果的大小与情报的准确程度、及时程度、全面程度密切相关。

(4) 进行功能分析。有了较为全面的情报之后就可以进入价值工程的核心阶段——功能分析阶段。在这一阶段要进行功能的定义、分类、整理、评价等步骤。

(5) 提出最优方案,制订实施计划。经过分析和评价,分析人员可以提出多种方案,从中筛选出最优方案加以实施。在决定实施方案后,应该制订具体的实施计划,提出工作的内容、进度、质量、标准、责任等方面的内容,确保方案实施的质量。

(6) 确认实施效果,组织成果评价。为了掌握价值工程实施的成果,还要组织成果评价。成果评价一般以实施的经济效益评价和社会效益评价为主。

## 知识拓展

### 通过价值分析降低采购成本的途径

- 将产品设计简单化以便于使用替代性材料或制造程序;
- 采用提供较佳付款条件的供应商;
- 采购二手机器设备而非全新设备;
- 运用不同的议价技巧;
- 选择费用较低的货运承揽业者;
- 考虑改变运输模式(如将空运改为海运)等。

## 实用案例

### 某公司运用 VA/VE 降低采购成本的实践

某公司是一家电动机专业制造厂,引进了 VA/VE 改善活动。首先,由采购部门召集研发、生产、财务各部门及协作厂商共同组成项目改善小组,副总经理担任项目改善小组召集人,厂长担任副召集人,采购经理担任总干事,各部门主管担任项目改善小组干事。然后,在企业内召开成立大会,举行宣誓仪式,正式开展活动。

公司选定的对象是2AP电动机，目标设定为降低20%的零件成本。展开步骤如下。

(1) 选定对象情报的搜集、分析。

① 将2AP电动机的所有情况装订成册，分送项目改善小组每位成员人手一册，并让其反复仔细审视，找出可以改善之处。

② 准备2AP电动机材料表，列出全部的料号、名称、规格、数量，并将1台电动机的实际材料放置于改善活动地点，以备研究之用。

③ 将VA/VE改善手法及程序摘要制成大字报张贴于活动地点的四周墙壁，以便让项目改善小组成员随时能看见，增加记忆。

④ 运用材料表，将其材料的品名、料号、材质、单位、单价、每台用量、每台价格及占总成本比例等予以展开，找出适合以VA/VE降低成本的材料。

(2) 制作成本比重饼图，结果筛选出硅钢片(占35%)、漆包线(占25%)及轴承(10%)合计共占总成本70%的三项，作为主要改善重点。

(3) 列出同业竞争者比较表，并拆检竞争者同机种马达，以了解其用料与用量，希望能知己知彼、取长补短。

(4) 提出改善方案，准备实物和磅秤，并确认其功能与重量及效果。

实施3个月，共降低2AP电动机零件成本达24件，占电动机总零件45件的53.3%；并在往后的3个月内又降低了7件，累计共降低31件零件成本，占电动机总零件的68.9%，其成本降低6.3%，年节省零件采购成本达1亿元左右。

(资料来源：蹇令香，李东兵.采购与库存管理[M].大连：东北财经大学出版社，2012.)

### (三) 学习曲线分析

#### 1. 学习曲线的含义

在实际操作中，采购者通过预计供应商的学习曲线，预测供应商未来的价格降低情况，可以在谈判过程中取得合理的价格。学习曲线是分析采购成本、实施采购降价的一个重要工具和手段。它起源于第二次世界大战时的飞机工业，那时根据经验得出一个结论，即产量上升时，生产每架飞机的劳动时间会逐渐呈明显下降趋势。后来，随着研究的增多，发现在许多行业领域都存在这种现象。学习曲线的基本概念是，随着产品的累计产量的增加，单位产品的劳动需求(物料、时间、耗料)会按照一定的比例下降，生产累计数量与单位产品所需的劳动量之间呈指数关系。虽然大多数人认为这是生产作业上的技术，但实际上它对采购经理分析供应商成本非常有用，尤其体现在谈判过程中对新产品的定价分析。

#### 2. 学习曲线的模型

学习曲线反映累计产量的变化对单位成本的影响，累计产量的变化率与单位工时或成本的变化率之间保持一定的比例关系，如图9-2所示。

图9-2中的学习曲线反映了劳动者从事劳动次数越多，效率就会变得越高，这同时体现在速度和技能上，使得单位产品劳动时间大大缩短，大大减低单位人工成本，同时产品合格率也会增加，所以单位新产品的成本就会随着总产品数量的增加而大幅度下降。

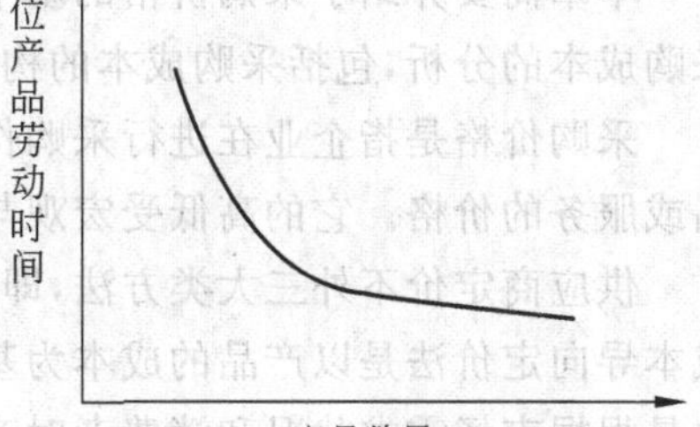


图9-2　学习曲线图

如果生产数量每增加一倍，每 1 000 件产品的工时就降低 10%，我们说这是“90%的学习曲线”；如果每 1 000 件的工时能够降低 20%，则我们说这是“80%的学习曲线”。一个曲率为 80%的曲线意味着如果生产的产品的累计量翻倍时，生产一个单位的产品所要求的时间只需要原始时间的 80%，如表 9-6 所示。一般对简单的生产作业采用 95%的学习曲线，中等复杂的采用 80%～90%的学习曲线，复杂程度最高的为 70%～80%。一般电子和机电部件的学习效率为 75%～90%。

**表 9-6　学习效率为 80%的学习曲线数据**

| 累计生产量(件) | 单位产品劳动时间(h) | 累计生产量(件) | 单位产品劳动时间(h) |
|---|---|---|---|
| 1 000 | 20 | 8 000 | 10.24 |
| 2 000 | 16 | 16 000 | 8.2 |
| 4 000 | 12.8 | | |

3. *学习曲线的应用条件*

学习曲线的应用是有条件的，它首先满足两个基本假设：①生产过程中确实存在着“学习曲线”现象；②学习曲线的可预测性，即学习曲线是有规律的。除此之外，学习曲线是否应用还要考虑以下因素。

(1) 它只适用于大批量生产企业的长期战略决策，而对短期战略决策不明显。

(2) 它要求企业经营者充分了解企业内外的情况，敢于坚持降低成本的各项有效措施，重视经济效益。

(3) 学习曲线和产品更新方面既有联系，又有矛盾，应处理好二者的关系，不可偏废。不能片面地认为只要产量持续增长，成本就一定会下降，销售额和利润额就一定会增加。如果企业忽略了资源市场、顾客爱好等方面的情况，就难免会出现产品滞销、积压以致停产的局面。

(4) 劳动力保存稳定，不断革新生产技术和改革设备。

(5) 学习曲线适用于企业的规模经济阶段，当企业规模过大或出现规模不经济时，学习曲线的规律不再存在。

对于采购人员来说，通过适用学习曲线可以设计得到累计折扣和估算供应商交付时间，并结合运用到目标定价中。

## 本章小结

本章简要介绍了采购价格的基本知识，重点阐述了供应商定价的基本方法，并重点进行采购成本的分析，包括采购成本的构成等；对采购成本控制的基本方法进行详细介绍。

采购价格是指企业在进行采购作业时，通过某种方式与供应商之间确定的所需采购物品或服务的价格。它的高低受宏观与微观两个方面的因素影响。

供应商定价不外三大类方法，即成本导向定价法、需求导向定价法和竞争导向定价法。成本导向定价法是以产品的成本为基础，综合考虑其他因素制定价格的方法；需求导向定价法是根据市场需求状况和消费者对产品的感觉差异来确定价格的定价方法；竞争导向定价法是以市场上竞争者的同类产品的价格作为本企业产品定价的参照系的一种定价方法。

采购成本是指企业在生产经营过程中,因采购活动而发生的相关费用,即在采购过程中的购买、包装、运输、装卸、存储等环节所支出的人力、物力、财力等货币形态的总和,主要由材料成本、采购管理成本、存储成本和质量成本等构成。

对采购成本可以采用 ABC 分类控制法、价值分析及学习曲线等方法进行控制。

## 实训项目

1. 请调研某个企业,了解该企业的采购成本是如何构成的。
2. 请调研某个企业,了解该企业采购成本的控制方法与本章所学习的方法有何异同。

## 练习题

**(一) 名词解释**

采购价格　采购成本

**(二) 选择题**

1. (　　)是指针对产品和服务的功能加以研究,以最低的生命周期成本,通过剔除、简化、变更、替代等方法,来达到降低成本的目的。

　A. 目标成本法　B. 价值工程　C. 价格与成本分析　D. 学习曲线

2. 下列各项中(　　)时不适用学习曲线。

　A. 一个供应商按照客户的特殊要求进行专业的零部件生产
　B. 需大量投资或新添设备设施的产品生产
　C. 需要开发专用模具、夹具、检具或检测设施,无法同时向多家供应商采购
　D. 直接人工成本占产品成本比例较小

3. 采购管理成本的构成包括(　　)。

　A. 人力资本　B. 办公费　C. 差旅费用　D. 信息传递费用
　E. 人员培训费用

**(三) 填空题**

1. 质量成本是指因为价格因素、采购认证不足、过程控制不严等原因,使得采购商品质量不符合要求时所额外滋生的成本,主要包括________成本、________成本、停机成本和维修服务成本。

2. 竞争导向定价法主要包括________定价法和________定价法两种类型。

3. ________定价法是指供应商以产品的成本为基础,综合考虑其他因素制定价格的方法。

**(四) 简答题**

1. 简述价值分析的思想。
2. 价格折扣的类型有哪些?
3. 影响采购价格的因素有哪些?

第十章 CHAPTER

# 采购过程的监督与控制

## 引导案例

### 预防采购的"黑洞"

成立于2008年的YJ光电，是一家主要为智能手机生产触摸屏的服务商，2013年销售额为15亿元。按行业采购成本占销售额的65%计算，YJ光电年采购金额达9.75亿元；若年工作日250天，日采购额则达390余万元。数额如此庞大的采购额如何保证其采购廉洁性？这成为YJ光电面临的一个难题。在企业采购过程中，灰色采购如一个"黑洞"，源源不断地吞噬着企业的利益，影响着采购的成本和质量。然而，要对采购人员的廉洁度进行管理，企业是靠人治还是法治？这非白即黑的选择解决不了实质问题。YJ光电通过流程设计、制度约束、电子技术应用、选人用人、道德培训等方式打造了一个阳光透明的采购组织，杜绝了采购的"黑洞"。

**奖惩并用的用人机制**

为了挑选和培养合格的采购人员，YJ光电在招聘、选择、管理采购岗位人员时有一套完善的机制。首先，招聘时运用先进科学的性格测评技术，保证应聘人员的价值观与岗位需求具有一定的匹配性；其次，新入职人员需要和YJ光电签订《廉洁协议承诺书》，以提高采购员的自律意识；再次，每月，法务部会对采购人员进行法律讲座，让其明白犯错的成本，进而对他们形成威慑；最后，YJ光电每半年对部门人员进行轮岗，每位采购员负责跟踪的供应商也会进行调换。这种轮岗和调换方式不仅提高了员工的可替代程度，更规避了供应商从采购员身上挖掘空间的机会。

企业采购人员每天要面对各种供货商，有些供货商总会想方设法以金钱或其他方式来诱惑采购人员，以达到其销售的目的。在这种情况下，采购人员若无法把持，就很有可能在不自觉中掉入供货商的陷阱而不能自拔，进而任由供货商摆布。在频繁的采购舞弊案中，90%以上的采购员是由于供应商的利益诱导而酿成终生大错的。YJ光电在与供应商的合同中，关于此问题有严格的规定并附有苛刻的惩罚性条款，如合同中有这样的规定：若有人反映供应商有徇私舞弊行为，供应商有协助调查的义务；若有证据表明供应商与公司员工有徇私舞弊行为事实，将移交当地法院处理，并对供应商处以不低于行贿金额50倍的罚款。

对于企业来说，只用惩罚措施来杜绝采购"黑洞"是不够的，还需要一定的奖励措施。面临同一企业内销售人员拿高提成的现状，采购人员相对固定的工资水平就显得不太适宜。

YJ光电通过对采购部建立KPI考核和项目激励制度，有效缓解了这一矛盾。一方面按KPI的达标水平与绩效工资捆绑；另一方面，对由采购部发起的优化项目所创造的效益实行高比例利益分配，从而保证了采购人员的高度积极性。比如，采购部与供应商共同开发一个改善包装或运输方式的项目，新项目实施后，将成本环比降低部分按40%的比例分配给项目小组作为奖励。

**分阶段“阳光”采购**

传统采购流程往往采用“一条龙”模式，采购员对市场调查、供应商选择、合同签订、订货履约、结算付款申请、供应商对账等环节包揽到底。这种模式的弊病在于不但让采购人员把大量的时间花费在内部沟通和协调上面，因而往往无暇顾及采购工作本身，同时又给供应商腐蚀采购人员留下巨大空间。为了规避“一条龙”模式的弊病，YJ光电将采购流程进行了精细分工，分为供应商开发认证、供应商评估、采购订单跟催三个阶段。供应商认证即对供应商初期的开发和资质进行证实；供应商评估即专业团队对供应商能力进行系统评估，包括品质、生产、交付、服务、环保等；订单跟催负责日常订单的下单、跟单、异常问题的处理。但这种分阶段模式适用于YJ光电这种有一定规模的企业，如果企业规模不够大，则分工后的岗位工作量不够饱和，就需考虑到人工成本，但即使是小企业至少也应该将采购流程分为“采”和“购”两个阶段，否则就会为采购员创造“寻租”的温床。为了规避流程中发生的徇私舞弊行为，YJ光电建立了严谨有效的监督机制。YJ光电设置了一个纪律监察部门，这个部门在组织架构上直属于董事会，这就保证了其独立性及监督权力的发挥；其次，YJ光电在硬件上有投入成本，为监察部门对采购活动信息流的监督提供了保证，使得YJ光电采购活动处于高度透明状态；最后，监察部门不仅从事一些案头工作，而且还不断实地走访关键的供应商，通过这种方式，不但了解了双方的合作情况，还建立了与供应商沟通的多渠道。以上三点保证了监察部门的有效运作。

此外，为了使采购流程更透明，YJ光电还应用了电子信息技术。打开YJ光电的企业官网，SCM平台栏目下特别设置了供应商招投标系统。电子招投标的使用，不但使YJ光电降低了采购成本，更提高了采购过程的公平、公正与公开程度。供应商招投标系统的左侧还设置了阳光采购监督热线及与供应商沟通互动的多种渠道，以避免在招投标环节中出现因把关不严而存在猫腻的现象。

**案例解析**

对于一个企业来说，采购问题将最直接、最明显地反映到成本、质量上，同时也是“潜规则”最密集的领域之一。采购是一项要求很高的工作，一般来说，采购人员必须具备较高的分析能力、预测能力、表达能力和专业知识水平。而为了杜绝采购“黑洞”，采购人员除了要有上述能力外，面对种种诱惑，更要有把持能力。YJ光电形成了奖惩并重的用人机制，挑选了一批高素质的采购人员。在采购流程上，YJ光电也摒弃了传统采购流程的“一条龙”模式，将采购流程进行了精细分工，分为供应商开发认证、供应商评估、采购订单跟催三个阶段。采购流程的精细分工既能提高工作效率，又能节省工作成本，还能防范职务犯罪，可谓一举多得。面对采购的“黑洞”，很多企业认为这是话题中的“雷区”，也许正是这种模棱两可的态度让采购员铤而走险，让供应商有空子可钻。YJ光电通过对问题的正视，建立完善的预防和监控体制，塑造供应商、公司自身、采购人员的多方信任业务环境，在有效避免灰色采购现象的同时，降低了采购成本，提高了采购效率。

（资料来源：企业观察报，http://www.ceconlinebbs.com/FORUM_POST_900001_900006_1074233_0.HTM.）

**案例涉及的主要知识点**

- KPI 考核
- 采购流程控制
- 采购作弊防范
- 采购流程精细分工

## 学习导航

- 了解采购进货的验收
- 掌握采购质量控制
- 了解采购货款的结算流程
- 理解采购流程的内部控制
- 了解采购作弊方式、防范及采购审计

## 教学建议

- 备课要点：采购质量控制、采购货款结算及采购内部控制等相关内容
- 教授方法：案例引导、课堂讨论、板书及 PPT 讲授
- 扩展知识：结合本章内容了解采购过程中的成本控制

# 第一节　采购的进货验收及质量控制

## 一、采购的进货验收

采购人员在订单下达后，为确保交货安全，保证采购效果，就要准备进货验收，并组织好相应的验收工作，具体包括如下内容。

### （一）交货验收前的准备工作

1. 确定交货与验收的时间

一般情况下，采购商与供应商在签订采购合同时就应在合同中明确规定交货日期，并明确在交货前多少日供应商应将交货清单送交采购商，以便采购商准备验收工作。交货验收时间应以采购合同中写明的时限要求为准，一般包括以下四种情况：

(1) 供应物料的交货日期；

(2) 生产过程所需的预备操作时间；

(3) 供应商如有延期交货或需要变更交货时，采购人员应根据供应商的说明函件并与供应商确认后，确定验收时间；

(4) 特殊器材技术验收时所需时间或者采用分期交货的时间。

2. 确定交货验收地点

一般情况下，采购合同中也明确指出具体的交货验收地点。但由于某些原因，预定的交货地点不能使用，需要转移到其他地方进行交货时，采购人员应事先通知供应商。采购商和

供应商可以根据货物的实际情况进行协商，重新确定最佳的交货地点。一般可在下面四个地点交货验收：

(1) 在指定的仓库或交货地点验收；

(2) 在供应商生产地验收；

(3) 在采购商使用地点验收；

(4) 其他约定的验收地点验收。

**(二) 到货验收的组织工作**

供应商提供的产品或设备到达指定的交货地点后，采购商必须及时完成运达物品的验收准备与组织工作，及时进行检验处理。货物送达后，采购商要做如下工作。

1. 验收准备

采购商接到到货通知后，应根据货物的性质和批量提前做好验收前的准备工作，主要包括如下内容。

(1) 人员准备。安排负责质量验收的技术人员或用料单位的专业技术人员，以及配合质量验收的装卸搬运人员。

(2) 资料准备。收集并熟悉待验货物的有关文件，例如技术标准、订货合同等。

(3) 器具准备。准备好验收用的检验工具，例如衡器、量具等，并校验准确。

(4) 设备准备。大批量物品的数量验收，必须要有装卸与搬运机械的配合，应做好设备的申请调用。

(5) 货位准备。针对到库物品的性质、特点和数量，确定物品的存放地点和保管方法，其中要为可能出现的不合格物品预留存放地点。

(6) 防护用品准备。对某些特殊货物的验收，如毒害品、腐蚀品、放射品等的检验，需要相应的防护用品准备。

2. 核对凭证

(1) 了解凭证种类。货物验收必须在各种业务证件和资料齐全的条件下进行。货物到达后，应先接收相应的凭证进行核对。需要核对的证件，按照提供的对象的不同，主要有三类。①采购部门或其他部门提供的货物入库通知单、订货合同副本、协议书等；②供货商提供的质量证明书或合格证，装箱单或磅码单，发货明细表等；③物品承运提供的运单及普通记录、商务记录，保管员与提货员、接运员或送货员的交接记录等。

(2) 核对相关凭证。在进行实物检验之前，必须先对上述证件记录内容进行核实，再根据这些证件上所列内容对货物进行逐项核对。核对凭证要做到如下几点。①证证核对。按照货物运送的过程，对相应证件进行分类整理，根据证件之间的相关性，核对各种证件的真实性及准确性。②物证核对。根据证件上所列的送货单位、收货单位、货物名称、规格数量等具体内容，与货物的各项标志比对。如果发现证件不齐或不符等情况，要与货主、供货单位、承运单位及相关业务部门尽快取得联系，加以妥善解决。

3. 验收实物

验收实物包括货物的数量验收、质量验收和包装验收。

(1) 货物的数量验收。入库数量准确与否直接关系到仓库库存数量控制和流动资产管理，因此数量验收是进货作业中非常重要的内容。数量验收是在初步验收的基础上进一步验收货物数量的工作，在验收时应采取与供货单位一致的方法进行，即：按重量交货的应过磅验收;按理论换算交货的应按理论换算验收;按件(台)交货的应点件(台)验收。数量验收在批量小、规格尺寸和包装不整齐以及严格验收质量时可采用全验,以全验的结果作为实收数。对数量大、包装规格统一、固定包装的小件,或内包装完好、严密,打开包装易损坏或不易恢复原包装的货物,或按件标明重量或数量的货物,或按理论换算而规格整齐划一的货物,可采取抽验的办法。一般抽验比率为5%~15%。

(2) 货物的质量验收。质量验收是检验货物质量指标是否符合规定的工作。通过质量检验,可以及时发现问题,分清责任,确保进货质量合格。仓储部门按照有关质量标准,检查入库货物的质量是否符合要求。质量验收主要有两种方式:①感官检验法。它是借助人的感觉器官的功能和实践经验来检测评价商品质量的一种方法,主要有视觉检验、听觉检验、味觉检验、嗅觉检验、触觉检验。②仪器检验法。它是利用各种仪器设备,对货物的规格、成分、技术要求标准等进行物理、化学和生物的分析测定。对于初次进货的新产品以及对技术性能指标要求高的一些货物,需要用仪器进行检验。

(3) 货物的包装验收。货物包装验收通常是在初步检查验收时进行的,是通过检查货物的外部包装是否受损来判断货物是否受损的方法。主要是查看包装有无水湿、油污、破损等,其次是查看包装是否符合有关标准要求,包括选用的材料、规格、制作工艺、标志、打包方式等。另外,对包装材料的干湿度也要检验,包装的干湿程度表明包装材料中含水量的多少,这对货物的内在质量会产生一定的影响。对包装物干湿度的检查,可利用测湿仪测定。当需要开箱拆包检验时,一般应有两人以上在场同时操作,以明确责任。

### (三) 验收结果处理

#### 1. 标识

对于通过验收的货物,采购人员应及时加以标识,以易于与未验收的同类货物相区别,更便于查明验收经过及时间。同时采购人员还要配合仓储部门及时办理货物入库,以便使用部门安排生产进度。

#### 2. 拒收

对于不符合规定的货物,应一律拒收,但在合同中有明确规定可以换货重新交货的,等交妥合格货物后再予发还。一般情况下,供应商对于不合格的物品会延迟处置,这就需要仓储人员配合采购人员催促供应商前来自行运回货物;如供应商不运回,则可依合同的规定收取保管费或通知其逾期不运回,将予以抛弃。

#### 3. 处理短缺

根据验收结果,如发现有货物短缺情况,应及时进行处理。

(1) 凡属承运部门造成的货物数量短缺、外观破损等,应凭接运时索取的货运记录,向承运部门索赔。

(2) 凡物料数量差异在允许的磅差以内,可以按照应收数量接收物料;若物料实收数量不足但所差数量不多时,可同意补缴扣款结案。否则,应补足交货量且赔偿缺料所导致的损失。

货物进货验收完毕后,采购人员应及时向供应商出具验收证明书。如因交货不符而拒收,也必须写明详细原因,以便洽谈办理其他手续。

## 实用案例

### 某企业进料验收管理办法

第一条：本公司对物料的验收以及入库均依本办法作业。

第二条：待收料。

物料管理收料人员于接到采购部门转来已核准的“采购单”时，按供应商、物料类别及交货日期分别依序排列存档，交于交货前安排存放的库位以利收料作业。

第三条：收料。

1. 内购收料

(1) 材料进厂后，收料人员必须依“采购单”的内容，并核对供应商送来的物料名称、规格、数量和送货单及发票并清点数量无误后，将到货日期及实收数量填记于“请购单”中，办理收料。

(2) 如材料与“采购单”上所核准的内容不符，应即时通知主管，原则上非“采购单”上所核准的材料不予接受，如采购部门要求收下该等材料时，收料人员应告知主管，并于单据上注明实际收料状况，并会签采购部门。

2. 外购收料

(1) 物料进厂后，物料管理收料人员及合同检验单位依“装箱单”及“订购单”开箱核对材料名称、规格并清点数量，并将到货日期及实收数量填于“订购单”中。

(2) 开箱后，如发觉所装载的材料与“装箱单”或“采购单”所记载的内容不同时，通知办理进口人员及采购部门处理。

(3) 发觉所装载的物料有倾覆、破损、变质、受潮等异常时，经初步计算损失超过 5 000 元以上者，收料人员即时通知采购人员联络公证处前来公证或通知代理商前来处理；如未超过 5 000 元者，则依实际的数量办理收料，并于“采购单”上注明损失数量及情况。

(4) 对于由公证或代理商确认后，物料管理收料人员开立“索赔处理单”呈主管核实后，送会计部门及采购部门督促办理。

第四条：材料待验。

进厂待验的材料，必须于物品的外包装上贴以材料标签并详细注明料号、品名规格、数量及入厂日期，且与已检验者分开储存，并规划“待验区”以示区分。收料后，收料人员应将每日所收料品汇总填入“进货日报表”作为入账清单的依据。

第五条：超交处理。

交货数量超过“订购量”部分应予以退回，但属买卖惯例，以重量或长度计算的材料，其超交量的 3%以下，由物料管理部门在收料时，在备栏注明超交数量，经请购部门主管同意后，始得收料，并通知采购人员。

第六条：短交处理。

交货数量未达订购数量时，以补足为原则。但经请购部门主管同意者，可免补交；短交如需补足时，物料管理部门应通知采购部门联络供应商处理。

第七条：急用品收料。

紧急材料于厂商交货时，若物料管理部门尚未收到“请购单”时，收料人员应先洽询采购部门，确认无误后，始得依收料作业办理。

第八条：材料验收规范。

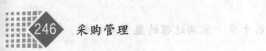

为利于材料检验收料作业，品质管理部门就材料重要性及特性等，适时召进使用部门及其他有关部门，依所需的材料质量研订“材料验收规范”，呈总经理核准后公布实施，以为采购及验收的依据。

第九条：材料检验结果的处理

(1) 检验合格的材料，检验人员应在外包装上贴合格标签，以示区别，物料管理人员再将合格品入库定位。

(2) 不合验收标准的材料，检验人员应于物品包装上贴不合格标签，并于“材料检验报告表”上注明不良原因，经主管核实处理对策并转采购部门处理及通知请购单位，再送回物料管理部门凭此办理退货，如特采时则办理收料。

第十条：退货作业。

对于检验不合格的材料退货时，应开立“材料交运单”并附有关的“材料检验报告表”呈主管签认后，凭此异常材料出厂。

第十一条：实施修正。

本办法呈总经理核准后实施，修订时亦同。

（资料来源：http://wenku.baidu.com.）

## 二、采购质量控制

### （一）采购质量控制的含义

采购质量主要是指采购部门或采购人员采购的产品满足企业生产运作要求的特征和特性的总和。它包括两方面的含义：①采购产品质量，主要指为了满足企业生产需求所采购的原材料、零部件等所具有的内在质量特性和外在质量特性；②采购工作质量，指为了完成采购任务，活动满足要求质量的产品的一系列过程和服务特性。

随着市场竞争的日益激烈，企业生产的产品质量也成为企业与其他企业竞争的实力表现，而采购产品的质量在很大程度上影响或决定着企业最终产品的质量，决定企业的竞争优势。因此，企业应重视采购质量管理，加强采购质量的控制。

采购质量控制就是指一个企业通过建立采购质量管理保证体系，对供应商提供的产品进行选择、评价、验证，从而确保采购的产品符合规定的质量要求。采购质量控制的目的是使企业所有的采购活动符合规定的质量目标，使企业采购的产品满足规定的质量水平。采购质量控制需要企业内部各个部门以及供应商之间相互沟通并且协调一致，一旦确定了质量标准，采购的产品就必须处于这个标准的控制之下。

### （二）采购质量控制的内容

采购质量控制涉及的内容很多，本教材主要从质量控制作业过程进行研究，主要包括事前规划阶段的质量控制、事中执行阶段的质量控制及事后考核阶段的质量控制。

1. 事前规划阶段的质量控制

在事前规划阶段，采购质量控制主要着重于采购文件的准备、供应商的选择和采购合同的管理等方面。

(1) 采购文件的准备。采购文件是采购部门在明确企业发展战略后所制定的采购部门质量方针以及相应的规范准则。其中包括明确规定选择、评价供应商的准则和内容及质量保证要求;明确规定所购物资的技术要求、检验和测量规程及适用版本的范围,同时采购部门应保证及时让供应商完全理解这些要求。

(2) 供应商的选择。供应商的选择对于采购质量控制也是十分重要的。许多企业能够把它们的原料品质问题降至最低,就是因为它们在开始时就选择了有能力而且愿意合作的供应商,因此品质水准得以维持并提升。

选择供应商时,应该严把质量关,可以考虑以下几个方面的内容。

① 考察供应商的硬件及软件。

② 考察供应商的质量保证能力,考察供应商是否通过 ISO 9000 系列的质量认证或是其他一些企业要求的质量认证,质量控制措施如何。

③ 调查供应商的产品质量状况及信誉等,对产品样品进行监视和测量。

④ 要对比以往类似产品的交货质量情况和交付后提供相关服务和技术支持的能力,对比其他用户的使用情况,评定其顾客满意度。

(3) 采购合同管理。

采购合同管理是对采购部门与供应商所签订协议的规定内容的管理,其质量条款主要包括如下内容。

① 产品技术要求及监控规定。这部分主要是对采购产品的技术方面和过程方面提出的要求及控制规定,主要包括:产品制造计划和实施制造过程监督的规定;产品包装、运输、发运和交货方式的规定;产品质量检验、测量标准和国家有关规定的要求。

② 质量保证协议。这部分主要明确规定供应商应负的质量保证责任,主要内容包括:信任供应商的质量体系说明;随发运的货物提交规定的检验(或试验)数据及过程控制记录;由供应商进行全验说明;由供应商进行批次接收抽样检验(或试验)说明;由供应商实施组织规定的正式质量体系;由本企业或第三方对供应商的质量体系进行定期评估;内部接收检验或筛选。

③ 验证方法协议。这部分主要是与供应商就验证方法所达成的明确的协议,以验证产品是否符合要求,主要内容包括检验项目规定、检验条件、检验规程说明、抽样方法及数据、合格品判断标准、供需双方需交换的检测资料、验证地点说明。

④ 解决争端协议。这部分是为了解决供应商和本企业直接所发生的质量争端,就常规问题和非常规问题的处理做出的规定。主要内容包括疏通本企业和供应商之间处理质量事宜时的联系渠道和措施、质量保证期内质量责任的规定、产品偏离合同要求时的处理规定和索赔罚款的规定。

2. 事中执行阶段的质量控制

事中执行阶段的质量控制主要是通过对供应商质量进行监督来完成,主要包括对供应商所提供产品的质量的检验及对使用过程中的供应商质量管理体系的审核。

(1) 对供应商所提供产品质量的检验。采购产品质量检验是采购质量控制的重要环节,通过严把进货质量关,可以确保最终产品质量。对供应商产品的质量检验作业应包括进料检验、制造过程中的质量控制及制成品出货的质量控制三个阶段。

一般产品质量检验的内容包括:①鉴别采购产品的质量水平,确定其符合程度或能否接受;②判断工序质量状态,为工序能力控制提供依据;③了解产品质量等级或缺陷的严重程度;④改善检测手段,提高检测作业发现质量缺陷的能力和有效性;⑤反馈质量信息,报告质量状况与趋势，提供质量改进建议。

(2) 对供应商进行定期或不定期的质量管理体系审核，改进进货监视以及测量生产和销售中所发现的采购物料的质量问题，对重点供应商进行监督性的巡检。

3. 事后考核阶段的质量控制

采购活动结束后，要对供应商提供产品的质量进行考核评估，主要可以根据执行过程中所得的监督记录、文件资料对供应商的质量保证能力和产品质量以及采购质量供应能力进行评价，评价供应商是否能满足要求，提供的产品品质是否异常，供应商是否按照采购合同中的质量条款执行，如不合格将终止与供应商今后的合作。

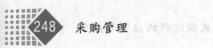

### （三）采购质量控制的方法

1. 加强对供应商的监督和管理

为了保证采购物品的质量，采购商应采取有效措施，对供应商的产品质量实施必要的控制。具体控制方法如下。

(1) 向供应商派常驻代表或驻在组。为了直接掌握拟购商品生产厂产品的质量状况，可由采购商向供应商派常驻代表，向供应商提供具体的产品质量要求，并了解该供应商质量管理的有关情况，如质量管理机构的设置，质量体系的建立与实施，产品的设计、生产、包装、检验等，特别是对出厂前最终检验和试验的监督。对供应商出具的质量证明材料要核实，这项工作十分重要，它可以有效地进行质量把关；另外，对与采购商有长期稳定的业务联系，并建立了稳定的供货关系，同时采购批量较大、技术性较强、质量要求较严格的供应商，采购商还可派出驻在组常驻供应商处，对其产品质量进行全程、全面的检查和监督，并且监督买卖合同的全面执行，保证生产、发货及时，满足采购商的各方面要求。

(2) 定期或不定期地到供应商处进行监督检查。对于采购商与供应商尚未建立稳固的供货关系，而且采购批量较小、对产品质量无特殊要求的情况，采购商还可根据实际情况派技术人员到供应商处进行监督检查，主要监督检查双方买卖合同的执行情况和拟购产品的质量情况。这种监督检查可以是定期的，也可以是不定期的。监督检查的具体内容包括：在生产前监督检查原材料和外购件的质量情况；在生产中监督检查各工序半成品的质量状况，特别是要注意关键工序或特殊工序，对其进行重点监督检查；在生产后监督检查产成品的检验、试验及包装情况。

(3) 及时掌握供应商生产状况的变化。由于企业内外部环境的变化，供应商的生产状况也会随之变化。采购商应及时掌握供应商生产变化情况，尤其对生产中发生的一些重大变化，如在产品设计或结构上的重大变化、制造工艺上的重大变化、检验和试验设备及规程方面的重大变化等，应要求供应商及时报告。采购商接到报告后，要认真分析情况，必要时到供应商处直接调查了解，弄清这些变化对产品质量的影响。

(4) 对供应商提供管理和技术方面的帮助。供应商的管理水平和技术水平是影响产品质量的主要因素。作为采购商，为了有效地控制采购物品的质量，应主动地帮助那些管理水平较低、产品质量不高或不稳定的供应商提高管理（特别是质量管理）水平和技术水平，增强质量保证能力。

对供应商的帮助可以是多方面的。如以提高产品质量为中心，帮助供应商组织有关人员的技术培训，进行设备的技术改造，实现检验和试验的标准化、规范化，贯彻执行 ISO 9000 系列标准，争取质量体系认证等。

2. 建立采购质量管理体系

(1) 采购质量管理体系的含义。

质量管理体系是组织内部建立的、为实现质量目标所必需的、系统的质量管理模式，是组织的一项战略决策。它将资源与过程结合，以过程管理方法进行的系统管理，根据企业特点选用若干体系要素加以组合，一般由与管理活动、资源提供、产品实现以及测量、分析与改进活动相关的过程组成，可以理解为涵盖了从确定顾客需求、设计研制、生产、检验、销售、交付之前全过程的策划、实施、监控、纠正与改进活动的要求，一般以文件化的方式，成为组织内部质量管理工作的要求。

采购质量管理体系是质量管理的一种应用，它主要是指在采购质量方面指挥和控制组织的管理体系，是为了实施采购质量管理的体系，主要包括采购质量目标、采购质量管理机构和制度及采购最高管理人员的职责等。

(2) 采购质量管理体系的建立与实施。采购质量管理体系的建立主要是依据 ISO 9001:2008《质量管理系统——要求》这一标准，主要包括以下内容。

① 进行教育培训，拟定采购计划。

因为要将 ISO 9001:2008 要求贯彻到采购管理中来，首先必须使采购部门人员熟悉标准，正确理解和使用标准。而要达到这个目的，就需要聘请相应的咨询机构对采购部门人员进行分层次、循序渐进的教育培训。

培训的层次可以按照采购经理、采购人员和内审员三个层次来进行。其中对采购经理主要培训采购质量管理的八项原则和质量管理体系基础十二条原理，着重介绍管理职责中管理者在贯标认证中的职责，明确其相应的地位和主导作用；对采购人员主要培训其在采购质量管理过程中的岗位职责、权限、作业指导书和服务规范等，同时还要让其了解到自己的岗位在整个采购质量管理体系中的作用；对内审员的培训是指将相应的采购部门代表由咨询机构派员或送质量认证教育培训中心进行培训考核和资格认证，使其能对采购质量管理体系运作后进行审核，以发现体系中的不合格项，并通过实施纠正措施和预防措施，进一步提高质量管理体系的符合性和有效性。

② 制定采购质量方针和采购质量目标。采购质量方针是采购经理甚至企业领导正式发布的采购质量管理的宗旨和方向，是实施和改进采购质量管理体系的动力。采购质量目标是建立在采购质量方针之上的，是采购组织各层次所追求并加以实现的主要工作任务。采购质量方针和质量目标主要是由采购部门经理提出总的思路，然后广泛发动采购人员进行讨论而制定，为今后的执行打下基础。

③ 建立采购组织结构，规定相应的质量职责和权限。质量管理体系是依托组织结构来协调和运行的，采购组织也是一样，其中的采购质量管理体系的运作涉及采购中的各项活动，而这些活动的分工、顺序和途径都是通过本组织机构和职责分工来实现的，所以企业要依据相应的标准建立符合自己实际的采购组织结构，规定相应的质量职责和权限。一般较大的采购机构需要设立专门的质量管理分部，对整个采购部门的采购质量进行管理；普通的采购部门可以设置相应质量管理人员，接受企业质量管理部门的统一管理。

④ 采购质量管理体系文件编写。采购质量管理体系文件编写的内容主要包括质量方针和目标，质量手册、程序文件、作业指导书及质量记录五个部分。其中质量手册是规定采购组织质量管理体系的纲领性文件，它主要包括质量管理体系的范围、包括或引用程序文件

和过程间的相互作用三部分：程序文件是指为了达到某项活动或过程而规定途径的文件；作业指导书是采购人员在其相应的工作岗位上的作业要求；质量记录是采购活动完成后的证据文件，是在采购活动中完成的。采购质量管理体系文件中除了上述五种外，还包括与采购有关的国家的法规政策以及相应的采购质量计划。

⑤ 质量管理体系试运行。质量管理体系文件编制完成后，就进入试运行阶段，其目的是检查体系文件的有效性和适宜性。在试运行阶段应着重抓好以下几点。

- 有针对性地贯彻质量管理体系文件。
- 用实际检验文件是否能够较好地满足企业对采购产品的质量要求，在运行中要多收集采购人员、供应商等的意见并及时反馈给质量体系小组，以便采取纠正措施。
- 将体系运行暴露出的问题进行协调、改进。

⑥ 质量管理体系的审核和评审。质量管理体系的审核和评审是通过经过培训的内审员对质量管理体系进行研究，找出问题以便进行改进。这一步骤在体系建立的初始阶段显得特别重要。其主要内容有审核体系文件是否符合标准要求、企业的实际，检验经过试运行的体系是否有效，为认证注册做好充分的准备。

3. 实行全面质量管理

(1) 全面质量管理的含义。全面质量管理（Total Quality Management，TQM）在 20 世纪 60 年代产生于美国，由费根堡姆最早提出，后来在西欧和日本逐渐得到推广与发展。1961 年，费根堡姆在《全面质量管理》一书中给出全面质量管理的概念：全面质量管理是为了能够在最经济的水平上并考虑到充分满足用户要求的条件下进行市场研究、设计、生产和服务，把企业内各部门研制质量、维持质量和提高质量的活动构成为一体的一种有效体制。也可以说，全面质量管理就是在全面社会的推动下，企业中所有部门、所有组织、所有人员都以产品质量为核心，把专业技术、管理技术、数理统计技术集合在一起，建立起一套科学、严密、高效的质量保证体系，控制生产过程中影响质量的因素，以优质的工作、最经济的办法提供满足用户需要的产品的全部活动。

全面质量管理的基本观点体现在以下方面。

① 为用户服务的观点。在企业内部，凡接收上道工序的产品进行再生产的下道工序，就是上道工序的用户，“为用户服务”和“下道工序就是用户”是全面质量管理的一个基本观点。通过每道工序的质量控制，达到提高最终产品质量的目的。

② 全面管理的观点。所谓全面管理，就是进行全过程的管理、全企业的管理和全员的管理。包括如下内容。第一，全过程的管理。全面质量管理要求对产品生产过程进行全面控制。第二，全企业管理。全企业管理的一个重要特点，是强调质量管理工作不局限于质量管理部门，要求企业所属各单位、各部门都要参与质量管理工作，共同对产品质量负责。第三，全员管理。全面质量管理要求把质量控制工作落实到每一名员工，让每一名员工都关心产品质量。

③ 以预防为主的观点。以预防为主，就是对产品质量进行事前控制，把事故消灭在发生之前，使每一道工序都处于控制状态。

④ 用数据说话的观点。科学的质量管理，必须依据正确的数据资料进行加工、分析和处理，找出规律，再结合专业技术和实际情况，对存在问题做出正确判断并采取正确措施。

(2) 全面质量管理的特点。全面质量管理的特点是突出一个“全”字，即全面性、全过程性和全员性。

① 全面性。全面质量管理是对各个方面的质量进行管理。不仅对产品的质量进行管理，也对工作质量、服务质量进行管理；不仅对产品性能进行管理，也对产品的可靠性、安全性、经济性、时间性和适应性进行管理；不仅对物，也对人进行管理。

② 全过程性。全面质量管理要求从产品质量形成的全过程，从产品设计、制造到使用的各环节致力于质量的提高，做到防检结合、以防为主。质量管理向全过程管理的发展，不仅充分体现了以预防为主的思想，保证质量标准的实现，而且着眼于工作质量和产品质量的提高，争取实现新的质量突破。根据用户要求，从每一个环节做起，都致力于产品质量的提高，从而形成一种更加积极的管理。

③ 全员性。全面质量管理要求参加质量管理的人员是全面的，无论高层管理者还是普通办公职员或一线工人，都要参与质量改进活动。全面质量管理是依靠全体职工参加的质量管理，质量管理的全员性、群众性是科学质量管理的客观要求。这是因为：一方面，产品质量与每个人的工作有关，提高产品质量需要依靠所有人员的共同努力；另一方面，在这个基础上产生的质量管理和其他各项管理，如技术管理、生产管理、资源管理、财务管理等各方面之间，存在着有机的辩证关系，它们以质量管理为中心环节相互联系，又相互促进。因此，实行全面质量管理要求企业在集中统一领导下，把各部门的工作有机地组织起来，人人都必须为提高产品质量、加强质量管理尽自己的职责。

(3) 全面质量管理的指导思想。全面质量管理的指导思想概括起来为“四个一切”，即“一切为用户着想，一切用预防为主，一切用数据说话，一切工作按 PDCA 循环进行”。

① 一切为用户着想。用户的需要决定着企业的生存和发展，而产品生产就是为了满足用户的需要。这就要求企业一切应从为用户着想的主导思想出发，只有以良好的产品质量取得用户的信任，企业才能求得发展。为了保持产品的信誉，必须树立质量第一的思想，在为用户提供物美价廉的产品的同时，还要及时地为用户提供技术服务。

② 一切以预防为主。即全面质量管理要将从事后把关改变为实现预防为主的指导思想，积极做到“防患未然”。用户对企业的要求，最重要的是保证质量。由于质量不是一步形成的，也不是最后一道工序突然形成的，而是逐步形成的。因此，在生产产品的过程中，必须分析影响质量的各个因素及各因素之间的相互关系与变化规律，采取有效措施，把影响生产过程中的因素统统控制起来，这就是过去单纯以产品检验“事后检查”的消极“把关”，改变为以“预防为主”，防检结合，采用“事前控制”的积极“预防”。

③ 一切用数据说话。“一切用数据说话”就是用数据和事实来判断事物，而不是凭印象来判断事物。全面质量管理的开展必须建立在真实可靠的数据基础上，它体现了质量管理的科学态度。企业在质量管理过程中，必须通过数理统计、抽样调查等技术方法得到真实的质量数据，以此来分析、认定质量现状，以便不断改进和提高。

④ 一切工作按 PDCA 循环进行。即全面质量管理必须按照科学的程序来开展工作。PDCA 循环是质量体系活动应遵循的科学工作程序，也是全面质量管理的基本活动方法。按照 PDCA 方法不断进行循环，可以有效地提高质量管理水平。

(4) 全面质量管理的步骤和方法。全面质量管理活动通常通过 PDCA 循环完成。PDCA 循环是英文 Plan(计划)、Do(执行)、Check(检查)和 Action(处理)四个词的缩写，是全面质量管理的思想方法和工作步骤，是由美国的"统计质量控制之父"休哈特所提出的，由美国人戴明博士将之采纳、宣传（尤其是在日本），使得这个循环得以普及，所以也被称为"戴明环"。PDCA循环反映了质量工作过程的四个阶段，这四个阶段不停地循环下去，不断地改善质量。PDCA分四个阶段八个步骤，任何一个有目的有过程的活动都可按照这四个阶段进行。

第一阶段是计划阶段，又叫P阶段。这个阶段的主要内容是通过市场调查、用户访问、国家计划指示等，搞清楚用户对产品质量的要求，确定质量政策、质量目标和质量计划等。它相应对应四个步骤：分析质量现状，找出存在的问题；分析产生问题的各种原因或影响因素；找出影响质量问题的主要原因；针对主要原因，拟定措施，制订计划，并预计效果。

第二个阶段为执行阶段，又称D阶段。这个阶段是实施P阶段所规定的内容，如根据质量标准进行产品设计、试制、试验、其中包括计划执行前的人员培训。这个阶段的步骤只有一个，即执行措施和计划。

第三个阶段为检查阶段，又称C阶段。这个阶段主要是在计划执行过程中或执行之后，检查执行情况是否符合计划的预期结果。这个阶段的步骤只有一个，即把执行结果与预定目标对比，检查执行的效果。

第四阶段为处理阶段，又称A阶段。主要是根据检查结果，采取相应的措施。也就是说，要把成功的经验肯定下来，变成标准，以后就按照这个标准去做。失败的教训也要加以总结，使它成为标准，防止以后再发生。没有解决的遗留问题反映到下一个循环中去。这个阶段对应两个步骤：总结经验教训，巩固成绩，处理差错；提出这一循环尚未解决的问题，把它们转到下一个PDCA循环中，以达到持续改进的目的。

# 第二节　采购货款的结算

货款结算是整个采购运作过程中至关重要的一个环节。能否按时付款是供应商最关心的问题，也是采购商的信誉所在。如果采购商对到期应付的货款找理由拖延，必然会引起供应商的不满，则会导致双方关系恶化，严重的还会导致供应商停止供货，甚至诉诸法律。货款结算的过程是对采购运作业务的最后把关和规避风险的关键环节。

## 一、货款结算流程

采购部门根据需求部门的实际需求发出采购订单后，供应商组织货物，按订单要求按时交货。采购部门协同有关部门接收货物并组织验收合格的货物入库，同时填写验收单等有关单据，并将货品验收单与采购订单进行核对，对各项数据进行整理。当发现验收单不齐或与采购订单不相符时，采购人员应及时与相关部门人员沟通协调，同时与供应商及时沟通，了解产生问题的原因，然后进行单据汇总。采购人员根据汇总的各种数据，填写《应付账款单》，列明应付款项明细，然后采购部门及有关领导审核，经供应商确认后，交给财务部。会计人员根据采购合同、采购订单、验收单等单据进行审核，查验各类单据是否符合财务规定、数据是否相符等。经财务部门审核没有问题，则根据企业的审批制度进行审批，并由财务部门安排付款，具体流程如表10-1所示。

**表 10-1　货款结算流程**

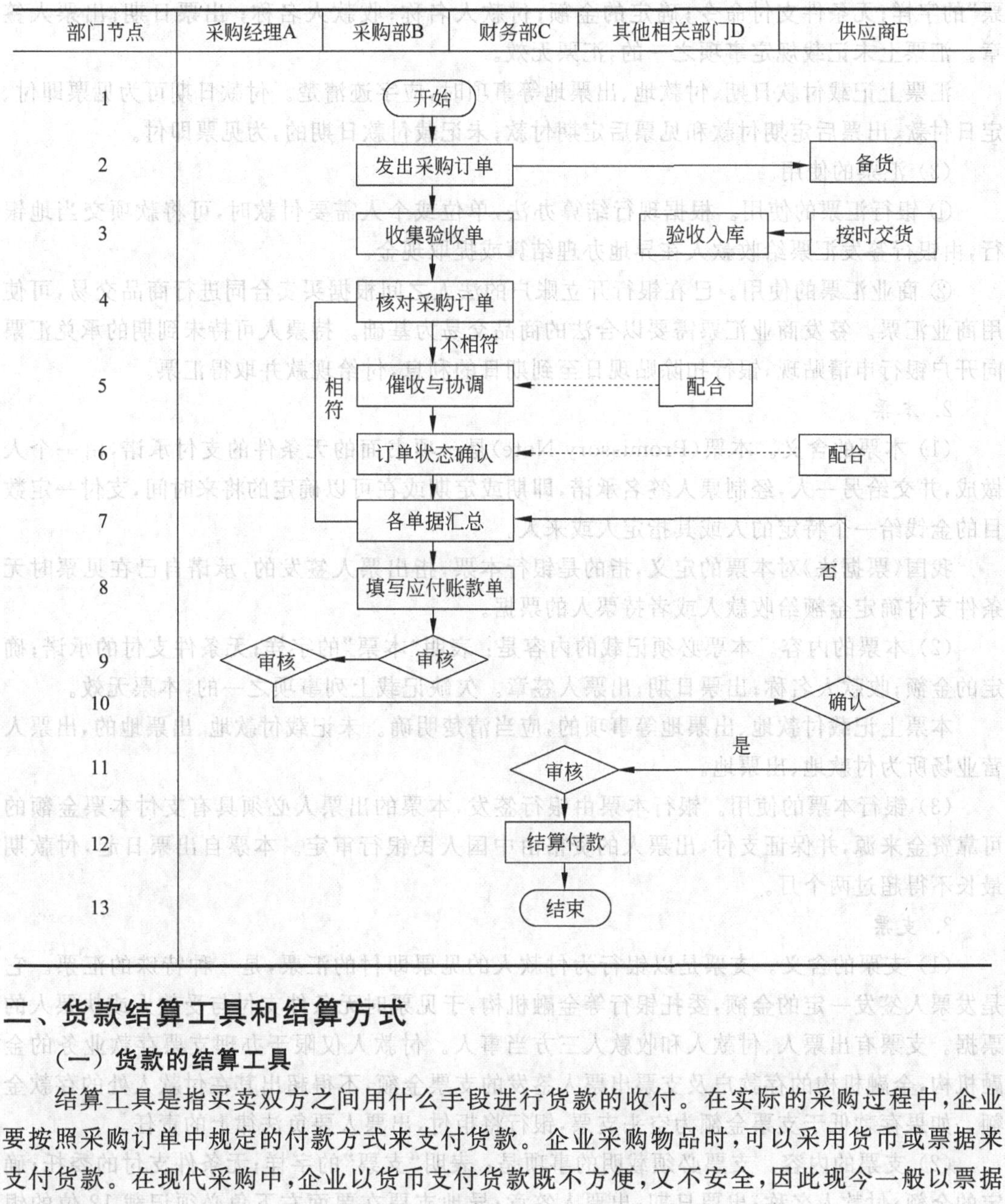


## 二、货款结算工具和结算方式

### (一) 货款的结算工具

结算工具是指买卖双方之间用什么手段进行货款的收付。在实际的采购过程中，企业要按照采购订单中规定的付款方式来支付货款。企业采购物品时，可以采用货币或票据来支付货款。在现代采购中，企业以货币支付货款既不方便，又不安全，因此现今一般以票据完成货款的收付。票据一般可分为以下三种。

1. 汇票

(1) 汇票的含义。汇票是发票人签发一定的金额，委托付款人于指定的到期日，无条件支付与受款人或执票人的票据。汇票是一种支付命令，即汇票是一个人向另一个人签发的，要求见票时或在将来的固定时间，或可以确定的时间，对某人或其指定的人或持票人支付一定金额的无条件的书面支付命令。汇票的当事人一般有发票人、付款人和收款人，汇票对收款人资格不加限制。

(2) 汇票的内容。据《中华人民共和国票据法》规定，汇票必须记载以下事项：表明“汇票”的字样；无条件支付命令；确定的金额；付款人名称；收款人名称；出票日期；出票人签章。汇票上未记载规定事项之一的，汇票无效。

汇票上记载付款日期、付款地、出票地等事项时，应字迹清楚。付款日期可为见票即付、定日付款、出票后定期付款和见票后定期付款；未记载付款日期的，为见票即付。

(3) 汇票的使用。

① 银行汇票的使用。根据现行结算办法，单位或个人需要付款时，可将款项交当地银行，由银行签发汇票给收款人在异地办理结算或提取现金。

② 商业汇票的使用。已在银行开立账户的法人之间根据买卖合同进行商品交易，可使用商业汇票。签发商业汇票需要以合法的商品交易为基础。持票人可持未到期的承兑汇票向开户银行申请贴现，银行扣除贴现日至到期日的利息，付给现款并取得汇票。

2. 本票

(1) 本票的含义。本票(Promissory Note)是一项书面的无条件的支付承诺，由一个人做成，并交给另一人，经制票人签名承诺，即期或定期或在可以确定的将来时间，支付一定数目的金钱给一个特定的人或其指定人或来人。

我国《票据法》对本票的定义，指的是银行本票，指出票人签发的，承诺自己在见票时无条件支付确定金额给收款人或者持票人的票据。

(2) 本票的内容。本票必须记载的内容是：表明“本票”的字样；无条件支付的承诺；确定的金额；收款人名称；出票日期；出票人签章。欠缺记载上列事项之一的，本票无效。

本票上记载付款地、出票地等事项的，应当清楚明确。未记载付款地、出票地的，出票人营业场所为付款地、出票地。

(3) 银行本票的使用。银行本票由银行签发，本票的出票人必须具有支付本票金额的可靠资金来源，并保证支付，出票人的资格由中国人民银行审定。本票自出票日起，付款期最长不得超过两个月。

3. 支票

(1) 支票的含义。支票是以银行为付款人的见票即付的汇票，是一种特殊的汇票。它是发票人签发一定的金额，委托银行等金融机构，于见票时无条件支付与受款人或执票人的票据。支票有出票人、付款人和收款人三方当事人。付款人仅限于办理支票存款业务的金融机构，金融机构的存款户及支票出票人签发的支票金额，不得超出其在付款人处的存款金额。如果存款低于支票金额为空头支票，银行将拒付，出票人要负法律上的责任。

(2) 支票的内容。支票必须载明的事项是：表明“支票”的字样；无条件支付的委托；确定的金额；付款人名称；出票日期；出票人签章；异地支票在票面右下角必须记载12位的银行机构代码，同城为6位。支票上未记载前述规定事项之一的，支票无效。

(3) 支票的使用。

① 转账支票可以背书转让；现金支票不得背书转让。

② 支票提示付款期为十天(从签发支票的当日起，到期日遇例假顺延)。

③ 支票签发的日期、大小写金额和收款人名称不得更改，其他内容有误，可以画线更正，并加盖预留银行印鉴之一证明。

④ 支票发生遗失，可以向付款银行申请挂失止付；挂失前已经支付，银行不予受理。

⑤ 出票人签发空头支票、印章与银行预留印鉴不符的支票，银行除将支票做退票处理外，还要按票面金额处以5%但不低于1 000元的罚款。持票人有权要求出票人赔偿支票金额2%的赔偿金。

**（二）货款的结算方式**

企业之间的货款结算一般以银行为中介，通过银行提供信用方式或代理方式支付货款，常用的支付方式包括如下几种。

1. 汇兑

（1）汇兑的含义。汇兑又称"汇兑结算"，是指企业（汇款人）委托银行将其款项支付给收款人的结算方式。单位和个人的各种款项的结算，均可使用汇兑结算方式。这种方式便于汇款人向异地的收款人主动付款，适用范围十分广泛。

（2）汇兑的种类。汇兑根据划转款项的不同方法以及传递方式的不同可以分为信汇和电汇两种，由汇款人自行选择。

① 信汇。信汇是汇款人向银行提出申请，同时交存一定金额及手续费，汇出行将信汇委托书以邮寄方式寄给汇入行，授权汇入行向收款人支付一定金额的一种汇兑结算方式。

② 电汇。电汇是汇款人将一定款项交存汇款银行，汇款银行通过电报或电传给目的地的分行或代理行（汇入行），指示汇入行向收款人支付一定金额的一种汇款方式。

在这两种汇兑结算方式中，信汇费用较低，但速度相对较慢；而电汇具有速度快的优点，但汇款人要负担较高的电报电传费用，因而通常只在紧急情况下或者金额较大时适用。另外，为了确保电报的真实性，汇出行在电报上加注双方约定的密码；而信汇则不须加密码，签字即可。

2. 异地托收承付

（1）异地托收承付的含义。异地托收承付结算是转账结算的一种方式，是指收款人根据购销合同发货后，委托其开户银行向异地付款人收款（托收），付款人审核无误，承认付款（承付）后，由其开户银行办理划拨转账手续。

（2）异地托收承付的有关规定。

① 办理异地托收承付结算的款项，必须是商品交易以及商品交易而产生的劳务供应的款项。代销、寄售、赊销的商品的款项不得办理托收承付结算。

② 收付双方使用托收承付结算必须签有符合《中华人民共和国经济合同法》的购销合同，并在合同上明确使用异地托收承付结算方式。

③ 收付双方办理托收承付结算必须重合同、守信用。收款人对同一付款人发货托收累计3次收不回货款的，银行应暂停其向该付款人办理托收；付款人累计3次无理由拒付的，银行应暂停其向外办理托收。

④ 收款人办理托收，必须具有商品确已发运的证件（包括铁路、航运、公路等运输部门签发的运单、运单副本和邮局包裹回执）。

3. 委托银行收款

（1）委托银行收款的含义。委托银行收款，是指收款人向银行提供收款依据，委托银行向付款人收取款项的结算方式。

（2）委托银行收款的有关规定。委托银行收款不受金额起点的限制，分邮寄和电报划回两种，由收款人选用。前者是以邮寄方式由收款人开户银行向付款人开户银行转送委托收款凭证、提供收款依据的方式后者则是以电报方式由收款人开户银行向付款人开户银行转送委托收款凭证提供收款依据的方式。

委托银行收款的付款期为3天，付款期满，付款人存款余额不足，按无款支付办理，不予延期。对于拒付的情况，银行不负责审查拒付理由。

(3) 委托银行收款的适用范围。凡在银行或其他金融机构开立账户的单位和个体经济户的商品交易，公用事业单位向用户收取水电费、邮电费、煤气费、公房租金等劳务款项以及其他应收款项，无论是在同城还是异地，均可使用委托收款的结算方式。

## 三、付款的操作

采购的付款操作，一般是在通过物料质量或数量检验后，验收合格后的物料经过查询物料入库信息、准备付款申请单据、付款审批、资金平衡，之后向供应商付款，具体内容如下。

1. 查询物料入库信息

(1) 对国内的供应商付款操作，一般是在物料检验通过并且完成入库操作之后进行，所以订单人员(或者专职付款人员)要查询物料入库信息，并对已经入库的物料办理付款手续。

(2) 对于国外供应商，一般是“一手交钱，一手交货”。所以对国外来料一到岸或一到指定的交易地点，必须及时验收，在验收后向供应商开具付款票据，对供应商付款。

2. 准备付款申请单据

对国内供应商付款，需制作付款申请单，并且附上合同、物料检验单据、物料入库单据、发票。付款人员要注意五份单据(指付款申请单、合同、物料检验单据、物料入库单据、发票)中的合同编号、物料名称、数量、单价、总价、供应商名称必须一致。

3. 付款审批

付款审批由管理办公室或财务部专职人员负责。审核内容主要包括以下几点。

(1) 单据的匹配性。审核上述五份单据在六个方面即合同编号、物料名称、数量、单价、总价、供应商等方面的一致性及正确性。

(2) 单据的规范性。审核发票、付款申请单的格式，要求格式标准、统一，描述清楚。

(3) 单据的真实性。即发票的真假鉴别，检验、入库等单据的真假识别等。

4. 资金平衡

在采购过程中，企业必须合理利用资金，资金合理利用是对企业管理者的基本要求。如果企业拥有足够的资金，那么本步骤可以省略。但是，在企业资金紧缺的情况下，企业就要综合考虑物料的重要性、供应商的付款周期等因素，以确定首先向谁付款。对于不能及时付款的物料，企业应与供应商进行充分的沟通，征得供应商的谅解和同意。

5. 向供应商付款

企业财务部门接到付款申请单及通知后，即可向供应商付款，并提醒供应商注意收款。

6. 供应商收款

企业之间的交易付款活动一般通过银行进行，有时因为付款账号疏漏，可能导致供应商收不到货款。对于大额资金的付款活动，企业有必要在付款活动之后向供应商做出收款提醒。

# 第三节　采购内部控制

## 一、采购流程的内部控制

采购环节是企业经营管理中最薄弱的环节之一，在企业采购过程中，最容易发生以权谋私、弄虚作假、舍贱求贵、以次充好、收受回扣等情况，并且在采购过程中也最容易出现“冒”和“漏”的地方，这就需要企业对采购流程进行管控，如果对采购流程管控得好将为企业节省很多资金。

企业的采购从请购开始，寻找供应商，经过与供应商谈判确定供应商，发出采购订单，对采购订单进行跟踪，直到组织进货验收并付款，这其中经历了很多环节，企业需要建立采购内部控制体系来对采购流程进行管控。那么，在采购流程的所有环节中，企业需要对主要环节进行控制，具体包括如下方面。

### （一）请购的控制

请购是采购环节上的第一个步骤，企业应根据不同的需求制定不同的请购制度。对于原材料、零配件、商品和其他物资等，请购部门可以根据预算，即根据签发的生产通知单或市场供应等情况正确填写请购单，由本部门授权人审批。对不符合规定的采购申请，审批人应当要求采购人员调整内容或拒绝批准。不论是何种需要的请购，采购部门在收到请购单后以及在最终发出购货订单之前，都必须对什么时候发出购货订单、向谁发出购货订单、应订购多少三个方面做出决定，具体包括如下内容。

1. 订购数量的控制

(1) 审查请购单数量的合理性。生产部和仓储部等物资需求部门根据企业相关规定及实际需求提出采购申请；请购人员应根据库存量基准、用料预算及库存情况填写请购单，需要说明请购物资的名称、数量、需求日期、质量要求以及预算金额等内容，采购部核查采购物资的库存情况，检查该项请购是否在执行后又重复提出，以及是否存在不合理的请购品种和数量；如果采购人员认为采购申请合理，则根据所掌握的市场价格，在请购单上填写采购金额后呈交相关领导审批。

(2) 对请购单的数量进行分析确定。对于大量采购的原材料、零配件、商品等要进行各种采购数量对成本影响的分析，分析的内容主要是将各种请购项目进行有效归类，然后利用经济批量法测算成本及采购的批次和数量；对于请购数量不大或零星采购的物品，采购批量的成本分析控制可对照资金预算来执行。

2. 向哪一家发出订货单

采购部门在确定了采购数量之后，必须遵循企业订货报价控制制度，选择最有利于企业生产和成本最低的供应商进行供货。根据与供应商确定的最优价格，对采购所需资金做出估算，并在请购单上签署采购意见，并交由采购部门授权人审批；然后，将签批后的请购单送资金预算部门，由预算部门主管人员审核请购是否符合经营目标，是否在资金预算范围之内，审批后签注意见，送交存货管制部门。

3. 何时发出订货单

为了生产经营的正常进行，避免存货资产的闲置，存货管制部门人员在接到请购单后，对存货应运用经济批量法和存货最低点法进行分析，决定什么时间请购最为合适，并在请购单上签注意见，由部门授权人审批。

（二）订购的控制

采购部门应根据签批后的请购单，及时与确定的供应商签订符合国家法律规定的采购合同。采购合同必须按照采购权限规定，由各级授权人进行审核，审核同意后，才能加盖合同专用章。在订货单向供应商发出之前，还必须由专人核查订货单是否授权审批，以及是否有经批准的请购单作为支持凭证，确保订货单的有效性。

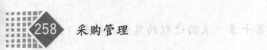

订货单是授权执行并记录经济业务的，对它的控制是十分重要的。订货单的控制制度包括：预先对订货单进行编号，以确保日后能被完整地保存，并能够在会计上对所有订货单进行处理；在订货单向供应商发出前，必须由专人检查该订货单是否已由授权人签字，以及是否经过请购部门主管批准；由专人复查订货单的编制过程和内容；订购手续办完后，应告知请购部门及验收部门，并予以确认。

（三）验收的控制

供应商按照订单要求送货，采购部门就要协助有关部门进行验收，必须对验收环节进行有效的控制才能达到效果。验收控制主要体现在收货的数量与质量方面，它应该根据采购合同的数量和质量的要求，独立地检验收到的货物。为了达到控制的目的，验收入库的职能必须由独立于请购、采购和会计部门的人员（如仓储人员或收货人员等）来承担。收货人员在货运单上签字之前，应通过计数、过磅或测量等方法来证明货运单上所列的数量，同时还应在可能的范围内对物品进行质量检验，对有技术要求的物品应将部分样品送交专家和实验室对其进行质量检验，检验发现问题应及时保管，并按批准意见处理。对于已经检验的物品，由保管人员将发票、采购合同、请购单进行认真核对，同时点收实物的数量和质量，核对无误后填写按顺序编号的入库单。

对验收环节控制的主要方法如下。

1. 建立健全取样制度

质检处在见到物管处采购产品的取样通知后，由质检处的取样人员进行现场取样。取样必须按照一定的标准进行，要有代表性，要杜绝取样不规范以及供应人员送样品、仓库人员取样的现象。

2. 采取“封闭”检验法

“封闭”检验即要求采购部门、供货单位和车间人员未经许可不准进入分析室，从而保持分析室内安静的环境，以免人为因素的影响和干扰，使分析人员能在不受外界条件干扰的情况下按标准进行检验，并客观、公正地进行判定。质检处的检验人员、管理人员、部门领导也不得与上述人员有非正常接触，以杜绝供应商在检验人员分析检验时弄虚作假。

3. 对不合格采购品的处置制度

对不合格采购品，要由采购部门、生产车间、管理部门进行评审（汇签），根据评审意见决定对该批货物是退货（退扣）、退补（即换货）还是让步接受。让步接受只能在不影响产品质量和保证生产的前提下进行，使供应商在价格上做出降价。

## 二、采购作弊方式及防范

采购是企业支付货币取得材料实物的过程，因此容易产生舞弊问题。常见的舞弊方法有虚列采购、押金抵物、有单无货和涂改发票单价。

### (一) 虚列采购

虚列采购是指会计人员或采购人员利用材料采购业务管理及核算上的漏洞，伪造材料采购的业务事项，达到支取货款、中饱私囊的目的。

1. 主要舞弊手段

① 利用假发票支取货款；

② 本单位人员与客户有关人员内外勾结，以假发票、假进货进行舞弊；

③ 会计员、保管员、采购员相互勾结开具假发票及假入库单入账，共同分赃；

④ 会计人员无证记账、虚支货款，即只编制记账凭证，不附原始凭证；

⑤ 涂改以前年份的采购发票在本期支取货款和入账。

2. 防范方法

为防范虚列采购的发生，在审查采购业务时，应从以下方面进行：

① 审查采购业务原始凭证的真实性，落实是否采取伪造或涂改凭证的手法进行舞弊；

② 审查采购业务原始凭证的合法性，落实是否用自制凭证或假发票进行舞弊；

③ 审查采购业务记账依据的完备性，落实是否采取无证记账的手法进行舞弊；

④ 审查采购业务处理的正确性，落实是否利用账务处理技巧套取现金或转移资金等。

### (二) 押金抵物

押金抵物是指会计人员利用材料核算及管理上的可乘之机，把应向客户收回的保证金(如向客户借用包装物等所交纳的押金)抵作材料采购入账，并将其款项侵吞为己有的一种贪污技巧。

为了防范此类现象发生，应从以下方面进行审查：

① 审查材料采购的记账依据是否真实、合法，落实是否将押金收据作为入账依据；

② 审查材料采购的价格是否合理，落实是否将应退回的包装物价格一并计入的情况；

③ 审查押金核算的账务处理是否正确，落实是否没有通过往来科目而直接作采购支出报账；

④ 向客户有关部门及人员进行询证以落实押金是否退回、是否被直接侵吞等。

### (三) 有单无货

有单无货是指采购人员、会计人员或保管人员相互勾结，利用采购管理上的漏洞与可乘之机，以正式的采购单据报账结算，但却将实物窃为己有的一种贪污技巧。

这种作弊方法大多发生在内部控制不完善、材料验收入库及报账制度(不附入库单)不严格的单位，在内部控制较为严格的单位则表现为合伙作弊，即采购员与验收员(保管员)或会计相互勾结，采取虚假入库单等方法报账。

为了防止这种情况的发生，应注意从下述几个方面进行审查：

① 审查采购业务内部控制的完整性，判断其是否存在薄弱环节和漏洞，进而分析其舞弊的可能性；

② 审查采购业务原始凭证的真实性和合法性，落实其是否以伪造、涂改、变造原始凭证的手法进行舞弊；

③ 审查财务验收制度是否严密，落实其是否有单无货、将财务窃为己有；

④ 审查采购业务记账依据的完备性及账务处理的正确性，落实其是否凭空入账、套取现金。

**（四）涂改发票单价**

涂改发票单价是指采购员或货物购买人员利用经营或经办购买货物业务的职务便利条件，将供货方开具的发票的单价及金额擅自涂改为大数，然后采取虚报货款的手段骗取会计部门信任，使会计部门多付货款并将其差额侵吞为己有的一种舞弊技巧。

应对这种作弊手法的审计对策有：

① 鉴别发票的真实性，看其数字有无涂改痕迹；

② 了解市场价格，看其商品价格是否合理；

③ 向供货商调查询证商品价格，落实其发票价格的真实性及经济业务的真相等。

## 三、采购审计

**（一）采购审计的概念**

采购审计是指对从采购规划到合同管理的整个采购过程进行系统的审查。有狭义和广义之分。狭义的采购审计是指物资采购审计，即指组织内部审计机构及人员依据有关法律、法规、政策及相关标准，按照一定的程序和方法，对物资采购各部门和环节的经营活动和内部控制等所进行的独立监督和评价活动。这里所称的"物资"是指组织在产品生产、基本建设和专项工程中所使用的主要原材料、辅助材料、燃料、动力、工具、配件和设备等。广义的采购审计包括物资采购审计以及基建审计、合同审计。

**（二）采购审计的内容**

采购审计主要包括采购决策的审查、采购计划的审查、采购管理的审查、采购方式的审查、采购合同的审查、验收入库的审查、采购结算的审查、应付账款的审查八个方面的内容。

1. 采购决策的审查

采购决策审查的目标主要是保护企业的利益不受损失，为企业获得更多效益提出改善采购方式的建议。审查采购决策的主要内容是每次采购数量如何确定、采购物品是自制还是外购、以何种方式采购等问题。

2. 采购计划的审查

采购计划是根据市场需求、企业的生产能力和采购环境容量等确定采购时间、数量及如何采购的作业。采购计划制订得是否合理、完善，直接关系到整个采购运作的成本和采购管理水平。采购计划审查主要包括如下内容：

(1) 审查采购计划的编制依据是否科学，编制的计划是否符合企业自身的实际情况；

(2) 审查编制采购计划时是否进行了充分的市场调研，调查预测是否存在偏离实际的情况；

(3) 审查采购计划是否具体化、数量化，有没有制订目标管理计划，采购计划是否采取适当的措施，有关人员的责任是否明确，是否落实到具体的部门和人员；

(4) 审查采购计划是否得到适当的控制；

(5) 审核采购计划的执行结果是否达到预期的目标。

3. 采购管理的审查

采购管理的审查主要是审查采购部门是如何进行采购活动管理的，采购活动是否规范、有效是审查的重点，它主要体现在以下几个方面：

(1) 审查企业是否经常出现紧急采购现象；

(2) 审查采购部门是否严格控制采购费用；

(3) 审查是否正确划分控制采购的权限；

(4) 审查是否控制了不正当的采购作业。

4. 采购方式的审查

采购方式的审查内容主要有以下三个方面：

(1) 审查重要物品的采购是否都通过招标进行；

(2) 审查重要物品的订货方式是否正确；

(3) 审查是否根据不同类别的物品的重要程度选择不同的采购方式。

5. 采购合同的审查

依法订立采购合同是避免合同风险、防患未然的前提条件，也是强化合同管理的基础。在实践中，采购合同审查内容主要包括：

(1) 审查采购部门是否履行职责；

(2) 审查采购合同的合法性和严密性；

(3) 审查采购合同标的的数量和价格水平；

(4) 审查采购合同中违约责任的约定是否明确，合同中有无应变措施；

(5) 审查买卖双方的权利与义务是否对称；

(6) 审查采购合同履约的全面性。

6. 验收入库的审查

对验收入库审查的主要内容包括：

(1) 审查物资验收工作执行情况，是否对物资进货、入库、发放过程进行验收控制；

(2) 审查是否有完整的收货、验收的原始记录；

(3) 审查不合格品控制执行情况，是否对发现的不合格品及时记录，是否及时反馈给供应商，供应商的处理方式是什么；

(4) 审查是否保持一定的产成品存货以规避缺货损失；

(5) 审查是否保持一定的料件存货以满足需求增长引起的生产需要；

(6) 审查是否建立牢固的外部契约关系，保证供货渠道稳定，降低风险，规避成本。

7. 采购结算的审查

要使采购得到有效的管理与控制，就必须切实把好结算关，这是因为在采购结算过程中容易产生一些违反财经纪律、滥用资金的行为。采购结算的审查主要包括如下内容。

(1) 付款凭证审查。进行付款凭证审查时主要看付款凭证上是否附上采购合同、订购单、验收单和供应单位的发票；供应单位的发票内容是否与采购合同、订购单和验收单一致；付款凭证是否有被授权人员签字；财务部门是否根据签字后的凭单付款。

(2) 采购支出的实质性审查。采购支出的实质性审查，可以先从审查材料采购明细账开始，重点审阅问题较多的支出问题，从中发现问题，再根据掌握的线索查阅有关的会计凭证及其他资料。审查时应重点审查的内容包括：审查采购价格的合理性，采购价格是否符合合同的规定；审查运杂费支出的适当性，有无多支、冒支的现象；审查结算发票的真实性，发票是否是税务机关统一印制的，发票上的单位名称是否与公章相符，发票的抬头是否与本单位一致，发票上的要素是否齐全，有无涂改现象，等等。

8. 应付账款的审查

应付账款业务是随着企业采购活动中的赊购交易而产生的，因此，审计人员应结合采购业务，进行应付账款的审查，主要内容包括：

(1) 审查应付账款的内部控制制度；

(2) 核实应付账款的实有数；

(3) 审查应付账款的真实性与合法性；

(4) 审查预收账款的真实性与合法性。

总之，要把审计监督贯穿于采购活动的全过程。只有进行切实有效的审计，才能揭露问题、纠正错误、堵塞漏洞，确保采购过程规范、有序。有效的采购审计与监督，不仅可以降低企业采购价格和采购风险，提高物资采购质量，还可以使企业的采购工作真正走上规范化、有序化、制度化、效率化、科学化的轨道。

## 本章小结

本章首先阐述采购进货验收流程和质量控制的内容；其次阐述了货款结算流程和结算方式；最后重点介绍采购流程的内控和采购审计等内容。

采购质量主要是指采购部门或采购人员采购的产品满足企业生产运作要求的特征和特性的总和。采购质量控制就是指一个企业通过建立采购质量管理保证体系，对供应商提供的产品进行选择、评价、验证，从而确保采购的产品符合规定的质量要求，其目的是使企业所有的采购活动符合规定的质量目标，使企业采购的产品满足规定的质量水平。采购质量要从事前规划、事中执行及事后考核三个阶段进行控制。

货款结算是整个采购运作过程中至关重要的一个环节，结算的过程是对采购运作业务的最后把关和规避风险的关键环节。采购商可以通过汇兑、异地托收承付、委托银行收款等方式向供应商支付货款。

采购环节是企业经营管理中最薄弱的环节之一，企业需要对采购过程中的请购、订购和验收这三个主要环节进行控制，防止舞弊现象发生。采购中常见的舞弊方法有虚列采购、押金抵物、有单无货和涂改发票单价等。

采购审计是指对从采购规划到合同管理的整个采购过程进行系统的审查，主要包括采购决策的审查、采购计划的审查、采购管理的审查、采购方式的审查、采购合同的审查、采购支出的审查、应付账款的审查、应付款项管理的审查八个方面的内容。

## 实训项目

1. 请调研某个企业，了解该企业是如何进行采购的到货验收的。

2. 请通过网络搜集采购作弊的相关案例，结合所学知识对这些案例进行总结，说明如何能够有效地进行采购的内部控制，并形成报告。

## 练习题

**（一）名词解释**

采购质量　采购质量控制　全面质量管理　采购审计

**（二）选择题**

1. 在采购流程的九个环节中，(　　)环节是需要严格控制的。

A. 请购　　B. 谈判　　C. 订购　　D. 验收

E. 付款

2. 收到请购单后，最终发出购货订单前需要考虑(　　)。

A. 订购什么　　B. 订购多少

C. 由谁发出订货订单　　D. 什么时候发出购货订单

E. 向谁发出购货订单

3. (　　)是一项书面的无条件的支付承诺，由一个人做成，并交给另一人，经制票人签名承诺，即期或定期或在可以确定的将来时间，支付一定数目的金钱给一个特定的人或其指定人或来人。

A. 汇票　　B. 本票　　C. 支票　　D. 信用证

**（三）填空题**

1. ________是指会计人员或采购人员利用材料采购业务管理及核算上的漏洞，伪造材料采购的业务事项，达到支取货款、中饱私囊的目的。

2. 全面质量管理的特点是突出一个“全”字，即________、________和________。

3. 验收实物包括货物的________验收、________验收和________验收。

**（四）简答题**

1. 简述全面质量管理的思想。

2. 采购审计的主要内容有哪些？

3. 简述到货验收的组织工作内容。

# 参考文献

[1] 骆建文. 采购与供应管理[M]. 北京：机械工业出版社，2009.
[2] 梁军，王刚. 采购管理[M]. 2 版. 北京：电子工业出版社，2010.
[3] 钱芝网. 采购管理实务[M]. 北京：机械工业出版社，2013.
[4] 张浩. 采购管理与库存控制[M]. 北京：北京大学出版社，2010.
[5] 蹇令香，李东兵. 采购与库存管理[M]. 大连：东北财经大学出版社，2012.
[6] 王炬香. 采购管理实务[M]. 北京：电子工业出版社，2007.
[7] 李恒兴，鲍钰. 采购管理[M]. 2 版. 北京：北京理工大学出版社，2011.
[8] 宋华，王岚. 供应链管理环境下的战略采购管理[M]. 北京：北京交通大学出版社，2013.
[9] 霍红，张玉斌. 采购管理实务[M]. 北京：科学出版社，2010.
[10] 徐杰，鞠颂东. 采购管理[M]. 2 版. 北京：机械工业出版社，2010.
[11] 胡松平. 企业采购与供应商管理七大实战技能[M]. 北京：北京大学出版社，2003.
[12] 张玉斌. 采购与仓储管理[M]. 北京：对外经济贸易大学出版社，2008.
[13] 董千里. 采购管理[M]. 重庆：重庆大学出版社，2008.
[14] 李方峻. 采购管理实务[M]. 北京：北京大学出版社，2010.
[15] 龚国华. 采购与供应链[M]. 上海：复旦大学出版社，2011.
[16] 李陶然. 采购作业与管理实务[M]. 北京：北京大学出版社，2013.
[17] 伍蓓，王姗姗. 采购与供应管理[M]. 杭州：浙江大学出版社，2010.
[18] 任南. 商品采购管理一本通[M]. 北京：北京工业大学出版社，2013.
[19] 李彦锋，罗霞. 物流采购管理[M]. 北京：科学出版社，2010.
[20] 熊巍俊. 采购与库存控制[M]. 武汉：华中科技大学出版社，2011.
[21] 张贤善. 工业企业采购供应管理[M]. 北京：冶金工业出版社，2009.
[22] 阚祖平. 商品采购管理[M]. 大连：东北财经大学出版社，2008.
[23] 温卫娟. 省钱高效的采购技巧[M]. 北京：北京大学出版社，2008.
[24] 杨国才，王红. 现代物流采购管理[M]. 合肥：安徽大学出版社，2009.
[25] 刘光辉. 物流采购管理[M]. 北京：中国传媒大学出版社，2012.
[26] 付伟. 采购管理职位工作手册. 北京：人民邮电出版社，2012.
[27] 吴彪. 第三方物流管理[M]. 北京：中国财富出版社，2014.
[28] 李恒兴. 采购管理实务[M]. 北京：北京理工大学出版社，2014.